政治的定数

对《伯罗奔尼撒战争史》一个维度的研究

The Destiny of Politics

卢向国 著

社会科学文献出版社
SOCIAL SCIENCES ACADEMIC PRESS (CHINA)

图书在版编目(CIP)数据

政治的定数：对《伯罗奔尼撒战争史》一个维度的研究/卢向国著.—北京：社会科学文献出版社，2013.7
（中国社会科学博士后文库）
ISBN 978-7-5097-4794-0

Ⅰ.①政… Ⅱ.①卢… Ⅲ.①修昔底德（前460~前400）-史学思想-研究 ②伯罗奔尼撒战争-战争史-研究 Ⅳ.①K095.45 ②K125

中国版本图书馆CIP数据核字（2013）第142368号

·中国社会科学博士后文库·

政治的定数
——对《伯罗奔尼撒战争史》一个维度的研究

著　　者 / 卢向国

出 版 人 / 谢寿光
出 版 者 / 社会科学文献出版社
地　　址 / 北京市西城区北三环中路甲29号院3号楼华龙大厦
邮政编码 / 100029

责任部门 / 社会政法分社 （010）59367156　　责任编辑 / 曹义恒
电子信箱 / shekebu@ssap.cn　　　　　　　　　责任校对 / 李　红
项目统筹 / 曹义恒　　　　　　　　　　　　　责任印制 / 岳　阳
经　　销 / 社会科学文献出版社市场营销中心 （010）59367081　59367089
读者服务 / 读者服务中心 （010）59367028

印　　装 / 北京季蜂印刷有限公司
开　　本 / 787mm×1092mm　1/16　　　　　　印　　张 / 20.5
版　　次 / 2013年7月第1版　　　　　　　　　字　　数 / 363千字
印　　次 / 2013年7月第1次印刷
书　　号 / ISBN 978-7-5097-4794-0
定　　价 / 79.00元

本书如有破损、缺页、装订错误，请与本社读者服务中心联系更换

版权所有　翻印必究

编委会及编辑部成员名单

(一) 编委会

主　任：李　扬　王晓初

副主任：晋保平　张冠梓　孙建立　夏文峰

秘书长：朝　克　吴剑英　邱春雷　胡　滨（执行）

成　员（按姓氏笔画排序）：

卜宪群　王　巍　王利明　王灵桂　王国刚　王建朗　厉　声
朱光磊　刘　伟　杨　光　杨　忠　李　平　李　林　李　周
李　薇　李汉林　李向阳　李培林　吴玉章　吴振武　吴恩远
张世贤　张宇燕　张伯里　张昌东　张顺洪　陆建德　陈众议
陈泽宪　陈春声　卓新平　罗卫东　金　碚　周　弘　周五一
郑秉文　房　宁　赵天晓　赵剑英　高培勇　黄　平　曹卫东
朝戈金　程恩富　谢地坤　谢红星　谢寿光　谢维和　蔡　昉
蔡文兰　裴长洪　潘家华

(二) 编辑部

主　任：张国春　刘连军　薛增朝　李晓琳

副主任：宋　娜　卢小生　高传杰

成　员（按姓氏笔画排序）：

王　宇　吕志成　刘丹华　孙大伟　陈　颖　金　烨　曹　靖
薛万里

序　一

　　博士后制度是19世纪下半叶首先在若干发达国家逐渐形成的一种培养高级优秀专业人才的制度，至今已有一百多年历史。

　　20世纪80年代初，由著名物理学家李政道先生积极倡导，在邓小平同志大力支持下，中国开始酝酿实施博士后制度。1985年，首批博士后研究人员进站。

　　中国的博士后制度最初仅覆盖了自然科学诸领域。经过若干年实践，为了适应国家加快改革开放和建设社会主义市场经济制度的需要，全国博士后管理委员会决定，将设站领域拓展至社会科学。1992年，首批社会科学博士后人员进站，至今已整整20年。

　　20世纪90年代初期，正是中国经济社会发展和改革开放突飞猛进之时。理论突破和实践跨越的双重需求，使中国的社会科学工作者们获得了前所未有的发展空间。毋庸讳言，与发达国家相比，中国的社会科学在理论体系、研究方法乃至研究手段上均存在较大的差距。正是这种差距，激励中国的社会科学界正视国外，大量引进，兼收并蓄，同时，不忘植根本土，深究国情，开拓创新，从而开创了中国社会科学发展历史上最为繁荣的时期。在短短20余年内，随着学术交流渠道的拓宽、交流方式的创新和交流频率的提高，中国的社会科学不仅基本完成了理论上从传统体制向社会主义市场经济体制的转换，而且在中国丰富实践的基础上展开了自己的伟大创造。中国的社会科学和社会科学工作者们在改革开放和现代化建设事业中发挥了不可替代的重要作用。在这个波澜壮阔的历史进程中，中国社会科学博士后制度功不可没。

值此中国实施社会科学博士后制度20周年之际，为了充分展示中国社会科学博士后的研究成果，推动中国社会科学博士后制度进一步发展，全国博士后管理委员会和中国社会科学院经反复磋商，并征求了多家设站单位的意见，决定推出《中国社会科学博士后文库》（以下简称《文库》）。作为一个集中、系统、全面展示社会科学领域博士后优秀成果的学术平台，《文库》将成为展示中国社会科学博士后学术风采、扩大博士后群体的学术影响力和社会影响力的园地，成为调动广大博士后科研人员的积极性和创造力的加速器，成为培养中国社会科学领域各学科领军人才的孵化器。

创新、影响和规范，是《文库》的基本追求。

我们提倡创新，首先就是要求，入选的著作应能提供经过严密论证的新结论，或者提供有助于对所述论题进一步深入研究的新材料、新方法和新思路。与当前社会上一些机构对学术成果的要求不同，我们不提倡在一部著作中提出多少观点，一般地，我们甚至也不追求观点之"新"。我们需要的是有翔实的资料支撑，经过科学论证，而且能够被证实或证伪的论点。对于那些缺少严格的前提设定，没有充分的资料支撑，缺乏合乎逻辑的推理过程，仅仅凭借少数来路模糊的资料和数据，便一下子导出几个很"强"的结论的论著，我们概不收录。因为，在我们看来，提出一种观点和论证一种观点相比较，后者可能更为重要：观点未经论证，至多只是天才的猜测；经过论证的观点，才能成为科学。

我们提倡创新，还表现在研究方法之新上。这里所说的方法，显然不是指那种在时下的课题论证书中常见的老调重弹，诸如"历史与逻辑并重"、"演绎与归纳统一"之类；也不是我们在很多论文中见到的那种敷衍塞责的表述，诸如"理论研究与实证分析的统一"等等。我们所说的方法，就理论研究而论，指的是在某一研究领域中确定或建立基本事实以及这些事实之间关系的假设、模型、推论及其检验；就应用研究而言，则指的是根据某一理论假设，为了完成一个既定目标，所使用的具体模型、技术、工具或程序。众所周知，在方法上求新如同在理论上创新一样，殊非易事。因此，我们亦不强求提出全新的理论方法，我们的最低要求，是要按照现代社会科学的研究规范来展开研究并构造论著。

我们支持那些有影响力的著述入选。这里说的影响力，既包括学术影响力，也包括社会影响力和国际影响力。就学术影响力而言，入选的成果应达到公认的学科高水平，要在本学科领域得到学术界的普遍认可，还要经得起历史和时间的检验，若干年后仍然能够为学者引用或参考。就社会影响力而言，入选的成果应能向正在进行着的社会经济进程转化。哲学社会科学与自然科学一样，也有一个转化问题。其研究成果要向现实生产力转化，要向现实政策转化，要向和谐社会建设转化，要向文化产业转化，要向人才培养转化。就国际影响力而言，中国哲学社会科学要想发挥巨大影响，就要瞄准国际一流水平，站在学术高峰，为世界文明的发展作出贡献。

我们尊奉严谨治学、实事求是的学风。我们强调恪守学术规范，尊重知识产权，坚决抵制各种学术不端之风，自觉维护哲学社会科学工作者的良好形象。当此学术界世风日下之时，我们希望本《文库》能通过自己良好的学术形象，为整肃不良学风贡献力量。

李扬

中国社会科学院副院长

中国社会科学院博士后管理委员会主任

2012 年 9 月

序 二

在21世纪的全球化时代，人才已成为国家的核心竞争力之一。从人才培养和学科发展的历史来看，哲学社会科学的发展水平体现着一个国家或民族的思维能力、精神状况和文明素质。

培养优秀的哲学社会科学人才，是我国可持续发展战略的重要内容之一。哲学社会科学的人才队伍、科研能力和研究成果作为国家的"软实力"，在综合国力体系中占据越来越重要的地位。在全面建设小康社会、加快推进社会主义现代化、实现中华民族伟大复兴的历史进程中，哲学社会科学具有不可替代的重大作用。胡锦涛同志强调，一定要从党和国家事业发展全局的战略高度，把繁荣发展哲学社会科学作为一项重大而紧迫的战略任务切实抓紧抓好，推动我国哲学社会科学新的更大的发展，为中国特色社会主义事业提供强有力的思想保证、精神动力和智力支持。因此，国家与社会要实现可持续健康发展，必须切实重视哲学社会科学，"努力建设具有中国特色、中国风格、中国气派的哲学社会科学"，充分展示当代中国哲学社会科学的本土情怀与世界眼光，力争在当代世界思想与学术的舞台上赢得应有的尊严与地位。

在培养和造就哲学社会科学人才的战略与实践上，博士后制度发挥了重要作用。我国的博士后制度是在世界著名物理学家、诺贝尔奖获得者李政道先生的建议下，由邓小平同志亲自决策，经国务院批准于 1985 年开始实施的。这也是我国有计划、有目的地培养高层次青年人才的一项重要制度。二十多年来，在党中央、国务院的领导下，经过各方共同努力，我国已建立了科学、完备的博士后制度体系，同时，形成了培养和使用相结合，产学研相结合，政府调控和社会参与相结合，服务物质文明与精神文明建设的鲜明特色。通过实施博士后制度，我国培养了一支优秀的高素质哲学社会科学人才队伍。他们在科研机构或高等院校依托自身优势和兴趣，自主从事开拓性、创新性研究工作，从而具有宽广的学术视野、突出的研究能力和强烈的探索精神。其中，一些出站博士后已成为哲学社会科学领域的科研骨干和学术带头人，在"长江学者"、"新世纪百千万人才工程"等国家重大科研人才梯队中占据越来越大的比重。可以说，博士后制度已成为国家培养哲学社会科学拔尖人才的重要途径，而且为哲学社会科学的发展造就了一支新的生力军。

哲学社会科学领域部分博士后的优秀研究成果不仅具有重要的学术价值，而且具有解决当前社会问题的现实意义，但往往因为一些客观因素，这些成果不能尽快问世，不能发挥其应有的现实作用，着实令人痛惜。

可喜的是，今天我们在支持哲学社会科学领域博士后研究成果出版方面迈出了坚实的一步。全国博士后管理委员会与中国社会科学院共同设立了《中国社会科学博士后文库》，每年在全国范围内择优出版哲学社会科学博士后的科研成果，并为其提供出版资助。这一举措不仅在建立以质量为导向的人才培养机制上具有积极的示范作用，而且有益于提升博士后青年科研人才的学术地位，扩大其学术影响力和社会影响力，更有益于人才强国战略的实施。

今天，借《中国社会科学博士后文库》出版之际，我衷心地希望更多的人、更多的部门与机构能够了解和关心哲学社会科学领域博士后及其研究成果，积极支持博士后工作。可以预见，我国的博士后事业也将取得新的更大的发展。让我们携起手来，共同努力，推动实现社会主义现代化事业的可持续发展与中华民族的伟大复兴。

人力资源和社会保障部副部长
全国博士后管理委员会主任
2012 年 9 月

序

卢向国 2010 年进入北京大学国际关系学院进行博士后研究，并选择我作为他的合作导师。

向国原来的研究领域主要是中国政治，而我的专业则是西方政治思想，因此他原来提出的博士后阶段研究计划，是对中西君权制进行比较。但是，一方面我考虑这个题目太大，另一方面也因为当时我在自己的研究中对修昔底德的《伯罗奔尼撒战争史》产生了深厚的兴趣，于是在一次交谈中问向国是否有意对这部著作进行一番细致考察，并以此作为他博士后研究的主要工作。当时向国正在听我讲的关于施特劳斯的课，思想中萦绕的大概也是施特劳斯、古希腊政治思想以及修昔底德这一类问题，所以很爽快地答应了。

当然，这项研究对他来说困难可想而知，但向国还是迎难而上。一方面阅读了大量中外学者研究修昔底德的著作，另一方面由于他坚持认为既有的修昔底德研究中明显存在过度解释的现象，而对《伯罗奔尼撒战争史》中述及的大量历史事实又没有其他佐证，所以他又花费了大量的时间和精力反复研读原著，甚至到了把这部著作的全部内容熟烂于心的程度。

向国的博士后出站报告《政治的定数——对〈伯罗奔尼撒战争史〉一个维度的研究》是他辛苦细致的研究工作的结果。从这份报告的结构来看，也许会给人一个印象，即只不过是对《伯罗奔尼撒战争史》一书的内容进行了简单的分类总结。但是，这个印象可能导致人们忽视这份看似平实的报告的真正价值。首先，这份报告有一个非常明确的主题，即"政治的定数"，意在概括修昔底德总结的基本政治规律，从而是对修昔

政治的定数

底德政治思想的一个全面梳理；其次，这份报告利用修昔底德提供的材料，对古代希腊城邦政治的基本因素、主要侧面以及包括内政外交在内的重要政治过程进行了详尽的描述，从横向的角度揭示了古希腊政治生活的全貌，所以在内容上与修昔底德的原著可以说相得益彰；最后，这份报告按照不同的主题，对《伯罗奔尼撒战争史》的主要内容进行了系统的而非零星随意的总结，因此对于后续的研究具有重要而可靠的参考价值。正因为如此，在向国的出站答辩中，各位专家对这份报告都给予了充分的肯定和高度的评价。

需要说明的是，"政治的定数"这个说法是我和向国在一次讨论中提出来的。向国把它解释为政治的规律，而在我的理解中，"定数"这个词表达的内容可能还要多。《伯罗奔尼撒战争史》绝不是一部单纯的历史学著作，它包含了丰富而深刻的、以历史叙述的方式体现出来的政治哲学思想。其中一个重要的方面，就是它令人异常印象深刻地揭示了政治生活中某些几乎是无可逆转的基本趋势，最典型的体现就是雅典的覆灭。

修昔底德似乎告诉人们，政治生活（广而言之即人类生活）的一个基本特点，就是通过发现和利用某些规律以超越另一些对人们不利的规律。当然，这正是源于古希腊的政治学的基本任务。比如说，权力导致腐败，这是一条普遍的政治规律；权力的分散和相互牵制，则可以防止权力的集中和腐败，这是另外一条人们在实践和理论探索中发现的政治规律。人们利用后者来克服前者。但是，后者也存在它的"定数"。雅典的民主体制导致了激烈的党争，导致了政客对民众的操纵和控制，也使得民众产生情绪化的政治立场，并且他们对眼前利益的追求严重影响了雅典的政治质量和进程（详见本书中的阐述）。雅典的衰亡之路表明，人们在采取某项措施解决某些政治问题的同时，又为其他也许更为复杂的政治问题的产生埋下了伏笔。看起来，虽然如柏拉图所说，人区别于其他所有动物的地方就在于人拥有智慧，但是，人的智慧却也存在它所不及之处，或者说人的智慧存在某些不可超越的局限。因此，在政治中需要发挥人的智慧，同时又需要慎用这种智慧。这一点，大概也是老子提倡无为而治的根本原因。因为"法令滋彰，盗贼多有"，所以"以智治国，国之贼；不以智治国，国之福"。

我仅虚长向国几岁，因此在我看来，我们更多的是学术同道而非师生之间的关系。但向国在北京大学的两年，却始终保持了一名学生的心态。他与我的博士生和硕士生一起听课、一起讨论，同学们也把他视为一位宽厚的师兄。比这种心态更重要的，是向国对知识有一种纯洁的追求。他非常刻苦，比如对《伯罗奔尼撒战争史》这部书，他在一年多的时间里就读了七遍，这大概是一般人难于做到的。同时，他对生活的要求非常简单，大概只要有书看，能把饭吃饱，他就再无所求了。现今使人们纠缠不已的那些东西，对他似乎毫无影响。我常常对学生们讲，在向国身上有很多值得我们学习的东西。洛克说过，一位真正的知识分子，需要有一种"智识的诚实"，我想向国做到了这一点。

是为序。

唐士其
2012 年 10 月 20 日

摘　要

修昔底德的《伯罗奔尼撒战争史》通过叙事和评论在多个方面展示了政治的规律，亦即政治的定数。

在修昔底德笔下，不同制度下的人民虽然在拥有的权利上存在差异，但人民具有相似的品性。其一，人民多疑。其二，人民非理性，这体现在人民不理智、受演说影响、易过激、易丧失信心、易被欺骗等方面。其三，人民反复无常。除此之外，人民还具有其他品性，如总是不满、易被操纵、不负责任、朝令夕改等。

在修昔底德笔下，党争是一种普遍现象，同时党争又是很残酷的。导致党争残酷的根源是多重的，包括个人的贪欲和野心以及激烈的疯狂情绪，所以，党争及其残酷性的根子在于人性。党争最大的恶果不是城邦的衰亡，而是人性的堕落。党争引进和招引外部势力是党争的一般规律。其中，引进外部势力是党争的主规律；招引外部势力是党争的次规律。此外，党争还有特殊规律，那就是内奸现象。内奸是党争的变种。

依据个人的政治品德和政治才能，且首重品德的原则，修昔底德笔下的政治家可以被品评为三等。此外，还有等外的政治家。一个政治体系中大多都会存在这样四类政治家。所以，修昔底德笔下不同的政治家形象具有普遍的意义。在修昔底德的著作中，第一等政治家只有伯里克利一人，第二等政治家最典型的是尼西阿斯，第三等政治家的典型代表是亚西比得，等外政治家的典型代表是波桑尼阿斯和福里尼卡斯。政治家与国家兴衰甚至存亡都有着莫大的关系。

修昔底德在书中提到了君主制、僭主制、贵族寡头制、民主制等多种政体。民主制下的个人是微不足道的。民主制下的政治家纵然有特别高明的才能，也无法与这个体制抗衡，杰出的个人往往无法见容于这个体制。个人与城邦之间的这种张力的存在是民主政治的必然。修昔底德对君主制一笔带过，僭主政体则不是优良的政体。寡头政治压迫人民、寡头政权容易内讧、寡头政权出卖国家以及寡头政治的其他缺陷等寡头政治之恶，表明贵族寡头制不是理想政体。同时，单纯的民主政治也是不够的。民主政治需要融入新的要素来克服它自身的一些缺陷。以民主政治为基础，掺入君主制和贵族制因素的混合政体也许才是最理想的政体。

在修昔底德笔下，国家间关系有友谊关系、畏惧关系、强权关系、利益关系、荣誉关系。其中最根本的是利益关系，这是国家间关系的实质。国家间的利益关系典型地反映在国家间关系的变动性上。

关于内政与外交的关系问题，在修昔底德笔下可以看到有两个方面：一方面是内政影响外交，另一个方面是外交影响内政。同时，民族性格对外交也有重要影响。不同的民族性格作用在外交上，呈现出的状况就大不相同。

在修昔底德笔下，人本身受制于多种因素，这就是"人的限度"。它体现在人性、偶然性、命运和神明等对人的制约上。人的限度划定了人的行为的最大范围。其中，人性是理解修昔底德著作的希腊性意义与普遍性意义的关键。永恒的人性，使得修昔底德笔下政治规律的希腊性变成了普遍性。在所有具体的人性中，与政治密切关联的是人性的不可阻止规律和人性的下降规律。

关键词：修昔底德　《伯罗奔尼撒战争史》　政治　定数（规律）

Abstract

Thucydides shows the unchangeable laws or so-called destinies in politics in several respects through his deciptions and comments in *The History of the Peloponnesian War*.

According to Thucydides, the people own the similar characteristics although they have different rights in different political systems. Firstly, they are oversuspicious. Secondly, they are irrational. They are not reasonable; they are influenced by speeches; they are extremists; they easily lose their confidence; they are easily deceived and so on. Thirdly, they have behaved capriciously. Additionally, people have some other characteristics, for example, they are always unsatisfiable, manipulated and irresponsible, unpredictable changes in policy and so on.

Party faction is a universal phenomenon in Thucydides' accounts. The struggles in parties are very cruel. The origin of results in such cruelty is many-sided, which including personal rapacity, ambition, and their fierce and crazy motions. So, the source of the struggles in parties and their cruelty are from humanity. The evil consequence is not urban blight, but the moral degenerating of humanity. It is an ordinary rule that the parties struggles introduce external force and incur external force. Among them, introducing external force is the first rule and incurring external force is the secondary rule. Beside these, there is a special rule of party factions. It is the phenomenon of inner hidden traitors. This phenomenon is a variety of the struggles of parties.

According to Thucydides, the politicians can be classified into three grades according to their personal political capacity and virtue, and the first priority is given to virtue. In addition, there are some politicians below these three grades. There are always such four grades of politicians in a political system. Therefore, different models of politicians in Thucydides have universal significance. In works of Thucydides, Pericles is the only one of the first grade of politicians. The typical representation of the second grade of politician is Nicias and Alcibiades is in the third grade. Pausanias and Phrynichus is representation below these three grades. There are relations between politicians and nations, even live or die of a polis.

Thucydides mentioned such political systems as monarchy, dictatorship, aristocratic system, oligarchy and democracy. Individuals are insignificant for democratic system. A politician in democratic system can not content with the system and an outstanding person always can not be tolerated by the system. It is inevitable that the tension between individuals and the city exists in this sort of system. Thucydides simply mentioned the monarchy and the dictator is not a good system. Oligarchic politics oppresses the people; inner conflicts easily occur in oligarchies; oligarchy betrays the countries. Oligarchy also owns other defects. All these are the badness of oligarchy and embody that oligarchy is not the ideal political system. At the same time, the pure democratic system is also not enough. It is necessary that some new elements join in democratic politics and conquer the defects of democracy. The mixed system which is founded upon democratic politics and mixes the elements of monarchy and aristocracy is probably the ideal system.

According to Thucydides, there are friendship relations, fearing relations, power relations, interest relations and honor relations among countries. The fundamental one is interest relations. It is the essence of the relations among countries. Such essence is typically reflected in

Abstract

the change of their relations.

There are two respects can be found in the work of Thucydides, which concern the relations between domestic and diplomacy affairs. One is that domestic affairs affect diplomacy; another is that diplomacy affects domestic affairs. As well as, national characteristics seriously affect diplomacy. There are very different situations when different national characteristics acting on diplomacy.

According to Thucydides, human beings are limited by several factors. This is "the limitation of humanity". It is embodied in the restriction upon man's choice and action from human nature, fortuity, fate and divinities. The limitation of humanity is also the limitation of the sphere of human beings' behaviors. Among them, human nature is the general key to comprehend the Greek significance and the universal significance of Thucydides' work. It is just the unchangeable human nature that turns the rules described by Thucydides through the Peloponnesian War into universal rules, among which the rule of the unchangeability of humanity and the rule of the necessarily deterioration of humanity are closely related to politics.

Key Words: Thucydides; *The History of the Peloponnesian War*; Politics; Destiny (Regulation)

目 录

第一章　导论 …………………………………………………………… 1
 第一节　学术史回顾 ……………………………………………… 1
 第二节　对修昔底德的研究中存在的突出问题与出路 ……… 42
 第三节　本书的材料与研究方法 ……………………………… 47

第二章　人民 …………………………………………………………… 50
 第一节　多疑的人民 …………………………………………… 50
 第二节　非理性的人民 ………………………………………… 54
 第三节　反复无常的人民 ……………………………………… 66
 第四节　人民的其他品性 ……………………………………… 71
 第五节　本章小结 ……………………………………………… 77

第三章　党争 …………………………………………………………… 79
 第一节　党争的普遍性 ………………………………………… 79
 第二节　党争的残酷性 ………………………………………… 93
 第三节　党争的规律性 ………………………………………… 98
 第四节　本章小结 ……………………………………………… 105

第四章　政治家 ………………………………………………………… 107
 第一节　第一等政治家 ………………………………………… 107
 第二节　第二等政治家 ………………………………………… 117

第三节　第三等政治家 ………………………………… 126

　　第四节　等外政治家 …………………………………… 140

　　第五节　政治家与国家兴衰 …………………………… 145

　　第六节　本章小结 ……………………………………… 149

第五章　政体 ………………………………………………… 151

　　第一节　修昔底德笔下的政体种类 …………………… 151

　　第二节　民主政治下个人与城邦的关系 ……………… 156

　　第三节　理想政体 ……………………………………… 162

　　第四节　本章小结 ……………………………………… 174

第六章　国家间关系 ………………………………………… 176

　　第一节　友谊 …………………………………………… 176

　　第二节　利益 …………………………………………… 189

　　第三节　恐惧 …………………………………………… 201

　　第四节　强权 …………………………………………… 210

　　第五节　荣誉 …………………………………………… 218

　　第六节　国家间关系的变动性 ………………………… 223

　　第七节　本章小结 ……………………………………… 230

第七章　外交 ………………………………………………… 232

　　第一节　内政与外交 …………………………………… 232

　　第二节　民族性格与外交 ……………………………… 241

　　第三节　本章小结 ……………………………………… 248

第八章　人的限度 …………………………………………… 249

　　第一节　人性 …………………………………………… 249

　　第二节　偶然性 ………………………………………… 259

　　第三节　命运 …………………………………………… 266

第四节　神明 …………………………………………… 269
第五节　本章小结 ………………………………………… 274

参考文献 …………………………………………………… 276

索　引 ……………………………………………………… 281

后　记 ……………………………………………………… 296

Contents

1 Introduction / 1

    1.1 Academic History Review / 1
    1.2 Major Problems and Solutions of Thucydides Research / 42
    1.3 Materials and Method / 47

2 The People / 50

    2.1 The People of Oversuspicion / 50
    2.2 The People of Irrationality / 54
    2.3 The People of Behaving Capriciously / 66
    2.4 Other characteristics of the people / 71
    2.5 Summary / 77

3 Party Factions / 79

    3.1 Universality of Party Faction / 79
    3.2 Cruelty of Party Faction / 93
    3.3 Regularity of Party Faction / 98
    3.4 Summary / 105

4 Politicians / 107

    4.1 The First Grade Politicians / 107
    4.2 The Second Grade Politicians / 117
    4.3 The Third Grade Politicians / 126

4.4	The Politicians below the Three Grades	/ 140
4.5	Politicians and the Urban blight	/ 145
4.6	Summary	/ 149

5 Political Structure of Government / 151

5.1	Types of Political Structure of Government in Thucydides	/ 151
5.2	The Relationship between a Person and the Polis in Democracy	/ 156
5.3	Ideal Political Structure of Government	/ 162
5.4	Summary	/ 174

6 Countries' Relationship / 176

6.1	Friendship	/ 176
6.2	Interest	/ 189
6.3	Fearing	/ 201
6.4	Power	/ 210
6.5	Honor	/ 218
6.6	The Changeability of the Relations among Countries	/ 223
6.7	Summary	/ 230

7 Diplomacy / 232

7.1	Domestic Affairs and Diplomacy	/ 232
7.2	National Characteristics and Diplomacy	/ 241
7.3	Summary	/ 248

8 Humanity Limitation / 249

8.1	Human beings Nature	/ 249

8.2	Fortuity	/ 259
8.3	Fate	/ 266
8.4	Divinities	/ 269
8.5	Summary	/ 274

References / 276

Index / 281

Postscript / 296

第一章 导论

本书要研究的是修昔底德的《伯罗奔尼撒战争史》向读者展示了什么。这是本书要解决的问题,最终要达到寻找和发现修昔底德笔下的"政治的规律"或曰"政治的定数"这样一个目的。

修昔底德并没有将自己的这部作品给予一个"伯罗奔尼撒战争史"这样的标题,他只是称自己的这部作品为"记录""志",另外,他还称自己的这部作品为"千秋万世的瑰宝"。[①] 所以,不少研究者都把我们俗称的《伯罗奔尼撒战争史》称为《战争志》。但是,因为已经有了约定俗成的称呼,所以本书仍称之为《伯罗奔尼撒战争史》。

第一节 学术史回顾

对于修昔底德及其《伯罗奔尼撒战争史》,前人(主要是西方学者)已经有了丰富的研究成果。如何总结前人的研究,是一项很难做的工作。任何"学术史回顾"或"前人研究综述"都是挂一漏万的。本书不揣浅陋,也"挂一漏万"地对前人的研究情况作一个回顾。本书的回顾按照前人的研究内容分为如下几个层面。

一、主题

如何从总体上来认识修昔底德及其《伯罗奔尼撒战争史》?这就是

---

① Finley, *Thucydides*, Ann Arbor: The University of Michigan Press, 1963, p. 3.

《伯罗奔尼撒战争史》的主题问题，是阅读这部著作之后首先碰到的问题。

关于《伯罗奔尼撒战争史》的主题问题，施特劳斯（Leo Strauss）有两种看法，这两种看法之间是递进的关系。他的一种看法是：修昔底德的意图在于就伯罗奔尼撒人和雅典人之间的战争，作出一份真实的或清晰或准确或详细的叙述。那么，修昔底德为何决定要写作这样一份叙述？施特劳斯回答说："他在其作品的开头就说，他之所以写这个主题是因为他相信，伯罗奔尼撒战争是迄今为止所有战争中最值得注意者，它是希腊人卷入其中的最大的战争。"如何证明伯罗奔尼撒战争是迄今为止最大的战争呢？在一篇文章中，施特劳斯说，修昔底德用两句话就否定了波斯战争是最大的战争，他又用至少19章的篇幅来证明，特洛伊战争不如伯罗奔尼撒战争那么大，因为古人虚弱，特洛伊战争时代的希腊人完全没有能力发动一场大规模的战争。① 在《城邦与人》这部著作中，他也说道："伯罗奔尼撒人与雅典人之间的战争比早期的战争更有影响力，为了证明这种说法，他必须表明'古代的弱小'。因此他剥夺了古代的辉煌。"②

施特劳斯自己也曾追问过《伯罗奔尼撒战争史》的主题问题，但出现的是一种新的解释，也是比前一种解释更进一步的解释。这是施特劳斯关于《伯罗奔尼撒战争史》主题的第二种看法。他认为，《伯罗奔尼撒战争史》的主题是通过理解最大的战争来理解人事。他这样问道："他（指修昔底德）为何决定写这样一份陈述？""我们已经提出了这个问题，即引发政治史的希腊智慧的品性是什么？""故我们必须重复我们的问题：引发政治史的希腊智慧有什么品性？""这一问题无异于在问，修昔底德为什么选择伯罗奔尼撒战争作为他的主题。"③

施特劳斯自己回答说："修昔底德之所以选择伯罗奔尼撒半岛战争，是因为到他的时代为止伯罗奔尼撒半岛战争在所有战争中最值得注意，或者说因为到他的时代为止伯罗奔尼撒半岛战争在所有希腊战争中最

---

① ［美］施特劳斯：《修昔底德：政治史的意义》，郭振华等译，载潘戈编《古典政治理性主义的重生》，华夏出版社2011年版，第134、135—136页。
② Leo Strauss, *The City and Man*, Chicago and London: The University of Chicago Press, Ltd, 1964, p. 145.
③ ［美］施特劳斯：《修昔底德：政治史的意义》，郭振华等译，载潘戈编《古典政治理性主义的重生》，第134、138页。

大。""既然他对伯罗奔半岛战争的叙述意在指导对所有未来战争的理解，那么伯罗奔半岛战争必定特别适合用来理解战争本身。""通过观察最巨或最大的战争，修昔底德将研究大写的战争：相比于在较小的战争中，在最大的战争中，战争的普遍品性将更可见，而且争斗也将更多。""理解这场彻底的或终极的希腊战争的品性就相当于理解战争本身的品性。"在这里，施特劳斯又把修昔底德写作的原因归结为修昔底德想要通过叙述伯罗奔尼撒战争这场最大的战争来使人们理解战争的品性。为什么要人们理解战争的品性呢？他认为是为了理解人事。他说："修昔底德必定相信，通过理解战争的本性，我们就能理解人类生活的本性。""故理解最大的战争就意味着充分理解人类生活的全部。在最大的运动中一切都变得清晰可见，并且它们只有在此时——最大的运动自身出现之时——才变得清晰可见。""因而通过理解伯罗奔半岛战争，就理解了所有人事的界限，就理解了所有人事的本性，也就彻底理解了所有人事。"这中间的原理是什么呢？施特劳斯说："修昔底德所详细叙述的伯罗奔半岛战争是一个特殊事件。但是，这一特殊事件是人事或人类生活的性质在其中变得充分可见——因为希腊性的顶峰以及人性的顶峰在其中变得充分可见——的唯一现象；我们看到了衰落的开始，我们看到了顶峰的限度。"这场最大的运动所毁灭的，不仅是力量和财富，还有希腊性，这无异于重新野蛮化。伯罗奔半岛战争揭示了希腊性处于极度险境的特性。通过理解这场最大的不安，修昔底德理解了人之可能性的局限。他的知识是终极知识。这就是智慧。①

伊梅瓦（Henry R. Immerwah）认为，修昔底德及其《伯罗奔尼撒战争史》要揭示的是人类的处境。他说，在修昔底德所有戏剧性的写作之中，存在一个共同的人道主义因素。这个因素经由写作方面的技术手法得以表达，伊梅瓦将这种技术方法称为"悲悯陈述"。也就是说，对事件的解说总是以极致的不幸结尾。由此，权力除了在政治领域产生影响，还具有人性方面的悲剧意义。从这个意义上说，修昔底德确实在叙事中刻画出了一幅人类处境的绝望图景。②

---

① ［美］施特劳斯：《修昔底德：政治史的意义》，郭振华等译，载潘戈编《古典政治理性主义的重生》，华夏出版社2011年版，第139—143页。
② ［美］伊梅瓦：《权力病理学和修昔底德笔下的演说》，王涛等译，载［美］斯塔特编《修昔底德笔下的演说》，华夏出版社2012年版，第33页。

白春晓认为，苦难与伟大的人类处境是修昔底德的主题。他从思考修昔底德对"最伟大的战争"的定义入手，认为修昔底德判断伟大的主要标准是苦难。修昔底德力图通过"雅典瘟疫叙事"来使读者清楚地审视人类的苦难状态，而这样的文本很难取悦于当时的听众，所以他猜测修昔底德写作文本可能是为了私人进行阅读的，而非公开地展示出来。他通过梳理"密提林辩论""弥罗斯对话"和"雅典人在西西里远征前的辩论"等文本片段中对"运气"和"希望"的讨论，认为修昔底德意在表明人的言语和行动全都建立在希望之上，而希望本质上又由爱欲引起。西西里远征是伯里克利逝世后雅典人不能节制欲望的结果，并最终导致了巨大的失败和痛苦。修昔底德深受悲剧精神的影响，在其叙事中将雅典城邦塑造成为一个因爱欲而遭受苦难的英雄形象。修昔底德精心编排"伯里克利的国葬演说"和"伯里克利最后的演说"于"瘟疫叙事"前后，为的是展现伯里克利如何在不同的形势下引导雅典人爱上自己的城邦，并为了追求建立伟大的功业和留下永久的记忆而承受各种苦难。修昔底德通过伯里克利之口揭示出了他自己的观念：在现时代的竞技中致力于做最强者的努力可以成为未来人们的记忆。这暗示了"苦难与伟大"这一关系在人类历史中具有永恒的信念。"古史叙事"揭示出修昔底德视野中的人类处境带有循环特征的发展过程：在历史中，人们对权力的欲望使他们渴求伟大的功业，这导致不断的战争、苦难和毁灭。修昔底德选择用记述当时战争中那些真实的苦难和伟业作为将世界本真状态传递给读者的最佳方式，目的是使未来的人们在遭遇类似的处境时可以唤起对他的叙事的记忆。[①]白春晓对修昔底德及其《伯罗奔尼撒战争史》中"苦难与伟大"这一人类处境的揭示颇具启发意义，但对修昔底德的读者群的认识完全是猜测。同时，他对修昔底德的写作目的的解释也偏离了修昔底德的本意。因为修昔底德写作的目的在于使人们"清楚地了解过去所发生的事件和将来也会发生的类似事件"。[②]

与白春晓类似，孙仲认为崇高与平庸之间存在的悖论是《伯罗奔尼撒战争史》的主题。他认为，虽然修昔底德自诩为客观史学家，但《伯

[①] 白春晓：《苦难与伟大：修昔底德视野中的人类处境》，博士学位论文，复旦大学，2010年。
[②] [古希腊]修昔底德：《伯罗奔尼撒战争史》，谢德风译，商务印书馆1960年版，第20页。

罗奔尼撒战争史》中却隐含着一部悲剧。修昔底德比一般政治悲剧家更为深刻的是，他认识到在历史上最有价值的、美好的事物当中蕴藏着悲剧。美好理想的强者由于自身的错误导致悲惨后果是一个标准的希腊悲剧。而如果为了避免政治的悲剧性，人们又不得不躲避崇高和美好，规避人性，永远生活在平庸当中。揭示这一几乎无解的悖论使修昔底德能够为刚刚诞生的现实主义政治理论注入深刻的问题意识，其思考对于普遍关心大国崛起的今天或许依然具有启发意义。①

施特劳斯曾经观察到修昔底德不重视政治以外的东西，即修昔底德把自己严格限制于政治战争、外交和内乱，不谈当时的智识、社会、文化和经济状况。修昔底德的这种做法引来了人们的批评。但施特劳斯解释说，这样的责难基于一个前提，即现代史家采取的方式才是正确的方式。现代史家是依据现代历史编纂学标准来衡量修昔底德的作品的，而修昔底德的事业也许先于历史与哲学之间任何可能的区分。② 施特劳斯是这样维护修昔底德的。与施特劳斯的观察近似，福特（Steven Forde）也看到修昔底德对该时期的经济、文化以及智识发展相关的事件缄口不提，但是福特对这个现象的解释与施特劳斯不同。他的解释就涉及了《伯罗奔尼撒战争史》的主题问题。他认为，修昔底德之所以对这些事件缄口不提，原因在于这些事件与理解这场战争以及什么对这场战争重要并不相关。伯罗奔尼撒战争唯一导向的一个主题就是道德的种类和品质的适切性问题。③

威廉斯（Mary Frances Williams）认为修昔底德写作的目的与讲瘟疫的目的非常类似。他说，修昔底德在序言中说到自己写作的目的是让某些人可以知道在类似的政治环境中该做什么。他说，修昔底德之所以讲疾病的最一般症状，是希望他所提供的这些信息对将来的诊断和预防有最大的价值。这一点非常类似于修昔底德的这一说法，即他收进《伯罗奔尼撒战争史》中的种种事件将是未来政治形势的最有用的一般向导。④

---

① 孙仲：《修昔底德与政治的悲剧性》，《浙江学刊》2010 年第 1 期。
② [美] 施特劳斯：《修昔底德：政治史的意义》，郭振华等译，载潘戈编《古典政治理性主义的重生》，华夏出版社 2011 年版，第 134 页。
③ [美] 福特：《统治的热望——修昔底德笔下的阿尔喀比亚德》，未已等译，华夏出版社 2010 年版，第 3、5 页。
④ [美] 威廉斯：《修昔底德笔下的个人与城邦——〈战争史〉卷二义疏》，陈开华译，载刘小枫、陈少明编《修昔底德的春秋笔法》，华夏出版社 2007 年版，第 100 页。

韦特格林（John A. Wettergreen）认为，修昔底德的目的是揭示出人的可能性。他说，修昔底德提出了一个清晰的论证。首先，修昔底德的叙述值得认真注意，因为这是一场伟大的战争。在任何其他时代都不会再有这样的战争——它毁灭了人们最为赞扬的事物并毁灭了预兆。这场战争的破坏和危险之所以产生，是因为战争之前那场最伟大的和平。在那场和平中并经由那场和平，人类生活的两大顶峰建立起来了。人类权力和财富的顶峰与人类正义的顶峰建立起来了。斯巴达和雅典代表了这两大顶峰。斯巴达所建立的和平生活方式旨在并依赖于人性中政治要素的全面发展，雅典的生活方式则旨在并依赖于人性中言辞达理要素的全面发展。这两种方式无可避免地会发生冲突，斯巴达公民的虔敬、谨慎、老套的秩序和中道不能与雅典的开放、勇敢、创造力和贪婪共存。因此，只有斯巴达和雅典之间的战争才能带出人性中各个高度的全部品性。此外，若要理解人性的高度，就不能无视这些城邦由之兴起的普遍的野蛮行为和它们在战争过程中开始的普遍的野蛮行为，也不能抛开作为其根源的伟大的和平。当然，修昔底德不仅叙述了战争中的各种"事行"，还叙述了战争中的各种言辞。只有言辞能揭示出人的内在。因此，修昔底德揭示了人的全部可能性：从人性的高处到低处，在战争与和平中，通过言辞与行事。①

魏朝勇认为，修昔底德的主题是揭示自然与神圣之间的对立。他研究了主宰修昔底德研究百年之久的"修昔底德问题"。所谓修昔底德问题，就是修昔底德的写作方式问题。魏朝勇认为，修昔底德虽有"究天人之际"（天灾、敬神、神法与战争中的人），但更关怀人与城邦（国家）、城邦与城邦之间的政治纠葛，拷问人的自然本性。正因为修昔底德记述的伯罗奔尼撒战争揭示了政治生活的普遍法则及政治实际意义，他和他的著作才使各时各地的政治学者难以漠然处之。② 就修昔底德笔端的政治生活而言，寻找唯一解释是枉然。修昔底德描述的政治生活属于"人间事务"，既非"自然之物"（宇宙万物），亦非"神圣之物"（诸神启示）。总体上，《战争志》揭示了雅典式政治伦理和斯巴达式政治伦理尤其是雅典式的习俗与法律和斯巴达式的习俗与法律之间的对峙。两种习俗或法律的基础分别是"人的

---

① ［美］韦特格林：《论修昔底德叙述的结局——〈战争志〉卷八发微》，彭磊译，同上书，第119—120页。
② 魏朝勇：《自然与神圣——修昔底德的修辞政治》，华东师范大学出版社2010年版，第21页。

自然"和"神圣信仰";"自然"和"神圣"因此就成了必然和正义、审慎和美德、光荣和畏惧等关联问题的基础。修昔底德笔端的政治生活经由"演说词"和"事件"来呈现,探讨修昔底德式政治生活,无法漠视《战争志》的"演说词"和"事件"的叙述;在这个意义上,可以认为修昔底德笔端的政治生活体现了修昔底德的修辞政治。而所谓"修昔底德的修辞政治"中的"修辞"不但指"演说词",也包含"演说词"及相关"事件"叙述的喻指策略。两种"修辞"都寄寓了修昔底德的政治伦理。"修辞政治"绝不意味着修昔底德式政治生活仅仅是言辞上的政治;相反,它是现实的政治,是实际的政治行动。"修辞政治"的提法,寓意了修昔底德"言辞"与"行动"之间的纠结和牵绊。①

魏朝勇把写作的重点放在"政治"义理的阐释,而不是"修辞"方式的辨析。修昔底德所涉及的古希腊政治生活中的诸种政治伦理议题,如正义、美德、审慎和习俗(法律)等,都只能依托《战争志》的具体"言辞"和叙事语境予以解读。②

他认为,修昔底德的《战争志》揭示了基于"自然"的雅典式政治伦理与基于"神圣"的斯巴达式政治伦理的对立。但是,战争的胜利或失败,都与神的力量没有关系,仅随人的信念变化上下沉浮;《战争志》封锁了神的活动空间。但他认为,修昔底德笔端的残酷战争和严峻的政治生活,向人们提出了一个震人心魄的问题:没有神,是否就没有正义,没有美德;人自身能不能自行赋有正义和美德?③

他认为,重新回顾伯里克利"葬礼演说"和雅典瘟疫的接续,"弥罗斯对话"和西西里远征的叙事联袂,能够发现这些"言辞"和"事行"共同映衬了两种失败——人的失败和神的失败;两种失败又交相缠绕着"哲学"的失败和"神学"的失败。④

雅典人的"自然"和斯巴达人的"神圣"的两相对峙,遮掩了哲学和神学的彼此互换以及双向失败。就西西里事件而言,斯巴达人战胜雅典人,不是依靠他们的"神学",而是雅典式的"哲学";雅典人败给斯巴达人是因为他们失去了自己的"哲学",怀抱着斯巴达式的

---

① 魏朝勇:《自然与神圣——修昔底德的修辞政治》,华东师范大学出版社2010年版,第25页。
② 同上书,第26页。
③ 同上书,第182—183页。
④ 同上书,第183页。

"神学"。从这个角度上看,"哲学"不能算是完败,"哲学"只是在雅典依稀凋敝。①

二、著作的性质

所谓《伯罗奔尼撒战争史》的性质,是指这部著作到底是一部什么样的著作。在这个问题上,也是见仁见智。

霍布斯曾说修昔底德"算是过去最具政治性的史家",因为"他的叙述中充满了对事件的选择,又以那样的判断将它们组织起来",使读者可以"从中受到教益"。② 显然,霍布斯把修昔底德看做政治史家,《伯罗奔尼撒战争史》是一部政治史。

施特劳斯同样把修昔底德看做政治史家。为此,他分析了政治史的来源。他认为,西方传统由两个异质的、最终互不相容的要素组成——希伯来要素和希腊要素。这实际上是耶路撒冷和雅典之间的对立,是信仰和哲学之间的对立。哲学和圣经都断定,人有且只有一个终极需要(the one thing needful),但是圣经所宣称的终极需要恰好与希腊哲学所宣称的终极需要相对立。在圣经看来,人的终极需要是顺从的爱;在哲学看来,人的终极需要是自由的追问。西方传统不允许对它的两个要素进行综合,而只准许它们之间张力的存在:这就是西方生命力的秘密所在。西方传统不准许对这一根本矛盾有最终的解决,不准许一个没有矛盾的社会存在。政治史属于一种许多人参与其中的政治生活。它属于一种共和式政治生活,属于城邦。只有政治成为重要之事,政治史才将成为重要之事。仅仅对于那些更想拯救其城邦而非其灵魂的人们,政治才是至关重要之事。政治史源自希腊而非希伯来。政治对于柏拉图并非至关重要,但是对于修昔底德来说,政治至关重要。修昔底德最充分地理解并表达了政治生活——亦即如其现实所是之政治的生活——的本质,这就是权力政治。所以,施特劳斯也认为修昔底德是最具政治性的史家。他对那种把修昔底德的著作说成一部历史的说法提出了质疑。同时,他认

---

① 魏朝勇:《自然与神圣——修昔底德的修辞政治》,华东师范大学出版社2010年版,第184页。
② Richard Schlatter, "To the Reader", in *Hobbes' Thucydides*, New Brunswick: Rutgers University Press, 1975, p.7.

为，政治史家必定是智慧之人。智慧不可言说，它只能做或践行。要明白智慧，只有通过反思，言说智慧并不能呈现智慧和展现智慧。正是因为智慧不可言说，所以智识史严格说来是不可能存在的。智识史就是荒谬地企图描述性地呈现本性上不可描述的事物。那么，智慧如何展现呢？施特劳斯认为，只有借由言辞、行事或事实才被揭露出来。所以，修昔底德才模仿了行事与言辞的两重性。通过这种两重性的模仿，修昔底德将人类生活的真实品性揭示给那些能够变得智慧的人，即那些有可能理解人类生活真实品性的人。①

为了理解修昔底德，施特劳斯还提醒人们注意修昔底德的"路标"。所谓修昔底德的路标，就是指修昔底德以自己的名义所说的褒贬之词。施特劳斯说："修昔底德克制住自己，没有给我们提供他对角色和政治的完整评判。他所有的评判都不完整，故它们所隐瞒的东西与其所揭露的同样多。""修昔底德把行事和言辞都呈现给我们，就像现实呈现它们一样。他并没有告诉我们，应该怎样根据行事来评判言辞，以及应该怎样根据言辞来评判行事。"在谈论德行和邪恶时，在进行褒贬时，修昔底德表现出了极大的克制。因此人们容易弄错他的意思。如果一个人根据的是自己的个人印象而不是修昔底德自己所树立的路标，那错误就不可避免。②

施特劳斯注意到了一个其他研究者未曾注意到的问题，那就是在整部《伯罗奔尼撒战争史》中，有人无保留地赞扬过雅典，却没有人无保留地赞扬过斯巴达。他说，伯里克利在国葬典礼上的演说与科林斯人在斯巴达的演说极为相似，两者都对比了斯巴达和雅典。科林斯人在这种局势中不可能无所保留地赞扬斯巴达人，因为他们对斯巴达不满：他们的演说所起的作用就是引起斯巴达政策的变更。施特劳斯发现，在修昔底德笔下，有一位雅典人无所保留地褒扬了雅典，但却没有任何人相应地褒扬斯巴达。他认为，这证明斯巴达确实不如雅典善于言辞，或比雅典更吝于言辞。但这绝非说明斯巴达不配最高的赞颂。斯巴达拙于言辞；她未得到无所保留的赞颂，是因为她为别的城邦所赞颂，而别的城邦跟她有不同的政治利

---

① ［美］施特劳斯：《修昔底德：政治史的意义》，郭振华等译，载潘戈编《古典政治理性主义的重生》，华夏出版社2011年版，第128—130、132、134、150—151、153、161页。
② 同上书，第143、153页。

益，自然不会对她满腔热情。①

在《城邦与人》中，施特劳斯对这个问题也有相同的分析。他说，斯巴达和雅典之间的一个不同就是，没有哪个斯巴达人能像伯里克利赞扬雅典那样赞美自己：一方面，斯巴达人没有雅典人那样雄辩，或比雅典人简明扼要。另一方面，非斯巴达人没有理由为了要求斯巴达不情愿地给予帮助，然后像伯里克利赞扬雅典人那样绝对地赞扬斯巴达，对于所有非斯巴达人——不是斯巴达敌人的非斯巴达人来说，他们被迫表达对斯巴达方式的不满。尽管这样，施特劳斯认为，这不能证明在修昔底德看来斯巴达不应享有比雅典更高的赞扬。②

在《城邦与人》第八节中，施特劳斯就为什么人们不赞扬斯巴达人又提出了一个原因。他认为，斯巴达的秘密性导致他们对事物的无知。显而易见，由于斯巴达的这种无知，人们不会冒险去赞扬斯巴达人。③

韦特格林与施特劳斯一样从政治史学的角度来看待《伯罗奔尼撒战争史》，认为它是一部政治史学著作。他说，霍布斯、马基雅维里这些伟大的先师已经主张研究史著，他们认为这种著作具有教导品性。每部史著都有教导和训诫作用，而叙述本身会揭示出这些教导和训诫来。但史著要教导的是一类特定的人：实践人或政治人。虽然政治史学也需要提出论证，但是它的论证一定要秘而不宣地呈现出来。这种论证不应由史家自己提出来，因为史家不是政治人。它应该由对言辞和行事的叙述呈现出来，而不是由作者显而易见的评判呈现出来。虽然修昔底德有着超群的沉默，但他笔下的那些特定事件和他传授的教导之间应该存在某些必然联系。④

与施特劳斯、韦特格林等人一样，福特也把修昔底德看做一个教育者，而且他也认为最好把修昔底德教育计划的首要对象理解为政治实践者。⑤

---

① [美]施特劳斯：《修昔底德：政治史的意义》，郭振华等译，载潘戈编《古典政治理性主义的重生》，华夏出版社2011年版，第144页。
② Leo Strauss, *The City and Man*, Chicago and London: The University of Chicago Press, Ltd, 1964, pp. 151 – 152.
③ Ibid., p. 224.
④ [美]韦特格林：《论修昔底德叙述的结局——〈战争志〉卷八发微》，彭磊译，载刘小枫、陈少明编《修昔底德的春秋笔法》，华夏出版社2007年版，第118—119页。
⑤ [美]福特：《统治的热望——修昔底德笔下的阿尔喀比亚德》，未已等译，华夏出版社2010年版，第9页。

而弗朗西斯·麦克唐纳·康福德则认为《伯罗奔尼撒战争史》是一部历史悲剧。他从探讨伯罗奔尼撒战争的起源入手,通过研究伯罗奔尼撒战争时期雅典的政治事件和政治人物,剖析了修昔底德的历史观。他认为,修昔底德并不像人们通常所认为的那样,是一位彻底的"求真者"。他并不具有现代人的历史因果观念,也不是有意识地分析历史发展中的经济因素。尽管他拥有一种求真感,但他的关注点并不在于探索历史规律,而在于探明人类的行为和动机;尽管他从理智上抛弃了神话和迷信,但他的思想框架内早已融入了神话观念,他的作品中也渗透了悲剧理论。因此,修昔底德的观念一直徘徊在神话和历史之间,他的《伯罗奔尼撒战争史》实际上是一部历史悲剧,是历史事实的戏剧化表现。①

张浪认为,《伯罗奔尼撒战争史》是一部历史著作。由于修昔底德对雅典的热爱才使得他有了写作《伯罗奔尼撒战争史》一书的动力,同时古希腊悲剧盛行于此时的希腊世界从而使古希腊悲剧对修昔底德《伯罗奔尼撒战争史》的写作造成了深刻的影响。这部著作带有极其浓厚的悲剧色彩但并不能改变其作为史书的性质。他提出,西西里远征作为雅典由盛到衰的转折点,以及修昔底德对雅典西西里远征的观点、立场,这两个要素是促成修昔底德将《伯罗奔尼撒战争史》一书写成具有浓厚的悲剧色彩的历史著作的主要原因。

毛丹则认为,修昔底德的《伯罗奔尼撒战争史》可以当做政治思想史的文本来读。因为修昔底德在历史学叙事中隐蔽但是相当完美地表达了对古典政治正义的冷峻批评:古典政治正义的困难不仅仅因为它在事件上呈现为一个约定过程,更因为它需要以同等强制为前提;而这两个条件都很难得到充分保证。他认为,修昔底德之论显然被2000年后的霍布斯所继承。② 毛丹关于可以把《伯罗奔尼撒战争史》当做思想史的文本来读的观点基本可以接受,但其论据缺乏说服力。因为修昔底德所涉及的政治哲学问题远不止正义一项。

如果说《伯罗奔尼撒战争史》可以被看做一部思想史著作或者一部哲学著作的话,那么,这部著作有没有一套系统的理论呢?

---

① 孙艳萍:《中文版序》,载[英]弗朗西斯·麦克唐纳·康福德《修昔底德:神话与历史之间》,孙艳萍译,上海三联书店2006年版,第1页。
② 毛丹:《修昔底德的正义论——对〈伯罗奔尼撒战争史〉的一种政治思想史读法》,《浙江大学学报》(人文社会科学版)2003年第1期。

英国古典学者杰布谴责试图为修昔底德拼凑一套伦理或政治理论的尝试。他认为这行不通。因为修昔底德并没有一套有关伦理或政治的理论。修昔底德汇集了他所观察到的实际政治的事实，但并不试图研究他们的根本规律。拼凑修昔底德的文本，并通过填补少许空白来构造一套颇为连贯、可被接受的学说体系兴许是可能的，但这个过程将是人为的和虚妄的。对杰布的这个说法，格雷纳（Devid Grene）提出了批评。格雷纳说，杰布认为修昔底德没有关注到所观察的事实背后的根本规律，这个认识是荒谬的。格雷纳并不把修昔底德看做纪实作家，而是看做哲人。他试图重构修昔底德的政治哲学。他认为修昔底德专注于对历史事件作真实准确的记述，这些事件型塑了他的政治哲学，而这种哲学又反过来塑造了这些事件。他说，自己要尽力在某一历史情境下的史家著作中找出总体的政治理论。他还列出了构建修昔底德政治观念的四类材料，包括以第一人称发表的实际言论、对政界重要人士的评论、某些有关人的本性以及政治发展的大体过程之本质的正面论述、诸多演说。①

三、演说词

修昔底德的《伯罗奔尼撒战争史》的一个显著特点是大量运用演说词。有不少学者对演说词进行了研究。但是，对于究竟何为演说词，却没有统一的看法。据韦斯特三世（William C. West III）的研究，最早提供《战争志》演说词列表的著作是贝拉斯在1868年发表的《阿提卡辩论》。贝拉斯列出了41篇演说词，但他未将间接陈述中的那些演说词收入其中。耶伯在1880年发表的论文中，41篇演说词这个数目再次出现于他的列表中。贝拉斯和耶伯概括性地把这些演说词归类为三种类型：商谈型的38篇，司法型的2篇，华丽型的1篇。他们还注意到两篇对话，即普拉提亚人与阿基达马斯之间的对话和弥罗斯对话，但是并未将这两篇对话收入列表之中。韦斯特三世认为，演说词可以被定义为在直接话语中或间接陈述中，对一个特定场合中所作言说的报道。这个定义旨在使读者能够脱离叙事，把演说理解为一种自身就

---

① ［美］格雷纳：《古希腊政治理论——修昔底德和柏拉图笔下的人的形象》，戴智恒译，华夏出版社2012年版，第16、19—20、26页。

很重要的行动。根据这个定义，除了弥罗斯对话外，韦斯特三世列举了直接话语中的52篇演说词、间接陈述中的85篇演说词以及结合直接话语与间接陈述的3篇演说词，一共140篇演说词。他还注意到了修昔底德把演说词成对地组合在一起的情况，认为修昔底德的这种显著倾向出现在每一卷中。①

肯尼迪（George Kennedy）在为斯塔特（Philip A. Stadter）所编选的论文集《修昔底德笔下的演说》所写的《引论》中曾谈到，论文的作者们尝试在更加宽泛的范围内采纳那些在直接对话中呈现的演说词，以及那些或长或短地被间接表述的演说词。实际上，作者们有意使演说词的概念尽可能地宽泛。此外，他们的研究涉及全书任何一卷，即使第八卷间接陈述中的演说词（人们过去一般认为这一卷根本就没有演说词）。②

关于第八卷有没有演说词的问题，麦考伊（W. James McCoy）的回答很直接。他说讨论第八卷中的演说词是不可能的，因为这一卷并没有演说词。不管修昔底德出于何种原因在第八卷中没有使用这一技巧，第八卷没有演说词这一事实都不会改变。他认为修昔底德大概报告了演说者（或演说者们）实际上所说的内容，但是没有详尽展开。我们可以称之为"非演说词"（non-speeches）。麦考伊的研究对象是皮山大在四百人议事会建立以前对雅典公民大会发表的演说，目的是在语境和背景中考察这些"非演说词"，特别是评论了它们之中某些潜在的政治含义。韦斯特雷克（H. D. Westlake）则发现，在第五卷和第八卷中对大会商讨作出解释的地方，并没有演说的直接话语形式，只有在间接陈述中的概述。他认为，这暗示了在重要问题上作出决策的过程可能非常繁杂甚至是混乱，而且会议中的议题并不绝对清楚明确。但在另一个地方，他又作出了另一种解释，认为第五卷和第八卷没有演说词，使这两卷作品明显逊色。这两卷之所以没有演说词，在很大程度上应归因于《战争志》没有完全地修订完成。由此他推测采纳演说词可以被认为属于修昔底德写作的最后阶段。③ 福特看到，第八卷没有演说词，常常被人们引以为史书未完稿的证据。但他认为修昔底德不加入演说词可能自有原因，这样做的动机一如他在其他卷中放入演说词一样。这些演说词最普遍的用处是

---

① ［美］韦斯特三世：《修昔底德笔下的演说词：描述和列表》，载［美］斯塔特编《修昔底德笔下的演说》，王涛等译，华夏出版社2012年版，第7—8、10页。
② ［美］肯尼迪：《引论》，同上书，第101、121、129页。
③ ［美］韦斯特雷克：《修昔底德笔下演说的背景》，同上书，第101、121、129页。

展示演说在希腊城邦生活中的重要性。让读者直接听到演说词来感受政治生活的本质。有意在第八卷中不加入演说词是为了表明,在这一时期,城邦已经退化到只关心最低限度的公共利益。① 福特绕了几圈后的这一猜测恐怕距离真相很远很远。

人们曾批评修昔底德伪造言辞,意思是修昔底德宣称他创作的演说词与实际发表过的演说的要旨一致,但修昔底德对其进行了编述(edits)。以当前史家的观点来看,这是一种伪造。② 施特劳斯认为:"我们在其史书中读到的演说,都是他自己的作品:他以自己认为适宜的方式表达了实际发表的演说的要旨。"在《城邦与人》中,施特劳斯在谈到修昔底德与科学历史学家的不同时,也说到修昔底德在自己的历史著作中插入了"自己所创造的对话者的言辞"。③ 这些言辞的意义何在呢?施特劳斯认为,演说词和行事之被呈现不仅在于它们之被讲述,而最重要的在于它们之被拣选和被编排。修昔底德笔下的角色们会说出他不说的东西,所以,读者必须自己找出何为修昔底德的看法。④ 在《城邦与人》中他提出,演说者的判断不能等同于修昔底德本人的判断。因为他的说话者并非仅仅考虑真理,而是考虑他们城邦或小团体的利益。⑤ 施特劳斯还说,修昔底德非常急切地强调,他笔下角色们的言辞与他自己的言辞之间有紧密联系。他之所以如此急切地作这种强调,是因为他非常急切地要表明,他笔下角色们的言辞与他自己的言辞之间存在差异。⑥ 如何来区分何为角色们的言辞,何为修昔底德本人的观点呢?施特劳斯的回答是含糊的。他只是说:"得出以下的结论是可靠的:至少在某些情况下,在演讲中实际传递出来的信息并不是雅典人打算传达的信息。更一般地说,修昔底德所写的演讲所传递出来的思想不是属于说

---

① [美]福特:《统治的热望——修昔底德笔下的阿尔喀比亚德》,未已等译,华夏出版社2010年版,第122页。
② [美]施特劳斯:《修昔底德:政治史的意义》,郭振华等译,载潘戈编《古典政治理性主义的重生》,华夏出版社2011年版,第134、133页。
③ Strauss Leo, *The City and the Man*, Chicago and London: The University of Chicago Press, Ltd, 1964, p. 142.
④ [美]施特劳斯:《修昔底德:政治史的意义》,郭振华等译,载潘戈编《古典政治理性主义的重生》,华夏出版社2011年版,第153—154页。
⑤ Leo Strauss, *The City and Man*, Chicago and London: The University of Chicago Press, Ltd, 1964, p. 148.
⑥ [美]施特劳斯:《修昔底德:政治史的意义》,郭振华等译,载潘戈编《古典政治理性主义的重生》,华夏出版社2011年版,第154页。

话者的，而是属于修昔底德的。这完全和以下可能性相兼容：作为一名历史学家，修昔底德曾尽可能接近地保持说话者真正所说的东西，或不能假定任何演讲所表达出来的意见都是修昔底德的意见。"施特劳斯既把演说词看做修昔底德的观点，又不看做修昔底德的观点，还说这两种认识是兼容的。施特劳斯在这个问题上的含混导致了他的自我矛盾。例如，在《城邦与人》中，他曾说葬礼演说"表达的是伯里克利的看法，而不是修昔底德的看法"。但在另一处，他却说葬礼演讲只是修昔底德通过伯里克利的思想这个中转媒介来表达自己的观点。① 此外，施特劳斯还认为读者几乎不自主地倾向于认为修昔底德一定是用说话者来充当自己的传声筒。笔者认为，施特劳斯的这一看法与事实恰恰相反。不同的说话者所表达的意思不同，更重要的是这些意思之间往往存在尖锐矛盾。这样矛盾的思想如果都是修昔底德的思想，那么修昔底德的内心该是何等矛盾和痛苦啊，他该何等煎熬啊。常识告诉我们，说话者表达的意思只是说话者本人的意思，至多是修昔底德举出在当时有这样的想法存在，而不是修昔底德本人的思想。施特劳斯的这个替读者发言的自行臆断，完全违反了常识。

耶格尔（Werner Jaeger）则旗帜鲜明地认为，《伯罗奔尼撒战争史》中的演说词"是修昔底德思想最为直接的表达，完全可以同无论是默默无名的还是影响深远的伟大希腊哲人的著作匹敌"。② 耶格尔的这一断言虽然大胆，但无根据。格雷纳列举了对修昔底德笔下演说词的三种总体看法：一是把演说词当成自由虚构之物。通过构思这些演说，修昔底德表达的是个人的洞见。二是把演说词看成真实演说的文学改写。虽然其措辞、字句和结构必然出自修昔底德自己，但论证的若干要点大概都来自最初的记录。三是把演说词当成对已发表演说的逐字逐句的报道。格雷纳认为，第三种可能性几乎笃定不必考虑。第二种看法才是正确的，应当是首选的看法。他对此解释道，由于不能亲临演说发表的现场，或鉴于信息不完整，修昔底德不可能重新再现这些演说。他于是亲自写作和扩充了论辩，但是，他不曾在没有演说发表的地方无中生有，而且在任何情况下都尽其

---

① Leo Strauss, *The City and Man*, Chicago and London: The University of Chicago Press, Ltd, 1964, pp. 151, 166, 174, 218.
② ［美］肯尼迪:《引论》，载［美］斯塔特编《修昔底德笔下的演说》，王涛等译，华夏出版社2012年版，第2页。

所能紧贴已发表演说的可用材料。① 肯尼迪认为，可以通过演说词来接近修昔底德的思想，最终通过修昔底德来接近希腊人的心灵。这似乎把演说词说成接近修昔底德本人的思想，但又不完全是修昔底德本人的思想。所以，他提出问题说："我们是把演说词视为对当时问题的阐述呢，还是把它们都视为修昔底德本人的评论？"② 但他没有给出任何答案。冯雷（John H. Finley）则认为，修昔底德肯定提取了政治家演说词中的精华，并由此将其提升到更抽象的水平。③ 这个中庸的观点比较接近于格雷纳了。

斯塔尔（Hans-Peter Stahl）告诉我们，曾经有一段时间，《战争志》的阐释者们认为修昔底德代言的演说词是告诉我们历史的意义的，否则历史的意义就会保持沉默。斯塔尔认为这种看法过于简单，同时也是错误的。因为这种看法忽略了一个事实：修昔底德常常给出很多对相互矛盾的演说词（因而不可能都在表述他自己的观点，而且可能都没有在表述他自己的观点），有时他也针对同样一个问题给出四篇具有不同角度的演说词。斯塔尔说，如今我们已经学会谨慎从事，不再像过去那样，天真地断言修昔底德演说词告诉我们修昔底德自己的观点和信念。④ 笔者认为，斯塔尔的这一看法才是正确的。

至于修昔底德为何要在著作中大量使用演说词，肯尼迪认为这是古代作家写作的一种惯例。大多数古代史家都采纳某种类型的演说词，从完整的论辩到会议报告、对话、书信、口信以及其他形式的口头表达。他认为，《伊利亚特》中各种人物的"演说词"提供了最早的典范。希罗多德接受了（《伊利亚特》开创的）这一惯例。实际上，这一惯例一直沿袭到19世纪，但它在此时才屈服于科学的纪事概念。王涛也认为，古希腊—罗马的纪事作品中必须包含一些演说词几乎成了惯例。从形式上看，演说词是历史事件中的重要人物在说话，其实，也很可能是纪事作家借机发表

---

① ［美］格雷纳：《古希腊政治理论——修昔底德和柏拉图笔下的人的形象》，戴智恒译，华夏出版社2012年版，第20—23页。
② ［美］肯尼迪：《引论》，载［美］斯塔特编《修昔底德笔下的演说》，王涛等译，华夏出版社2012年版，第23页。
③ ［美］冯雷：《修昔底德的文风》，陈开华译，载刘小枫、陈少明编《修昔底德的春秋笔法》，华夏出版社2007年版，第59页。
④ ［美］斯塔尔：《卷六和卷七的演说词与事件过程》，载［美］斯塔特编《修昔底德笔下的演说》，王涛等译，华夏出版社2012年版，第79—80页。

个人见识的一种笔法。古代的读书人大多懂得这类演说词往往是作者的写作手法。①

那么,演说词在修昔底德的著作中到底有什么作用呢?伊梅瓦在一篇分析权力病理学问题的文章中说,修昔底德的演说词往往被视为独立的政论。与以往相比,演说词与叙事之间的联系近来已经得到了更多的强调,但是这种强调让一些学者把演说词仅仅理解为叙事要素。他认为这些观点都不对。他认为,在修昔底德的解说中,演说词至少具有与叙事相同的重要性。演说词不单纯是叙事因素,它在著作中有四种不同功能:①对《战争志》的主要观念提供了一种理性分析,其中包括对权力的分析。②描述了对权力的非理性献身。③为思想观念与战争中个人行动之间的关系提供了大量的说明。④总是同它们作为其中一部分的场景以及同著作其余部分,处于一种戏剧性关系之中。他提出,权力分析的某些方面主要出现在演说词中,尤其出现在第一卷和第二卷的演说词中。肯尼迪认为,不能简单地给修昔底德的演说词贴上"装饰物"的标签,认为它的意图在于使《战争志》更具可读性,或阐明事件参与者的个性特征。肯尼迪并不否认在偶然的情况下,演说词可能会带来这种效果,但从总体上看,演说词非常深奥,非常具有思想性,而且非常缺少个人色彩。②中国学者颜贺明认为,修昔底德之所以能够成功运用演说词,是因为古希腊社会为他提供了充分的前提条件,主要是古希腊演说术的繁荣、修辞学教育的发展,以及在古希腊历史学被认为是提供"意见"的学科特点。由于具备了在历史著作中运用演说词的条件,修昔底德在实用主义思想的指导下,虚构了大量演说词,以便使其著作对后世起到某种道德垂训和政治借鉴作用。修昔底德的演说词具有简单叙事所无法起到的作用,如展示人物特点、掩盖作者的主观研究、介绍政治军事行动等,所以他尽量使演说词内容丰富。③

韦斯特雷克还专门研究了政治辩论演说词的结构。他认为,思考修昔

---

① [美]肯尼迪:《引论》,载斯塔特编《修昔底德笔下的演说》,王涛等译,华夏出版社2012年版,第1页。
② [美]伊梅瓦:《权力病理学和修昔底德笔下的演说》,载[美]斯塔特编《修昔底德笔下的演说》,王涛等译,华夏出版社2012年版,第2、24、33、44页。
③ 颜贺明:《论演讲词在修昔底德史学中的地位和作用——以实用主义思想为研究视角》,硕士学位论文,陕西师范大学,2010年。

底德为何采纳某些演说的直接话语样式,这种研究的结果必然是推测的、主观的,所以,他把自己限于考察叙事与演说词是怎样融为一个连贯的整体的这样一个更切实一些的问题。他发现,每当修昔底德叙述一场政治辩论并纳入一段演说词,他都起始于一段用以解释引发辩论之背景的文字,终结于一段记录辩论结果的文字。他称起始段落为导言,终结段落为附言。这些导言和附言最显著的特征是简短、直白以及充满事实,与演说词的复杂性形成显著对照。大多数导言仅仅提供一些解释辩论发生原因的必要信息。在相当多的例子中,演说者的目的没有预先得以阐述而只是在演说词的实质内容中显现出来。而附言比导言稍微详细与复杂一些,但它们很少是详尽细致的。在几乎每一次主要辩论结束时都有一次投票表决,由赫摩克拉底和雅典那哥拉斯发表演说时的叙拉古大会则是一个例外——在所有此类场合,修昔底德都要报告多数票的决定,但往往很少提及其他情况。其中一些给出了多数票决定的理由,偶尔还会比较详细,而其他一些没有给出理由。在某些情况下,没有给出理由,可能是修昔底德受制于证据不全或不可靠这一因素,因而他不愿表态。他希望读者在研究有关辩论的叙述时将注意力集中于演说词本身,期待他们得到这些叙述有意传达的全部教诲。[1]

四、人物

对《伯罗奔尼撒战争史》中人物的研究主要集中于伯里克利和亚西比得。

(1)关于伯里克利的研究。施特劳斯认为,虽然修昔底德赞扬伯里克利和伯里克利的雅典,但他从来没有说伯里克利是其时代中最好的或最富德行的人:他对伯里克利的赞扬有所保留。并且葬礼演说为伯里克利而非修昔底德所发表。这场葬礼演说是伯里克利的一个政治行动,它必须据此得到理解。在修昔底德看来,伯里克利不仅从属于民主政治,甚至与民主制处于深层的和谐之中。在修昔底德笔下的伯里克利从未使用过"节制"一词,这一点非常重要。葬礼演说尤其表明,伯里克利的

---

[1] [美]韦斯特雷克:《修昔底德笔下演说的背景》,载[美]斯塔特编《修昔底德笔下的演说》,王涛等译,华夏出版社2012年版,第115、117、120页。

取向本质上与修昔底德归之于病态城邦的那些取向一致：伯里克利也更喜欢大胆而非节制。① 在《城邦与人》中，施特劳斯再次提到，修昔底德文中的伯里克利甚至在三次演讲中都没有提到节制。②

威廉斯认为，伯里克利的演讲皆以隐微的方式表达，他在国葬典礼上的演说主要集中于修昔底德笔下美德要素的几个方面。伯里克利高度赞扬雅典城邦所取得的成就，尤其是通过强调理智和民主制来关注雅典的伟大和光荣，这在某种程度上间接地宣扬了伯里克利自己的光荣及其战争策略；并且这种关注反对任何可能的对战争及其领袖的批评。因为没有人能羞辱死去的人们，因而也就没有人能批评城邦及其政策。修昔底德说，雅典名义上是一种民主制，这恰恰是因为雅典事实上是由"第一公民"伯里克利所统治的。倘若事实如此，那么，伯里克利赞美雅典民主制，实际上只是在赞美自己。他认为伯里克利在两点上背离了修昔底德：其一，修昔底德排斥民主制，而伯里克利盛赞民主制；其二，修昔底德对雅典瘟疫的叙述展现人类才智无法控制自然，而伯里克利显然假定才智可以控制一切甚至自然。伯里克利葬礼演说之后，紧接着就叙述瘟疫。修昔底德说明了伦理标准的下滑，认为这是战争和瘟疫的外部压力的结果。瘟疫对雅典造成的影响与科西拉革命造成的影响——科西拉社会遭受了一种"病态的"道德滑坡——十分相近。瘟疫的种种后果构成了对伯里克利赞美的种种美德的完全颠倒。瘟疫的影响也表明了雅典人的威力及其社会的高度发达如何可能在短时间内完全颠倒。他认为，瘟疫描述的章节在多个方面驳斥了伯里克利坚信理智是雅典民主制基础的观点，也反驳了他认为理智是美德主要因素的观点。但是，修昔底德维护了伯里克利的名誉。修昔底德记述了伯里克利警告雅典人要对一些不可预料的事件做好准备，从而维护了伯里克利作为一位有智慧、有远见的人的名誉。对瘟疫的描写有助于再次强调伯里克利的军事防守政策是智慧的。③ 伯里克利战争政策的出发点是拖垮斯巴达人，而不是扩张帝国。他说，伯里克利是一个"明白事理"的人，他的理智和其他美德使他有能力并且应该教导

---

① ［美］施特劳斯：《修昔底德：政治史的意义》，郭振华等译，载［美］潘戈编《古典政治理性主义的重生》，华夏出版社2011年版，第144—146页。
② Leo Strauss, *The City and Man*, Chicago and London: The University of Chicago Press, Ltd, 1964, p. 152.
③ 威廉斯还说，伯里克利的战争政策是明智的，但他的后继者屈服于民众，采取相反的政策，如尼西阿斯就支持和平。所以，威廉斯说，对伯里克利的赞扬就是对尼西阿斯的指责。

雅典人。伯里克利觉得，他有资格把自己的个人品行及自己的战争政策与正义联系在一起，这大概是因为，他把战争政策及正义的适当（正义就源自这种适当）直接与伦理品质（他的政策就基于这些品质）联系起来。伯里克利坚持说，好的政治行为依赖于美德。因此，雅典人对他的指责显然是不合理的，因为他有美德。伯里克利自称有一项好政策，这项政策源自他的好品质，修昔底德也赞成伯里克利的这种自称。威廉斯认为，伯里克利的演说明目张胆地宣扬反对民主制，赞成由一个人统治。在很多方面，伯里克利被描绘成一个富有操纵能力的煽动型政治家，伯里克利对于民众具有很高的潜在危险性。伯里克利对雅典人的轻视是由某种意义上的优越性引起的，正是在这个方面，人们可能把伯里克利看做不道德的和最危险的人。我们有理由质疑伯里克利的寡头统治和帝国主义倾向。①

（2）关于亚西比得。施特劳斯曾说，如果雅典没有从西西里召回亚西比得，雅典是会胜利的。② 西西里远征的胜利取决于亚西比得站在雅典这一方。亚西比得也许能给西西里远征带来一个幸福的结局。③ 在一篇考察修昔底德著作中诸神的文章里，施特劳斯依然把亚西比得看做雅典的救星。④ 韦特格林说，亚西比得是一个最雅典式的雅典人。比如，他凭勇敢的智性设想出了西西里远征，并且假如他没有被解除职务，他本来还能使之成功。⑤ 福特说，亚西比得具有最大限度效力于城邦的独一无二的能力，以及他这样做时的全心全意。但是，城邦驱逐了他。当雅典给他定罪时，就注定了雅典的失败。修昔底德坚持认为，雅典要靠亚西比得才能成功和生存。修昔底德说，亚西比得的缺席而非在场毁了雅典。亚西比得是在战争中指挥城邦事务的最佳人选。亚西比得是修昔底德笔下唯一能拯救西西里远征和城邦的人，因此，他的奢侈或自利所表现出与统帅的不相称

---

① [美] 威廉斯：《修昔底德笔下的个人与城邦——〈战争史〉卷二义疏》，陈开华译，载刘小枫、陈少明编《修昔底德的春秋笔法》，华夏出版社2007年版，第83、88—103、110页。
② [美] 施特劳斯：《修昔底德：政治史的意义》，郭振华等译，载潘戈编《古典政治理性主义的重生》，华夏出版社2011年版，第97页。
③ Leo Strauss, *The City and Man*, Chicago and London: The University of Chicago Press, Ltd, 1964, pp. 204, 208.
④ [美] 施特劳斯：《对修昔底德著作中诸神的初步考察》，载 [美] 施特劳斯《柏拉图式政治哲学研究》，张缨等译，华夏出版社2012年版，第142页。
⑤ [美] 韦特格林：《论修昔底德叙述的结局——〈战争志〉卷八发微》，彭磊译，载刘小枫、陈少明编《修昔底德的春秋笔法》，华夏出版社2007年版，第130—131页。

就都不成其为问题。福特还说，驱逐亚西比得带来了城邦的衰败。①

施特劳斯、韦特格林和福特都把自己的诸多论述建立在亚西比得是雅典的救星这个基础之上。这个基础可靠吗？阅读中文版的《伯罗奔尼撒战争史》，从头至尾没有见到修昔底德把亚西比得看做雅典救星的论述。从修昔底德对亚西比得不多的几处评论，也难以推论出这个结论。好在施特劳斯和福特都注出了他们得到这个看法的出处在第六卷第十五段。按图索骥，发现商务印书馆汉译名著《伯罗奔尼撒战争史》中的修昔底德并无这个意思。中文版的《伯罗奔尼撒战争史》第六卷中在尼西阿斯反对西西里远征的第一次演说与亚西比得强烈支持西西里远征的演说之间，有一段话，这就是第六卷第十五段。其中只是说："虽然在职务上，他（指亚西比得）领导战事的成绩是卓越的，但是他的生活方式使每个人都反对他的为人。"② 这句话所表达的意思是，在此之前，亚西比得领导战事的成绩是卓越的，这大概指的是他领导门丁尼亚战争以及与亚哥斯结盟等诸如此类的事件，并不指发生在此后的西西里远征战事。因为亚西比得在西西里的时间极短，他刚到达那里不久就被召回了。而且在西西里，亚西比得并没有什么可以赞颂的军事成就。所以，修昔底德所指的"卓越"，只能是指西西里远征之前的那些事件中亚西比得取得了一定的成就。

阅读商务印书馆中文版的《伯罗奔尼撒战争史》可以发现，修昔底德不仅没有表示亚西比得是雅典救星的意思，刚好相反，从他毫无隐晦的评论中，我们看到的是亚西比得恰恰是雅典灭亡的罪魁。就在这一段中，修昔底德说："他有更强烈的动机，想获得将军的职位，他希望由他征服西西里和迦太基——这些胜利会使他个人同时得到财富和荣誉。因为他在民众的眼光中有很高的地位，他对于赛马的热忱和他的奢侈生活已经超过了他的财产所能供给的。事实上，这和后来雅典城邦的倾覆是有很大关系的。大多数人看到他有一种与众不同的品质，表现在他私人生活习惯上的违法乱纪，以及他在一切机会中行动的精神，因而感到恐慌。他们认为他的目的是想做僭主，所以他们对他都有恶感。虽然在职务上，他领导战事的成绩是卓越的，但是他的生活方式使每个人都反对他的为人；因此，他

---

① ［美］福特：《统治的热望——修昔底德笔下的阿尔喀比亚德》，未己等译，华夏出版社2010年版，第7、71、77—79、178页。
② ［古希腊］修昔底德：《伯罗奔尼撒战争史》，谢德风译，商务印书馆1960年版，第488页。

们把国家事务委托于他，不久就引起城邦的毁灭。"① 按照谢德风中文译本的这段话，我们只能得出结论：亚西比得是雅典灭亡的罪魁。但是为何这么多的学者都一口咬定，修昔底德本人说过亚西比得是雅典的救星呢？

我们来查阅英文版。在华格纳（Rex Warner）的英文译本中，第六卷第十五段中说的意思与上文所引用的中文版内容大部分一致，但在关键之处出现了差异。原文是这样说的：

> Stronger motives still were his desire to hold the command and his hopes that it would be through him that Sicily and Carthage would be conquered-success which would at the same time bring him personally both wealth and honor. For he was very much in the public eyes, and his enthusiasm for horse-breeding and other extravagances went beyond what his fortune could supply. This, in fact, later on had much to do with the downfall of the city of Athens. For most people became frightened at a quality in him which was beyond the normal and showed itself both in the lawlessness of his private life and habits and in the spirit in which he acted on all occasions. They thought that he was aiming at becoming a dictator, and so they turned against him. Although in a public capacity his conduct of the war was excellent, his way of life made him objectionable to everyone as a person; thus they entrusted their affairs to other hands, and before long ruined the city. ②

华格纳译本中的意思很明确，说的是亚西比得想获得将军职位以同时得到财富和荣誉。但是，雅典民众厌恶他。于是，雅典民众转而把他们的事业交到了别人手里而不是亚西比得手中，之后不久就毁灭了雅典城邦。

再看一看克劳莱（Richard Crawley）译本中这段话是怎么讲的。同是在第六卷第十五段，克劳莱译本是这样翻译的：

---

① ［古希腊］修昔底德：《伯罗奔尼撒战争史》，谢德风译，商务印书馆1960年版，第488—489页。
② Thucydides, *History of Peloponnesian War*, trans. Rex Warner, London: Penguin Books Ltd, 1972, pp. 418-419.

... and who was, besides, exceedingly ambitious of a command by which he hoped to reduce Sicily and Carthage, and personally to gain in wealth and reputation by means of his success. For the position he held among the citizens led him to indulge his taste beyond what his real means would bear, both in keeping horses and in the rest of his expenditure; and this later on had not a little to do with the ruin of the Athenian state. Alarmed at the greatness of his license in his own life and habits, and of the ambition which he showed in all things soever that he undertook, the mass of the people set him down as a pretender to the tyranny, and became his enemies; and although publicly his conduct of the war was as good as could be desired, individually, his habits gave offence to every one, and caused them to commit affairs to other hands, and thus before long to ruin the city.①

这两个英文译本在最关键之处完全一致，这就是文中的那个关键意思，即雅典民众把自己的事业交给了他人而不是亚西比得，不久即导致城邦的毁灭。

由此可见，谢德风先生翻译的《伯罗奔尼撒战争史》在这个关键意思上发生了错误。

徐岩松、黄贤全的中文译本《伯罗奔尼撒战争史》参照的是依据希腊文英文对照的史密斯英译本，在这个中文版的相同位置，对于那个最关键意思上的翻译是："尽管他在指挥作战方面成绩显赫，但在个人行为方面，他的习惯遭到众人的反对；这使得民众认为一旦把作战事务移交给他人，不久就会毁掉城邦。"② 这个译文更是错误。

总之，施特劳斯等人把亚西比得看做雅典的救星，是修昔底德的原意。我们（包括笔者在内）之所以对他们的这个意思感到不解，是因为受到了中文译本误译影响的结果。

韦特格林认为，亚西比得几乎背叛了所有其他人，是一个"伟大的

---

① Thucydides, *History of Peloponnesian War*, trans. Richard Crawley, New York: Barnes and Noble Classics, 2006, pp.356-357.
② ［古希腊］修昔底德：《伯罗奔尼撒战争史》，徐岩松、黄贤全译，广西师范大学出版社2004年版，第331页。

叛徒"，但是亚西比得不会选择彻底毁灭雅典，其斯巴达原则受雅典原则制约。① 所谓斯巴达原则，是指亚西比得在斯巴达宣布的原则：对付敌人的最好方法就是行其最恐惧之事。亚西比得的叛徒生涯始终践行了斯巴达原则，但在第八卷中，他却三次避免行雅典最恐惧之事。首先，雅典人西西里惨败之后，他立即说服斯巴达在爱奥尼亚而非优卑亚鼓动叛变。然后，他又两次劝阻海军暴民进攻雅典。而在这两种情况下，进攻都将会使雅典帝国土崩瓦解。所以，韦特格林才说，亚西比得对雅典的敌视有一个界限，他不会选择彻底毁灭雅典。

福特对亚西比得的研究可谓全面详细了。他研究的并非历史上的亚西比得，而是修昔底德对亚西比得的理解，是亚西比得在修昔底德著作中的位置，以及他与修昔底德的主题中最深刻部分的关联。福特之所以将注意力集中在亚西比得身上，是因为他相信，与修昔底德著作中几乎所有其他部分相比较而言，修昔底德对亚西比得的记述，将我们更近地带入了修昔底德心中对于人类和政治世界的理解。他考察了亚西比得的两次演讲：一次在雅典，是关于西西里远征问题的演说；另一次在斯巴达。福特认为这两次演讲非常机敏且前后一致。在第一次演讲中，亚西比得的骄傲和莫名的自信是其一般的政治态度，这一态度却类似于雅典帝国的"乐观主义"。亚西比得对于卓然出众的热望，似乎是对雅典平等精神的否定。亚西比得是想要坦率、公开地统治城邦。亚西比得自称的统治权力，完全基于他所谓的自己表面上的自私行为所带给城邦的好处。亚西比得心目中的城邦需要一个伟大领袖加以劝导。福特认为，亚西比得暗含的意思是说，城邦中的凝聚力，来自城邦找到自己的核心——一个或多个伟大的政治家。②

亚西比得第二次演说背后的观点是：政治家是独立的行事者，其热望包含着自身的正当性。这些热望必然有利于城邦，政治家只需要依附于城邦或与城邦联盟就足够了。在亚西比得看来，政治世界的核心问题毫无疑问就是政治家，政治家的热望可以从一个事业转移到另一个事业，从一个问题转移到另一个问题，甚至最后从一个城邦转移到另一个城邦。亚西比得并不那么

---

① ［美］韦特格林：《论修昔底德叙述的结局——〈战争志〉卷八发微》，彭磊译，载刘小枫、陈少明编《修昔底德的春秋笔法》，华夏出版社2007年版，第131—132页。
② ［美］福特：《统治的热望——修昔底德笔下的阿尔喀比亚德》，未已等译，华夏出版社2010年版，第1、72、83—86、90—91页。

依附于城邦。福特说，亚西比得寻求个人的卓越，这将会给他服务的城邦带来最大的利益。一个城邦，只要给予亚西比得自由的统治权，就可以增加巨大的利益。而亚西比得是唯一一个在战争中被双方都判处死刑的人。对其不值得信赖的指控也同样出现在斯巴达和雅典，事实上与他的多面性有关。各城邦都怀疑亚西比得的忠诚到底在哪里。因为他极其致力于获得自己的荣耀或威望。福特认为，亚西比得之所以要求雅典改变政体，是为了借着改变政体之际让他从流放中被召回雅典。福特推测说，亚西比得一旦回到雅典，毫无疑问，他的行为就会回到其本有的方式，就会试图使整个城邦的政治生活听任于他。亚西比得在修昔底德史书展现的过程中没有学到任何有关政体重要性的知识。这种缺陷缘于他自身强势的政治观点，这种观点从根本上回避政体问题。①

福特对修昔底德书中的一个判断进行了别具特色的解释。修昔底德在第二卷中曾说："西西里远征不是一个判断上的错误，如果我们考虑到我们所要对付的敌人的话；这个错误是在于国内的人没有给予海外的军队以适当的支援。"② 福特说，雅典人没能支持远征就是指雅典人没能任用亚西比得。③ 这个解释相当牵强且错误。因为修昔底德对自己所讲的"没有给予海外的军队以适当的支援"的解释是："他们（指国内的人）忙于个人的阴谋，以图获得对人民的领导权，他们让这个远征军失掉了它的动力；由于他们的不和，开始使国家的政策发生紊乱。"④

福特还将亚西比得与地米斯托克利进行了比较。他认为两个人都有政治天赋，两个人都证明了其天赋可以效力于任何城邦。亚西比得的抱负和天赋已经将自身超脱了通常与城邦的任何依附，这引起了一个问题，就是政治天赋或野心与共同体的关系问题。亚西比得强有力地带来了这个问题，但是，在修昔底德那里，亚西比得并非第一个彰显这个问题的人，修昔底德已经用地米斯托克利引出这个问题。亚西比得之所以认为自己效力于敌方的想法正当，是因为城邦转而反对他。这个观点重新界定了传统上

---

① [美]福特：《统治的热望——修昔底德笔下的阿尔喀比亚德》，未已等译，华夏出版社2010年版，第100、112—113、129、131页。
② [古希腊]修昔底德：《伯罗奔尼撒战争史》，谢德风译，商务印书馆1960年版，第170页。
③ [美]福特：《统治的热望——修昔底德笔下的阿尔喀比亚德》，未已等译，华夏出版社2010年版，第180—181页。
④ [古希腊]修昔底德：《伯罗奔尼撒战争史》，谢德风译，商务印书馆1960年版，第170页。

政治共同体与其伟大领袖之间的关系。在亚西比得看来，领袖有权与共同体分庭抗礼，他将领袖与共同体同等看待，而非让领袖像其他公民那样从属于共同体。这是理解亚西比得提出的要求以及他施之于雅典的行为的关键。修昔底德坚持认为，雅典要靠亚西比得才能成功和生存，如此一来，亚西比得的主张就不能被简单地置之不理。亚西比得的主张以及亚西比得的能力和行为，迫使修昔底德严肃地重新思考传统上政治家在政治社会中的地位以及他们对共同体的合法义务问题。①

笔者认为，福特的这个观点似是而非，一如亚西比得把自己的豪华奢侈当做雅典的荣耀一样似是而非。笔者认为，亚西比得之所以效力于敌方，是因为他走投无路，与当年的地米斯托克利投奔波斯也是因为走投无路一样。在第六卷中，他在斯巴达的演说在煽动斯巴达人采取行动对抗雅典的时候，顺带为自己的叛国行为作了辩护。这个辩护也只能是一个辩护，与第八卷中福里尼卡斯为自己的叛国行为辩护的性质是一样的，并不含有领袖可以与城邦分庭抗礼的意思。如果亚西比得为自己的辩护被看做对传统的领袖与城邦关系的否定，那么，地米斯托克利的叛国是否也可以这样解释呢？如果也可以这样解释，那么，早在地米斯托克利的时候，领袖与城邦关系的观念就已经发生了变化。我们要问，在地米斯托克利时代，领袖与城邦关系的观念已经发生了巨变，那么何来伯里克利时期领袖与城邦关系的传统呢？② 所以，笔者仍然认为，对修昔底德著作不可过度解释，否则，便会远离修昔底德的本意。福特对亚西比得叛国的解释可以视为过度解释修昔底德的一个范例。

福特说，亚西比得个人的肆意挥霍营造了城邦实力的表面印象，其行为本身也增加着城邦的有效实力。这样一来，表面印象便成了现实。他将城邦的利益和他个人的利益结合在一起，甚至在他挥霍无度方面也是如此。福特认为，正是因为亚西比得如此奢侈，以至于影响到外人对

---

① [美]福特：《统治的热望——修昔底德笔下的阿尔喀比亚德》，未已等译，华夏出版社2010年版，第7、69页。

② 福特认为，在修昔底德那里，伯里克利是传统的理想政治统治者的代表。与亚西比得相反，伯里克利自制又谦让，似乎是将城邦的利益放在他自己的私人利益之上，在雅典人当中获得了绝对的信任。在政治家与共同体关系问题上，伯里克利全心全意地赞同传统的观点。参见[美]福特《统治的热望——修昔底德笔下的阿尔喀比亚德》，未已等译，华夏出版社2010年版，第7—8页。

整个城邦的评估,甚至可以说雅典受惠于亚西比得的辉煌。亚西比得全神贯注于自己的利益,实际上对城邦有益。从传统上讲,那些杰出的公众人物生活的次要方面,被亚西比得当成了他最想要过的生活的核心。亚西比得对个人荣耀和摆阔的政治理解,改变了政治家与城邦的关系,甚至在某种程度上颠倒了两者的角色。亚西比得没有否认共同利益,但是他的个人利益难以甘居其次。他近乎认为城邦的繁荣基于他的荣华。亚西比得对于城邦和自己的优先性想法,却从根本上威胁到了共同体。但是福特又说,领袖自私自利的行为对城邦却是有益的。① 这种自相矛盾的观点很难让人理解。

五、政制

施特劳斯说,政治生活是一种对最佳政制的探索,政治生活因此指向政治哲学,亦即指向对最佳政制的有意识的求索。对最佳政制的求索只是对好生活的求索的政治形式而已。他看到,雅典的命运竟完全取决于一个人的德行。这意味着,雅典民主不得不在宪政上依靠完全不可靠的机运。他认为,一个稳健的政制应该是这样的,在此政制中一个相当大的群体赖以生存的公民德行——尤其是节制之德——处于一个合理的高水平,而且这一群体服从统治:这是一个节制的政制。因此,不论伯里克利的品质多么伟大,他的统治与雅典民主不可分割;他的统治从属于雅典民主;要从政治上评价伯里克利的统治,首先必须清晰地理解这种统治的不稳固性。他说:"伯里克利的君主式统治为雅典指引着方向。但是,伯里克利很快就会辞世而去。"②

在《城邦与人》中,施特劳斯再次提到这个观点。他说,伯里克利的政制并不是最好的政制。事实上,在伯里克利的统治下,或多亏了伯里克利,雅典成为最有权力的城邦,这并不能证明在他的统治下,或多亏有了他,雅典才是"最好"的城邦。雅典在公元前411年建立的政治制度,对于修昔底德来说似乎就是最好的政治制度,修昔底德就生活在这个时期

---

① [美]福特:《统治的热望——修昔底德笔下的阿尔喀比亚德》,朱已等译,华夏出版社2010年版,第80—82页。
② [美]施特劳斯:《修昔底德:政治史的意义》,郭振华等译,载潘戈编《古典政治理性主义的重生》,华夏出版社2011年版,第145—146、158页。

的雅典。伯里克利的政制——名义上是民主制实质上是第一人统治的政制——是劣等的政制。它的确从中保存了民主制并增长了雅典的力量和荣耀，使其远远胜于之前雅典所能达到的任何事情，但它不得不依赖于宪章，而这种宪章又依赖于难以解释的机遇：偶然出现了伯里克利这样的个人。一个合理的政制是一大群人通过公民美德公平地联合在一起高水准的统治，是公开的，以自己权利统治的政制。无论伯里克利的功绩有多大，他的统治都与雅典的民主制密不可分：其功绩属于雅典的民主制。对伯里克利的统治作出判断时必须不能忘记，它的基本特点是不可靠的。一个可靠的政制是一个致力于节制的政制。①

雅典那种民主制是怎么来的？施特劳斯通过研究柏拉图的《法律篇》第三卷回答了这个问题。他说，《法律篇》第三卷是柏拉图作品中唯一跟修昔底德史书进行明确（simple）对抗的部分。《法律篇》第三卷叙述了那种得自波斯战争时期的优良雅典政制亦即祖传政制，如何转变为伯里克利时代的极端民主政治。柏拉图把其原因追溯到对有关音乐和演戏（theater）的祖传律法的故意漠视：通过不让最好和最智慧的人，而是让全体观众来评判歌曲和戏曲，雅典把她自身从贵族政制转变为民主政制。雅典民主政制之所以会出现的真正原因在于：雅典人实际上不得不发动萨拉米海战，并因此被迫要建立一支强大的海军；他们需要穷人作海军的桡手；因此，他们不得不在雅典为穷人们提供比其此前所享有的要多得多的赌注：他们被迫踏上了他们的民主历险。当时的选择余地极为有限，或者说，建立政制或创立律法的不是人，不是人的智慧或愚蠢，而是自然和机遇。他说，柏拉图承认"在非常有限的范围内，人才能在不同的政制之间进行选择"。②

施特劳斯在一篇考察修昔底德著作中诸神的文章中，谈到"五千人政府"的性质时，曾高度评价了"五千人政府"。他说，雅典此时建立的政制是"五千人政府"，他们是那些最能靠他们的财产和自己的力量来帮助城邦的人。这意味着，实际上只有寡头派成员才有权利参与政府和施行暴政。在皮山大的建议下，实际上的政府只属于5000人中的400人。这

---

① Strauss Leo, *The City and the Man*, Chicago and London: The University of Chicago Press, Ltd, 1964, p. 153.
② ［美］施特劳斯：《修昔底德：政治史的意义》，郭振华等译，载潘戈编《古典政治理性主义的重生》，华夏出版社2011年版，第157—158页。

种政制在雅典的建立是一项了不起的成就，是最有能力和最卓越的雅典人中的一些人的杰作。"五千人"也即重装步兵的统治牢固地建立起来了。那时，在修昔底德一生中，雅典人第一次有了一个好政制：一种寡头制与民主制的混合政制。亚西比得被同时召回，雅典得救的希望也随之得以恢复。这个希望化为泡影，不是亚西比得的过失，色诺芬在《希腊志》中讲述了这一希望是如何化为泡影的。① 实际上，施特劳斯对"五千人政府"的评价过誉了。因为根本就不存在"五千人"，对于这一点，修昔底德有明确的说法。②

施特劳斯认为，修昔底德要回答的是他那个时代最好的政制问题，修昔底德赞同和喜欢混合政制。他说："比起伯里克利的政制，他必定更欣赏公元前411年的短命政制，即寡头制和民主制的良好结合。正如古典的古代所有智慧之人一样，修昔底德赞同一种混合的或节制的政制。而雅典民主并不节制。"他的结论很明确："在我所谓的政治而非哲学的意义上，修昔底德的政治取向跟柏拉图一样。"③ 这就是说，修昔底德和古典时代的雅典智慧者都赞成混合政制。

韦特格林通过对《伯罗奔尼撒战争史》第八卷的研究，认为"五千人"仅仅是战时雅典最好的政制，而在非雅典政制中最好的是斯巴达政制。雅典此时的政制是中道的政制，但这种中道却是被迫的。似乎中道并非雅典内在的而是从外部强加的。雅典在西西里惨败之后才变得中庸，并在失去产粮地优卑亚之后更为恐惧不安的状况中愈加中庸了。在第八卷中，雅典似乎只是变得越来越斯巴达化了。而斯巴达的中道是在繁荣中兴盛起来的。从严酷的现实中和战争中产生的中道与处于和平时期选择的中道相比，更容易欠缺优越性。所以，雅典在极端的逆境中选择的中道看上去要逊于斯巴达的中道。虽然斯巴达的中道看上去是因其自身之故而被自由地选择的，但实际上斯巴达的中道也是被迫的。斯巴达人和开俄斯人庞大的奴隶人口是其中道的策动力。这样，雅典和斯巴达的中道似乎同样来自恐惧或严酷的现实，来自对政治共同体危在旦夕的焦虑，而不是出自选

---

① ［美］施特劳斯：《对修昔底德著作中诸神的初步考察》，载［美］施特劳斯《柏拉图式政治哲学研究》，张缨等译，华夏出版社2012年版，第141—142页。
② 修昔底德：《伯罗奔尼撒战争史》，谢德风译，商务印书馆1960年版，第706—707页。
③ ［美］施特劳斯：《修昔底德：政治史的意义》，郭振华等译，载潘戈编《古典政治理性主义的重生》，华夏出版社2011年版，第134—135、145—146页。

择。外敌和奴隶对于公民群体而言同样是外部的。在奴隶和外敌之间起码有这样的差别：奴隶在战时与平时都能成为敌人。雅典的恐惧是在战争或毁灭之中并通过战争或毁灭而形成的，斯巴达的恐惧是在和平或繁荣之中并通过和平或繁荣而形成的。他认为，雅典人的恐惧比斯巴达人更合理，由此推导出"五千人政制"比斯巴达政制优越。① 这又是一个自相矛盾的看法。

韦特格林看到，400人以欺骗进行统治，它宣称自己是5000人。这个幌子有内外双重理由：在国内，这个幌子欺骗雅典人恐惧寡头集团远比它实际上要庞大；在国外，400人需要维持一支5000人或重装步兵这样的防守军。5000人就是那些重装步兵，就是为了城邦冒着财产和生命危险的中规中矩的中间阶层。②"五千人政制"具有相当的优越性。在极端状态下的雅典，确实只有中间阶层为了城邦的安危而全力以赴，所有其他争夺统治权的人都谋反了和损害了他们的城邦。在内政方面，"五千人"的内在优越性同样显著，它没有对它的政治对手滥施暴虐。他提出，修昔底德把雅典最好的政制呈现为仅仅是偶然发生的。③

威廉斯认为，伯里克利对雅典民主制进行了不厌其烦的赞美。伯里克利合并了民主与美德，这显然是要表明，民主本身是合乎美德的并应该得到如此赞美。他也可能要暗示，民主制具有一些先天的美德，他把开放和民主制等同于强大，因为民主制允许有美德的个人有更多机会进行统治。尽管修昔底德从未公开承认自己归属于何种政治体制，但他对民主制的排斥仍值得注意和思考。④

格雷纳认为，修昔底德视雅典民主制为城邦与战争胜利失之交臂的主要原因之一，他赞成对政制作出某些形式上的改变，以便使权力掌握在少数被仔细挑选出来、更有智慧的人的手里，而不是自伯里克利逝世到"四百人"反叛期间那样，以贪婪和愚蠢的民众为权力来源。修昔底德还发现伯里克利式民主制和日后民主制的巨大差异只在于至高无上和强有力

---

① ［美］韦特格林：《论修昔底德叙述的结局——〈战争志〉卷八发微》，彭磊译，载刘小枫、陈少明编《修昔底德的春秋笔法》，华夏出版社2007年版，第124—126页。
② 同上书，第128—129页。
③ 同上书，第130、139页。
④ 同上书，第97页。

的控制权掌握在伯里克利自己手里。①

朱春悦、纪振奇认为,修昔底德在《伯罗奔尼撒战争史》中展示了他的雅典情结,即以雅典作为其精神生活的焦点。荣格的情结理论为其雅典情结提供理论依据。修昔底德的雅典情结表现为对雅典民主政体颂扬和批判的双重感情。②白春晓提出,修昔底德被认为对雅典民主抱有敌视态度,既由于他个人的身份和经历,更主要的是他在叙述雅典战败的过程中暗含了对民主政治的批评。修昔底德对于雅典民主的态度是复杂的,他意识到政体在不同时期由于环境条件变化会发生变异。他将民主政治下的雅典描绘成一位虽然勇于追求荣誉和功业,富于革新精神,但是充满欲望而走向失败的悲剧英雄。③

六、第八卷和其他

(1) 关于第八卷。韦特格林问道:修昔底德似乎在第七卷结尾就交代了一切,那么,为何还要有另外一卷书呢?他回答说,第八卷似乎要表明,斯巴达的胜利并不彻底。因为雅典在西西里惨败之后,没有衰落下去,仍有充足的力量对爱奥尼亚和赫勒斯滂用兵。雅典并不是通过变得更守旧和克制、变得斯巴达化才可能恢复元气。说斯巴达的胜利并不彻底还因为,斯巴达最耀眼的胜利是在半个雅典人伯拉西达的领导下才取得的,而雅典在西西里的失败是在半个斯巴达人尼西阿斯的领导下才发生的。此外,雅典人在西西里更多的是被叙拉古而非斯巴达打败的。叙拉古人为了获得胜利刻意仿效雅典的方式。他发现,第八卷的叙述明显具有反常特征:它有一个中心人物或英雄,即亚西比得;它缺少完整引用的言辞;由于背离了事件顺序,它看上去异常复杂;并且在第八卷中,修昔底德放弃了他特有的矜持而对人物、政制和事行大加评判;他注意到内政的诸多细节,尤其是雅典内政的细节。但是,当第八卷的叙述结束时,雅典正处于一个健全的政制之下,政党纷争也结束了,最杰出的战争领袖亚西比得正处于回雅典的途中。雅典人似乎有足够的理由对未来充满希望。他们在塞

---

① [美] 格雷纳:《古希腊政治理论——修昔底德和柏拉图笔下的人的形象》,戴智恒译,华夏出版社 2012 年版,第 48 页。
② 朱春悦、纪振奇:《修昔底德的雅典情结探析》,《河北北方学院学报》(社会科学版) 2009 年第 5 期。
③ 白春晓:《修昔底德与雅典民主》,《衡阳师范学院学报》2008 年第 1 期。

政治的定数

诺西马赢得了一场海战胜利，雅典人再次相信他们的事业会成功。修昔底德似乎通过在整场战争终结之前结束叙述以便营造一个圆满的结局：一个秩序井然的雅典，得到了出色的领导，士气大振。这个叙述似乎要表明雅典人如何应该会赢得胜利。这个假定的圆满结局有三个要素或条件："五千人政权"、召回亚西比得、塞诺西马重振雄风。韦特格林认为，修昔底德笔下的圆满结局就是塞诺西马重振雄风。第八卷似乎表示，雅典能够避免毁灭，尽管修昔底德告诉我们，雅典确实毁灭了自己。通过准确地在此结束叙述，修昔底德提出了这个问题：雅典怎样以及是否能够保持清醒或中道，它怎样继续它最好的政制？修昔底德以他的结尾含蓄地解决了这个问题：如果亚西比得和船员们远离城邦的话，雅典就能保守中道。因为亚西比得的返回也将是海军暴民的返回。没有人相信，亚西比得会劝阻船员们推翻"五千人政权"，以重建民主制之名建立他的僭主统治。第八卷的情节说明了"五千人政权"如何能够得到维系。通过让多数人承担帝国的防御事务，让其远离城邦，就能控制他们。少数人会被多数人威慑住，只有利用这一点才能控制他们。塞诺西马之役不仅恢复了雅典昔日的精神，而且复原了昔日的整个雅典——西西里远征之前的雅典。修昔底德描绘过这个昔日的雅典。战争没有什么新鲜之处，在这个意义上，与战争有关的一切其他的东西，特别是与雅典有关的一切都是可预知的。至此，史书也就不必再写下去了。所以，修昔底德故意在此结束了叙述。①

韦特格林的想象力可谓丰富。他对修昔底德作品结束于第八卷的解释虽然独树一帜，却是完全无根据的臆断。

相对于韦特格林来说，福特的解释就中道多了。他说，第八卷是史书中最混乱、最艰涩的一卷。叙述不断地改变方向，场景频繁更换，一些重大主题似乎并不明显。因此，人们普遍怀疑这一卷未完成或未修订。② 福特的这个说法就比较好让人接受。

张浪对第八卷未写完的解释则更为大胆，也更富有想象力。他认为，西西里远征是《伯罗奔尼撒战争史》第八卷写作未完成的原因。他认为，第八卷未完成是修昔底德故意为之，即西西里远征惨败后给雅典人和修昔底德在

---

① [美]韦特格林：《论修昔底德叙述的结局——〈战争志〉卷八发微》，彭磊译，载刘小枫、陈少明编《修昔底德的春秋笔法》，华夏出版社2007年版，第121—124、135—137页。
② [美]福特：《统治的热望——修昔底德笔下的阿尔喀比亚德》，未已等译，华夏出版社2010年版，第119页。

精神情感上的巨大冲击使得修昔底德出于自身对雅典的辉煌走向终结的一种自我否定而不愿将雅典走向衰落的命运述诸笔下。并且在这部著作的最后我们也可以看到是以雅典人的胜利，即在塞诺西马和阿卑多斯的胜利而结束的，以此我们也能充分地感受到修昔底德的情感立场。西西里远征的惨败，也许正是这位"希腊历史学之父"企图用这部未完成的作品给读者带来的遗憾用以传递自己满心的悲痛与遗憾。① 张浪对《伯罗奔尼撒战争史》未写完的原因的看法完全是猜测的，同样违背了修昔底德本人的原则："用最明显的证据，得到合乎情理的结论。"② 张浪虽然立足于修昔底德的情感得到了一些"合乎情理的结论"，却没有任何"明显的证据"。

（2）关于其他问题。第一是节制问题。施特劳斯看到，第三卷论内乱部分，修昔底德说明了他评判人事的诸原则。施特劳斯特别提出一点，健康城邦最为敬重节制，病态城邦则更喜欢大胆，喜欢所谓男子气。这些观点使施特劳斯断定，修昔底德的道德品味与柏拉图一样，都赞扬节制。施特劳斯在列举了修昔底德是怎样赞扬斯巴达的节制之后说，对斯巴达节制的赞扬意味着：雅典没有在兴盛中持守节制。至少从地米斯托克利时代开始，雅典就为一种大胆创新精神所激荡。施特劳斯认为，修昔底德也看到了雅典的荣耀与大胆创新精神不可分割，也与那种远远超出节制的疯狂不可分割。施特劳斯进而认为，修昔底德本人也具有骚动的大胆精神，因为修昔底德通过把自己从对古代的敬慕中解脱出来，暴露了自己与骚动的大胆精神或不虔敬精神之间的紧密联系。施特劳斯说，节制来自对诸神和神性法律的畏惧，但它也产生于真正的智慧。事实上，节制的终极正当性完全来自真正的智慧。不节制的行动有自然的制约，这种制约就是自然的力量，尤其是人之本性加于人的限制。不节制的行动虽然也可能成功，但它是坏的。因为一项不节制的政策取决于机运，而机运无法计算。他举例说，雅典及其盟邦对埃及的大举远征失败了，波桑尼阿斯和地米斯托克利失败了。他认为极端的行动以彻底失败而告终。中道（the mean）才是正道。③ 他观察到，修昔底德的著作曾两次提及斯巴达的节制，书的开头说

---

① 张浪：《〈伯罗奔尼撒战争史〉的悲剧色彩——论西西里远征对修昔底德史学的影响》，硕士学位论文，西南大学，2010年，第33页。
② [古希腊]修昔底德：《伯罗奔尼撒战争史》，谢德风译，商务印书馆1960年版，第19页。
③ [美]施特劳斯：《修昔底德：政治史的意义》，郭振华等译，载潘戈编《古典政治理性主义的重生》，华夏出版社2011年版，第144—149页。

到斯巴达的力量和政制的关系，在书的末尾说得最清楚：比起其他城邦而言，斯巴达在同时保持繁荣和节制中最为成功。而雅典人是在战争中败阵下来时，才变得节制，才建立起节制的政制。斯巴达在拥有繁荣的同时保持了节制，这归功于她稳定的和有节制的政制，这种政制培养了节制。修昔底德暗示节制在战争中是障碍，但是他又说"如果节制应该是战争的一个障碍，那么毫无疑问，节制优于其反面"。①

第二是人性问题。韦特格林说，霍布斯把修昔底德的自豪宣称理解为修昔底德对这场特定战争的叙述限定了人性的整体，它揭示出人的每一种可能性。他认为，要理解人性的高度，就不能无视这些城邦由战争而兴起的普遍的野蛮行为和它们在战争的过程中开始的普遍的野蛮行为，也不能抛开作为其根源的伟大的和平。修昔底德不仅叙述了战争中的各种事行，还叙述了战争中的各种言辞。只有言辞能揭示出人的内在。因此，修昔底德揭示了人的全部可能性。约翰逊（Laurie M. Johnson）在分析戴奥多都斯的演说时认为，戴奥多都斯坚持人性的诸种冲动是强迫性的，人类甚至在面对死刑惩罚时都不能控制自己，惩罚甚至不能作为有效的威慑。以此为基点，他认为即便是死刑也没有威慑作用。对于何时惩罚和惩罚多少，权宜是唯一应该考虑的因素。② 这个观点可以看做约翰逊本人对修昔底德笔下的人性的认识。

第三是神祇问题。施特劳斯有一篇专门的文章谈论修昔底德著作中的诸神。他说他不知道修昔底德是否信神。在第一卷中，修昔底德说到特尔斐的神祇、神谕、神殿等，却没有说清楚，他本人是否像其他人那样以同样的方式接受或敬畏它们。总共有三段伯里克利的讲词，他闭口不谈诸神，只有一次在葬礼演说中他提到了祭祀。③ 唯一一处提到神的地方谈及的是女神塑像的金钱价值。可见伯里克利对神（超越人的力量）是保持

---

① Leo Strauss, *The City and Man*, Chicago and London: The University of Chicago Press, Ltd, 1964, pp. 146–147.
② ［美］韦特格林：《论修昔底德叙述的结局——〈战争志〉卷八发微》，彭磊译，载刘小枫、陈少明编《修昔底德的春秋笔法》，华夏出版社2007年版，第119—120、147页。
③ ［美］施特劳斯：《对修昔底德著作中诸神的初步考察》，载［美］施特劳斯《柏拉图式政治哲学研究》，张缨等译，华夏出版社2012年版，第123—124页。威廉斯也曾提到，伯里克利似乎很少考虑宗教传统。参见［美］威廉斯《修昔底德笔下的个人与城邦——〈战争史〉卷二义疏》，陈开华译，载刘小枫、陈少明编《修昔底德的春秋笔法》，华夏出版社2007年版，第84页。

沉默的。① 修昔底德虽然反对违反神法的行为，但他克制自己，没有对弥罗斯事件中雅典人的神学发表评论。② 施特劳斯还曾说，修昔底德对伯罗奔尼撒半岛战争这场最大的战争进行了最为细节的研究，他却没有发现神的踪迹。他的考古学使人相信，对于他来说神什么也不是，而只是遥远过去的那种非常夸张的野蛮人。③

李永明从《伯罗奔尼撒战争史》研究了公元前5世纪希腊的神祇观。他提出，古希腊城邦中无论是军政大事还是普通民众的日常生活都与神祇息息相关，随着公元前5世纪社会经济和哲学思想的发展，希腊的神祇观念也发生了显著变化，甚至出现了新旧两种观念的冲突。修昔底德的《伯罗奔尼撒战争史》为我们了解这个时期希腊的神祇观提供了宝贵的资料。④ 除此之外，李永明还讨论了修昔底德的宗教观。他认为，修昔底德在分析和解释历史事件时自觉地否定了宗教神灵对人事的影响，并区分了天人之别。修昔底德对神灵与自然界的认识比希罗多德大大前进了一步，表现出鲜明的理性主义和人文精神。但是同时，对于宗教信仰在城邦政治和社会生活中的重要作用，修昔底德则是充分肯定的，这又反映出修昔底德思想深处对传统的认同。⑤

郭海良比较了希罗多德和修昔底德作品中对神谕的描述，认为《历史》中还残留着神的影子，而《伯罗奔尼撒战争史》中对"神"则是敬而远之，这是古希腊史学的一大进步。希罗多德和修昔底德在处理人与神谕的关系时所表现出来的对人的偏重就是古希腊历史学的"人文主义"这一基本特征的具体体现。⑥

第四是历史观问题。这主要是中国学者的研究题目。张广智把修昔底德朴素唯物主义的历史观归纳为三个方面：努力把人类历史从神人合一的

---

① Leo Strauss, *The City and Man*, Chicago and London: The University of Chicago Press, Ltd, 1964, p. 161.
② [美]施特劳斯：《对修昔底德著作中诸神的初步考察》，载[美]施特劳斯《柏拉图式政治哲学研究》，张缨等译，华夏出版社2012年版，第132页。
③ Leo Strauss, *The City and Man*, Chicago and London: The University of Chicago Press, Ltd, 1964, p. 160.
④ 李永明：《从〈伯罗奔尼撒战争史〉看公元前5世纪希腊的神祇观》，《商丘师范学院学报》2010年第10期。
⑤ 李永明：《试论修昔底德的宗教观》，《廊坊师范学院学报》（社会科学版）2010年第4期。
⑥ 郭海良：《关于希罗多德与修昔底德作品中对神谕的描述》，《史林》2003年第6期。

状态中分离出来，致力于历史事件之间因果关系的探讨，试图从经济上解释历史发展的成因。①

易宁、李永明研究了修昔底德的人性说和历史观。他们认为，《伯罗奔尼撒战争史》中的"人性"一词有较为广泛的含义，包括天生的、自然而来的个体的人以及人类所共有的品性、能力、生理特征等。修昔底德特别关注的是与重大历史事件有关的人类所共有的本性，即人追求权力、财富和荣誉的欲望、好斗性以及人的情绪等。欲望、好斗性和人类情绪等人类非理性的本性是永恒不变的，然而它们又通过具体变化着的人的行为表现出来，以不同的方式表现出结合或冲突，从而形成人类的活动。修昔底德以人性说为基础建构自己的历史观。他揭示了客观历史自身存在的理性：历史以社会经济发展和人类联系不断加强的方式表现其发展的理路。人性是推动历史发展的动因。历史的本质就是人性。历史理性与自然理性无关，与道德理性背离。修昔底德的历史观反映了希罗多德之后古希腊史学观念的重大变化，对古希腊史学观念的发展产生了重要影响。②

与这种观点相似而略有不同的是李永斌的看法。他认为，希腊古典史学是从原始的神人合一状态分离开始的，但这种分离并不彻底。希腊历史著作深受神话观念的影响。修昔底德的作品中也体现了神话观念的这种影响。但是，修昔底德作品中所体现的唯物主义、客观主义以及求实精神，都渗透着人本主义思想，使之成就了神话迷雾中的人本主义曙光。③

张悦则把修昔底德放在希腊古典史学的大环境中来考察，认为希罗多德把神人看做同性的，为此，相比以前，神的地位在降低，而人的作用在历史发展的进程中加强了。希罗多德的史学思想中出现了人本主义的萌芽。修昔底德则进一步发展了这种人本史观，《伯罗奔尼撒战争史》充分肯定了人在历史上所起的伟大作用，认为历史上的成败兴衰皆由人事所定，对世界史学的发展产生了深远的影响。④

---

① 张广智：《试论修昔底德朴素唯物主义的历史观》，《复旦学报》（社会科学版）1982年第4期。
② 易宁、李永明：《修昔底德的人性说及其历史观》，《北京师范大学学报》（社会科学版）2005年第6期。
③ 李永斌：《神话迷雾中的人本主义曙光——解读修昔底德的历史观》，《天中学刊》2009年第2期。
④ 张悦：《希罗多德、修昔底德与希腊古典史学的人本史观》，《考试周刊》2008年第2期。

黄洋看到，修昔底德历来被看做客观史学的楷模，但他提出，尽管修昔底德力求其历史书写的真实性，并且开创了一套严谨的方法，但限于条件，他不可能像他自己标榜的那样做到客观真实，其历史书写是以理性的方式建构历史。①

李永明从《伯罗奔尼撒战争史》中的"考古学"分析了修昔底德对历史进程的认识。他认为，修昔底德宏观上确立了历史发展连续性的思想，表现出历史进步的观念，并深刻揭示了历史发展的动因（即人性）以及历史与道德相违背的事实。由于修昔底德的历史观建立在存在永恒不变的人性这种观念之上，因而又体现出鲜明的"实质主义"和形而上学的特征。修昔底德的历史进步观念是公元前5世纪希腊哲学思想在史学中的反映，但修昔底德对历史进程的认识比当时智者的社会进步说更为深刻。②

第五是国际关系思想和战争论。李颖从权力和国家利益思想、均势思想及冲突思想三个方面系统论述了修昔底德在其《伯罗奔尼撒战争史》一书中所展现的国际关系思想。他认为，尽管修昔底德生存的年代距国际关系理论最终形成之时有千年之遥，但是他的国际关系思想对后来的现实主义国际关系理论产生了很大影响，因此，他也被誉为现实主义国际关系理论的奠基人。③ 徐莹、刘静通过分析修昔底德在《伯罗奔尼撒战争史》中所展现的国际政治冲突逻辑、安全两难、同盟和均势等国家间行为，揭示了修昔底德对国际关系一般原理的探索以及对国际权势竞争的深刻理解，指出了对当代现实主义国际关系学者以及大国的现实主义外交政策所产生的深远影响。④

陈玉聃认为，自修昔底德开始经马基雅维里和霍布斯直至当代国际关系理论家的"现实主义传统"并不存在，而修昔底德的思想和现实主义国际关系理论也并不相同。《伯罗奔尼撒战争史》并非理论著作，也不是对国际关系的专门研究，同近代现实主义思想也有本质的区别。认识到这一点对更好地理解修昔底德思想和研究国际关系理论

---

① 黄洋：《修昔底德的理性历史建构》，《历史教学》（高校版）2007年第6期。
② 李永明：《从〈考古学〉篇看修昔底德的历史思想》，《兰州学刊》2008年第3期。
③ 李颖：《修昔底德的国际关系思想》，硕士学位论文，内蒙古大学，2007年。
④ 徐莹、刘静：《修昔底德与现实主义国际关系理论》，《东北大学学报》（社会科学版）2004年第3期。

都是有益的。①尽管否定了修昔底德与现实主义国际关系理论的联系，但是他仍然研究了《伯罗奔尼撒战争史》中的国际正义观，尤其是考察了正义的由来、正义的内涵以及权力与正义的关系。②此外，他还分析了修昔底德所阐述的战争起因与国际关系学界对这个问题的解读，认为修昔底德的阐述与国际关系学界的解读之间存在明显的差异。主要在于修昔底德试图通过记叙这样一场战争，让人们可以预见未来的真相；国际关系学家想要通过构建这样一些重大战争的共同起因，让人们能够预防战争的灾难。③

李会龙论述了修昔底德的战争观。他认为，修昔底德在《伯罗奔尼撒战争史》中提出了战争的哲学基础，指出了争夺霸权是战争的原因；阐述了战争与经济的关系，认为经济资源是进行战争的基本条件和后盾。修昔底德还领悟到政治斗争引发战争的逻辑过程，认识到战争能扭曲人性等。④

徐松岩、李电研究了修昔底德的和平思想。他们认为，修昔底德在《伯罗奔尼撒战争史》中以大量的事实阐述了和平的种种好处和战争的种种弊端。修昔底德身为雅典权贵和统治阶级上层的一员，是战前和平时代的受益者，也是雅典对外扩张战争的受益者。因此，他以雅典人的实际利益为旨归，时而主战，时而主和，对于雅典统治者的穷兵黩武和侵略扩张并不笼统地加以反对；然而他又是战争的受害者，对和平有着强烈的祈盼、深刻的见地。修昔底德的这一悖论植根于奴隶制时代，是其和平思想精华与缺点共存的根源。⑤

刘淑梅则比较了修昔底德与孔子，认为"轴心时代"的中西两位思想家对各自生活的战乱时代所面临的问题作出了不同的理解与阐释：修昔底德揭示了国际关系的一般原理，被称为现实主义之父；孔子思考的重点是统治者的仁政、礼治与为政以德。中西两位思想家对战争与冲突

---

① 陈玉聃：《现实主义国际关系理论与〈伯罗奔尼撒战争史〉：继承还是误解?》，上海市社会科学界第四届学术年会论文，上海，2006年8月。
② 陈玉聃：《〈伯罗奔尼撒战争史〉中的国际正义观》，《国际论坛》2010年第6期。
③ 陈玉聃：《战争始于何处?——修昔底德的阐述与国际关系学界的解读》，《世界经济与政治》2008年第10期。
④ 李会龙：《略论修昔底德的战争观》，《商丘师范学院学报》2005年第1期。
⑤ 徐松岩、李电：《修昔底德斯和平思想初探》，《西南师范大学学报》（人文社会科学版）2001年第5期。

问题的不同认识成为后世中国与西方不同的国际政治思想渊源。① 另外，刘淑梅还比较研究了《伯罗奔尼撒战争史》与《春秋左传》，认为这两部史书均承载了大量的历史内容，通过战争透视出了中西方不同的战争伦理观、道义观，成为探究中西方权力与道德观念的源头之作。② 赵绪磊则从对编年体的完善等方面比较了《左传》与《伯罗奔尼撒战争史》编年体的异同。③

第六是特殊性与普遍性问题。施特劳斯提到了修昔底德著作所揭示的普遍性问题。在一篇文章中，施特劳斯曾总结人们对修昔底德的三个批评，其中第一个批评就是修昔底德没有解释特殊性与普遍性是如何统一的。这个批评的意思是：修昔底德的著作主要致力于一系列特殊的事件（伯罗奔尼撒战争）。同时，它还要揭露政治生活本身的永恒或不变的品性。通过理解修昔底德对他的时代政治生活的叙述，所有后世都将能够理解他们自己时代政治生活的实质。但是，修昔底德并没有告诉我们，应该如何构造这种普遍与特殊的统一。修昔底德叙述了一个发生于世界一隅而且只发生了一次的事件，但他宣称这一叙述将会使任何时空发生的事件变得可理知；而他没有解释这如何可能。④ 在《城邦与人》中，施特劳斯对这一批评进行了回答。他说："修昔底德通过叙述个别事件确实使我们从中看到了普遍性：正是基于这个原因，他的作品才意味着为一切时代所拥有。""修昔底德已经在他那个时代'非凡'的事件中发现了'普遍'的东西。"施特劳斯把修昔底德的这一特点与柏拉图作了对比。他说："同样可以说柏拉图在一个非凡的事件——苏格拉底非凡的生活——中发现普遍的东西。因此已经能够通过表现一个非凡的东西来表现普遍的东西。"⑤ 施特劳斯对修

---

① 刘淑梅：《修昔底德与孔子：两种国际政治思想的渊源》，《国际关系学院学报》2006年第3期。
② 刘淑梅：《战争中的权力与道义——读〈伯罗奔尼撒战争史〉与〈春秋左传〉》，《内蒙古师范大学学报》（哲学社会科学版）2010年第1期。
③ 赵绪磊：《〈左传〉和〈伯罗奔尼撒战争史〉编年体异同》，《聊城大学学报》（社会科学版）2005年第3期。
④ [美]施特劳斯：《修昔底德：政治史的意义》，郭振华等译，载潘戈编《古典政治理性主义的重生》，华夏出版社2011年版，第133页。
⑤ Leo Strauss, *The City and Man*, Chicago and London: The University of Chicago Press, Ltd, 1964, p. 143.

昔底德关于特殊性与普遍性关系的解释是中肯的和可以接受的。但是，认为修昔底德没有解释特殊性与普遍性的统一何以可能，这个观点就错误了。因为修昔底德的原著中很明确地说过，特殊性与普遍性统一的媒介就是人性。这里，本书不得不引用修昔底德的原话："如果那些想要清楚地了解过去所发生的事件和将来也会发生的类似的事件（因为人性总是人性的）的人，认为我的著作还有一点益处的话，那么，我就心满意足了。"①

第七是与柏拉图的比较问题。施特劳斯还曾比较过修昔底德与柏拉图。他认为，修昔底德的智慧引发了政治史，柏拉图的智慧引发了政治哲学。他们两个人都把节制看得比大胆和男子气更高，都把寡头制与民主制的混合政制看做最佳的现实政制。两者的著作都呈现了与特殊事件密切相关的普遍真理。在柏拉图那里，特殊事件就是苏格拉底这个人的经历，在修昔底德那里，特殊事件则是伯罗奔尼撒战争。至于两者之间的差异，施特劳斯说，柏拉图与修昔底德之间的差异或者说是政治哲学与政治史的差异在于：前者强调人的选择，后者强调命运。"柏拉图认为，在政制方面存在的极小选择余地，对于理解政治生活具有至关重要的意义，而修昔底德并不这么认为。"②

在《城邦与人》第三章中，施特劳斯提到柏拉图与修昔底德的深刻差异：柏拉图追求的是最佳政制，修昔底德描述现实政治。"修昔底德从政治生活自身的眼光来看待政治生活；他并没有超越政治生活；他没有居于最高点而是身处其中；他像政治生活本身那样认真对待政治生活。"③

施特劳斯还对修昔底德与柏拉图的"考古学"进行了比较。柏拉图的《法律篇》第三卷曾勾勒从野蛮主义开始，到他和修昔底德出生的那个世纪的发展过程。这种勾勒可以与修昔底德的考古学相比较。这两种考古学都平等地分享了斯巴达人的情感。柏拉图解释了雅典在波斯战争时期获得的好政制、祖先的政制，究竟是如何转化为他那个时代的极端民主

---

① [古希腊] 修昔底德：《伯罗奔尼撒战争史》，谢德风译，商务印书馆1960年版，第20页。
② [美] 施特劳斯：《修昔底德：政治史的意义》，郭振华等译，载潘戈编《古典政治理性主义的重生》，华夏出版社2011年版，第156、158页。
③ Leo Strauss, *The City and Man*, Chicago and London: The University of Chicago Press, Ltd, 1964, p.139.

制。在追踪这种变化时，他故意不考虑祖先关于音乐和戏剧的法律：他说不再有最好的和最聪明的观众来判断音乐和戏剧了，剩下的判断都是大多数观众的判断，所以雅典堕落了。随后他作出简短的评论，他说拯救希腊的不是在萨拉米海战的胜利，而是在马拉松和普拉提亚的胜利。施特劳斯说，这些判断几乎与修昔底德的说法相反。在修昔底德的基础上，人们更倾向于说雅典人发动萨拉米海战是别无选择的，他们被迫建立最有力量的海军；由于海军需要最穷的雅典人来充当桨手，因此雅典被迫给予这些穷人高得多的位置，雅典被迫成为一个民主的城邦：雅典的民主化并不是故意作践或故意选择的行为，而是必然的要求。这似乎是说，修昔底德更强调宿命。①

但是，施特劳斯认为，柏拉图和修昔底德在雅典民主制建立的问题上没有根本的不同。柏拉图说谁建立政制或建立合理性不过是机遇问题，而不是人们的智慧或愚蠢的问题。换句话说，人类是神的一种玩偶。柏拉图还说，人类只能在非常狭小的范围内选择不同的政制，修昔底德对此也没有表示反对，因此他也不会反对提出最好政制问题是有必要的。虽然修昔底德笔下的雅典那哥拉斯和伯里克利这样的说话者已经清楚地回答了这个问题，但修昔底德本人确实也没有清楚地提出这个问题。他更喜欢寡头制和民主制的混合形式，而不是喜欢纯粹的寡头制或民主制的形式，但他是否绝对地喜欢这两种制度的混合形式而不是明智的和有德行的专政，这就不是很清楚了。②

施特劳斯认为，柏拉图和修昔底德之间可以互相补充。在《王制》的结尾，苏格拉底表现出了在"运动"中即战争中观察最好城邦的欲望。谈论最好城邦最后必然要谈到"在运动中的最好城邦"。苏格拉底感到无法适当地赞扬、描述处于运动中的最好城邦。哲人谈论最好城邦的对话所需要的支撑点是哲人无法给予的。所以，施特劳斯说："苏格拉底似乎需要像修昔底德这样的助手，修昔底德能够提供政治哲学或完成政治哲学。"③

---

① Leo Strauss, *The City and Man*, Chicago and London: The University of Chicago Press, Ltd, 1964, pp. 237–238.
② Ibid., p. 238.
③ Ibid., p. 146.

第二节 对修昔底德的研究中存在的突出问题与出路

一、对修昔底德的研究中存在的突出问题

前人对修昔底德及其《伯罗奔尼撒战争史》的研究为后人的研究开辟了一些道路，但是这些道路中却有一些是走不通的。如果强行按照那种道路走下去，其研究将会远远地离开修昔底德的本意。在这些走不通的道路中，最危险的道路就是对修昔底德的过度解释和臆断。这样的问题在前人的研究中普遍存在，尤其是在施特劳斯身上。施特劳斯思想的深刻性与他学术研究中过度解释和臆断的广泛性同样突出。他的研究可以称为"施特劳斯式的研究"。

为了强调对修昔底德的研究中存在的问题，笔者舍去施特劳斯研究的深刻性，而单独提出他在研究中的过度解释和臆断问题。

施特劳斯的过度解释和臆断随处可见。如上节所述，施特劳斯曾在一篇长篇文章中分析过修昔底德《伯罗奔尼撒战争史》的主题问题，认为修昔底德的意图在于就伯罗奔尼撒人和雅典人之间的战争作出一份真实清晰准确详尽的叙述。但是，修昔底德为什么要作出这样一份叙述呢？施特劳斯认为是因为伯罗奔尼撒战争是希腊人卷入其中的最大的战争，因而是迄今为止所有战争中最值得注意者。施特劳斯继续追问：修昔底德为什么要证明特洛伊战争不如伯罗奔尼撒战争大呢？施特劳斯自己回答说："特洛伊战争的名气得自于荷马的诗篇，特洛伊战争的威望得自于荷马的威望；因此，通过质疑特洛伊战争的威望，修昔底德质疑荷马的威望。通过证明古人的虚弱——他们在力量、财富和勇气方面的虚弱——修昔底德证明了古人的故事皆不可靠且不真实；他证明了古人在智慧上的虚弱，尤其是荷马在智慧上的虚弱。通过证明那些投身伯罗奔尼撒战争的希腊人更优越，修昔底德证明了他自己的智慧更优越。……故修昔底德使我们直面荷马的智慧与修昔底德智慧之间的抉择。一如同时代人柏拉图，修昔底德也在与荷马竞赛。"在这篇长文中，施特劳斯在多处都表达了这个意思。他

曾说:"我们已经看到，修昔底德的智慧把自身呈现为荷马智慧的一个替代物，更确切地说是荷马智慧的完成。""修昔底德通过他对这场战争的叙述而成功地挑战了《伊利亚特》的崇高地位。"他还说，修昔底德挑战了荷马，他相信他的智慧应该取代荷马的智慧。①

施特劳斯的这些臆断是在厚诬古人。修昔底德之所以写作这部战争史，是因为他认为"这次战争是一个伟大的战争，比过去曾经发生过的任何战争更有叙述的价值"。"这次战争是所有的战争中最伟大的一场战争。"可见，修昔底德对自己写作原因的交代是很明确的。同时，他对自己的写作目的的交代也是很明确的。他说:"如果那些想要清楚地了解过去所发生的事件和将来也会发生的类似的事件（因为人性总是人性的）的人，认为我的著作还有一点益处的话，那么，我就心满意足了。我的著作不是只想迎合群众一时的嗜好，而是想垂诸永远的。"② 这段话清楚地表明，修昔底德写作《伯罗奔尼撒战争史》的目的有两个:第一，展示政治生活的规律，以便使人们清楚地了解过去和将来的类似事件。第二，他想使自己的著作垂诸永远。在修昔底德清楚无误的表白中，根本没有与荷马的智慧竞争的意思，更不是要逼迫读者在荷马的智慧与自己的智慧之间作出抉择。所以，笔者认为，施特劳斯在这里对修昔底德之所以要证明特洛伊战争没有伯罗奔尼撒战争大的解释是完全说不通的，纯属臆断。

在对密卡利苏斯事件的解释中，施特劳斯同样作出了臆断。为了能赶上他的思路，笔者这里从他的一个思想框架说起。

施特劳斯研究修昔底德及其《伯罗奔尼撒战争史》有一个宏大的框架，这就是"运动与静止"框架。在上边提到的那篇长文中，他认为，战争是一种运动，正如和平是一种静止。最大的运动预设了对抗者拥有最大的力量和财富。这种最大的力量和财富是在一个非常长的时期内积累或储藏而成的。它的积累或储藏并非处于运动之中并通过运动，而是处于静止之中并通过静止。这意味着:最大的静止在时间上先于最大的运动。但是，静止并非人首要的或最初的状态。因为早期的人所拥有的力量和财富要远远少于当前的人，并且这种虚弱和贫乏是因为运动在过去的时代占主

---

① [美] 施特劳斯:《修昔底德:政治史的意义》，郭振华等译，载潘戈编《古典政治理性主义的重生》，华夏出版社 2011 年版，第 136—140 页。
② [古希腊] 修昔底德:《伯罗奔尼撒战争史》，谢德风译，商务印书馆 1960 年版，第 2、19—20 页。

导地位。在最古老的时代，完全没有静止而只有运动。财富和力量凭借静止才出现。①

最初，希腊人像野蛮人一样生活，所有人都无分别，均为野蛮人。长久的静止，以及最大的静止，不仅是积累力量和财富的条件，也是希腊性（Greekness）得以出现的条件。希腊性只是例外，是野蛮的海洋里的孤岛。②

在《城邦与人》中，他表达了同样的意思。他说，力量和财富不是在运动中建立的，也不是通过运动建立起来的，而是在和平中并通过和平建立起来的，好的东西是安定而不是运动，是和平而不是战争。希腊性也是在和平中建立的。施特劳斯说："漫长的安定时代才是希腊性出现的条件。""这个最大的运动削弱、危害、毁坏的不仅是力量和财富，还包括希腊性。"③

施特劳斯讲到，在最大的运动中，长期所建立起来的力量、财富和希腊性被使用并耗尽，下降开始了。这个最大的运动削弱、危害、毁坏的不仅是力量和财富，还包括希腊性。它很快就给城邦带来了停滞不前和骚乱，这种骚乱使城邦再度野蛮化。那种通过建立希腊性而缓慢地克服的最凶残的野蛮主义，在希腊这里再度出现了：雅典出钱给色雷斯的雇佣兵，让他们去谋杀希腊这所"学校"所照管的"儿童"。④

这是一个过度解释。色雷斯雇佣兵杀害密卡利苏斯一个学校的儿童，是一个悲惨事件。这个事件说明色雷斯人的野蛮，修昔底德对此有明确说法。他说："色雷斯人种，和一切最残酷的野蛮人一样，当他们无所畏惧的时候，是特别喜欢杀人的。"⑤这个事件并不是修昔底德的某种暗示，暗示成希腊的野蛮化，更没有把密卡利苏斯这所学校的儿童被色雷斯人杀害事件暗示成雅典人使人杀害希腊这所"学校"所照管的"儿童"。

---

① ［美］施特劳斯：《修昔底德：政治史的意义》，郭振华等译，载潘戈编《古典政治理性主义的重生》，华夏出版社2011年版，第140页。
② 同上书，第141—142页。
③ Leo Strauss, *The City and Man*, Chicago and London: The University of Chicago Press, Ltd, 1964, p. 156.
④ Ibid., p. 157.
⑤ ［古希腊］修昔底德：《伯罗奔尼撒战争史》，谢德风译，商务印书馆1960年版，第583页。

施特劳斯在对修昔底德及其《伯罗奔尼撒战争史》的研究中所存在的过度解释与臆断还有很多。这主要体现在《城邦与人》中。例如，施特劳斯认为，修昔底德被迫通过展示古代的贫弱来证明伯罗奔尼撒战争的至高无上，因为人们认为特洛伊战争是至高无上的。特洛伊战争的声誉归功于荷马。因此修昔底德质疑特洛伊战争的至高无上的地位，以此来质疑荷马的权威。他通过证明古代的贫弱，来证明古代所给出的描述在关键方面并不正确；他在智慧方面证明了古代的贫弱，尤其是荷马的贫弱。他证明伯罗奔尼撒半岛战争爆发时的希腊是发展到顶峰的希腊，以此来证明自己的智慧优胜于荷马的智慧。……修昔底德使我们面临荷马与修昔底德的智慧，并从中作出选择。他参与了与荷马的竞赛。施特劳斯还说："一句话，也许把修昔底德看作是荷马的竞赛者，比把他看作是科学历史主义学家更具启发性。"这哪里是更具启发性，分明是更具判断的胡乱性。①

　　在谈到修昔底德把特洛伊战争拖了十年解释为是因为金钱的缺乏时，施特劳斯竟然说这种解释很乏味，更进一步说修昔底德对伯罗奔尼撒战争的处理很平庸。他还臆断说，这种乏味和平庸的处理深深地影响了塞万提斯对骑士的处理。施特劳斯的这些解释真是匪夷所思。这里提到塞万提斯受修昔底德的影响，属于过度联想。②

　　施特劳斯在谈到弥罗斯政府不许雅典代表对自己的人民讲话时说道："正如战争爆发在即，伯里克利不允许斯巴达大使对雅典人民说话一样——因为他害怕斯巴达人可能会欺骗雅典人，弥罗斯政府也保持同样的警惕来防止这种危险。"③ 此处施特劳斯对雅典和伯里克利的意图就领会错了，因为修昔底德的著作中对此有明确说法："只要斯巴达人离开他们的本国，雅典就不接见他们的任何传令官或使节。""如果斯巴达人有话要说，首先要把军队撤回自己的领土内，然后派使节来。"④ 所以，事实并不是施特劳斯所认为的这样。

　　施特劳斯赞扬克里昂在派娄斯事件中反对和平，是一种卓越的战略性

---

① Leo Strauss, *The City and Man*, Chicago and London: The University of Chicago Press, Ltd, 1964, pp. 157–158.
② Ibid., p. 158.
③ Ibid., p. 184.
④ ［古希腊］修昔底德：《伯罗奔尼撒战争史》，谢德风译，商务印书馆1960年版，第129页。

判断。① 这个观点完全不顾修昔底德的明确说法。修昔底德说："克里昂主战，因为在和平安宁时期，人们会注意他的不良行为，会不相信他对别人的谗言。"②

如果我们没有阅读原著，仅仅依靠施特劳斯所提供的路标来认识修昔底德或其他思想家的话，我们就很有可能得到错误的结论，也就是远离修昔底德和其他思想家本来思想面貌的结论。所以，笔者认为，"施特劳斯式的研究"是一条死胡同。这样说，丝毫不减损施特劳斯研究的深刻性。笔者所要强调的只是，在阅读施特劳斯著作的时候，必须同时阅读他所研究的思想家的原著，以求既能获得施特劳斯深刻的思想见地，同时，又能不被施特劳斯带入彀中。施特劳斯的过度解释和臆断提醒着研究者，解释也要有节制，否则就会成为解释的癫狂。

二、解决问题的出路

以施特劳斯为典型的前人，在对修昔底德及其《伯罗奔尼撒战争史》进行研究的时候，所存在的这个突出的问题，告诫着笔者：在对修昔底德及其《伯罗奔尼撒战争史》进行研究时，一刻也不能忘记修昔底德本人的原则。

在《伯罗奔尼撒战争史》第一卷第一章中，修昔底德在回顾了希腊的历史之后，批评诗人和散文编年史家写作的缺点时说道："我相信，我根据上面的证据而得到的结论是不会有很大的错误的。这比诗人的证据更好些，因为诗人常常夸大他们的主题的重要性；也比散文编年史家的证据更好些，因为他们所关心的不在于说出事情的真相而在于引起听众的兴趣，他们的可靠性是经不起检查的。"③

批评了错误做法以后，修昔底德提出了正确的做法。他说："如果我们考虑到我们是研究古代历史的话，我们可以要求只用最明显的证据，得到合乎情理的结论。"④ 因此，解决修昔底德研究中的突出问题的原则便

---

① Leo Strauss, *The City and Man*, Chicago and London: The University of Chicago Press, Ltd, 1964, p. 220.
② [古希腊]修昔底德：《伯罗奔尼撒战争史》，谢德风译，商务印书馆1960年版，第410页。
③ 同上书，第19页。
④ 同上。

是修昔底德本人所讲的"用最明显的证据,得到合乎情理的结论"。

同在第一卷第一章中,修昔底德对演说词和叙事原则的说明也印证了他本人的这一写作原则。

对于演说词,他说:"在这部历史著作中,我利用了一些现成的演说词,有些是在战争开始之前发表的;有些是在战争时期发表的。我亲自听到的演说词中的确实词句,很难记得了,从各种来源告诉我的人也觉得有同样的困难;所以我的方法是这样的:一方面尽量保持实际上所讲的话的大意;同时使演说者说出我认为每个场合所要求他们说出的话语来。"①

对于叙事原则,他说:"关于战争事件的叙述,我确定了一个原则:不要偶然听到一个故事就写下来,甚至也不单凭我自己的一般印象作为根据;我所描述的事件,不是我亲自看见的,就是我从那些亲自看见这些事情的人那里听到后,经过我仔细考核过了的。"②

修昔底德本人对演说词和叙事原则的说明告诫着我们,历史的叙事要谨慎地以事实说话,对于修昔底德及其《伯罗奔尼撒战争史》的研究同样也要谨慎地以事实说话。我们的研究必须"用最明显的证据,得到合乎情理的结论"。这样的研究才能经得起检验。所有形式的过度解释和联想、臆断都为本书所不取。

在对修昔底德及其《伯罗奔尼撒战争史》的研究中,走在"施特劳斯式的研究"路线上的前人很多。他们或是自觉如此,或是不自觉如此。不管怎样,对待前人的研究结论和观点,我们还是要多一点警惕,少一些迷信,力图通过独立的思考,去接近修昔底德的本来思想。

第三节 本书的材料与研究方法

笔者反对那种把修昔底德及其《伯罗奔尼撒战争史》看做具备一套完整的理论体系的观点。如果把修昔底德及其《伯罗奔尼撒战争史》视

---

① [古希腊]修昔底德:《伯罗奔尼撒战争史》,谢德风译,商务印书馆1960年版,第19—20页。
② 同上书,第20页。

为具备一套完整的理论体系，那么，在这套理论无法连缀的地方，就必须加入研究者的臆断、想象甚至捏造。这样一来，研究者所构造的就不再是修昔底德的思想，而在很多地方是研究者本人的思想了。

笔者反对对修昔底德及其《伯罗奔尼撒战争史》进行过度解释。虽然修昔底德及其《伯罗奔尼撒战争史》的叙述背后有着丰富的隐微含义，但过度的解释却往往远离修昔底德本来的意思，特别是当研究者在隐微含义背后继续挖掘隐微含义时，离开修昔底德本来的目的就会更远一些。过度解释的弊端和错误，即使在伟大的研究者那里也是难以避免的，如施特劳斯这样的思想者陷入过度解释时，同样会臆断连篇。这就失去了学术研究的意义。

笔者反对对修昔底德及其《伯罗奔尼撒战争史》进行远离政治知识的解说。研究先贤及其著作，目的在于获得和深化对政治生活的认识和知识。如果研究工作局限于对当时事件的具体解释，得到的是对当事人的经验与教训，而不是对我们今人的经验与教训，那么，这种研究的价值也将大打折扣。对于《伯罗奔尼撒战争史》的研究，我们同样不能局限于雅典或斯巴达应当如何，而要进一步总结政治生活的规律性的东西，通过研究特殊，得到一般。在对修昔底德及其《伯罗奔尼撒战争史》的研究中尤其应该做到这一点。因为修昔底德写作《伯罗奔尼撒战争史》的目的就在于让读者由特殊得到一般。

此外，笔者认为，对修昔底德及其《伯罗奔尼撒战争史》的研究结论要非常明确，而不应当以隐微的形式表达自己的结论。如果研究者的结论依然存在大量隐微含义，需要再有研究者来研究先在的研究者的隐微含义，那么，先在的研究者的研究就失去了价值。如果研究者把自己的研究结论依然包藏在一个外表之下，让后人再来探索其微言大义，那么，这样的研究链条将永不断线。这样的做法，不是学术的传承，而是学术的无聊。

基于以上几点认识，本书的研究将立足于修昔底德的《伯罗奔尼撒战争史》原著的材料。这样说，有两层含义：一是立足于《伯罗奔尼撒战争史》所叙述的事件，二是立足于修昔底德本人的评论。本书要做的事情不是修昔底德"可能想说什么"，而是修昔底德"展示了什么"。修昔底德可能想说什么，是难以确定的，完全取决于研究者的猜测。猜测就有两种可能，或正确，或错误。但是修昔底德展示了什么是确定的，完全取决于修昔底德的叙事与评论。尽管修昔底德就一个事件所展示的意思很可能是多个方面的,我们没有能力穷尽所有意思,但我们所能思考到的方面必定是这多重意思中的一个意思或若干意思,因而我们所能思考的意思不是猜测而来的,而是有着完全的根据的。本书之所以采取这样的研究路线,是要吸取前人研究中猜测和臆断盛行的错误做法;而且,本书的方法也完全合乎修昔底德本人的原则:"我们可以要求只用最明显的证据,得到合乎情理的正确结论。"①

本书的研究方法非常简单,就是归纳法。归纳法是特殊走向一般的一般方法,它尤其适合于对修昔底德著作的研究。修昔底德记述的伯罗奔尼撒战争作为一个特殊事件,如何可能为人类政治生活提供一般性规律呢?简单朴实的做法就是归纳。由归纳总结伯罗奔尼撒战争中的一般规律,以人性搭建伯罗奔尼撒战争中的一般规律与整个人类历史中的政治规律之间的桥梁,从而使伯罗奔尼撒战争中的一般规律上升为人类政治生活的一般规律。这些一般规律,就是"政治的规律"或曰"政治的定数"。在这个由特殊到一般的上升过程中,归纳是最基础可行的方法。

---

① [古希腊] 修昔底德:《伯罗奔尼撒战争史》,谢德风译,商务印书馆1960年版,第19页。

第二章 人民

民主制度的权力主体是人民。在《伯罗奔尼撒战争史》中,雅典是民主制度的典范。伯里克利在阵亡将士国葬典礼上也曾盛赞雅典城邦的民主制度和雅典人民的品性。在民主制度下有人民,在其他制度下同样有人民。处于不同制度下的人民虽然在拥有的权利上存在差异,但人民具有相似的品性。本章要归纳的就是人民的品性问题。在修昔底德笔下,人民的品性包括多疑、非理性、反复无常、总是不满、易被操纵、不负责任等。人民的这些品性在民主制度下影响甚巨,所以,人民的这些负面的品性,同时也是民主制度的缺陷。

第一节 多疑的人民

一、人民多疑的一般事件

在第一卷中,公元前446年,斯巴达国王普雷斯托安那克斯(波桑尼阿斯的儿子)率领一支伯罗奔尼撒军队侵入亚狄迦,到达挨琉西斯和色利亚平原后,就撤兵回国,没有继续前进了。此事的结果,斯巴达人放逐了国王普雷斯托安那克斯,因为斯巴达人认为他是受了贿赂而退兵的。[①] 斯巴达人民对于领导者的怀疑可见一斑。

在第二卷中,普拉提亚事件发生后,斯巴达同盟的军队集合在地峡一带,由斯巴达国王阿基达马斯指挥,准备出发向亚狄迦进攻。作为雅典十

---

① [古希腊]修昔底德:《伯罗奔尼撒战争史》,谢德风译,商务印书馆1960年版,第89、137页。

将军之一的伯里克利知道敌人将来进攻了。正碰着阿基达马斯是伯里克利的朋友,伯里克利认为阿基达马斯也许会经过他的田产而不加破坏。这种做法可能是出于阿基达马斯私人的好意,也许是执行斯巴达人的指示,以引起大家对伯里克利的恶感。伯里克利于是在民众会议中发言说:虽然阿基达马斯是他的朋友,但这一事实无损于雅典人的利益。假如他的地产和房屋不被敌人毁灭,如同别人的地产和房屋一样的话,他愿意将自己未遭毁灭的财产捐献给公家,以免大众因此对他怀疑。① 伯里克利之所以会作这样的表态,必定是因为他深深了解雅典人民多疑的秉性。

对于雅典人民的多疑,戴奥多都斯曾经作过分析。他说:"一个诚实地提出来的善良建议也和一个坏得透顶的建议同样地被人怀疑;结果,一个主张一些凶恶政策的发言者必须欺骗人民以便得到人民的同情,而有好意见要发表的人,如果他们想要得到人民的信任的话,也必须说谎。因为这种过度的聪明,雅典处在一种独特的地位;只有对于它,从来就没有人能够公开地做一件好事而不要用欺骗手腕的;因此,如果有人公开地做一个爱国行为,对于他的劳绩的报酬是被人疑为图谋私利。"②

二、人民多疑的典型事件

在第六卷中,公元前 415 年,雅典人议决远征西西里。正在进行准备工作的时候,有一晚,雅典城内差不多所有的赫尔密石像的面部都被毁坏了。没有人知道这是什么人做的,但是国家悬出巨大的赏金想找出这些犯罪的人来。又通过命令:无论什么人,异邦人也好,奴隶也好,凡是知道其他渎神行为的都可自由来告密。整个这件事情很被重视,因为这件事情被认为是远征的征兆,同时是有推翻民主政治的颠覆阴谋的证据。③

有一些住在雅典的异邦人和私人奴仆来告密。关于赫尔密石像本身,他们没有说出什么来。只说出以前所发生的其他情况:当有些青年人在宴会上喝得大醉之后,把石像面部毁坏了;也说到私人住宅中举行神秘祭祀时的嘲笑庆祝。亚西比得是这些被控告者之一。那些最不喜欢亚西比得的

---

① [古希腊]修昔底德:《伯罗奔尼撒战争史》,谢德风译,商务印书馆 1960 年版,第 129—130 页。
② 同上书,第 238 页。
③ 同上书,第 497—498 页。

政治的定数

人就抓住这个事实，把整个事情夸大起来，尽量叫嚣，说神秘祭祀事件以及赫尔密石像面部的毁坏，都是推翻民主政治阴谋的一部分，而所有这一切，亚西比得都是参加过的，他们把他一般生活中违反传统和不民主的性质作为这个控告的证据。①

亚西比得当场否认对他所提出的控告，准备在出发远征之前，接受审判。但是他的政敌担心马上审判他人民会对他宽恕，所以他们尽力把案件推迟，阻止马上审判。他们的计划是想对他提出一些更为严重的控告，这一点在他出国以后，他们更容易做到，到那时再派人去，把他召回受审。②

远征军出发以前，雅典人急于调查神秘祭祀和赫尔密石像的事实。他们不考虑告密者的品质，把所听到的一切都当成怀疑的理由，根据一些流氓所提出的证据就逮捕一些最善良的公民，下之狱中。他们认为最好是这样追查到底，被告发的人，不管他的名誉多么好，也不能因为告发者的品行坏而逃避审问。他们对那些和神秘祭祀有牵连关系而被控告的人感到愤怒和怀疑，他们认为所发生的一切都是想建立寡头政治或僭主政治的阴谋的一部分。舆论既已激发，有许多显著的公民已下狱中，而且事情没有缓和的气象；事实上残酷的程度每日增加，被逮捕的人每天加多。在这个时候，有一个被监禁的人出来自认，承认他自己和别人有关赫尔密石像的犯罪行为。这个人是在一个同他一道被监禁的人的劝说下出来自认的。修昔底德说，这个自认的人所自认的事实可能是真的，也可能是假的。事实上，无论当时，或者后来，都没有人能够确实说出这件事情是谁做的。这个人为什么要自认？因为劝他的这个人以以下理由说服了他：即使他没有做这件事，最好自己承认做了此事，以求获得免予处分而使自己得到安全，同时也使城邦目前猜疑的情况告一结束；他自认而得到免予处分比他否认别人对他的控诉而提出审判，会更安全一些。③

雅典人以前在恐怖状态中，认为推翻民主政治的阴谋者是绝不会被发现的；现在他们以为发现了真实情况，因此很高兴。于是马上释放了

---

① ［古希腊］修昔底德：《伯罗奔尼撒战争史》，谢德风译，商务印书馆1960年版，第498页。
② 同上书，第498—499页。
③ 同上书，第517、522页。

认罪者本人和一切他所没有告发的人。那些他证明有罪的人都被提出审问，凡被提及的都被处死。凡逃掉了的都被宣布死刑，悬赏购买他们的首级。修昔底德评论说："在这一件事情上，很难说，那些被处罚的是不是罪有应得的；但是很清楚，事实上城邦内其余的人都得到了很大的益处。"①

亚西比得出发后，那些在他出发之前攻击他的敌人现在又攻击他了，雅典人很重视这桩事情。因为他们认为现在已经发现了赫尔密石像事件的真相，他们更相信牵连到亚西比得的神秘祭祀中的渎神事实是他做的，是同一个企图推翻民主政治的阴谋中的一部分。当这一切骚动正在进行的时候，正碰上斯巴达人的一小支军队进至地峡，以处理他们和彼奥提亚人间的事情。雅典人以为这是亚西比得的阴谋；他们以为斯巴达人到那里来，不是因为彼奥提亚人的事情，而是和亚西比得安排好了的；如果他们不先发制人，逮捕那些根据情报有嫌疑的人，雅典是会被出卖的。②

此时，从各个方面来看，亚西比得都是有很大嫌疑的，雅典人想要审判他，把他置于死地。因此，正当亚西比得在西西里的卡塔那的时候，雅典命令他回国去答辩国家对他所提出的控告，同时要军队中其他一些人也回国去，有些是和神秘祭祀中的渎神方式有关，有些是和赫尔密石像有关，被人告发。③

亚西比得和其他被控告的人乘着自己的船离开西西里，和雅典派来传达命令、提取他们回国的萨拉明尼亚号战舰一路航行，好像是回雅典去的样子。但是，到条立爱的时候，亚西比得和他的同伴们隐藏了起来。萨拉明尼亚号战舰上的水兵寻找他们未果，便启程回国了。亚西比得不久就从条立爱渡海到了伯罗奔尼撒。雅典人就缺席判决，宣布他和他的同伴们死刑。④ 而亚西比得开始与斯巴达人合作，危害雅典。

雅典人为何如此多疑？修昔底德提供的原因是："人民都听说过庇西斯特拉图和他的儿子们的僭主政治，知道它后来是多么压迫人民的；他们也知道，后来推翻僭主政治的不是他们自己和哈摩狄阿斯，而是斯巴达人。因此，他们总是在恐惧状态中，容易抱着怀疑的态度来观察一切事

---

① ［古希腊］修昔底德：《伯罗奔尼撒战争史》，谢德风译，商务印书馆1960年版，第523页。
② 同上。
③ 同上书，517、523页。
④ 同上书，第524页。

政治的定数

情。"为此，修昔底德详细叙述了哈摩狄阿斯和阿里斯托斋吞的故事。①哈摩狄阿斯和阿里斯托斋吞冒失行动，企图推翻雅典的僭主政治，但失败了。此事发生以后，僭主政治对于雅典人更具压迫性了。这些事情给雅典人以很深的印象，所以当赫尔密石像和神秘祭祀中的渎神事件发生以后，他们马上就认为这一切都是想建立寡头政治或僭主政治的阴谋的一部分，从而采取了过激的手段，造成了恐怖和亚西比得的逃亡。亚西比得背叛雅典，决定了雅典的失败。

第二节 非理性的人民

在修昔底德的叙述和评论中，人民不仅多疑，而且被展示为非理性的。这种非理性的品性体现在多个方面，如不理智、易受演说影响、易丧失信心、易过激、易被欺骗等。

一、不理智的人民

早在战争爆发前，伯里克利在雅典民众会议上谈到海上势力的重要性的时候，就对雅典人说过："我们一定不要因为丧失土地和房屋而愤怒，以致和远优于我们的伯罗奔尼撒陆军作战。"这是作为海上强国的雅典对付陆上强国的斯巴达的正确方针。当时的雅典民众会议认为伯里克利的发言是最好的，所以照他的意见表决了。②但是，当伯罗奔尼撒军队真正开始破坏亚狄迦的土地时，雅典人民却忘掉了伯里克利的这一忠告。

在第二卷中，战争的第一年，伯罗奔尼撒的军队在地峡集合后，斯巴达国王阿基达马斯召集各国的将军们和重要人物，发表了演说。在这个演说中，阿基达马斯透露了一个思想。他认为，只要伯罗奔尼撒的军队侵入亚狄迦，雅典人很可能出来作战。他说："我们应当知道，敌人

---

① [古希腊]修昔底德：《伯罗奔尼撒战争史》，谢德风译，商务印书馆1960年版，第517—522页。
② 同上书，第115、117页。

很可能整军出来和我们接战；纵或在我们进攻之前，敌人不出来迎战，但是他们看见我们在他们的领土内，破坏他们的土地，毁灭他们的财产的时候，他们一定会出来和我们作战的。"阿基达马斯之所以有这样的思想，是因为他认为："人们受到过去从来没有受过的痛苦，而这些痛苦的事情都在自己的眼前进行，他们自然会愤怒。他们不是等着事变而加以考虑的，而是自身受到冲动的刺激而投入行动的。这样的做法，对雅典人来说尤其是可能的，因为他们自己认为他们享有特权，处于至高无上的地位，他们总是惯于侵略和毁灭别人的土地，而很少看见自己的领土被别人侵入的。"①

伯罗奔尼撒的军队在阿基达马斯的带领之下，开始进攻亚狄迦。最初他们驻扎在挨琉西斯附近，破坏挨琉西斯一带和色利亚平原。然后继续前进，到达亚狄迦最大的得莫阿卡奈，在这里驻扎他们的军营，停留下来，长久地破坏这一地区。②

阿基达马斯之所以这样做，就是希望雅典人出来作战。因为雅典有最卓越的青年群众，他们对于战争，有了从来所没有过的准备，他们不会让他们的土地遭到蹂躏的。他在挨琉西斯时和色利亚平原时，雅典人没有出来作战。他想试试看，如果他在得莫阿卡奈驻扎下来，他们是不是会出来和他会战。在阿基达马斯看来，得莫阿卡奈有3000名重装步兵，他们在国家中占有重要地位，因此，他们不会让自己的财产遭到破坏，而会强迫其他的人出来和他们一同作战。③

当敌军在挨琉西斯和色利亚平原的时候，雅典人还希望敌军不继续向他们进攻。他们还记得在14年前，斯巴达国王普雷斯托安那克斯率领一支伯罗奔尼撒军队侵入亚狄迦，到达挨琉西斯和色利亚之后，即撤兵回国，没有继续前进了。他们亲眼看见自己的土地遭到破坏——这件事情，青年人从来就没有看见过，老年人只在波斯人入侵的时候看见过。但是，得莫阿卡奈离雅典城很近，他们看见敌军驻扎在得莫阿卡奈，这种情况是他们所不能容忍的。很自然地，他们会因此而感到愤怒，特别是青年人，他们要出来阻止敌军的破坏。在雅典，双方的意见激烈地争辩，有些人要

---

① ［古希腊］修昔底德：《伯罗奔尼撒战争史》，谢德风译，商务印书馆1960年版，第128页。
② 同上书，第136页。
③ 同上书，第137页。

R 政治的定数

求领导他们出来作战，有些人则反对这个要求。得莫阿卡奈人知道他们是全国的重要部分，同时认为他们的土地正在遭受蹂躏，所以他们特别坚持出兵。修昔底德评论说："当时，雅典处于一种很紧张的状态中：人民迁怒于伯里克利，对于过去他所给予他们的忠言，他们完全不注意了；他们反而辱骂他，说他身为将军，而不领导他们去作战，把他们自己所受痛苦的责任完全加在了伯里克利身上。"①

老练的政治家伯里克利深信自己主张不出战的观点是正当的，但是他看到目前雅典人因愤怒的情感而误入迷途了。所以他不召集民众会议，或任何特别会议，因为恐怕一般讨论的结果，他们在愤怒之下，而不在理智的影响之下，作出错误的决议来。②

在第三卷中，战争第四年，公元前428年，列斯堡全岛，除麦提姆那外，都叛离雅典了。因为这个岛上的城邦密提林想要以武力统一列斯堡全岛，成为一个国家，受密提林的统治。斯巴达和他们的同盟者接受列斯堡加入同盟。雅典人派出舰队和重装步兵，从陆地上和海上坚固地封锁了密提林。密提林人在粮食吃完之后，被迫投降。投降的条件是：对于密提林人民，雅典有权自由处理；雅典军队可以进城；密提林人派遣代表们往雅典去陈述他们的情况；在这些代表们回来之前，雅典方面的军事长官帕撒斯应承认不监禁、奴役或杀害任何人。③

帕撒斯把那些为斯巴达的利益而最为活跃的密提林人和其余那些他认为和组织暴动有关的人一块送往雅典。雅典人讨论了怎样处理这些人的问题。他们在愤怒的情绪下，决定不仅把现在已经在他们手中的这些密提林人，并且把密提林全体成年男子都处以死刑，而把妇女和未成年的男女都变为奴隶。雅典人对密提林的责备是这样的：它并没有和其他国家一样，被当做属国看待，而它竟暴动了；而伯罗奔尼撒人的舰队竟敢于渡海到爱奥尼亚来支持暴动，因此雅典人对它更加痛恨。他们认为：如果不是长期以来预谋暴动的话，这种事情是不会发生的。所以，他们派了一条三列桨战舰到帕撒斯那里去，把这个决议通知他，并且命令他把密

---

① ［古希腊］修昔底德：《伯罗奔尼撒战争史》，谢德风译，商务印书馆1960年版，第138页。
② 同上。
③ 同上书，第209—210、217、219、255页。

提林人处死。①

但是第二天，雅典人民的情绪有了突然的改变，他们开始想到这样的一个决议是多么残酷和史无前例的——不仅杀戮有罪的人，而且屠杀一个国家的全部人民。在雅典的密提林代表团看到了这种形势，于是和那些支持他们的雅典人一同去见政府当局，主张把这个问题在民众会议中再提出来讨论一次。政府当局自己也很清楚地知道，大部分公民都希望有一个机会重新考虑这个问题，因此他们更容易说服政府当局，所以马上召集民众会议。双方都表示了各种意见，克里昂又发了言，处死密提林人的原有议案就是因为他的缘故而通过的。在雅典人中，他是最激烈的。在他之后，戴奥多都斯站起来说话；在上次会议中，他也是激烈地反对处死密提林人的建议的。②

克里昂和戴奥多都斯的主张虽然完全对立，但是两个人却有完全相同的一个观点。克里昂说："有怜悯之感，迷恋于巧妙的辩论而误入迷途，宽大为怀，不念旧恶——这三件事对于一个统治的国家都是十分有害的。"戴奥多都斯则说："不要太为怜悯和宽容的心情所支配。我和克里昂一样，不希望你们受这些情绪的影响。"③ 而雅典人的变化正是受到了情绪的影响。

当这两个彼此对立的建议提出来之后，雅典人虽然情感上最近有了一些改变，但是还保持着各种不同的意见。举手表决时，双方的票数几乎是相同的，但是戴奥多都斯的建议通过了。④

于是马上另派一条三列桨战舰急忙出发，因为他们担心：如果这条战舰不赶上第一条战舰的话，他们会发现自己到达时，城市的居民已被杀害。第一条战舰已经在先一天一晚的时间出发了。密提林的使节们供给舰上的水手们酒和大麦，并且向水手们许诺，如果及时到达目的地的话，将给他们一笔很大的酬金。当他们吃大麦饼的时候，他们还是继续划桨；到睡眠时，他们轮流划桨。幸而没有逆风，因为第一条战舰负担一个这样可怕的使命，它从容地航行；而第二条战舰这样紧急地追赶，结果第一条战

---

① ［古希腊］修昔底德：《伯罗奔尼撒战争史》，谢德风译，商务印书馆1960年版，第225—226、229—230页。
② 同上书，第237、239—231页。
③ 同上书，第235、242页。
④ 同上书，第243页。

舰早到一点,帕撒斯刚刚看完了命令,准备执行的时候,第二条战舰进了港口,阻止了这次屠杀。修昔底德评论说:"密提林的逃脱危险是间不容发的。"①

塞翁尼的叛离与密提林的叛离相类似,但雅典人对塞翁尼的处理则完全不同。在第四卷中,战争第九年,公元前423年,斯巴达人和雅典人订立了一个一年休战和约。休战和约订立后两天,帕利尼半岛上的塞翁尼叛离雅典,转到斯巴达一边去了。当时在色雷斯区域指挥斯巴达军队的伯拉西达马上把塞翁尼接收了过来。伯拉西达还想利用塞翁尼人的帮助,袭取门德和波提狄亚。正在他将袭取这些地方的时候,宣布休战和约的特派委员们到了。雅典方面的代表不肯把塞翁尼包括在休战和约之内,因为他计算日期,发现塞翁尼的暴动是在签订和约之后。伯拉西达坚决反对,说塞翁尼的暴动实际上是在签订和约之前,他不肯放弃塞翁尼。雅典方面的代表把这个情况报告雅典,雅典人要马上派遣一支军队进攻塞翁尼,因为现在就是岛民也敢于叛离雅典而相信于岛民毫无益处的斯巴达陆军势力了,因此雅典人大为愤怒。而斯巴达人坚持相信伯拉西达的话,说这个城市是应当属于他们的。雅典人根据克里昂的提议,马上通过一个法令,收复塞翁尼,把塞翁尼全体居民处死。两年后,雅典人摧毁了塞翁尼。他们把成年男子尽行杀戮,把妇人和小儿变为奴隶。②

同是雅典的同盟者叛离雅典,密提林人受到了宽大处理,而塞翁尼人却受到残酷对待。塞翁尼人成了雅典民众愤怒情绪的牺牲品。

在第八卷中,战争第二十一年,公元前411年,雅典发生寡头政变,民主政治被推翻,"四百人"议事会统治雅典。同时,萨摩斯的"三百寡头统治"却被推翻了,民主党人上台了。萨摩斯人和在萨摩斯的雅典军队马上派战舰"巴拉洛斯号",载着查里利阿斯往雅典去,报告这里所发生的事情,他们自己还不知道"四百人"已在雅典夺取了政权。他们驶入港中的时候,"四百人"马上把巴拉洛斯号战舰上的两三个水手逮捕起来,夺取了战舰。查里利阿斯看到这种情况,马上溜走,又回到萨摩斯去了;他向士兵们夸大地说明了雅典的恐怖状况。他告诉他们说,鞭打是通

---

① [古希腊]修昔底德:《伯罗奔尼撒战争史》,谢德风译,商务印书馆1960年版,第243页。
② 同上书,第381、386—387、423页。

常的处罚方式，没有人敢说一句反对政府的话，士兵们的妻室儿女都遭受了侮辱，"四百人"正在计划：如果萨摩斯的军队不向他们屈服的话，他们将把所有在萨摩斯服务而和他们想法不同的人的亲属都逮捕起来，关在牢狱中，把他们置于死地。此外，他还添加了许多并不真实的事情。①

士兵们听到了这些话之后，他们的第一个冲动是想对付那些发动寡头政治的主要人物以及和这个阴谋有关的一切其他的人，想把这些人都杀死。但是最后，他们放弃了这种想法，听从了温和派的劝告。温和派指出，他们有丧失一切的危险，因为准备战斗的敌人近在咫尺。②

"四百人"派人向萨摩斯的军队说明情况，希望获得军队好感的代表们到萨摩斯举行一次会议。代表们企图发言。起初，士兵们不肯听他们的话，不断地高声叫喊：这些推翻民主政治的人应当被处以死刑，但是经过一点困难之后，士兵们终于安静下来，听了他们所要说的话。他们又说了许多其他的事情，但是军队不愿意听下去。事实上，士兵们是很愤怒的，他们自己提出了许多建议，其中最普遍的一个建议就是航海去进攻庇里犹斯。修昔底德说："如果这样的话，爱奥尼亚和赫勒斯滂马上都会被敌人占领。"正当萨摩斯的雅典人都急于想航海去进攻他们自己的同胞的时候，是亚西比得阻止了他们。当时没有任何其他的人能够控制群众了。亚西比得阻止他们航海去进攻雅典，他利用他的口才，转移了他们因为私人关系对于这些人的愤怒。亚西比得认为："只要雅典城保全了，公民自己内部的两个党派是有易于达成某种协议的希望的；但是如果任何一方（无论是在萨摩斯的人还是在雅典的人）被打败了的话，那么，就没有人留下来可以订立任何协定了。"③

对于萨摩斯的雅典人如此不理智，修昔底德没有当场提出评论。但在后边，修昔底德曾在叙述到优卑亚叛变雅典，而斯巴达军队没有乘胜渡海攻击庇里犹斯或雅典城这件事的时候说道："如果他们（指斯巴达人）留在那里围攻雅典城的话，他们可以迫使爱奥尼亚来援助自己的人民和雅典城本身，不管它多么仇恨寡头政治。"④ 这意味着在萨摩斯的雅典人与在

---

① ［古希腊］修昔底德：《伯罗奔尼撒战争史》，谢德风译，商务印书馆1960年版，第685—686、688—699页。
② 同上书，第690页。
③ 同上书，第698—699页。
④ 同上书，第711页。

> 政治的定数

雅典的雅典人是休戚与共的，而此前在萨摩斯的雅典人却在愤怒的情绪下要去进攻雅典，这显然是不理智的。

"四百人"派遣的代表们从萨摩斯回到雅典，传达了亚西比得的答复，其中包括："四百人议事会"应当取消，原先的"五百人议事会"应当恢复。这使得大部分和寡头政治有关的人决心退出寡头政治。其中有一个人是哈格农的儿子特拉门尼。当时，伯罗奔尼撒的舰队沿着海岸航行，在挨彼道鲁斯附近停泊，蹂躏了厄基那。特拉门尼攻击寡头政权，说这支舰队是被邀请来帮助实现雅典政府的阴谋的。在亚提翁尼亚建筑城墙的雅典重装步兵逮捕了寡头政府的一个将军亚历西克利。正碰上"四百人"在议事厅中开会，当他们听到这个消息的时候，除了那些反对寡头政治的统治者之外，他们都想马上跑到储藏兵器的地方去。当时一切都在混乱中，因为雅典的人民以为庇里犹斯已被占据，亚历西克利已被杀死，而庇里犹斯的人民则料想到雅典的军队随时会来向他们进攻。年纪大一点的人尽力阻止那些在城中乱跑去寻找兵器储藏所的人；雅典人在法赛鲁的利益代理人修昔底德正在雅典，他挺身而出，依然阻止他们，他向他们呼喊，他们不要当敌人近在咫尺，正在伺机进攻的时候，毁灭他们的国家。这样，经过了一些时间，他们终于安静下来，彼此不动手了。① 在外敌当前的形势下，雅典人内部还要爆发战斗，这完全是不理智的行为。法赛鲁的修昔底德阻止了雅典人的不理智行动，可谓大功一件了。

二、受演说影响的人民

在第三卷中，在雅典关于密提林的辩论中，克里昂批评了雅典民众和民主政治。他说："在过去，有时我个人常常观察到民主政治不能统治别人；现在我看见你们对于密提林人的情绪改变，我更相信这一点了。""你们经常是言辞的欣赏者；至于行动，你们只是从人家的叙述中听来的；如果将来需要做什么事情，你们只是从听到关于这个问题的一篇好的演说词来估计可能性；至于过去的事情，你们不根据你们亲眼所看见的事实，而根据你们所听到关于这些事实的巧妙言词评论。一个新奇的建议马

---

① [古希腊]修昔底德：《伯罗奔尼撒战争史》，谢德风译，商务印书馆1960年版，第699、705—706页。

上骗得你们信任,但是被证实了的意见,你们反而不愿采纳。凡是平常的东西,你们都带着怀疑的态度来看待;遇着似是而非的理论,你们就变为俘虏。你们每个人的愿望是自己能够演说;如果你们不能做到这一点的话,其次最好的就是利用下面的方法来和那些能够演说的人竞赛:当你们听到别人提出他们的看法来的时候,你们就装作你们的机智不减于他们的;当说话的人还没有说出他的漂亮词句来的时候,你们就喝彩;你们很快就会知道一个论点会怎样发展,但是很迟慢才能了解这个论点最后所要达到的结果。我要说,你们总是时时刻刻在寻找普通经验范围以外东西;但是就是你们眼前的生活事实,你们也不能够直接考虑。你们是悦耳言辞的俘虏;你们像是坐在职业演说家脚下的听众,而不像是一个讨论国家事务的会议。""至于那些用他们的辩论使人娱乐的演说家,他们应当在讨论那些比较不重要的问题上展开他们的竞赛,而不要在这样重要的问题上显示他们的辩才,因为在这个场合中,虽然演说者自己无疑可以因为他们美好的言词而获得美好的报酬,但是国家因为这种短时的娱乐而付出了重大的代价。""在这种竞赛中,国家把报酬给别人,而它本身负担一切危险。这是你们的过失,因为你们愚笨地规定这种竞赛的表演。"虽然克里昂的个人品质无法恭维,但他在这里对雅典民众易受演说影响的品性所进行的批判却是一针见血的。尼西阿斯也曾说过:"他们(指雅典民众)的判断是容易受到任何一个想造成成见的狡猾演说家的影响的。"①

在第五卷中,战争第十六年,公元前416年,雅典军队远征弥罗斯。雅典的将军们将军队驻扎在弥罗斯的领土上,在进行破坏之前,首先派代表们和弥罗斯交涉一切。弥罗斯人不让这些代表们在民众会议中说话,只请他们把奉命前来的目的在行政长官及少数人士面前说明。② 雅典代表一开始就表达了人民容易被演讲所迷惑的观点。他说:"现在你们不让我们

---

① [古希腊]修昔底德:《伯罗奔尼撒战争史》,谢德风译,商务印书馆1960年版,第231—232、598页。
② 对这件事,施特劳斯曾作如下解释:"正如战争爆发在即,伯里克利不允许斯巴达大使对雅典人民说话一样——因为他害怕斯巴达人可能会欺骗雅典人,弥罗斯人也保持了同样的警惕来防止这种危险。"参见 Leo Strauss, *The City and Man*, Chicago and London: The University of Chicago Press, Ltd, 1964, p.184. 此处施特劳斯对雅典和伯里克利意图的领会是错误的,但是对弥罗斯意图的理解是正确的。

政治的定数

在民众会议中说话；无疑地，如果全体民众一度毫无阻碍地听了我们有说服力而不能驳倒的言论，他们也许会被我们迷惑了。我们认为这就是你们为什么只许我们对少数人说话的用意。"① 由于是在少数政治家面前说话，所以雅典代表的发言十分坦率，不加包装。雅典代表毫无遮掩地道出了人民易受演说迷惑的特性。同时，由雅典代表的这段话，我们也可以看到，弥罗斯的政治家也深深地了解人民的这一品性。

在第六卷中，关于西西里的辩论，一方是尼西阿斯反对远征；另一方是亚西比得激烈地支持远征。修昔底德说，亚西比得有更强烈的动机，想获得将军的职位，他希望由他征服西西里和迦太基——这些胜利会使他个人同时得到财富和荣誉。可见亚西比得支持远征西西里是出于个人的野心。但是，他的演讲却是通过描绘出一幅西西里很容易征服的图景来引诱雅典人赞成远征。他说，西西里诸城市人口的增加是各种各色的人混合起来的，其公民团体是经常变化的，经常改组的。结果，他们没有他们是为祖国而作战的那种感情。他们每个人没有足够自卫的武装，也没有适当固定的耕地。他们的时间花费在努力想从公家取得那些他们认为可以利用狡猾的演说词或公开的暴动而取得的东西——他们总是打算，如果情况对于他们不利的话，他们可以往外国去安居乐业。像这样的乌合之众不会注意到一个一致的政策，也不会联合起来，采取共同的行动。当我们去向他们提出一些诱惑性的建议时，很可能他们马上会和我们订立单独的协定，特别是，如我们所了解的，他们处于一种党争的情况下。至于他们的重装步兵，没有他们自己吹嘘的那么多；其他的希腊人也和他们一样；他们的军队数目从来就没有达到每个国家所估计自己势力的那个数目。事实上，虚伪是很大的，就是希腊也只是在这次战争中才刚刚有了充足的武装。他说："以我得到的情报而言，西西里的形势是如我所说的；真的，甚至于比这还要容易些。"他还说："我们很可能利用我们在西西里所取得的，变为全希腊的主人翁。"这些煽动对雅典人民具有很大的诱惑性。所以，听了他的发言、厄基斯泰人的发言和一些林地尼流亡者的发言之后，雅典人比过去更加急于发动这次远征了。②

---

① ［古希腊］修昔底德：《伯罗奔尼撒战争史》，谢德风译，商务印书馆1960年版，第464页。
② 同上书，第490—491、493页。

三、易过激的人民

在第六卷中，雅典军队以庞大的舰队远征西西里。起初，叙拉古人很害怕，并且预料雅典人会马上来进攻的。但是因为雅典人没有马上进攻，他们的信心与日俱增。后来，雅典全军驶往栖来那斯和厄基斯泰。他们用一半军队进攻机拉地区的亥布拉，但是没有攻陷它。叙拉古人发现敌人远远地离开了他们，航行到西西里的另一边去了；同时，雅典人进攻亥布拉，没有攻陷那个地方，因此，他们更加藐视雅典人了。此时，修昔底德说，正如群众有了信心所常会做的，他们不断地劝他们的将军们领导他们去进攻雅典军队的驻扎地卡塔那，因为雅典人不来进攻他们。叙拉古的巡逻骑兵经常驰往雅典军队那里去，除了给他们以其他侮辱的言辞之外，还问他们是不是真的想自己定居在别人的土地上，而不是想恢复林地尼人的土地。①

雅典的将军们知道这种形势，就设计引诱叙拉古军队出来，尽量地远远离开他们的城市。雅典军队则夜间驶往叙拉古。当叙拉古军队发现雅典军队已经航海出去了，他们马上回军保卫叙拉古。在仓促的迎战中，叙拉古人战败了。

四、易丧失信心的人民

在第六卷中，战争第十八年，公元前414年，在西西里的雅典远征军在叙拉古城外建双重城墙，试图把叙拉古完全封锁起来。因为没有从伯罗奔尼撒得到任何援助，叙拉古人认为他们已经没有取得胜利的希望，于是他们彼此之间，以及和雅典将军尼西阿斯之间开始讨论商谈投降的条件了。他们虽然没有达成任何具体的协定，但是，因为他们有种种的困难，以及他们被围得愈来愈紧，他们向尼西阿斯提出了许多建议；在城内，这种讨论更多。他们目前的灾难也引起自己彼此间的猜疑。他们认为灾难之产生是由于那些领导他们作战的将军们的运气不好，或由于他们的叛逆行为，因此，他们把这些将军们免职，另外推举三个人，

---

① ［古希腊］修昔底德：《伯罗奔尼撒战争史》，谢德风译，商务印书馆1960年版，第525页。

代替旧的将军们。①

伯罗奔尼撒派出援助叙拉古并且将做叙拉古军总司令官的吉利普斯尚未到达叙拉古,科林斯的舰队正迅速地从琉卡斯赶来。科林斯的一个司令官龚基拉斯乘着一条船首先到达了叙拉古。他发现叙拉古人将要举行民众会议来讨论如何结束战争了。龚基拉斯阻止了这个会议的召开,并且对叙拉古人说,将来还有更多的船舰来。叙拉古人才又恢复了信心。②

在第七卷中,雅典远征军与叙拉古军队最后进行了海上决战,叙拉古人取得了决定性胜利。雅典人因为这次不幸的沉重悲伤,甚至连想也没有想到请求允许收回他们死者的尸体和破坏的船舰,他们想马上就在当晚退却。但是德谟斯提尼跑到尼西阿斯那里去,建议他们再配备他们所残余的船舰,尽他们的力量在黎明的时候冲出去。他指出,他们所剩下来的可以应用的船舰还是比敌人的多一些。因为雅典人所剩下的船舰约为60条,而敌人所有的不到50条。尼西阿斯赞成这个建议,但是当他们要配备船舰上的海员时,水兵们不愿上船,他们因为上次的战败,挫折了锐气,认为胜利是不可能的了。因此,现在雅典人决定从陆地上退却。③ 结果导致了全军覆灭。

五、易被欺骗的人民

在第八卷中,战争第二十年,公元前412年,驻扎在萨摩斯的雅典军队阴谋推翻民主政治。之所以会发生这样的阴谋,是因为雅典最有势力的阶级的成员,受战争的痛苦最深,他们想自己夺取政权,以便顺利结束战争。他们从萨摩斯渡海到米利都去与亚西比得会谈,回到萨摩斯的时候就组织了自己的党派,并且公开地对军中的士兵说,如果召回亚西比得,废除民主政治的话,波斯国王将成为他们的朋友,供给他们金钱。这些阴谋使军营中的舆论骚动了一段时间,但是因为得到了波斯国王薪给的可喜消息,他们也就安静下来了。④

---

① [古希腊]修昔底德:《伯罗奔尼撒战争史》,谢德风译,商务印书馆1960年版,第557—558页。
② 同上书,第563页。
③ 同上书,第620页。
④ 同上书,第670—671页。

寡头党人派遣皮山大和其他的人作为他们的代表往雅典去，协商召回亚西比得和取消民主政治。皮山大等人到了雅典，把他们的计划对人民说明了，并且特别指出，如果他们召回亚西比得，改变宪法的话，他们可以把波斯国王变为他们的同盟者，在反对伯罗奔尼撒人的战争中取得胜利。许多人反对变更民主政治。在四面受人反对和唾骂之中，皮山大坚持说，如果雅典没有一个比较完整的政体，把政权交给比较少数人手里，使波斯国王相信雅典，那么，雅典是不能挽救的。"目前我们应当考虑的是我们的生存问题，而不是我们政制的形式问题（如果我们不喜欢它，以后我们还是可以常常变动的）。我们必须召回亚西比得，因为在现在活着的人中间，只有他一个人是能够替我们做到这件事情的。"①

　　起初，人民对于要建立寡头政治的主张是没有好感的，但是当皮山大很清楚地说明再没有别的出路的时候，他们的恐惧（和他们将来可以再改变政制的期望）使他们让步了。他们表决，赞成皮山大和其他十个人航海去和波斯在爱奥尼亚的总督替萨斐尼以及亚西比得订立他们认为最好的协议。②

　　皮山大和其他代表们到了替萨斐尼那里，开始谈判，想达成协定。但他们最终看到了亚西比得是在欺骗他们，如果继续谈判，也会毫无结果，所以愤而离开那里，回到萨摩斯。③ 他们联络萨摩斯的上层阶级，想使他们参加建立寡头政治的工作。在萨摩斯的雅典人自己商量，决定不再考虑亚西比得，而要自己把这些事情负担起来。他们自愿地从他们的私人的产业中贡献出金钱以及其他一切需要的东西，因为他们现在所做的困难工作不是为了别人，而是为了自己。④

　　他们马上派遣皮山大和一半代表往雅典去进行工作。当他们到达雅典时，发现在雅典方面，大部分工作已经为他们的党人做好了，包括暗杀了

---

① ［古希腊］修昔底德：《伯罗奔尼撒战争史》，谢德风译，商务印书馆1960年版，第672、674—675页。
② 同上书，第675页。
③ 同上书，第677页。麦考伊曾特意揭示出皮山大对雅典人民的这一欺骗。他说："（皮山大）通过向每个反对者保证，获取亚西比得的协助的代价并不那么高昂——仅仅是在雅典建立一个更明智更受限制的政体而已——如果它不是雅典人所喜欢的，这一政体变革就不需要持续很久。""阴谋家的策略是非常聪明的。他们从来没有直接地、公开地提出'寡头政体'，而是提出'民主政体中的变革'。""阴谋家们在此时还无法与民众公开决裂，他们不得不通过合法的手段实现政体的变革。"参见［美］麦考伊《卷八中皮山大的"非演说词"》，载［美］斯塔特编《修昔底德笔下的演说》，王涛等译，华夏出版社2012年版，第105—106页。
④ ［古希腊］修昔底德：《伯罗奔尼撒战争史》，谢德风译，商务印书馆1960年版，第681页。

政治的定数

民主党的领袖和其他他们认为讨厌的人，同时还公开提出了一个政纲，要求除了在军队服务的人以外，一律不支薪金，参加政权的人以5000人为限，这些人应当是在资格上和财产上最能为国家服务的人。修昔底德说，这些只是向民众宣传的口号，因为将来获得城邦政权的就是这些发动政变的人。①

皮山大和其他代表们做了其余的工作。他们首先召集一个民众会议，建议组织一个有全权的十人委员会，在一个指定的日期内向人民提出他们对于组织一个最好的政体的意见来。后来，指定的日期到了的时候，他们在一个狭窄的地方举行民众会议。十人委员会就在此地提出一个方案，也只有一个方案，即允许任何雅典人提出任何建议而不受处罚；凡控诉这种提议者，说他是违法的人，应当处以重罚。于是，皮山大马上提议，现行宪法上所规定的公职制和薪金制都应当取消；应选举5人为主席；这5人选择100人，100人中每人又选择3人，由这400人组织议事会，有全权依照他们认为最好的方法统治城邦；他们在他们选定的任何时候，召集"五千人会议"。②

民众会议批准了这个建议，没有人提出反对的意见，于是就散会了。以后，寡头党人以暴力为后盾使"四百人"进入议事会会议厅中，让正在开会的"五百人议事会"议员们领了他们的薪金离开，从而占据了议事会的议席。③

雅典的寡头党就是这样以欺骗的手段骗得人民一步步废除了民主政治，建立了寡头政治。

第三节 反复无常的人民

一、伯里克利的遭遇

在第一卷中，关于战争的必要性，在战前雅典的民众会议上，伯里克

---

① ［古希腊］修昔底德：《伯罗奔尼撒战争史》，谢德风译，商务印书馆1960年版，第462—463页。
② 同上书，第684页。
③ 同上书，第686页。

利曾作出分析。他说:"过去斯巴达是阴谋反对我们的,现在甚至更加明显了。"针对麦加拉法令问题,伯里克利说:"如果我们拒绝撤销麦加拉法令的话,你们任何人不要以为我们不应该为这一点小事情而作战。这一点是我们特别坚持的。他们说,如果我们撤销这个法令的话,战争可以不发生;但是,如果我们真的作战的话,你们心中不要有一点怀疑,以为战争是为着一件小小事情的争执。对于你们来说,这点小小的事情是保证,是你们决心的证据。如果你们让步的话,你们马上就会遇着一些更大的要求,因为他们会认为你们是怕他们而让步的。"雅典人认为伯里克利的分析是最好的,所以照他的意见表决了。但到第二卷时,在伯罗奔尼撒人第二次侵入亚狄迦之后,雅典人的精神有了一个改变。他们的土地两次遭到蹂躏,他们必须同时跟战争和瘟疫作斗争。现在他们开始谴责伯里克利,说他不应当劝他们作战,认为他们所遭受的一切不幸都应当由他负责;他们渴望和斯巴达讲和,事实上他们也派了大使们到斯巴达去,但是这些大使们没有得到任何结果。因此,他们完全失望,他们把所有的愤怒情感转移到伯里克利身上了。①

伯里克利很清楚地知道他们在这种形势下对他的恶感。事实上他知道他们现在的举动正如他事先所预料的一样。因为在表决作战的那次民众会议上,他就说过:"说服人们参加战争时的热烈情绪到了战争开始行动的时候是不会保持得住的,并且人们的心理状态是随着事件的发展过程而变化的。"②

此时,伯里克利还是将军,所以他召集民众会议,想鼓舞他们的士气,并且把他们的激昂情绪引导向较为温和而自信的情绪上去。在发言中,伯里克利提醒民众过去所下的决心,让民众看一看对他的愤怒和在灾难面前低头是不是合理的。伯里克利说:"我们集合所有的力量来保卫国家,难道这是错了吗?你们现在的行为,难道是对的吗?你们因为自己的家园受到灾难,而不肯注意公共的安全;你们正在攻击我,因为我曾主张战争;同时也在攻击你们自己,因为你们自己也表决赞成战争。""我现在还是和过去一样,没有改变;改变了的是你们。事情是这样的:当你们

---

① [古希腊]修昔底德:《伯罗奔尼撒战争史》,谢德风译,商务印书馆1960年版,第111—112、117、163页。
② 同上书,第111页。

> 政治的定数

还没有接触到灾难的时候,你们采纳了我的意见;当你们进行不顺利的时候,你们后悔你们的行动;你们之所以认为我的政策是错误的,是由于你们决心的软弱。这个政策是会引起痛苦的,但是它的利益还在很远的将来,而你们所有的人还没有看得清楚。所以,因为你们遭遇着一个巨大而突然的灾难,你们就没有力量来把你们过去所下的决心实现到底。当事情突然意外地发生,和事先一切计划相反的时候,人们容易丧失胆量;无疑地你们遭遇了这种事情,其中尤其严重的是瘟疫。""关于战争的必要性,过去你们和我一样,得到了相同的结论,因此你们也不要迁怒于我。"伯里克利要求雅典人不要再做不光荣的事情,不要派使团到斯巴达去;不要给人一个印象,以为雅典人在目前的痛苦下低头了。雅典人要尽可能用开朗的心,承担起灾难来,并且迅速地反抗它。[①]

伯里克利这样企图阻止雅典人对他的愤怒,引导他们的思想离开目前的痛苦。关于国家的政策,他们接受了他的论点,没有再派使团到斯巴达去了,同时表现对战争的进行增加了力量,但是在私人方面他们还是感觉受到深重的灾难。事实上,对伯里克利的恶感还是普遍存在,直到他们判处伯里克利一笔罚款,他们才心满意足了。但是不久之后,他们又选举他作为将军,把他们一切事务都交给他处理。那时候,人民对于自己私人的痛苦感觉,没有过去那么厉害了;以国家公共的需要而论,他们认为伯里克利是他们所有的人中间最有才能的人。[②]

二、派娄斯和议中的追悔

在第四卷中,战争第七年,公元前 425 年,德谟斯提尼在随着攸利密顿和索福克利去往科西拉和西西里的途中,在斯巴达的派娄斯(斯巴达人称之为克利法西安)建立了防御工事。起初,斯巴达人对于雅典人占领派娄斯这个消息,没有给予应有的注意,他们觉得很有把握,他们去进攻的时候,不是雅典人望风而退,就是那个地方可以唾手可得。但是后来,当他们意识到自己的要害所在受到了威胁,才匆忙调来军队营救派娄斯。双方

---

① [古希腊] 修昔底德:《伯罗奔尼撒战争史》,谢德风译,商务印书馆 1960 年版,第 164—165、167—168 页。
② 同上书,第 169 页。

一场激战之后，雅典人切断了派娄斯对岸的斯法克特利亚岛上的斯巴达人与外界的联系。斯巴达人认为这个问题是很严重的。要把被围困在岛上的人救护出来是不可能的；让他们冒着饿死的危险，或者被迫而向雅典人投降，也是他们所不愿的。他们后来决计在派娄斯和雅典的将军们订立休战协定，并且派遣使节到雅典去谈判，以便尽快结束战事和取回那些被围困的人。斯巴达代表们到了雅典，请求雅典缔结条约，停止战争，与雅典订立同盟条约并建立亲密的友谊关系，盼望雅典归还那些留在岛上的人。斯巴达代表满以为雅典要求和平的心思比斯巴达来得更早，现在自然会抓住这个机会，把岛上的人们一律释放。但是雅典人得陇望蜀，希望取得更多的利益。他们觉得岛上的人们既然已经被他们控制了，他们随时都可以取得和平。这使得斯巴达代表们没有取得任何结果就离开了雅典。①

在派娄斯，雅典人围困着留在岛上的斯巴达人，伯罗奔尼撒人的军队仍旧驻扎在大陆上。因为粮食和水的缺乏，雅典人的封锁工作是很艰苦的。围守工作拉长到了一个出乎意料的长时期，使雅典人受到打击。斯巴达人生出各种办法把面粉、酒、乳酪以及其他在围守中有用的东西运进岛上。②

雅典军队中的困难和食物如何偷运给岛上被围的斯巴达人的消息传到了雅典，雅典人不知道怎样对付这个局面，又恐怕到了冬天，封锁就会归于失败。围困在岛上的人们或者会因解围而逃去，或者等到天气不好的时候，会乘着偷运食物进来的船只而离开本地。最重要的是斯巴达人的坚强态度使雅典人震动了，因为大家都明白，斯巴达人不再提出商谈和平的要求，就是他们对于自己维持局势的力量有足够的信心。因此，现在雅典人追悔以前是不应该拒绝议和的。在雅典过去拒绝议和时，很得人心的克里昂现在也因为以前阻挠议和而在雅典不得人心了。③

克里昂和德谟斯提尼登岛作战，歼灭岛上的斯巴达人，另有292名做了雅典的俘虏，其中有120名是军官阶级的斯巴达人。此后，斯巴达派代表们到雅典，要求雅典交还派娄斯和俘虏们。但是，雅典人已经忘却了不久前自己的后悔，而想取得更多的利益，所以虽然使节频繁，多所请求，

---

① ［古希腊］修昔底德：《伯罗奔尼撒战争史》，谢德风译，商务印书馆1960年版，第301、309、312—314页。
② 同上书，第317—318页。
③ 同上书，第319页。

雅典人总是使他们毫无收获，空手而回。①

在第五卷中，公元前422年，当雅典在第力安受挫和在安菲玻里打了败仗之后，他们对自己的力量和胜利的信心都失掉了。他们后悔在派娄斯战役之后，没有抓住那个顶好的机会恢复和平。② 尼西阿斯和约成立后，雅典人将岛上被俘的斯巴达人交还给了斯巴达，③ 但在其他方面，由于双方的猜疑，都没有把应该交还的地方好好交还。斯巴达也没有设法使它的同盟者色雷斯人、彼奥提亚人和科林斯人接受条约。斯巴达人总是说：如果他们的同盟者不肯接受条约，他们会联合雅典，强迫这些同盟者这样做；他们不断地指定日期，如果各同盟者仍旧不肯就范的话，他们会宣布这些同盟者是两个方面的敌人。后来雅典人觉得斯巴达人完全没有履行他们的诺言，开始对斯巴达表示怀疑；他们不仅没有按照斯巴达人的要求，将派娄斯归还斯巴达，而且后悔不该将岛上俘虏的人加以释放。④

三、对西西里远征的后悔

在第六卷中，战争第十六年，公元前415年，雅典举行民众会议，表决赞成远征西西里。五天之后，雅典人又举行了一次民众会议，讨论最迅速地准备远征的船舰，并表决增加军需供给，以满足远征将军们的需要。尼西阿斯在这次民众会上发言，想改变雅典人远征西西里的决定。他发言之后，虽然也有少数人赞成，但是大多数跑向前来说话的人都赞成派遣远征军。亚西比得发言之后，厄基斯泰人和一些林地尼流亡者也发了言。听了这些发言之后，雅典人比过去更加急于想发动这次远征了。尼西阿斯知道利用他所已经用过的论点不足以改变他们所采取的行动了，但是他认为，如果他夸大所需要的军力的话，或者可能改变他们的心思。因此，他又走向前面，作了第二次发言。但是，雅典人完全没有因为准备工作的困

---

① ［古希腊］修昔底德：《伯罗奔尼撒战争史》，谢德风译，商务印书馆1960年版，第327—328页。
② 同上书，第409页。
③ 从修昔底德的间接叙述中，我们可以得知，在派娄斯被俘的斯巴达人已经交还给了斯巴达。修昔底德叙述说，那些在岛屿上被俘虏而缴去了武装的斯巴达人的公民权被斯巴达剥夺了（同上书，第425—426页）。修昔底德还说，雅典人后悔不该将在岛上的俘虏加以释放（同上书，第426页）。
④ 同上书，第426页。

难而失去远征的欲望，反而比以前更加热烈，结果和尼西阿斯所想象的正相反。他们认为尼西阿斯的意见是很好的，现在远征军是绝对安全了。每个人都充满着远征的热情。①

但是当德谟斯提尼和攸利密顿率领的雅典援军在西西里被叙拉古军队战败之后，雅典人完全丧胆了。他们几乎不能相信现在所发生的事情，他们更加后悔他们不应该发动这次远征。在和他们进行战争的城市中，只有这些城市是和他们自己的性质相类似的：和他们一样，是民主政治，他们不能利用分化手段，或改变叙拉古的政体，以夺取政权，使之倾向于他们一边，也不能利用很大的优势军事力量来征服叙拉古；他们大部分的努力都已失败了。就是在这次战役之前，他们已经不知道要怎么办了；现在出乎意外地在海上战败之后，他们完全才穷智竭了。②

当雅典人被叙拉古决定性地打败之后，雅典人开始撤退。这是一个悲惨的场面，而使他们狼狈不堪的不只是一个因素。全军以泪洗面，心中感觉无限悲伤。他们也深感羞耻和后悔。③

当初，尼西阿斯拒绝退回雅典，曾对雅典人的反复无常有一个评论。他说，事实上，在西西里的士兵中，现在大多数人正在叫嚣，说他们处于绝望的地位；但是他们一旦回到雅典，有许多人就会完全改变他们的口气，说是将军们受了贿赂，把他们出卖了而回来的。因为他深知雅典人的性格，与其被雅典人一个不公平的判决，在一个丢脸的罪名之下处死，还不如在此碰碰运气；如果一定要死的话，他宁愿死在敌人手中。④

第四节　人民的其他品性

在修昔底德笔下，人民除了多疑、非理性和反复无常之外，还有其他的一些品性，如总是不满、易被操纵、不负责任、朝令夕改等。

---

① ［古希腊］修昔底德：《伯罗奔尼撒战争史》，谢德风译，商务印书馆1960年版，第488、493—494、496页。
② 同上书，第602—603页。
③ 同上书，第622页。
④ 同上书，第698页。

政治的定数

一、总是不满的人民

　　早在战争爆发前，公元前432年，雅典的纳贡同盟者波提狄亚暴动。雅典人派出军队封锁和包围了这个位于帕利尼地峡上的城市，使之与外界完全隔绝。战争第二年的时候，公元前430年，波提狄亚城内的粮食没有了，饥馑带来了许多骇人听闻的事。事实上已经有人吃人的事情发生了。所以波提狄亚人不得不向雅典的将军们请求投降。雅典的将军们愿意接受这个建议，因为事实上他们知道自己的军队暴露在战场上，受着很大的痛苦，同时也考虑到雅典在围城方面已经花费了2000他连特。双方协议，波提狄亚人和他们的妻子、儿女及雇佣军队离开波提狄亚，男子每人可以携带外衣一件，妇女两件；他们也可以携带一定数量的金钱，以作旅费。在这些协议的条件下，他们离开波提狄亚，往卡尔息狄亚或其他能够找着的地方去了。但是，雅典人责备将军们没有得到本国政府的同意，擅自订立这个协议，他们认为可以获得无条件投降的。①

　　战争第八年，公元前424年，在西西里，卡马林那人和机拉人商定了一个休战和约。后来其他西西里各城邦的代表们都在机拉集会，讨论各城邦是不是可以和解的问题。最终，西西里人采纳了叙拉古代表赫摩克拉底的意见，同意停止内战，并且订立了和约，也取得了在西西里的雅典军队的同意。以后，雅典的舰队就离开了西西里。但是当他们回到国内时，雅典的雅典人放逐了两个将军皮索多勒斯和索福克利，对于第三个将军攸利密顿则处以罚款。理由是说，他们本来有力量占领西西里的，但是因为受贿而离开了。修昔底德对这件事作了评论。他说："当时雅典的繁盛使雅典人认为无论做什么事情，他们是没有不顺利的；可能的事和困难的事，他们都同样地可以做到，不管他们运用的军队是强大也好，完全不够也好。他们在许多方面的意外成功，使他们产生了这种心理，认为凡是他们所希望的，他们就有力量得到。"②

　　也许是受到了这样的事件的影响，也许是原本就深知雅典人的这种性

---

① ［古希腊］修昔底德：《伯罗奔尼撒战争史》，谢德风译，商务印书馆1960年版，第47、51、174—175页。
② 同上书，第339、343—344页。

格，当德谟斯提尼在挨托利亚战争中失败后，他回到诺帕克都，而不敢回雅典。① 直到他在安布累喜阿事件中大胜之后，他才敢回国。② 尼西阿斯也有类似的经历。由于亚西比得耍弄权术，欺骗斯巴达代表团，使得斯巴达代表团在雅典民众会议上没有说出他们是取得了全权的，尼西阿斯连带着也上了当。但是，尼西阿斯还是坚持和斯巴达友好比较好一些。他建议把和亚哥斯协商的工作延搁下去，再派人到斯巴达去探明它的意向所在。包括尼西阿斯在内的雅典代表团到了斯巴达后，斯巴达人拒绝放弃它和彼奥提亚人的同盟条约。尼西阿斯的任务没有完成，恐怕回去受到攻击——事实上，真的受到了攻击，因为大家都认为五十年和平条约和五十年同盟条约是他负责与斯巴达订立的。但是最后，经过他的请求，斯巴达人才将宣誓手续重新举行了一次。③ 由此可以想见，在西西里远征的最后，即使尼西阿斯能够带着败军安全地回到雅典，他自身的安全也难以保障。他为何愿意战死在西西里而不愿回到雅典去，我们也就可以理解了。

二、易被操纵的人民

在雅典，先后出现过两个善于操纵人民的政客，一个是克里昂，另一个是亚西比得。

人民被克里昂操纵的典型事例是雅典人拒绝斯巴达人的求和这件事。派娄斯事件发生后，斯巴达派遣代表团到雅典求和。雅典人得陇望蜀，希望取得更多的利益。比别人更进一步鼓励雅典人采取这种态度的是克里昂，他是当时很得人心的人物，在群众中很有势力。他告诉雅典人民，适当的答复是：岛上的人们应该投降，把武器交给雅典人；斯巴达要把尼塞亚、培加、托洛溱和亚加亚退还给雅典，这些地方都不是在战争中被征服

---

① ［古希腊］修昔底德：《伯罗奔尼撒战争史》，谢德风译，商务印书馆1960年版，第281页。
② 同上书，第294页。关于这件事，施特劳斯不是从人民与政治家的关系的角度来看待，而是从个人利益与公共利益的关系来看待。他认为，德谟斯提尼案例证明了雅典的私人利益与公共利益的冲突。尼西阿斯不回雅典而宁愿战死在西西里，亚西比得叛国都是出于这个原因。参见 Leo Strauss, *The City and Man*, Chicago and London: The University of Chicago Press, Ltd, 1964, pp. 197 – 198。
③ ［古希腊］修昔底德：《伯罗奔尼撒战争史》，谢德风译，商务印书馆1960年版，第434—435页。

的，而是雅典在灾患中，比现在更迫切地需要和平的时候，依照以前的和约交出来的。①

要知道，这几个地方，是依据公元前445年的30年休战和约，由雅典退还给伯罗奔尼撒的。克里昂此时要求斯巴达归还，实际上是抢夺，毫无道理。克里昂的意图也不是真的要把这几个地方要到手，而是要通过提出这样一个不可能实现的要求，使斯巴达代表团的求和请求落空，继续战争。

面对着克里昂教给雅典人的这个答复，斯巴达代表们没有发表意见。他们要求成立一个委员会，他们和委员会商讨每个细节，在安静的气氛中找出协定的基础来。这一点使得克里昂对斯巴达代表们大加攻击。他说，他老早就知道斯巴达人的意念是不诚恳的；他们不愿意向全体民众说话，而愿意和一个极少数人组织的委员会商谈一切，这就表明他的推测是不错的。假如他们的意念是真诚的，他们尽可以对每个人说出他的意见来。②

克里昂就是这样操控着人民拒绝了斯巴达的求和，使得雅典与斯巴达之间和平的第一次机会失去了。③

人民被亚西比得操纵的典型事例则是雅典、亚哥斯、门丁尼亚、伊利斯四国同盟的成立这件事。

战争第十二年，公元前420年，雅典因为斯巴达未遵守条约而与彼奥提亚结盟以及斯巴达未将完整的巴那克敦要塞交给雅典而是被彼奥提亚拆毁两件事情与斯巴达关系恶化，雅典内部赞成废除《尼西阿斯和约》的一派马上抬头了。这一派的领袖是亚西比得。他反对与斯巴达所订的和约，认为雅典最好的办法是和亚哥斯订立同盟。同时，他认为斯巴达人通过尼西阿斯而不是通过他与雅典订立了50年和平条约和同盟条约，是对他的不尊敬，使他的威信受到了损害。因此，他一直反对与斯巴达讲和。当公元前420年雅典与斯巴达关系变得紧张的时候，亚西比得立即派遣一

---

① ［古希腊］修昔底德：《伯罗奔尼撒战争史》，谢德风译，商务印书馆1960年版，第313—314页。
② 同上书，第314页。
③ 对于克里昂在派娄斯事件中反对和平的行为，施特劳斯认为是一种卓越的战略性判断。另外，他还认为，派娄斯事件中斯巴达人求和，而西西里之后雅典人备战，这对比出了两个民族的性格。参见 Leo Strauss, *The City and Man*, Chicago and London: The University of Chicago Press, Ltd, 1964, p. 220. 与施特劳斯的这一看法近似，韦特格林认为，斯巴达人兵败之后就求和，这种拙劣的谨小慎微和吝啬小气是他们典型的作风或生活方式。参见［美］韦特格林《论修昔底德叙述的结局——〈战争志〉卷八发微》，彭磊译，载刘小枫、陈少明编《修昔底德的春秋笔法》，华夏出版社2007年版，第126页。

个私人的使节往亚哥斯,要亚哥斯人邀请门丁尼亚人和伊利斯人赶快到雅典来,商议订立同盟的办法。亚哥斯人立即派遣代表,邀请伊利斯和门丁尼亚的代表们前往雅典。斯巴达的代表团也迅速前往雅典,他们的动机是恐怕雅典人在盛怒之下,和亚哥斯联盟;他们也想拿巴那克敦来交换被雅典人占领的派娄斯,同时还想剖白和彼奥提亚联盟的理由。斯巴达代表团曾向议事会发言,把上边几点都谈到了,并且说明他们有全权商讨一切在争执中的问题。这个发言使亚西比得很担心,如果他们把这些话再向民众会议说出来,他们就会使民众和斯巴达亲善而拒绝和亚哥斯成立联盟了。于是,他耍起了手段。他向斯巴达代表团提出了一个保证,如果代表团不向民众会议说他们有全权处理一切的话,他一定交还派娄斯。他说,他一定使雅典人同意交还派娄斯,因为现在反对交还派娄斯的就是他,并且他可设法使其他的问题都得到解决。亚西比得的目的是想在民众会议中攻击斯巴达人没有诚意,攻击他们对于同一件事情有两种不同的说法,用这种方法促成雅典和亚哥斯、伊利斯以及门丁尼亚的同盟。结果他如愿以偿了。当代表团向民众说话的时候,在回答质问时,果然他们所说的话和对议事会所说的不同,那就是说,他们的到来是没有取得全权的。雅典人对斯巴达代表团不耐烦了,他们回转头来,听信亚西比得的话。而亚西比得现在攻击斯巴达人比以前更厉害了。① 雅典人最终与亚哥斯、伊利斯和门丁尼亚订立了 100 年同盟条约。在这个事情当中,人民完全被亚西比得这个政客操纵了。

三、不负责任的人民

伯里克利曾经批评过人民对自己的行为是不承担任何责任的。他说:"你们正在攻击我,因为我曾主张战争;同时也攻击你们自己,因为你们自己也表决赞成战争。"戴奥多都斯也批评过雅典人民。他说:"我们对于我们所提出的意见是负责的,而你们听取我们的意见是不负责任的。真的,如果提出建议的人和那些表决赞成这个建议的人都要受同样的处罚的话,那么,你们对于你们的决议会注意些。事实上,当你们的情感冲动,使你们遭到灭顶之灾的时候,你们迁怒于那个原先建议的人,而不处罚你

---

① [古希腊] 修昔底德:《伯罗奔尼撒战争史》,谢德风译,商务印书馆 1960 年版,第 432—433 页。

们自己，虽然事实上你们是多数，你们也和他一样是错误的。"尼西阿斯在从西西里写给雅典人民的信中，也委婉地批评了人民不负责任的特性。他说："无疑地，我可以给你们一个完全不同的报告，而使你们更愉快些；但是，如果在你们采取决定之前，你们要清楚地知道此地的真实情况的话，那么，没有什么东西比我所告诉你们的更为有益了。并且我从经验中知道雅典人的性格：你们喜欢人家告诉你们一些悦耳的消息；但是如果事情的发展不如你们所预料的话，那么，你们后来就会责难那些告诉你们的人。因此，我认为让你们知道真实情况是比较安全些。"[1]

当西西里远征军全军覆灭的消息传到雅典的时候，雅典人很久还不肯相信，他们认为这样的全军覆灭完全不可能是真实的。当他们知道这的确是事实的时候，他们转而攻击那些赞成远征的演说家，好像他们自己没有表决赞成似的；他们也恼恨那些曾经用各种占卜形式，鼓动他们相信可以征服西西里的先知们和预言家们。[2]

四、朝令夕改的人民

就在战争第一年，雅典人就决定从卫城的存款中提出1000他连特，作为特别储金，不得动用。战费由其他经费开销；如果不是敌人率领舰队从海上进攻雅典而必须保卫城市的时候，凡建议动用此款或将动用此款的提案付诸表决者，即处死刑。和这些钱一起，他们提出要一个100条三列桨战舰的舰队。这些船舰，也和这些金钱一样，只能用于同一个目的，以应付同样的危机，如果这个危机真的发生的话。[3]

在整个战争中，他们尽力避免动用这笔款项。但是到了战争第二十年，公元前411年，雅典最大的同盟国开俄斯暴动，叛离雅典。雅典人认为他们现在的确是处于严重的危险中；开俄斯现在转到斯巴达一边去了，其他的城市也不会安静的。在战争第一年中，伯里克利就拨出1000他连特现款，只在敌舰威胁庇里犹斯时才能动用。法律上规定，任何建议动用这笔款子的人，或者将这种建议付诸表决的人都要处以重罚。可现在他们

---

[1] ［古希腊］修昔底德：《伯罗奔尼撒战争史》，谢德风译，商务印书馆1960年版，第164、238—239、570—571页。
[2] 同上书，第637页。
[3] 同上书，第139页。

恐慌极了，所以马上取消这条法律的规定，表决赞成动用此款，以装备大量船舰。①

在密提林事件中，克里昂批评了雅典人民朝令夕改的行为。这涉及政治中的人治与法治的优劣性问题。他说："通过一些政策，后来又取消这些政策——这是最坏的事情。我们应该知道，一个城市有坏的法律而固定不变，比一个城市有好的法律而经常改变要好些；无知与健全的常识相结合比聪明与粗鲁相结合更为有用。一般说来，普通人治理国家比有智慧的人还要好些。这些有智慧的人常想表示自己比法律还聪明些。在公开的讨论中，他们总想按照自己的意思去做，因为他们觉得他们不能在更重大的问题上表现自己的智慧，结果，往往引导国家走到毁灭的路上去。但是，另外有一种人，对于自己的智慧没有那么自信，承认法律比自己聪明些，承认自己没有批判一个巧妙发言的能力，但是他们是毫无偏见的裁判者，而不是有利害关系的竞争者。所以，在他们当权的时候，事务的进行通常是很顺利的。我们这些政治家，也应该和他们一样，不要单因巧妙的言词和表现自己聪明的欲望而误入迷途，因而向你们大家提出一个我们自己尚不相信的意见。"② 一个善于操控人民的政客，在这里所说的这段话还是非常有道理的。

第五节　本章小结

人民是多疑的、非理性的、反复无常的、总是不满的、易被操纵的、不负责任的、朝令夕改的等，这些负面的词汇都是从修昔底德本人所展示的人民的行事中归纳出来的。在修昔底德笔下，人民似乎没有正面的形象。古希腊政治思想家对人民大都持不信任态度，主要的政治思想家还把人民做主的政治体制称为"暴民政治"。"民主"这个词语历经古典时代和中世纪，都是一个负面的词语。只是到了近代，它才逐渐成为一个褒义词，以至于今天有谁被称为"反民主"，就一定会遭到口诛笔伐。

---

① ［古希腊］修昔底德：《伯罗奔尼撒战争史》，谢德风译，商务印书馆1960年版，第646—647页。
② 同上书，第231—232页。

政治的定数

　　尽管通过修昔底德的展示，我们看到最多的是人民的负面形象，但是这并不意味着修昔底德对人民和民主政治的绝望。因为即使人民和民主政治有着诸多的缺陷，但那毕竟是人民自由的政治。比起人民受到压制迫害的寡头政治，人民做主的民主政治的优势是明显的。伯里克利在国葬演说中对民主政治的赞颂就是一例。

　　除此之外，在第八卷中的两个位置上，修昔底德也间接地赞扬了民主政治。在列举了皮山大、安替芬、福里尼卡斯、特拉门尼等力图推翻民主政治建立寡头政治的阴谋者之后，修昔底德说道："有了这么许多聪明的人进行这一件事情（指推翻民主政治建立寡头政治），它的成功是不足为奇的，虽然也经过了许多困难；因为雅典人在驱逐暴君之后大约一百年的整个时期中，他们不惯于受别人统治；而且在这个时期一半以上的时间内，他们是统治别人的，要剥夺这样一个民族的自由，确实不是一件容易事。"① 修昔底德的这段话，虽然没有直接赞扬民主政治，但是，很明显，民主政治下的人民是自由的，这一点他是认同的。

　　在另一个位置上，修昔底德叙述说，雅典的民主政治被推翻，寡头政治建立之后，利用暴力进行统治的雅典寡头政府向驻扎在狄西里亚的斯巴达国王阿基斯建议，说他们愿意讲和。但是，阿基斯不相信雅典的政局是已经安定了，或者雅典平民一下就会放弃他们自古以来就享受了的自由。② 这段叙述同样间接地告诉我们，民主政治是人民自由的政治，寡头政府的建立意味着雅典人民自由的丧失。

　　伯里克利对雅典民主政治的赞颂和修昔底德在两个位置上对雅典民主政治的间接评论启发着我们：民主政治尽管有诸多缺陷，但它有一个无与伦比的优势，那就是人民是自由的。与丧失自由相比，民主政治的缺陷是可以忍受的，人民多疑、非理性、反复无常、总是不满、易被操纵、不负责任、朝令夕改的品性也就变得可以容忍了。

---

① ［古希腊］修昔底德：《伯罗奔尼撒战争史》，谢德风译，商务印书馆1960年版，第685页。
② 同上书，第687页。

第三章 党争

　　人民是一个集合概念和抽象概念,在实际生活中它是由具体的公民组成的。实际政治生活中的人民又是分层的。人民中的不同阶层虽然有着共同的利益,正是这些共同利益把他们凝聚在一个城邦(国家)中,但同时,不同阶层的人民又有着相异的独特利益。即使在同一个阶层中,也有不同的小集团之间的利益矛盾。这些不同的利益要求导致人民内部的冲突,这在政治上就表现为党争。

　　在修昔底德的著作中,给人印象最深的是三种政治现象:一是战争,二是民主政治,三是党争。修昔底德作为政治史家,在评论方面是非常克制的。但是,在第三卷中,针对科西拉党争和希腊其他城邦的党争,修昔底德不可遏止地发出了长篇评论。这是修昔底德的著作中篇幅最长的一处评论。探讨党争的特点,总结党争的规律,是研究《伯罗奔尼撒战争史》不可回避的一个问题。

第一节 党争的普遍性

一、历史上党争的普遍性

　　在修昔底德笔下,党争贯穿了伯罗奔尼撒战争时期的全部历史。不仅是伯罗奔尼撒战争期间,就是在其他历史时期,党派与党争也是普遍存在的。在第一卷中,修昔底德在叙述希腊历史的时候讲到,特洛伊战争以后,几乎

政治的定数

所有的希腊城市都有党派斗争，那些被放逐而流亡的人建立了新的城市。与此几乎完全相同的是，在第八卷中讲到一些叙拉古人因为在自己国内的党争中失败而逃到希米拉，他们也参加了希米拉殖民地的建立。在第一卷中也谈到公元前457年，斯巴达军队援助多利亚人后回国途中，雅典有一个党派，秘密地与他们协商，希望推翻雅典的民主政治，阻止长城的修建，这是当时斯巴达军队暂时滞留在彼奥提亚的原因之一。同在第一卷中，修昔底德还讲述了萨摩斯的党争。雅典人从优卑亚回来后与斯巴达订立30年休战和约后第六年，即公元前440年，萨摩斯与米利都为着争夺普赖伊尼发生战争。米利都人在战争中惨败之后，来到雅典，对萨摩斯提出严重控诉。他们的主张为萨摩斯一些想建立一个不同政体的各种私人所支持。所以，雅典派遣船舰往萨摩斯，在那里建立民主政治。他们取得儿童50人、成人50人作为人质，并把这些人质安置在雷姆诺斯岛上。他们留军驻守萨摩斯后，即回国了。但是有些萨摩斯人不留在岛上，而逃到大陆上去。他们和那些还留在城中的贵族寡头取得联系，并和当时萨第斯的波斯总督匹苏斯尼订立同盟。他们招募雇佣军约700人，乘夜渡海到萨摩斯。他们首先攻击民主党，把大多数民主党的领袖下于狱中，然后从雷姆诺斯岛上夺回他们的人质，宣布独立。这才引起雅典人派出伯里克利和其他9个将军率领大批船舰包围萨摩斯9个月，最后萨摩斯投降。公元前439年的萨摩斯暴动被镇压下去以后，逃到对岸大陆上居住在安尼亚地方的反对党人在修昔底德后来的叙述中被称为"安尼亚人"，先后出现过三次，分别在第三卷和第四卷中。第一次是在密提林事件期间，雅典人为了围城，需要更多的钱，就派遣莱克西利率领12条船舰去向同盟国征收贡款。莱克西利航往各地，征收了贡款之后，深入内地，最后被开利阿人和安尼亚人袭击而死。第二次也是在密提林事件期间，斯巴达派遣阿尔息达率领舰队援救密提林，途中俘获了很多沿海一带的人民。当他到达提奥斯的市镇迈昂尼苏斯的时候，他把航行中获得的俘虏都杀死了。后来，当他停泊在以弗所的时候，一个住在安尼亚的萨摩斯人代表团来拜访他，对他说：那些人从来没有举起手来反抗过他，他们不是他的敌人，只不过在强迫之下成为雅典的同盟者；现在他把他们都杀死了，这不是解放希腊的正当办法；如果他不停止的话，他不但不能使任何敌人变为朋友，反而会使大多数的朋友变为敌人。阿尔息达被说服了，他释放了还在他手中的开俄斯人俘虏和少数其他地方的人。尽管安尼亚人做了这等好事，但是他们却一直在危害萨摩斯本城。据第四卷的叙述，他们从安尼亚这个地方援助伯罗奔尼撒人，派人给伯罗奔尼撒人做舵手，同时扰乱萨摩斯城，欢迎一切从萨摩斯放逐出来的人。① 安尼亚人危害萨摩斯是萨摩斯党争的余绪。

在第三卷中，底比斯人讲，由于底比斯内部的党争，雅典人已经占有了底比斯大部分的土地。这个说法在第一卷中可以得到印证。第一卷中说，公元前457年雅典与斯巴达之间的塔那格拉战役之后62天，迈隆尼德指挥雅典军队攻入彼奥提亚。他们在恩诺菲塔的战役中打败了彼奥提亚人，征服了整个彼奥提亚和佛西斯。但是，到公元前451年，彼奥提亚的流亡者、优卑亚的流亡者和其他政治观点相同的人在科罗尼亚袭击了正在回国途中的雅典军队，打败了雅典人。于是，雅典人与他们订立条约，退出整个彼奥提亚。彼奥提亚的流亡党恢复了政权。②

这些事实说明，在伯罗奔尼撒战争前的希腊历史上，党争已经是一种普遍的政治现象。

二、伯罗奔尼撒战争时期党争的普遍性

战争是一种激烈的政治运动。运动中的政治更容易激荡出各色政治现象，即使在和平时期已经绝迹的政治现象也会在战争的摇荡之下浮出水面。例如，城邦中的内奸，在和平时期是看不到的，但一旦战争来临，内奸就会成为一个非常活跃的物种。政治就像一盆不甚洁净的水，平静的时候只能看到水，但是当它受到战争这个巨大的力量摇荡的时候，水下的沉渣会很快浮出。党争原本就是一种普遍现象，在战争的激荡下，党争就更加普遍了。

任何战争的背后都有深刻的背景原因，但任何战争也都有其直接的诱因。伯罗奔尼撒战争的第一个直接诱因就与党争有关。

在第一卷中，科林斯与科西拉之间关于伊庇丹努的争端来自伊庇丹努内部的党争。就在伯罗奔尼撒战争之前不久，伊庇丹努的民主党驱逐了贵族党，于是贵族党投奔城外的蛮族敌人，他们和蛮族敌人联合在一

---

① ［古希腊］修昔底德：《伯罗奔尼撒战争史》，谢德风译，商务印书馆1960年版，第12、84—85、89—91、219、227—228、351、480页。

② 同上书，第85、88、254页。

政治的定数

起，从陆地上和海上向伊庇丹努进行海盗式的袭击。城内的民主党人受到窘迫，向其母国科西拉求援被拒绝后转而向科林斯求援，获得了支持。伊庇丹努的流亡者则成功地获得了科西拉的援助。此时，斗争转入科林斯与科西拉之间的争斗，进而雅典加入了这个争斗。伊庇丹努一国之内的党争这样的小小事件最终发展成为引发伯罗奔尼撒大战的诱因之一。

底比斯进攻普拉提亚是伯罗奔尼撒战争爆发的导火索和标志。而这场事件也与党争有着紧密的联系。在第二卷中，30年休战和约订立之后的第十五年，即公元前431年，初春的一天，一支大约300人的底比斯军队大约在头更的时候，武装开入普拉提亚。普拉提亚是雅典的一个同盟城邦。底比斯人是普拉提亚人诺克里底和他的朋友领导的一个政党邀请来的，他们把城门打开，让底比斯军队进城。这个政党的目的是想屠杀他们自己的政敌，使普拉提亚和底比斯建立同盟，以便自己取得政权。底比斯对普拉提亚的侵略很明显撕毁了30年休战和约，意味着伯罗奔尼撒战争的爆发。到公元前427年普拉提亚灭亡后，斯巴达人将普拉提亚交给一些麦加拉的流亡者和普拉提亚人中还活着的亲斯巴达党人，允许他们使用一年。以后，他们把城市完全削平。① 普拉提亚的党争最终导致的是普拉提亚整个国家的灭亡。

在第三卷中，修昔底德提到了诺丁姆的党争。诺丁姆是科罗封的海港。当上城被意大明尼斯和他的外国军队攻陷的时候，科罗封人即定居在了这里。但是，那些定居在诺丁姆的流亡者又分裂为两个敌对的党派。其中一个党派从波斯总督匹苏斯尼那里招请阿卡狄亚的和外国的雇佣兵，把他们驻扎在城内一部分地区，这个地区用一道城墙和其余的地区隔绝起来，因此，他们利用上城科罗封人中亲波斯党人的帮助，构成一个国家。诺丁姆城中另一个党派的人则逃走流亡在外。②

在和雅典的战争中，麦加拉人所受的痛苦很深，因为雅典人每年以全军侵略麦加拉两次。同时，他们也被自己逃亡在培加的人所窘迫，这些逃亡者是在革命中被民主党人驱逐的，他们现在以掠劫行动骚扰麦加拉。因此，麦加拉人开始自己谈论，现在最好是把逃亡者召回国，以免麦加拉因

---

① ［古希腊］修昔底德：《伯罗奔尼撒战争史》，谢德风译，商务印书馆1960年版，第120、260页。
② 同上书，第229页。

为和两面敌人作战而削弱。同情逃亡党的人看见这种舆论正在发展,他们自己更加公开地站出来,坚持这个建议的好处。在民主党人出卖国家的阴谋失败后,麦加拉人召回了逃亡党人。逃亡党人宣誓:他们只能为城邦谋利益,绝对不报既往的私仇。但是,流亡者恢复政权以后,马上把军队分驻在城市的各个地方。于是他们挑出约100个和他们有私仇的以及有和雅典人私通的重大嫌疑者,强迫人民公开表决宣判。这些人都被判处死刑。于是他们在城邦内建立了严格的贵族政治。这是少数人变更政体的一个实例。①

在色雷斯战争中,伯拉西达曾率领他自己的军队和卡尔西斯人进攻安得罗斯的殖民地阿堪修斯。在阿堪修斯的民众会议上,他安抚阿堪修斯人民时曾说:"你们中间也许有人害怕某些私人,而不愿帮助我,提防我把这个城邦交给这个或那个党派。这些担心是完全没有理由的。我到这里来的目的不是想在你们的内政中偏袒任何一边的。"② 通过伯拉西达的这句话,我们可以看到,阿堪修斯也是存在党争的。

在色雷斯战争中最富戏剧性的一幕是门德城内的党派斗争。门德本来是从雅典方面叛离到斯巴达方面来的,当时和伯拉西达私通的人也只是极少数的人,他们强迫他们的同胞公民违背大多数人的善良判断而跟着他们跑。愤怒的雅典人派遣尼西阿斯和尼科斯特拉图指挥军队从波提狄亚出发进攻门德。门德的守军由斯巴达军官波利达密达指挥,他鼓励门德人出城突击。但是,现在门德人已经分裂为两个党派;民主党人中有人回波利达密达的嘴,说他们不愿意出城,也不要战争。因为这个回答,波利达密达抓住那个人的手臂,把他拖到前面,开始把他乱打一顿。这件事使人民愤怒了,他们马上拿上他们的武器,向伯罗奔尼撒人以及跟伯罗奔尼撒人合作的反对党人进攻。他们一下子就把伯罗奔尼撒人和反对党打垮了。雅典全军冲入城内。③ 雅典人就是这样占领了门德。

在第五卷中,修昔底德曾提到麦散那的党争。在党争中,一方面的人士勾引罗克里人到麦散那来。因此,有一段时间,麦散那是在罗克里统治

---

① [古希腊]修昔底德:《伯罗奔尼撒战争史》,谢德风译,商务印书馆1960年版,第344—351页。
② 同上书,第359页。
③ 同上书,第387、393—394页。

政治的定数

之下的。① 可见，麦散那的党争导致城邦丧失了独立。

战争第十四年，公元前418年，雅典、亚哥斯、伊利斯和门丁尼亚四国联盟的军队攻取了奥科美那斯之后，准备进攻提基亚，提基亚城内一部分人准备投降。斯巴达在提基亚方面的朋友们传来消息，他们说，如果斯巴达的援兵不迅速开到，提基亚会倒向亚哥斯和它的同盟者一边去了；事实上，他们已经准备这样做了。② 这里虽然没有提到党派，但是"提基亚城内的一部分人"显然是一个党派，他们准备投降四国同盟的军队；而斯巴达在提基亚的朋友们显然是另一个党派，不愿投降，希望斯巴达予以援助。

战争第十五年，公元前417年，就在门丁尼亚战争结束后，斯巴达人整军出发，到了提基亚，派人向亚哥斯提出调解的方法。早在以前，亚哥斯就有一个亲斯巴达的党派，他们想颠覆亚哥斯的民主政体。现在战事结束，这个党派更有力量劝导人民接受斯巴达人的建议。他们想首先和斯巴达人媾和，进而成立同盟，最后就向民主党人进攻。这个党派说服人民接受了和平办法，斯巴达军队就撤退了，两国有了正常往来。不久之后，这个党派又劝导亚哥斯人取消和门丁尼亚、伊利斯以及雅典的同盟条约而和斯巴达订立了50年和平条约与50年同盟条约，两国采取一致的政策。斯巴达和亚哥斯联军把亚哥斯的民主政治取消而组织了一个对于斯巴达有利的贵族政府。但是，亚哥斯赞成民主的人组织了一个党派，向贵族党人进攻。在城内的战争中，民主党人胜利了。他们把敌人杀了一些，也放逐了一些。斯巴达人决计向他们用兵。亚哥斯的民主党因为害怕斯巴达人，又开始转而和雅典联盟了。③

在第六卷中，就在亚西比得准备出发远征西西里的时候，发生了赫尔密石像面部被毁事件，由此牵出了神秘祭祀渎神事件。亚西比得是被控告者之一。那些最不喜欢亚西比得的人就抓住这个事实，因为他阻碍了他们自己牢固地掌握人民的领导权。他们认为，如果他们能够赶走亚西比得，他们就可以占据首要的地位了。因此他们把整个事情夸大起来，尽量叫嚣，说神秘祭祀事件以及赫尔密石像面部的毁坏，都是推翻民主政治阴谋

---

① ［古希腊］修昔底德：《伯罗奔尼撒战争史》，谢德风译，商务印书馆1960年版，第401页。
② 同上书，第449—450页。
③ 同上书，第458—462页。

的一部分,而所有这一切,亚西比得都参加了,他们把他一般生活中违反传统的不民主的性质作为这个控告的证据。而亚西比得当场否认对他所提出的控告,准备在出发之前接受审判。他请求他们不要在他离开本国的时候,审问对他所提出的攻击,但是如果他真的有罪的话,应该当时就把他正法。但是他的敌人恐怕马上审判这个案件,他会得到军队的好感;同时,因为他获得亚哥斯人和一些门丁尼亚人参加远征而甚得民心,他们恐怕人民对他宽恕,所以他们尽力把案件推迟,阻止马上审判。同时他们使一些人起来发言,说亚西比得应当马上出发,不应该阻止军队的启程,但是他应当在回国后一定的日期内接受审判。他们的计划是想对他提出一些更为严重的控告(在他出国以后,他们更容易做一些),到那时候再派人去,把他召回受审。① 亚西比得的敌人们的这些计划都实现了,最终把亚西比得逼上了逃亡和叛离雅典的道路,在爱奥尼亚战争中对雅典造成了重大的损害。真是党争猛于虎啊!

关于大城邦叙拉古,修昔底德没有正面叙述其党争情况。但在第六卷中,在叙拉古的一次民众会议上,雅典那哥拉斯的发言讲到了这一点。他在说到叙拉古某些人正在制造谣言的时候讲道:"我注意这些人,现在不是第一次。事实上,我是经常提防他们的。他们在行动失败的时候,就利用这种谣言,甚至于捏造一些更为恶毒的事实,他们的目的是想使你们人民大众恐惧,以便他们自己取得政权。我实在担心,他们继续不断地努力,真的会有成功的一天。""我们的城邦很少有一个安宁的时期,内部经常不断的党争多于对外敌的斗争,有时也有僭主和有势力的集团非法地夺取政权。"另外,在第七卷中,尼西阿斯拒绝撤兵回雅典有多重原因,其中一个原因是叙拉古城内有一个党派,他们想把叙拉古出卖给雅典人,他们经常派人到尼西阿斯那里,劝他不要解围。② 这些都说明叙拉古也是存在党派和党争的。

对于意大利和西西里的其他城邦的党争,第六卷中说到卡塔那人拒绝雅典远征军入城,因为城内有一个亲叙拉古党。后来,雅典人从叙拉古又回到卡塔那的时候,卡塔那人举行了一个民众会议,请雅典的将军们去说明他们想要说的话。当亚西比得正在说话而公民们都完全集中注意于会议

---

① [古希腊]修昔底德:《伯罗奔尼撒战争史》,谢德风译,商务印书馆1960年版,第497—499页。
② 同上书,第507—508、598—599页。

的时候，雅典的士兵们偷偷进了城，开始在市场上跑来跑去。卡塔那的亲叙拉古党人看见雅典军队进了城，他们马上害怕起来，因而逃跑了，其余的人就表决赞成和雅典人订立同盟。当雅典的将军们想引诱叙拉古全军出来的时候，他们设计的办法也说明了卡塔内城内是有党争的。他们派遣一个他们可以信任而叙拉古的将军们也认为是在叙拉古人一边的人往叙拉古去，说他是城内某些人派来的，那些人是叙拉古将军们所知道的，也是卡塔那城内亲叙拉古派的余党。他说，如果叙拉古人约定一个日期，在黎明的时候以全军进攻雅典远征军的话，卡塔那城内的亲叙拉古党人会关闭城门，把雅典人关在城内，同时他们会放火，把船舰烧起来，于是叙拉古人进攻木栅，可以很容易把城内的人征服。① 叙拉古的将军们相信他说的话，结果上了当。

第七卷中讲到德谟斯提尼和攸利密顿率领着增援雅典远征军的军队沿着意大利海岸航行，到达条立爱。他们发现这里刚刚发生了一个革命，反雅典党人被放逐了。于是他们想说服条立爱人自愿参加雅典远征军，和雅典订立攻守同盟。② 可见，条立爱原来是存在亲雅典党和反雅典党的。

在第八卷中，当伯罗奔尼撒人在爱奥尼亚战争中第一次冒险失败后，他们大为丧气。流亡在斯巴达的亚西比得看见这种情况，劝他们不要畏缩。他私自向斯巴达监察官恩狄阿斯指出，最好是通过他来组织爱奥尼亚的暴动，使斯巴达和波斯国王结成同盟，而不要让这个功劳给国王阿基斯得去。所以，他说服了恩狄阿斯和其他监察官，他带着五条船舰和斯巴达人卡尔息底阿斯启程，尽量迅速地向开俄斯航行。他们到达爱奥尼亚，使开俄斯叛离雅典之后，再航往米利都。亚西比得想在伯罗奔尼撒的船舰到达之前，使米利都转到伯罗奔尼撒这一边来。这样，他可以利用开俄斯的军队和卡尔息底阿斯的军队，尽量组织许多城市的叛变，不但使开俄斯人、他自己和卡尔息底阿斯取得功劳，并且照他自己的诺言，使恩狄阿斯取得功劳，因为正是恩狄阿斯派遣这个远征军出来的。这个亚西比得，在雅典时就有很多党羽，尼西阿斯在反对远征西西里的演说中就说过："我

---

① ［古希腊］修昔底德：《伯罗奔尼撒战争史》，谢德风译，商务印书馆1960年版，第515—516、526页。
② 同上书，第586页。

带着真正惶恐的情绪，看见这个青年（指亚西比得）的党羽在这个会议中坐在他的旁边，都是他招来支持他的。"① 现在到了斯巴达，他也能够马上组织起一个派别，进行党争。

在爱奥尼亚，各城邦中的党争也很普遍。开俄斯有民主党和寡头党。雅典人在西西里惨败之后，开俄斯人向斯巴达政府请求干涉。但是，从事这些活动的是贵族党人，人民大众尚完全不知道和斯巴达协商的事情。②

此外，麦提姆那也有党争。在第八卷中，修昔底德曾经提到，麦提姆那的主要流亡者带着大约300人的军队，由底比斯人阿那克山大指挥，首先进攻麦提姆那，没有成功，因为密提林的雅典驻军及时出来阻止了他们。但是，他们横过山岭之后，想设法使伊勒苏斯叛变。列斯堡的伊勒苏斯最终叛变了雅典。③ 这里，麦提姆那的流亡者就是一个党派。

在雅典势力几乎被摧毁后，爱奥尼亚战争又降临了。在这次战争中，雅典在爱奥尼亚的大部分同盟国都叛离了雅典的时候，有一个城邦却一直保持了对雅典的忠诚，这就是萨摩斯。萨摩斯，这个在30年休战和约签订后的第六年曾经发生过寡头暴动而被雅典围城9个月后又归顺了雅典的属国，在此危急时刻却成了雅典的桥头堡和前沿阵地。没有萨摩斯这个基地，雅典人在爱奥尼亚一天也难以支撑下去。

在爱奥尼亚暴动时期，萨摩斯也发生了暴动，但它的暴动不是叛离雅典，而是和雅典人合作的。暴动的人民反抗的是萨摩斯的统治阶级，这是一场反对贵族政治的革命，起来暴动的这一部分萨摩斯人是民主党。在这场暴动中，萨摩斯人一共杀死了统治阶级中大约200名最显著的人物，又放逐了400人，没收了他们的土地和房屋。暴动之后，雅典通过了一个法令，允许他们独立，把他们当做现在很可靠的同盟者，他们取得了这个城市的政权。后来，皮山大与替萨斐尼谈判无果，认为受了亚西比得欺骗，愤而离开那里，回到萨摩斯。他和那些在萨摩斯参加推翻民主政治阴谋的雅典人使萨摩斯人又转变过来，倒向寡头政治一边去了。萨摩斯人中大约有300人参加阴谋，他们认为其余的人是民主党人，想向这些人进攻。但是，萨摩斯的民主党人看到了所发生的事情，把寡头党人准备向民主党人

---

① ［古希腊］修昔底德：《伯罗奔尼撒战争史》，谢德风译，商务印书馆1960年版，第487、645、648页。
② 同上书，第640、643页。
③ 同上书，第714页。

R 政治的定数

进攻的消息告诉了在萨摩斯的两个雅典将军利翁和戴奥密敦。这两个人虽然表面上拥护寡头政治，但不是出自心愿的。他们也把这个消息告诉了一个三列桨舰的舰长色雷布拉西和一个在重装步兵队服务的人色雷西拉斯以及其他一些经常最反对阴谋者的人。他们请求这些人不要让萨摩斯遭到毁灭，不要让雅典丧失萨摩斯，因为萨摩斯是现在使雅典帝国能够联系起来的唯一因素了。那些听了这些呼吁的人和士兵们一个一个地接触，劝他们起来反抗。结果，当300人进攻人民时，所有这些人都来救援他们；萨摩斯民主党人胜利了，300人中大约30人被杀，对于这次暴动负主要责任的其他3个人被放逐。他们对于其余的人没有采取报复的行动，使他们将来在民主宪法下住在一起，享受完全的政治权利。所以，当雅典已经发生寡头政变，寡头政府派遣10个代表到萨摩斯去，想获得驻扎在那里的雅典军队的好感的时候，在萨摩斯的雅典军队中的意见已经转向反对寡头政治了。①

在所有的党争中，最残酷的是科西拉的党争，修昔底德最关注的则是雅典的党争。

在修昔底德笔下，"党争"有时又叫做"革命"，尤其是在党争中出现政权的转移和变动或者屠杀时。例如，在第三卷中，他就称科西拉的党争为"革命"。他说："这次革命是这样残酷；因为这是第一批革命中间的一个，所以显得更加残酷。"②

（1）关于科西拉的党争。在第一卷中，伊庇丹努的党争双方分别引进了科林斯和科西拉两个外部势力。科林斯与科西拉之间的第一次战役以科林斯的失败告终，伊庇丹努也投降了科西拉。愤怒的科林斯人在战后的整个两年中进行备战，这引起了科西拉的恐慌。他们改变中立政策，请求与雅典结盟，获得同意。不久之后，雅典就去援助科西拉。科林斯人与雅典人在科西拉海岸附近进行了海战之后，科林斯人就回国了。在他们所俘虏的科西拉人中，他们卖了800名原来是奴隶的；他们把其余的250人仍然拘禁起来，但是对待他们很好，希望将来有一个时候，他们可以回去，使科西拉再转到科林斯这一边来。事实上，这些大多数是在科西拉很有势

---

① ［古希腊］修昔底德：《伯罗奔尼撒战争史》，谢德风译，商务印书馆1960年版，第650、687—688页。
② 同上书，第267页。

力的人。①

到了第三卷，这些俘虏被科林斯人释放回国，由他们的代理人交出800他连特作为抵押。事实上，他们已经受了贿赂，想把科西拉拉到科林斯一边来，因此，他们个别地和一些公民商谈，想使城市脱离雅典。但是，科西拉人民经过讨论后表决：赞成维持和雅典的同盟，同时和伯罗奔尼撒保持友好关系。②

回国俘虏们第二步的工作，就是控告民主党的领袖佩西阿斯，使科西拉受雅典的奴役。审判结果是，佩西阿斯被宣布无罪。佩西阿斯的报复措施是控告他的反对党中5个最富裕的人，这些人被判有罪，需要缴纳一大笔罚款。这些人请求重新估计他们所应赔偿的损失。但是，作为议会成员的佩西阿斯说服了他的同僚们，坚决执行法律上的处罚。于是这5个人和他们党中其他的人联合起来，带着匕首，突然冲入议会中，杀害了佩西阿斯和大约60个其他的人，有些是议会的成员，有些是私人。有少数和佩西阿斯的观点相同的人逃跑了，躲避在当时还停留在港中的雅典三列桨战舰上。③

暴动之后，他们召集科西拉人民开会。他们建议将来不接待任何一方，除非是根据和平的条件，每次不得超过一条船舰，比这个数目多的船舰将被当做敌人看待。他们强迫民众会议通过了这个建议。④ 执政党人进攻民主党人，双方互有胜负。

雅典将军尼克斯特拉图率领12条雅典船舰和500名美塞尼亚人的重装步兵，由诺帕克都到了这里。他的目的是达成一个协定，他说服了两个党派自己协商，把10个主要负责的人提出来审判，其余的人彼此讲和，和平地共同住在一起，全国和雅典订立攻守同盟。⑤

协定订立后，尼克斯特拉图要回国了，但是民主党的领袖请他留下5条船舰来，以防止反对党人进行任何活动，而他们配备自己的5条船舰跟他一路回雅典。尼克斯特拉图允许了，于是民主党的领袖们把敌人的名字

---

① [古希腊]修昔底德：《伯罗奔尼撒战争史》，谢德风译，商务印书馆1960年版，第28—29、45页。
② 同上书，第261页。
③ 同上书，第261—262页。
④ 同上书，第262页。
⑤ 同上书，第263页。

写下来，准备要这些人在船舰上服务。但是，这些人害怕被送到雅典去。民主党人就以此为借口，武装他们自己，指责对方别有用心，想借机把反对党的人杀死，却被尼克斯特拉图阻止。至少有400个反对党的人跑到了希拉女神庙中。民主党人恐怕他们暴动，把他们带到了神庙对面一个岛上。①

有500个反对党人设法逃到了对岸的大陆上，夺取了几个要塞，占领海峡对岸的科西拉领土，以此为根据地，掠夺岛上的同胞。他们还派遣代表往斯巴达和科林斯去，想设法使自己恢复在科西拉的地位，但谈判没有成功。后来他们渡海达到岛上，焚毁自己的船舶，使自己除了最后征服这个地方之外，再没有其他希望了。于是他们跑到伊斯吞山，自己建筑要塞。他们占领乡村地区以后，开始向科西拉城内的人民进攻。到了第四卷，伊斯吞山中的反对党人在雅典军队的进攻下投降，科西拉的民主党使用阴谋诡计把这些俘虏从雅典人手中弄到了自己手中，以残酷的方法杀死了他们。②

山中的科西拉人大都被城中的民主党用这种方法消灭了。这是一个巨大的革命斗争。但是就这次战争的时期而论，这场斗争算是完结了，因为两个党派中有一个党派差不多完全消灭了。③

（2）关于雅典的党争。在修昔底德的叙述中，早在伯罗奔尼撒战争前，雅典的党争已经初露端倪了。公元前457年，在斯巴达人从多利斯回军途中，暂时滞留在彼奥提亚，原因之一就是雅典有一个党派，正在秘密地和他们商谈，希望推翻雅典的民主政治，阻止长城的建筑。④

对于伯罗奔尼撒战争中雅典的党争，修昔底德是从远征西西里的军队正要出发的时候开始叙述的。当时，雅典发生了赫尔密石像面部被毁事件，由此又牵出了神秘祭祀中的渎神行为事件。亚西比得被控告与这些事件有关。那些认为亚西比得阻碍了他们牢固掌握对人民的领导权的人，就抓着这些事件，要赶走亚西比得，使自己占据首要地位。他们使用的手法就是把这些事件说成推翻民主政治的阴谋。这些人把亚西比得一般生活中违反传统和不民主的性质作为控告的依据。他们还使用诡计，使得亚西比

---

① ［古希腊］修昔底德：《伯罗奔尼撒战争史》，谢德风译，商务印书馆1960年版，第264页。
② 同上书，第271、332—333页。
③ 同上书，第333页。
④ 同上书，第85页。

得马上出发远征，而后他们可以在他不在的时候，向他提出一些更为严重的控告。结果这个目的达到了。因为正在雅典人自认为已经发现赫尔密石像事件的真相，进而认为神秘祭祀中的渎神事实也是亚西比得所为的时候，正碰上斯巴达人的一小支军队进至地峡，以处理他们和彼奥提亚人之间的事情。雅典人马上就认为这是亚西比得的阴谋。他们以为斯巴达人到那里来，不是因为和彼奥提亚人的事，而是和亚西比得安排好了的。更为凑巧的是，差不多同时，亚西比得在亚哥斯的朋友们也有推翻民主政治的嫌疑。① 于是，他们想把他置于死地，雅典人才派遣战舰到西西里提取亚西比得和其他嫌疑人。亚西比得被迫流亡到斯巴达，成了雅典的敌人。在这次党争中，雅典那些想掌握雅典人民的人通过雅典人民之手差一点杀掉了一个将军。

雅典人在西西里惨败以后，爱奥尼亚战争开始了。为了获得波斯方面的援助，在萨摩斯的雅典人决定召回亚西比得。由于亚西比得要求废除雅典的民主政治，这些人就开始做推翻民主政治的工作。一个将军福里尼卡斯完全不赞成寡头派阴谋者的这种主张。但是，寡头党人不为所动，派遣皮山大和其他的人作为代表往雅典去协商召回亚西比得和取消民主政治。福里尼卡斯恐怕亚西比得真的回到雅典方面后会报复自己，就两次写信给在米利都附近的斯巴达海军大将阿斯泰奥卡斯，说亚西比得出卖斯巴达人，并详细指示了如何毁灭驻扎在萨摩斯的全部雅典舰队。② 这个叛国行为是当时的党争在个人层次上的缩影。

皮山大在雅典经过了一些困难，但最终说服了雅典人同意建立寡头政治。皮山大又和雅典现有的党派联系，承认彼此互相帮助，联合一致，废除民主政治。然后和其他 10 个人一路出发，航往替萨斐尼那里谈判。③

皮山大走后，他在雅典的同党们暗杀了民主党领袖安得洛克利和其他一些他们认为讨厌的人，并提出了一个寡头政治的政纲，控制了民众会议和豆粒议事会，使人民处在相互猜疑和恐惧中。而皮山大与替萨斐尼的谈判破裂后回到萨摩斯，他们更加巩固了自己在军队中的势力，他们联络萨摩斯的上层阶级，想使他们参加建立寡头政治的工作。在萨摩斯的雅典人

---

① ［古希腊］修昔底德：《伯罗奔尼撒战争史》，谢德风译，商务印书馆 1960 年版，第 498—499、523 页。
② 同上书，第 672—673 页。
③ 同上书，第 675 页。

政治的定数

最后派遣皮山大和一半代表去雅典，同时命令他们在沿途所经过的属国中建立寡头政治。其余一半的代表被派遣分往其他属国。皮山大到达雅典后，提出了一个较为详细的寡头政体的组织方法。处于恐惧中的人民批准了这个建议，"四百人"以暴力为后盾进入议事会开始掌权了。他们利用暴力统治城邦，同时派代表往斯巴达求和以结束战争。

此时的萨摩斯却又转向反对寡头政治了。因为萨摩斯人中参加了寡头阴谋的大约300人向萨摩斯的民主党人进攻失败，萨摩斯重回民主政治。[1]

由于这些党争的存在，所以修昔底德说："这个时期是一个冲突最为激烈的时期；军队想强迫城邦采取民主政治，而'四百人'想强迫军队接受寡头政治。"[2]

在萨摩斯的雅典军队最终召回了亚西比得，将一切事务都委托他去处理。"四百人"派出向萨摩斯的雅典军队说明情况的代表们到了萨摩斯，亚西比得的答复中要求取消"四百人议事会"，恢复原先的"五百人议事会"，并劝他们坚持，不要对敌人让步。他说，只要雅典城保全了，公民内部的两个党派是易于达成某种协议的。但是如果任何一方（无论是在萨摩斯的人，还是在雅典的人）被打败了的话，那么，就没有人留下来可以订立任何协定了。[3]

这个答复引起了寡头党内部的分裂。大部分和寡头政治有关的人在此以前已经不满意寡头政治，想退出寡头政治。现在亚西比得的答复使他们更加想退出寡头政治了。他们不相信寡头政治会维持得长久，他们每个人都想在民主政治恢复时成为一般民众的领袖和代言人。他们开始自己组织一个反对党，激烈地批评当时的行政。他们的领袖们是一些主要的将军和在贵族政治下居重要地位的人，如特拉门尼、亚里斯多克拉底和其他一些人。而"四百人"中最反对民主政治的领袖是福里尼卡斯、亚里斯塔卡斯、皮山大、安替芬和其他一些最有势力的家族中的人。这些人看到不仅一般民众，就是过去被认为是最可靠的人，现在也起来反对他们了。加上萨摩斯的形势，他们大为恐慌起来，急忙派遣安替芬、

---

[1] ［古希腊］修昔底德：《伯罗奔尼撒战争史》，谢德风译，商务印书馆1960年版，第688—689页。
[2] 同上书，第690页。
[3] 同上书，第699页。

福里尼卡斯和其他 10 个人，命令他们和斯巴达订立条约，无论依照什么条件都可以。同时，他们更积极地建筑亚提翁尼亚的城墙。他们建筑这道城墙的用意不是想在萨摩斯的军队企图冲入的时候，可以阻止他们于庇里犹斯港之外，而是想在任何他们需要的时候，可以让敌人带着舰队和陆军进来。修昔底德说："他们所希望的，首先是保全寡头政治，同时也想控制同盟国。如果这一点做不到的话，他们其次的目的是想占据雅典的海军要塞，保全独立。但是，如果这一点也做不到的话，他们一定不愿意自己成为民主政治恢复后第一批被杀戮的人，宁愿招请敌人来，把舰队和要塞交出，根据任何条件订立和约，只要保全他们的性命，不管雅典的将来如何。"①

当斯巴达人使整个优卑亚叛变雅典，把优卑亚岛上的事务全部改组以后，引起了雅典人从未曾有的一次最大恐慌。就是西西里的惨败（虽然在当时也引起了很大的恐慌）或其他任何事故，也没有产生这样可怕的影响。雅典人最终废除了寡头政治，寡头党中的极端分子都马上离开雅典，往被斯巴达人占领的狄西里亚去了。雅典的寡头政治和内争终结了。②

第二节　党争的残酷性

一、表现与目的

在修昔底德笔下，党争的残酷性在许多地方都有展现。例如，在第四卷中，在叙述麦加拉流亡者恢复政权之后的行为时，修昔底德讲道："他们挑选出约一百个和他们有私仇的以及有和雅典人私通的重大嫌疑者，强迫人民公开表决宣判。这些人都被判处死刑。"在第八卷中，修昔底德谈到雅典的寡头党夺取政权的过程中，暗杀了民主党的主要领导人之一安得

---

① ［古希腊］修昔底德：《伯罗奔尼撒战争史》，谢德风译，商务印书馆1960年版，第702—705 页。
② 同上书，第 710、712 页。

洛克利，还有其他一些他们认为讨厌的人，他们也秘密地除掉了。夺取政权以后，寡头党继续其残暴行为："有些他们认为最好是除掉的人都被杀死了，虽然人数不多；有些被囚于牢狱中，或被放逐。"①

诸如此类的例子证明党争是残酷的。但是，最残酷的党争不是麦加拉的党争，也不是雅典的党争，而是科西拉的党争。它是党争残酷性的典型代表。第三卷说，当科西拉人知道攸利密顿率领的雅典舰队快要到了而伯罗奔尼撒的舰队已经逃跑了的时候，他们开始屠杀反对党了。他们跑到希拉女神庙中去，说服了大约50个在庙中祈祷的人去受审判。审判结果是，这些人都被处死刑。其余的祈祷者看见这种情况，大部分拒绝受审，在神庙中彼此互相杀死了。有些在树上吊颈，有些用其他各种方法自杀。在攸利密顿带着他的60条船舰停留在那里的7天里，科西拉人继续屠杀他们自己的公民中他们所认为是敌人的人。被他们杀害的人都被控以阴谋推翻民主政治的罪名。但是事实上，有些是因为个人的私仇而被杀害的，或者是因为债务关系而被债务人杀害的。有各种不同的死法：正如在这种形势之下所常发生的，人们往往趋于各种极端，甚至还要坏一些。有父亲杀死儿子的；有从神庙中拖出，或者就在神坛上面屠杀的；有些实际上是用围墙封闭在道尼修斯神庙中，因而死在神庙里面的。②

在第四卷中，伯罗奔尼撒人已经派出船舰往那里去援助流亡党人，雅典人遣往西西里去的攸利密顿和索福克利率领的舰队也同时受命在沿着海岸航行的途中，尽力援救那些被逃往山中的流亡党人所袭击的科西拉人。他们攻下了反对党的堡垒，他们接受条件投降了。在休战条件下，雅典人把他们送往提歧亚岛上拘押起来，等将来送往雅典；并且声明，如果被拘押的人中间有任何人企图逃跑而被拿获了，这个休战条约对于全体投降的人就都失去了效力。③

科西拉民主党的领袖们恐怕将这些人运到雅典后，雅典人不杀掉他们，于是采取了诡计。他们秘密派遣和少数俘虏有交情的人前往岛上，告诉他们，雅典的将军们正要将他们移交给科西拉民主党，所以要他们赶快逃跑，逃跑所需要的船只已经为他们准备好了。正当逃跑的人要上船的时

---

① [古希腊] 修昔底德：《伯罗奔尼撒战争史》，谢德风译，商务印书馆1960年版，第351、682、687页。
② 同上书，第267页。
③ 同上书，第332页。

候，全体都被捕获了。休战条约立即失去效力，全部俘虏都移交给科西拉人民处理。①

俘虏到了科西拉人手中，全体都被禁闭在一个大屋子里，随后就把他们分成20个人一批，要他们分批从两排重装步兵中间形成的一条小道通过。如果两派重装步兵中有人发现俘虏中谁是他私人的仇敌，就加以刺杀和殴打。手执鞭子的人们跟在俘虏后面走，将那些走得慢的人加以鞭笞。大约有60名俘虏这样提出来行走而被杀死的时候，大屋子里的俘虏方才知道，因为他们起初以为只是从一个监狱提到另一个监狱而已。后来有人把实际情况告诉了他们，他们才恍然大悟，要求雅典人自己把他们杀死，如果雅典人愿意的话。他们不愿意再离开那个屋子，并且说，他们会尽力阻止别人进去。科西拉人无意于从正门攻入。他们上了屋顶，把屋顶毁坏，将瓦片和箭从上面向屋内的俘虏投射，俘虏们尽量防护自己，实际上大多数人都把射来的箭头刺入自己的喉咙，或用床上寻得出来的绳索，或将自己的衣服撕成布条，自缢而死。夜晚来了，他们还是用种种方法结果自己的性命，屋顶上也常有箭来射死他们。等到天明，科西拉人把死尸堆起来，捆在一起，送上货车，运往城外。在堡垒里抢获的妇女都被当做奴隶。②

对于科西拉残酷得令人发指的党争，修昔底德曾经难以抑制自己的愤怒而发出了长篇评论。他在这个评论的一开头就说："这次革命是这样残酷，因为这是第一批革命中间的一个，所以显得更加残酷些。""在各城邦中，这种革命常常引起许多灾殃……尽管残酷的程度或有不同；依照不同的情况，而有大同小异之分。""这样，一个城市接着一个城市爆发了革命。在那些革命发生较迟的地方，因为知道了别处以前发生的事情，引起许多革命热忱的新的暴行，表现于夺取政权方法上的处心积虑和闻所未闻的残酷报复上。"党争是这样残酷无情，以至于人们常用词汇的意义都发生了改变。修昔底德列举说："过去被看作是不瞻前顾后的侵略行为，现在被看作是党派对于他的成员所要求的勇敢；考虑将来而等待时机，被看作是懦夫的别名；中庸思想只是软弱的外衣；从各方面了解一个问题的能力，就是表示他完全不适合于行动。猛烈的热忱

---

① ［古希腊］修昔底德：《伯罗奔尼撒战争史》，谢德风译，商务印书馆1960年版，第332页。
② 同上书，第333页。

是真正丈夫的标志,阴谋对付敌人是完全合法的自卫。凡是主张激烈的人总是被信任,凡是反对他们的人总是受到猜疑。阴谋成功是智慧的表示,但是揭发一个正在酝酿中的阴谋,更加是聪明。凡是不想做这些事情的人是分裂党派本身的统一性而害怕反对党。总之,先发制人,以及反对那些正将要作恶的人和揭发任何根本无意作恶的人,都同样地受到鼓励。家族关系不如党派关系强固,因为党员更愿意为着任何理由,趋于极端而不辞。""如果两个党派订立互相保证的协定的话,这种协定的订立只是为了应付暂时的紧张局势,只有在它们没有其他的方法应用的时候,这种协定才能维持它的效力。如果机会到了的话,首先大胆地抓住这个机会的党人,乘敌人之不备,得到报复,这种违背信约的报复比公开的进攻更为称心。他们认为这样做比较安全一些。同时,利用诡计取得胜利,使他们有一个精明的美名。真的,大多数的人宁愿称做恶事为聪明,而不愿称头脑单纯为正直。他们以第一种品质而自豪,而以第二种品质为耻辱。"①

党争如此残酷,人性如此扭曲,到底为了什么?修昔底德说:"这些党派组织的目的不是为了享受现行法律的利益,而是推翻现行制度以夺取政权。"他把这种党争看成犯罪。他说:"这些党派的成员彼此相信,不是因为同一个宗教团体的教友关系,而是因为他们是犯罪的伙伴。"处心积虑要夺得政权的党派固然可恶,但是执政的党派同样不值得赞扬,因为"如果反对党的人发表合理的言论,执政党不会宽大地接受,反而采取各种戒备的方法,使他们的言论不产生实际的效果"。②

二、根源与后果

导致党争残酷的根源是多重的。修昔底德说:"由于贪欲和个人野心所引起的统治欲是所有这些罪恶产生的原因。一旦党派斗争爆发的时候,激烈的疯狂情绪发生作用,这也是原因之一。""贪欲和个人野心"是人性,这种恶的人性造成了人们的统治欲望。所以,党争及其残酷性的根子在人性。修昔底德曾说:"在各城邦中,这种革命常常引起许多灾殃——

---

① [古希腊]修昔底德:《伯罗奔尼撒战争史》,谢德风译,商务印书馆1960年版,第267—269页。
② 同上书,第268—269页。

只要人性不变，这种灾殃现在发生了，将来永远也会发生的。"贪欲和个人野心所引起的统治欲望和激烈的疯狂情绪把个人的政治利益和欲求凌驾于正义、国家利益等人类法则之上。修昔底德说："许多城邦的党派领袖们有似乎可以使人佩服的政纲——一方面主张民众在政治上的平等，另一方面主张安稳而健全的贵族政治——他们虽然自己冒充为公众利益服务，但是事实上是为自己谋得利益。在他们争取优势的斗争中，没有什么事可以阻拦他们；他们自己的行动已经是可怕了的，但在报复的时候更为可怕。他们既不受正义的限制，也不受国家利益的限制。他们唯一的标准是自己党派一时的任性。所以他们随时准备利用不合法的表决来处罚他们的敌人，或者利用暴力夺取政权，以发泄他们一时的仇恨。结果，虽然双方都没有正义的动机，但是那些能够发表动人的言论，以证明他们一些可耻的行为是正当的人，更受到赞扬。至于抱着温和观点的公民，他们受到两个极端党派的摧残，不是因为他们没有参加斗争，就是因为嫉妒他们可能逃脱灾难而生存下去。"[1]

党争造成的恶果是双重的。在第一卷中，修昔底德就说过："纷争使国家崩溃，因而使外族易于入侵。"在第二卷中，修昔底德在评论雅典覆灭的原因时说道："结果只是因为他们自己内部的斗争，毁灭了他们自己，他们最后才被迫投降。"在第四卷中，赫摩克拉底在演说中也曾说："我们应该知道，内部的斗争是我们各城邦衰亡的主要原因。"[2] 这些都说明，城邦的党争会导致城邦的衰亡。

但党争最大的恶果还不是城邦的衰亡，而是人性的堕落。

人性之恶带来了残酷的党争，而残酷的党争又带来了什么？修昔底德说："这些革命的结果，在整个希腊世界中，品性普遍地堕落了。观察事物的淳朴态度，原是高尚性格的标志，那时候反而被看做一种可笑的品质，不久就消失了。互相敌对的情绪在社会上广泛流传，每一方面都以猜疑的态度对待对方。至于终止这种情况，没有哪个保证是可以信赖的，没有哪个誓言是人们不敢破坏的；人人都得到这样一个结论，认为希望得到一个永久的解决是不可能的；所以他们对于别人不能信任，只尽自己的力量以免受到别人的伤害。""在和平与繁荣的时候，城邦和个人一样地遵

---

[1] ［古希腊］修昔底德：《伯罗奔尼撒战争史》，谢德风译，商务印书馆1960年版，第269—270页。
[2] 同上书，第3、171、340页。

守比较高尚的标准，因为他们没有为形势所迫而不得不去做那些他们不愿意去做的事。但是战争是一个严厉的教师，战争使他们不易得到他们的日常需要，因此使大多数人的心志降低到他们实际环境的水平之下。"① 这样，人性之恶带来了党争，党争又带来了人性的进一步堕落，这样的一个恶性循环，似乎会使人类陷于万劫不复的境地之中。这也许才是修昔底德最关注的问题。

第三节 党争的规律性

一、党争的一般规律

党争引进和招引外部势力是党争的一般规律。党争引进外部势力指党争的双方或一方为了增强自己的力量、使自己在党争中获胜而主动勾结外部势力并将外部势力引入城邦内部；党争招引外部势力则指处于一个国家外部的势力利用该国的党争主动参入该国内部的斗争以实现这个外部势力自己的目的。其中引进外部势力是主规律，招引外部势力是次规律。

（1）关于党争引进外部势力。这是党争最基本的规律，是党争的主规律。这个规律在修昔底德笔下有很多的事实可以证明。

在第一卷中，在战前的萨摩斯党争中，党争的一方引进雅典的势力，而另一方与波斯总督匹苏斯尼订立同盟。在第二卷中，底比斯侵略普拉提亚，是因为普拉提亚内部的一个党派邀请来的。而底比斯人为什么愿意参入普拉提亚内部的党争去呢？因为他们知道雅典与斯巴达之间的战争一定会发生，他们很想在和约尚未破坏、战事尚未真正开始之前，首先把一向和他们有仇恨的普拉提亚加以控制。在第三卷中，底比斯代表也说到了是普拉提亚内部的党派邀请底比斯人进入普拉提亚城内的，只不过对这个党派和底比斯人自己的目的进行了美化。他说："事实上，当时是你们自己

---

① ［古希腊］修昔底德：《伯罗奔尼撒战争史》，谢德风译，商务印书馆1960年版，第268、270页。

的公民，著名家族中富有的人自动请求我们的援助，因为他们想废止你们和外国的同盟而恢复你们在彼奥提亚人中的传统地位。……他们也和你们一样，是普拉提亚的公民，只不过他们可能遭受的损失会更多些；他们打开自己的城门，把我们当作朋友而不是当作敌人，带进他们自己的城内，使你们中间的坏人不至于变得更坏，使正直的人们得到应有的权利，使你们的议会实行聪明的政策，而不放逐你们。"①

在第三卷中，在密提林事件期间，雅典将军帕撒斯追逐匆忙逃跑的斯巴达将军阿尔息达，未能追上，在沿着海岸航回途中，驶入科罗封的海港诺丁姆，他是诺丁姆的流亡党招请来的。帕撒斯袭取了诺丁姆这个城堡，把城内亲波斯党人所雇佣的阿卡狄亚人和外国人军队都杀死，把诺丁姆交还给亲波斯党人以外的科罗封人。后来雅典人把其他各个城市中所有的科罗封人都集合起来，派遣他们来此地定居，把这个地方变为殖民地，实行雅典的法律。诺丁姆的党争最后导致的是整个城市成为雅典的殖民地。②

在修昔底德的叙述中，科西拉的党争不仅引进外国的势力，而且引进本国的奴隶。修昔底德曾讲道："双方都派遣代表往乡村去，允许解放那些参加斗争的奴隶。大部分奴隶参加民主党一边。"③ 奴隶相对于公民来讲，也是一种外部势力。所以，党争引进奴隶也是引进外部势力。

在第四卷中，修昔底德叙述说，罗克里人仇恨利吉姆人，想毁灭这个敌人。所以，它联合叙拉古占领麦散那，想利用这支联军大力侵略利吉姆人的领土。在这一次军事行动中，由利吉姆放逐出来，而和罗克里交好的流亡人士也有所策划，他们欢迎罗克里人来干涉内政。利吉姆曾长期陷于党争，所以他们现在不能抵抗罗克里人，这也是罗克里人急于进攻的一个原因。④ 可见，内部的党争不仅会削弱国家力量，同时也会引进外部势力来干涉国家内政。

第四卷还讲述了麦加拉党争双方引进雅典和斯巴达势力的情况。当麦加拉人开始自己谈论召回逃亡在培加的逃亡者的时候，民主党的领袖们知

---

① ［古希腊］修昔底德：《伯罗奔尼撒战争史》，谢德风译，商务印书馆1960年版，第89、120—121、256—257页。
② 同上书，第229页。
③ 同上书，第263页。
④ 同上书，第299页。

道，人民大众在他们所受的一切痛苦中，将不能坚决支持他们，所以他们在惊慌中进而和雅典的将军希波克拉底和德谟斯提尼谈判，想向雅典人投降。他们认为这样做比召回他们所放逐的贵族党人更为安全一些。于是，民主党人与雅典人商谈好了让雅典人占领麦加拉的办法。开始的时候进展顺利，雅典人占领了长城。但是，当民主党人以应当出城作战为借口要打开城门的时候，被贵族党人阻止了。因为民主党人的阴谋已经被一个阴谋参加者泄露给了贵族党人。贵族党人站在城门口，守着城门，使阴谋者没有实现阴谋的机会。

雅典的将军们知道阴谋出了毛病，已经不能利用袭击的方式取得麦加拉城了，于是封锁尼塞亚，断绝那里的伯罗奔尼撒驻军与麦加拉之间的联系，迫使尼塞亚的驻军投降。后来，当伯拉西达率领伯罗奔尼撒的军队来援救麦加拉的时候，麦加拉人拒绝让他进城。因为城内的两个党派都害怕了：民主党人害怕伯拉西达恢复逃亡者而驱逐他们；而贵族党人则担心民主党人因为害怕被伯拉西达所驱逐而恢复逃亡者，将向他们进攻。如果城内发生战事，紧靠在城下的雅典人看见这种情况，麦加拉就会沦陷，所以他们宁愿等待事件的发展。最后，伯拉西达和雅典军队对峙了相当长的时间，任何一方都不进攻。于是雅典人回到尼塞亚去了，伯罗奔尼撒人也回到他们原来驻扎的地方去了。这时候，麦加拉城内同情逃亡者的党人认为伯拉西达获得胜利，而雅典人不愿再战了。因此，他们打开城门，请伯罗奔尼撒军队入城。城内和雅典人私通的麦加拉人溜跑了。其余的人和逃亡党人友好谈判，从培加召回逃亡党人。①

第五卷中谈到了帕累西亚党争中引进斯巴达的势力。公元前421年，斯巴达全军在国王普雷斯托安那克斯指挥之下，开入阿卡狄亚，向帕累西亚人进攻。帕累西亚人是门丁尼亚的属民。这次侵略的原因之一是帕累西亚有一个党派曾经向斯巴达求援。最后，斯巴达人迫使帕累西亚人成立独立的国家，毁坏他们的要塞，然后撤回斯巴达。②

在第八卷中，爱奥尼亚战争开始之时，雅典最大的同盟国开俄斯的贵族党人瞒着人民向斯巴达请求干涉，斯巴达同意了。后来，卡尔息底阿斯和亚西比得接受开俄斯贵族党人的劝告，不宣布他们的到来，突然

---

① ［古希腊］修昔底德：《伯罗奔尼撒战争史》，谢德风译，商务印书馆1960年版，第344—351页。
② 同上书，第425页。

在开俄斯出现。在开俄斯的民主党人处于狼狈和恐慌状态中的时候，寡头党人已经安排议事会在那个时候开会。正是因为开俄斯的暴动是少数人迫使多数人参与的，所以，当雅典将军利翁和戴奥密敦带着舰队从列斯堡来与开俄斯人进行战争，使得开俄斯人死伤惨重时，他们中间有些人想把开俄斯再转到雅典一边来。开俄斯政府当局虽然知道此事，但是他们自己没有采取任何行动，而是从厄立特利亚招请斯巴达海军大将阿斯泰奥卡斯带着船舰来制止这个阴谋。① 开俄斯党争也引进了斯巴达的势力。

（2）关于党争招引外部势力。这是党争的一个次规律。有一些国家虽然出现了党争，但是党争双方没有向外国寻求支援。这时，也往往会有一些别有用心的国家主动参入。例如，在第五卷中，修昔底德讲到，过去西西里诸国订立和平条约（公元前424年）之后，雅典人从那里撤退的时候，林地尼人曾经批准一批新公民，当时那里的民主党人打算把土地重新分配一次。这个计划被统治者知道了，他们在叙拉古人的支援下，把民主党人驱逐。于是民主党人散居于国内各地，而较为富裕的阶级就和叙拉古订立协定。依照协定的规定，他们拆毁城墙，离开那里，迁居叙拉古，他们都取得了叙拉古的公民权。后来，他们中间有些人表示不满，离开了叙拉古，占领林地尼城的福西亚区和林地尼领土内的不利星尼要塞。很多过去被驱逐的民主党人都回来，和他们联合在一起，在设有防御工事的据点共同战斗。林地尼的党争引来了雅典人。雅典人听说了这些事实，为着扩充其势力着想，就派遣斐厄克斯协同两个同僚作为使节来到西西里，想说服他们在那里的同盟者，和其他西西里人联军反抗叙拉古，以援助林地尼的民主党人。② 林地尼的党争终于把雅典人又招来了。

修昔底德曾对党争引进外部势力这种现象有一个总结。他说："每个国家都有敌对的党派——民主党的领袖们设法求助于雅典人而贵族党的领袖们则设法求助于斯巴达人。在和平时期，没有求助于他们的借口和愿望，但是在战争时期，每个党派总能够信赖一个同盟，伤害它的敌人，同

---

① ［古希腊］修昔底德：《伯罗奔尼撒战争史》，谢德风译，商务印书馆1960年版，第640、641、643、645—646、652—653页。
② 同上书，第400页。

时巩固它自己的地位；很自然地，凡是想要改变政府的人都会求助于外国。"①

二、党争的特殊规律

国家中的内奸是党争的变种。党争会主动引进外部势力，也会被动招来外部势力。而内奸无一例外都是主动勾引外部势力，其目的是出卖国家。内奸勾引外部势力是党争的特殊规律。修昔底德笔下有不少关于内奸的事实。

战争第三年，色诺芬率领的雅典军队进攻色雷斯的卡尔西斯人和波提亚人，进军到波提亚的斯巴托拉斯城，想通过城内亲雅典党人的手，使这个城市投降。但是，城内有不同观点的其他公民派人通知奥林修斯。奥林修斯派出军队来保卫这个城市。战斗的结果是，雅典人溃败，逃往波提狄亚，其将军色诺芬战死。② 这里的叙述说明，在斯巴托拉斯城内存在党派斗争，一派要使该城市投降雅典，而另一派则不愿投降。这里的"亲雅典党人"就是斯巴托拉斯城中的内奸。

在第四卷中，战争第八年，公元前424年，在一些彼奥提亚的城市中，有一些人跟德谟斯提尼和希波克拉底勾结，阴谋推翻当地的政府，实行和雅典一样的民主政治。底比斯的逃亡者提奥多拉斯在这些阴谋中负主要责任。他们预定的计划是这样的：一个党派将特斯匹伊领土内克利塞湾畔的市镇西菲镇出卖给雅典；另一个党派是奥科美那斯人，他们准备把喀罗尼亚交出。在这个阴谋中，奥科美那斯的逃亡者特别活跃。同时，在计划中，雅典人将夺取塔那格拉境内的第力安。这一切都计划在预定的日期同时进行，使彼奥提亚人不能开拔全军去进攻第力安的雅典人，而必须先对付国内各地的内乱。③

但是，德谟斯提尼和希波克拉底都把动身的日期弄错了。德谟斯提尼带领舰队驶往西菲，没有任何成就，因为阴谋已经泄露，彼奥提亚各地的援兵都开到了；而希波克拉底还没有到那里，以分散彼奥提亚的兵力。所

---

① ［古希腊］修昔底德：《伯罗奔尼撒战争史》，谢德风译，商务印书馆1960年版，第267页。
② 同上书，第182—183页。
③ 同上书，第352页。

第三章 党争

以他们预先坚守着西菲和喀罗尼亚，参加阴谋的人知道了这个错误，不敢在城中采取进一步的行动了。当彼奥提亚人已经从西菲回来的时候，希波克拉底带着军队才到达第力安。雅典人在第力安战役中大败，连希波克拉底也阵亡了。①

在色雷斯战争中，伯拉西达率军快速到达了安菲玻里。安菲玻里城中有他的内应，和他私通的是安得罗斯的殖民地阿吉拉斯的移民，他们住在安菲玻里城中，有其他人民的支持，这些人不是被马其顿国王柏第卡斯，就是被卡尔西斯人拉拢过来的。但是，这个阴谋的主要发动者是阿吉拉斯城的人民，他们已经和住在安菲玻里城内的本国同胞密谋了相当久的时间，想把安菲玻里出卖。虽然伯拉西达一下就占有了安菲玻里人郊外整个地区内的一切财产，导致城内大大骚动，但他对于城中内应的期望却没能实现。事实上，反对出卖城市的党派还是大多数，能够阻止马上打开城门。最后，伯拉西达是用温和的条件才诱使安菲玻里投降的。②

在色雷斯战争中，伯拉西达进攻卡尔西狄斯的托伦城，城内有极少数的人招请他来，准备把这个城市出卖给他。他攻陷了这个城市，内应者以及和他们思想相同的人马上和侵略军联合在一起了。托伦人中的亲雅典党人与雅典守军都逃往勒西修斯要塞去了。③

在第五卷中，斯巴达人联合同盟军进攻亚哥斯，亚哥斯内部也有一些人暗中和斯巴达人勾结。斯巴达人希望从亚哥斯内部取得内应，但是这个计划没有实现。到战争第十六年（公元前416年）的时候，亚西比得带着雅典军队开到亚哥斯，将有左祖斯巴达嫌疑的300名亚哥斯人俘虏去，将他们幽禁在雅典控制的附近岛屿上。这些人后来在雅典的赫尔密石像和神秘祭祀渎神事件中被雅典人交给亚哥斯人去处死了。④后来斯巴达人计划侵略亚哥斯的领土，但由于越界祭祀没有吉利的征兆，他们就放弃了远征的计划。斯巴达侵略的企图使亚哥斯人怀疑城内某些人，被猜忌的人有些被捕了，有些逃亡了。这些就是亚哥斯在门丁尼亚战争前后的党争。

---

① ［古希腊］修昔底德：《伯罗奔尼撒战争史》，谢德风译，商务印书馆1960年版，第361—370页。
② 同上书，第372—373页。
③ 同上书，第377—379页。
④ 同上书，第458—464、523页。

政治的定数

在第五卷中，修昔底德在一个很不起眼的地方提到了弥罗斯的内奸。因为弥罗斯人不愿意屈服，雅典人就进攻弥罗斯城。围攻战进行得很激烈。因为城内有叛变者，弥罗斯人无条件地向雅典人投降了。凡适合于兵役年龄而被俘虏的人都被雅典人杀死了，妇女及孩童则被出卖为奴隶。雅典人把弥罗斯作为自己的领土，后来派了500名移民移居在那里。①

第六卷中也提到当进攻叙拉古的雅典将军们想占据一个能够很少受到叙拉古骑兵袭击的地方的时候，随军而来的叙拉古流亡者告诉雅典人，在奥林匹昂附近有一块地方，后来他们真的占据了这个地方。在第七卷中，德谟斯提尼的冒失夜袭失败后，德谟斯提尼建议雅典军队马上撤回雅典，不要再迟延了，而尼西阿斯反对。尼西阿斯反对撤退而主张继续围攻叙拉古的原因之一是叙拉古城内有一个人数颇多的党派对雅典人表示同情，他们想把叙拉古出卖给雅典人，还经常派人到尼西阿斯那里来，劝他不要解围。他根据私自得来的情报，还有些理由相信，如果他们继续围攻的话，敌人所处的状况会比他们自己的状况更为恶劣。他说过，雅典人的状况虽然很恶劣，但是叙拉古的状况更加恶劣。叙拉古人发给雇佣军的薪饷，他们在广阔的乡村中维持要塞的费用，以及一年以来他们维持的一支庞大的舰队，使他们的财政发生困难，他们不知道要怎么办才好。他们已经用去了2000他连特，还负了巨额的债；如果由于不能给付薪饷，他们不得不丧失目前军队中哪怕一小部分，他们的情况马上就会更加恶化，因为他们是依靠雇佣军，而不像雅典人，依靠那些被强迫服兵役的人。所以，修昔底德讲："尼西阿斯坚持他的意见，因为他得到了关于叙拉古情况的确实情报。"② 尼西阿斯得到的这些情报，也许就是叙拉古城中这个与他私通的党派告诉他的。

第六卷中还讲到，在卡塔那的雅典军队航往麦散那，希望城中有内应，把城市出卖，但是这个计划没有成功。这是由于亚西比得被召回国，交出兵权来的时候，他知道自己会流亡了，所以把他亲自筹划的这个阴谋告诉了麦散那的亲叙拉古党人。他们在雅典人还没有到的时候，就把阴谋的首要分子处死；雅典人到了的时候，亲叙拉古党人武装暴动起来，所以

---

① [古希腊] 修昔底德：《伯罗奔尼撒战争史》，谢德风译，商务印书馆1960年版，第474页。
② 同上书，第526、598—599页。

能够阻止雅典人进城。①

对于城邦中的内奸，修昔底德和对其他政治现象一样，评论非常克制。他只是用"出卖""奸民""勾引"等一些词语表达自己的感情。例如，在第二卷中，修昔底德用"奸民"一词指代普拉提亚城中邀请底比斯军队进入普拉提亚的那个政党，这反映了修昔底德对出卖国家者的痛恨。在第四卷中，他提到卡尔西狄斯的托伦城中有极少数人招请伯拉西达来，准备把这个城市出卖给他。他还讲到住在安菲玻里城内的阿吉拉斯人想把安菲玻里出卖。在第五卷中，他谈到麦散那党争时，说到麦散那一方面的人士勾引罗克里人到麦散那来。在第七卷中，讲到尼西阿斯为什么没有听从德谟斯提尼的劝告而撤军回国的时候，修昔底德解释到了一个原因："叙拉古城内有一个党派，他们想把叙拉古出卖给雅典人，他们经常派人到尼西阿斯那里来，劝他不要解围。"②

第四节　本章小结

修昔底德所叙述和评论的党争的普遍性、残酷性和规律性，是十分深刻的。即使放在政治学理论已经得到很大发展的今天，他的叙述和评论依然是振聋发聩的。阅读修昔底德关于党争的叙述与评论，观照历史与今日之政治世界，我们不得不佩服修昔底德观察之敏锐，分析之深刻。

党争作为一种普遍现象，古今中外都是存在的，即使在专制政权之下，专制者要求所有的臣民都向自己一个人负责的情况下，仍然难以避免党争。更为重要的是，党争不仅仅存在于不同的阶层之间，它同样广泛地存在于同一个阶层中不同的小集团之间。不同阶层之间的党争，固然可以用经济利益或生产资料的所有权来解释，但是，同一阶层内部的党争就难以用这样一种固定的模式来解释了。修昔底德在古老的时代就已经为解释党争提供了在今天看来十分崭新的理论。他明确提出，由贪欲和个人野心所引起的统治欲导致党争，激烈的疯狂情绪导致党争的残酷性，党争不仅

---

① ［古希腊］修昔底德：《伯罗奔尼撒战争史》，谢德风译，商务印书馆1960年版，第533页。
② 同上书，第124、372、377、401、598页。

造成城邦的衰亡，更重要的是造成人性的堕落。所有这些，都是对唯物论者关于党争解释问题的重大补充，对中国政治学者尤具意义。如果将唯物论的解释与修昔底德人性论的解释结合起来，也许可以提供一种有较强说服力的解释党争的新思路。同时，也会使我们更深刻地认识到，党争是政治生活中一个不可避免的现象。唯其如此，党争才能成为政治的定数之一。

第四章 政治家

政治家是区别于群众的一类政治角色，一般指上层政治人物。近代以来的政治学者则称这类人物为政治精英。政治家在政治体系中具有举足轻重的地位，因为人民的利益需要政治家推动和实现，人民内部的利益冲突需要政治家协调和平衡，非如此，则难以有优良的政治生活。究竟是群众还是政治家推动了历史的发展，这在修昔底德的笔下并不明确，而且这个问题容易引起争执，所以笔者这里不是要探讨人类历史和政治发展的动力问题，而只是从一般的意义上对政治家作出分类，并探讨政治家与国家兴衰的关系。

如何对政治家作出分类？首先遇到的是分类的标准问题。笔者这里依据的分类标准是政治家个人的政治品德和其政治才能，其中品德优先。品评政治家的优劣，首重德行。所谓德行，不仅指政治家的个人品德，也指政治家行为的指向，即政治家的行为是为了人民的利益还是自己的利益。依据这样的标准，我们可以看到在修昔底德笔下，政治家可以分类为三等。此外，还有等外的政治家。一个政治体系中大多都会存在这样四类政治家。所以，修昔底德笔下不同的政治家形象具有普遍的意义。这是修昔底德著作的历史性、希腊性、地域性等特殊性与普遍性相统一的体现之一。

第一节 第一等政治家

第一等政治家的政治品德和政治才能均无可挑剔。在修昔底德的著作中，这样的政治家只有伯里克利一人。

一、伯里克利的行状

修昔底德所叙述的伯里克利事迹主要分为三种：一是伯罗奔尼撒战争前的军事指挥工作，二是伯罗奔尼撒人对他的忌惮，三是伯罗奔尼撒战争酝酿和开战后的四次演说（其中一次是间接叙述的演说）。

（1）关于伯里克利在伯罗奔尼撒战争前的军事指挥工作。伯里克利在修昔底德的著作中首次出现是在第一卷，当修昔底德追述雅典帝国的扩张时，提到公元前454年，伯里克利指挥一支1000人的雅典军队在培加乘船往西息温去，在西息温登陆，战败了西息温人。接着就进攻阿开那尼亚的市镇伊尼亚第，没有能攻下这个市镇，于是就回国去了。后来又看到，公元前446年，当优卑亚叛变雅典时，伯里克利率领雅典军队已经渡过海峡，到了优卑亚，但这时他得到消息，说麦加拉暴动，已经引导科林斯人、西息温人和挨彼道鲁斯人的援兵进入麦加拉，伯罗奔尼撒人也将侵入亚狄迦，在麦加拉的雅典驻军大多被麦加拉人歼灭了。他急忙引军从优卑亚撤回。后来伯里克利又一次渡过海峡，攻入优卑亚，征服了全岛。再接下去，我们看到，公元前440年，在萨摩斯暴动后，伯里克利和其他9个将军指挥雅典船舰围攻萨摩斯9个月后，萨摩斯投降了。① 这三件事是伯罗奔尼撒战争之前伯里克利在修昔底德著作中的出现场合。

（2）关于伯罗奔尼撒人对伯里克利的忌惮。伯罗奔尼撒战争就要爆发的时候，伯里克利又出现了，此时他已经是雅典的领导者。当时，伯罗奔尼撒人不断地派遣使团到雅典去，提出各种抗议，使他们在被拒绝的时候，尽可能有一个作战的借口。其中第一个代表团所提的要求与伯里克利有关。这个代表团要求雅典人"驱逐那些被女神诅咒的人"。而伯里克利在其母系方面，是和这个诅咒有关系的。伯罗奔尼撒人认为，如果伯里克利因为这个诅咒而被放逐的话，他们比较容易取得雅典人的让步。他们并不是真的预料到雅典人会放逐他，但是他们实在希望使他在雅典不得人心，因为雅典人会以为战争一部分是因为他而引起的。伯里克利是当时最有权势的人，正在他掌权的时候，他不可避免地要反对斯巴达，他不会让

---

① ［古希腊］修昔底德：《伯罗奔尼撒战争史》，谢德风译，商务印书馆1960年版，第87—91页。

步而要劝雅典人作战的。①

（3）关于开战后伯里克利的四次演说。伯罗奔尼撒人对伯里克利立场的认识是完全正确的。当斯巴达的第三个代表团到雅典下了最后通牒以后，雅典举行了民众会议。伯里克利在这次民众会议上发了言，这是伯里克利的第一个演说。伯里克利指出，过去斯巴达是阴谋反对雅典的，现在甚至更加明显了。他劝雅典人作战，并分析了伯罗奔尼撒人所处的地位，包括他们没有金融财富、没有在海外作战的经验、没有作长期战争的经验、没有一个慎重考虑的中央政权可以采取迅速果决的行动、没有一个人想到一个国家的漠不关心会损害他们全体的利益。其中最重要的一点是，金钱的缺乏会使他们处于不利地位。伯里克利还通过分析形势，要雅典人民不要怕伯罗奔尼撒人到亚狄迦建筑要塞，不要怕他们吸引雅典海军中的水手到他们那里去。如果他们从陆地上来进攻雅典，雅典就从海上去进攻他们的国家。但是，伯里克利也告诫雅典人："只要你们在战争中，下定决心，不再扩大你们的帝国，只要你们不自动地把自己牵入新的危险中去，我还可以举出许多理由来说明你们对于最后的胜利是应当有自信心的。我所怕的不是敌人的战略，而是我们自己的错误。"② 这是一个相当重要的告诫，可惜雅典人后来没有遵从，而发动了西西里远征，最终使雅典走向了末路。

伯里克利在发言的最后，就如何答复斯巴达的最后通牒向雅典民众会议提出了建议。总的原则是，不愿在强迫命令之下做任何事，但是愿意依照和约上的规定，在公平与平等的基础上，对各项争议点进行调解。③ 雅典人认为他的发言是最好的，所以照他的意见表决了。

当伯罗奔尼撒人在地峡上集合军队的时候，或正将出发向亚狄迦进攻的时候，伯里克利知道敌人将要来进攻了。正碰上指挥伯罗奔尼撒军队的斯巴达国王阿基达马斯是他的朋友，他认为阿基达马斯也许会经过他的地产而不加破坏，这种做法可能是出于阿基达马斯的好意，也许是奉行斯巴达人的指示，以引起大家对伯里克利的恶感。正像他们过去曾经宣称要驱逐那些被神诅咒的人一样，其目的也就是指向他。伯里克利明

---

① ［古希腊］修昔底德：《伯罗奔尼撒战争史》，谢德风译，商务印书馆1960年版，第97—99页。
② 同上书，第111—116页。
③ 同上书，第117页。

白这一点。他于是在民众会议上发言。这个发言是伯里克利的第二个演说，但是修昔底德没有以直接引语的形式呈现，而是以间接引语的形式呈现出来。伯里克利说，虽然阿基达马斯是他的朋友，这一事实无损于雅典人的利益。假如他的地产和房屋不被敌人毁灭，如同别人的地产和房屋一样，他愿意将自己未遭毁灭的财产捐献给公家，以免大众因此对他怀疑。对于当时的大局，他的意见和过去是一样的，那就是说，大家准备作战，要把郊外的财产迁入城内，大家不要出城求战而要走入城内，固守城垣；海军要安排得达到最高效能；对同盟者要紧紧抓住，因为同盟者所缴纳的贡款就是雅典的力量，战争的胜利全靠聪明的裁断和经济的资源。他用经济和军队两个方面的数字证明：最后的胜利是有把握的。雅典人接受了伯里克利的这些意见。① 这是由修昔底德间接叙述的伯里克利的第二次演说。

雅典人应当作战而不应当屈服，应当固守城垣而不应当出城作战，在这两个关键的问题上，雅典人都接受了伯里克利的意见。② 但是，当伯罗奔尼撒的军队侵入亚狄迦最大的得莫阿卡奈的时候，雅典人愤怒了，他们坚持要求出兵作战。他们迁怒于伯里克利，对于伯里克利过去所给予他们的忠告，他们完全不注意了。他们反而辱骂他，说他身为将军，而不领导他们去作战。他们把他们所受痛苦的责任完全加在伯里克利身上。③

伯里克利深信自己主张不出战的观点是对的，但是他看到目前雅典人因愤怒的情感而误入迷途了。所以他不召集民众会议，或任何特别会议，因为恐怕，他们在愤怒之下，而不在理智的影响之下，作出错误的决议来。但他同时注意城市的防御，经常派骑兵队出去，防止敌人的巡逻队冲入雅典郊外的乡村中进行破坏。还派出了100条船舰环航伯罗奔尼撒半岛。这个舰队攻陷了科林斯的索利安姆，把这个市镇和它的土地分给雅典

---

① ［古希腊］修昔底德：《伯罗奔尼撒战争史》，谢德风译，商务印书馆1960年版，第130—133页。
② 根据威廉斯的总结，第二卷中的阿基达马斯与伯里克利有许多相同的观点和策略："他们俩都不赞成战争，他们俩都决心以最有利于城邦的方式从事战争，他们都以精心的计划以优先性，他们都理智地算出最佳的战争是防守战。人们想知道，如果这两位将军的政策得以继续保持不变，那么，伯罗奔尼撒战争兴许不再是一场战争。"参见［美］威廉斯《修昔底德笔下的个人与城邦——〈战争史〉卷二义疏》，陈开华译，载刘小枫、陈少明编《修昔底德的春秋笔法》，华夏出版社2007年版，第87页。
③ ［古希腊］修昔底德：《伯罗奔尼撒战争史》，谢德风译，商务印书馆1960年版，第138页。

第四章 政治家

的同盟者阿开那尼亚人；赶走了阿斯塔卡斯的僭主挨维卡斯，使这个地方与雅典建立了同盟；又不战而取得了塞法伦尼亚。此外，雅典还派出30条船舰环绕罗克里斯航行，同时保卫优卑亚。"因为优卑亚对于他们比亚狄迦本身还更有用些。"还有，雅典又从卫城的存款中提出1000他连特，作为特别储金，不得动用。如果不是敌人率领舰队从海上进攻雅典而必须保卫城市，凡建议动用此款或将动用此款的提案付诸表决者，即处死刑。和这些钱一起，还提出了一个100条三列桨战舰的舰队。这些船舰，也和这些金钱一样，只能用于同一个目的，以应对同样的危机，如果这个危机真的发生了的话。①

在战争第一年的冬季里，雅典人按照每年的习俗，对于那些首先在战争中阵亡的将士，给予公葬。当遗骨埋葬之后，雅典城市会选择一个他们认为最有智慧和最享盛名的人发表演说，以歌颂死者。在埋葬这次战争中首先阵亡的将士时，伯里克利被推举出来发表演说。这证明了伯里克利在雅典人的心目中是最有智慧的人，也是最享有盛名的人。这是伯里克利的第三次演说。他在演说中歌颂了雅典人的祖先、父辈和目前的雅典人自己。因为祖先们的勇敢和美德，他们把雅典这块土地当成一个自由国家传给了后人。父辈们除了他们所继承的土地之外，还扩张成为目前的帝国。而目前的雅典人已经在各个方面又扩充了这个帝国的势力，无论是平时还是战时，雅典都完全能够照顾它自己。伯里克利在演讲中还盛赞了雅典的民主政治和自由、平等、守法、勇敢的伟大生活方式和伟大的爱国主义精神，还称赞了雅典人对其他国家无私的友谊。这个著名的演说中的观点并不完全确切，有过誉之嫌，尤其是在讲到友谊的时候。因为修昔底德在著作中多次提到雅典不得人心，伯里克利自己也曾说到雅典是依靠暴力来维持帝国的。② 但是，考虑到伯里克利是在国葬典礼上发表的这个演说，是一个政治行为，演说的目的是称赞雅典和为国捐躯的将士，因此过誉一点也无可厚非。

战争第二年，雅典不幸发生了瘟疫。伯罗奔尼撒人第二次侵入亚狄迦，一直达到雅典的银矿所在地罗立温。伯里克利现在还是将军，他还是深信

---

① ［古希腊］修昔底德：《伯罗奔尼撒战争史》，谢德风译，商务印书馆1960年版，第138—140、143、711页。
② 同上书，第144—155、167页。

R 政治的定数

雅典人不应该出来和远优于自己的伯罗奔尼撒陆军作战。因此，他亲自率领一个100条船舰的远征军进攻伯罗奔尼撒半岛。但他回到雅典时，雅典人的精神有了一个改变。他们的土地两次遭到蹂躏，他们必须同时跟战争和瘟疫作斗争。现在他们开始谴责伯里克利，说他不应当劝他们作战，认为他们所遭受的一切不幸都应当由他负责；他们渴望和斯巴达讲和，事实上他们也派遣了大使们到斯巴达去，但是这些大使们没有得到任何结果。因此，他们完全失望，他们把所有的愤怒情感转移到了伯里克利身上。①

伯里克利很清楚地知道雅典人在这种形势下对他的恶感。事实上他知道他们现在的举动正如他事先所预料到的一样。他召集了民众会议，想鼓舞他们的勇气，并且想把他们的激昂情绪引导到较为温和而自信的情绪上去。他在民众会议上作了发言。这是伯里克利的第四次演说，也是修昔底德笔下伯里克利的最后一次演说。他在发言一开始就说："我召集这次会议的目的是想提醒你们过去所下的决心，并且向你们提出我自己的理由来，看你们对我的愤怒和在灾难面前低头是不是合理的。"伯里克利认为，没有国家就没有个人，我们集合所有的力量保卫国家没有错。他批评人民说："你们因为自己的家园受到灾难，而不肯注意公共的安全；你们正在攻击我，同时也攻击你们自己，因为你们自己也表决赞成战争。""关于战争的必要性，过去你们和我一样，得到了相同的结论，因此你们也不要迁怒于我。"②

在演说中，伯里克利对自己廉洁和爱国的优良品质也有着清楚的认识。他说："我爱我的城邦，不受金钱的诱惑。"他讲了三种人并在优劣方面进行了比较："一个有知识而不能清楚地表达他的知识的人，比一个根本没有任何思想的人要强些。一个有知识，同时又能表达，但是缺少爱国主义精神的人，是不会实行他的职责，替自己的人民说话的。纵或他同时是爱国的，但是如果不能抗拒贿赂的引诱的话，那么，这个缺点会暴露出一切都可以出卖的危险。"伯里克利认为自己在这些品质方面要比别人略胜一筹，因此，人民谴责他是不合理的。他是这样说的："如果你们在采纳我的意见而进行战争的时候，你们曾经考虑到，在这些品质方面，我

---

① ［古希腊］修昔底德：《伯罗奔尼撒战争史》，谢德风译，商务印书馆1960年版，第155、161、163页。
② 同上书，第163—164、167页。

的成绩比其他的人,哪怕只略胜一筹的话,那么,现在你们谴责我做错了,无疑是很不合理的。"①

在演说中,伯里克利还批评了人民的易变。他说:"我现在还是和过去一样,没有改变;改变了的是你们。事情是这样的:当你们还没有接触到灾难的时候,你们采纳了我的意见;当你们进行不顺利的时候,你们后悔你们的行动;你们之所以认为我的政策是错误的是由于你们决心的软弱。"他还隐含地批评了雅典人现在的行为与雅典的伟大不相称。他说:"你们应当记着,你们是一个伟大城邦的公民,你们在生活方式方面所受的教养适合于这个城邦的伟大性,所以,你们愿意正视最大的灾祸,绝不牺牲你们的光荣。我们都厌恶那些妄自尊大,装作有那种他们不配有的声誉的人;但是那些由于缺乏道德品质使他的行为和他的声誉不相称的人,也应当同样地受到谴责。因此,你们每个人应当努力抑制自己个人的悲伤,而和其余的人联合起来,参加保卫我们大家的工作。"他还区分了两种人:"对政治冷淡的人"和"采取积极行动的人"。他说:"你们不要认为我们战争的目的单单是为了享受自由或遭受奴役的问题,同时也牵涉到帝国的丧失以及管理这个帝国时所引起的仇恨而产生的危险。虽然也许有些在突然恐慌状态中,对政治漠不关心的人认为放弃这个帝国是一种好的和高尚的事,但是你们已经不可能放弃这个帝国了。事实上你们是靠暴力来维持这个帝国的;过去取得这个帝国可能是错误的,但是放弃这个帝国一定是危险的。主张放弃帝国,并且劝别人采纳他们的观点的那些人,很快地将使国家趋于灭亡。因为这些对政治冷淡的人也只有在采取行动的人的支持下,才能够生存。虽然他们在一个被别人控制的城市中,可以安稳地做奴隶,但是他们在一个控制着帝国的城市中,是毫无用处的。"②

伯里克利最后劝雅典人:"不要再派使团到斯巴达去;不要给人一个印象,以为你们在目前的痛苦下低头了!尽可能用开朗的心情,承担起灾难来,并且迅速地反抗它。"③

伯里克利这样企图阻止雅典人对他的愤怒,引导他们的思想离开目

---

① [古希腊]修昔底德:《伯罗奔尼撒战争史》,谢德风译,商务印书馆1960年版,第164页。
② 同上书,第165、167页。
③ 同上书,第168页。

政治的定数

前的痛苦,效果如何呢?关于国家的政策,他们接受了他的论点,没有再派使团到斯巴达去了,但是在私人方面,他们还是感觉受到深重的灾难。所以,对伯里克利的恶感还是普遍存在,直到判处他一笔罚款,他们才心满意足了。但是不久之后,他们又选举他做将军,把他们一切事务都交给他处理。那时候,人民对于私人的痛苦感觉没有过去那么厉害了;以国家公共的需要而论,他们认为伯里克利是所有的人中间最有才能的人。①

二、修昔底德对伯里克利的盖棺定论

伯里克利在战争爆发两年又六个月后去世了,修昔底德对伯里克利给予了高度评价。

首先,修昔底德高度评价了伯里克利的政治才能和他对雅典国家的贡献。修昔底德说:"真的,在他主持国政的整个和平时期内,他英明地领导国家,保卫它的安全,雅典的全盛时代正是他统治的时期。"这并非虚言。在伯罗奔尼撒战争刚刚开始的时候,雅典除了从别的来源所取得的收入以外,每年由各同盟国所缴纳的贡款平均达到600他连特;在雅典的卫城内,还存有6000他连特银币。除此之外,还有各私人或国家所捐献而未铸成货币的金银;还有在赛会游行和竞技时所使用的礼神杯盏和器皿;也有来自波斯人的战利品以及其他一切资源,其总数也不下500他连特。就是神庙中的金钱,于必要时,也可以取来用,其数目也是很可观的。当时雅典的军队包括13000名重装步兵,另外还有防守各地和实际上参加防守雅典城市工作的16000人。骑兵人数,连同骑兵射手在内,共有12000人;此外,还有1600名徒步射手,300条三列桨战舰。②

其次,修昔底德高度评价了伯里克利的先见之明。他说:"当战争爆发的时候,在这方面他似乎正确地估计到雅典的势力。""他去世之后,他对于战争的先见更加明显了。因为伯里克利曾经说过,如果雅典等待时机,并且注意他的海军的话,如果在战争过程中它不再扩张帝国的领

---

① [古希腊]修昔底德:《伯罗奔尼撒战争史》,谢德风译,商务印书馆1960年版,第169页。
② 同上书,第130—131、169页。

土的话，如果它不使雅典城市本身发生危险的话，雅典将来会获得胜利的。"①

最后，修昔底德高度评价了伯里克利的道德品质。他说："他的贤明和他有名的廉洁，能够尊重人民的自由，同时又能够控制他们。是他领导他们，而不是他们领导他；因为他从来没有从不良的动机出发来追求权力，所以他没有逢迎他们的必要；事实上他这样崇高地受人尊敬，以至于他可以对他们发出怒言，可以提出反对他们的意见。无疑地，当他看见他们过于自信的时候，他会使他们感觉自己的危险；当他们没有真正的理由而丧失勇气的时候，他会恢复他们的自信心。"②

修昔底德不仅直抒胸臆地评价伯里克利的道德品质，而且在与伯里克利后继者的对比中展现了伯里克利的道德品质。他说："但是他的继承人所做的，正和这些指示（指伯里克利的指示）相反；在其他和战争显然无关的事务中，私人野心和私人利益引起了一些对于雅典人自己和对于他们的同盟国都不利的政策。这些政策，如果成功了的话，只会使个人得到名誉和权利；如果失败了的话，就会使整个雅典作战的力量受到损失。"③"但是他的继承人，彼此都是平等的，而每个人都想要居于首要的地位，所以他们采取笼络群众的手段，结果使他们丧失了对公众事务的实际领导权。"④

三、伯里克利关于海洋利益的远见

修昔底德从品质和能力两个方面对伯里克利作出了高度的评价。笔者认为这种评价是很适当的，但是笔者还要说另外的一点意思，那就是伯里

---

① ［古希腊］修昔底德：《伯罗奔尼撒战争史》，谢德风译，商务印书馆1960年版，第169页。
② 同上书，第170页。
③ 同上书，第169—170页。
④ ［古希腊］修昔底德：《伯罗奔尼撒战争史》，谢德风译，商务印书馆1960年版，第170页。福特认为，在修昔底德那里，伯里克利是传统的理想政治统治者的代表，他自制又谦让，似乎是将城邦的利益放在他自己的私人利益之上，在雅典人当中获得了绝对的信任。在政治家与共同体关系的问题上，伯里克利全心全意地赞同传统的观点。他之所以会如此，也许部分出于对自己在城邦中扮演的至关重要角色的无知。伯里克利的审慎可能部分出于误解了领袖在像雅典这样的城邦中的角色。参见［美］福特《统治的热望——修昔底德笔下的阿尔喀比亚德》，未已等译，华夏出版社2010年版，第7—8页。

政治的定数

克利的远见不只是他对战争的先见。关于海洋利益的观点同样是他的远见，对于雅典国家尤具意义。

雅典人是在波斯第二次入侵时开始成为航海民族的。在第一卷中，修昔底德叙述说："雅典人在被侵略的时候，决心放弃他们的城市，拆毁他们的房屋，登上他们的船舰，全部人民成为水手。"在伯罗奔尼撒战争之前，在斯巴达的辩论中，匿名的雅典代表也曾说道："以后他们（指波斯人）再来进攻，我们在陆地上不能抵抗他们的时候，我们和所有的人民都登上船舰，在萨拉米交战。""我们自愿放弃我们的城市，牺牲我们的财产……登上船舰，选择了一条危险的道路。"①

雅典成为一个海上民族，海洋对于雅典人就具有了非凡的意义。有远见的政治家都能够看到这一点。在第一卷中，地米斯托克利认为如果雅典成为一个航海部族的话，他们有一切的优势，可以增加他们的势力。修昔底德说："真的，他是第一个敢于对雅典人说，他们的将来是在海上的。"地米斯托克利的实际行动也证明了他的这种想法。他建筑庇里犹斯的城墙时，特意把它建得巨大高厚，他的用意是想利用这些巨大而高厚的城墙抵抗一切敌人的进攻，他认为雅典人只要用少数劣等的军队就可以很好地防守，而其余的人就可以在海军方面服务了。他的思想特别集中在海军方面。修昔底德评论说："我认为他知道，波斯军队从海上达到雅典比从陆地上来要容易些，所以，依他的看法，庇里犹斯比雅典的上城还重要些。当然，他总是劝告雅典人，如果有一天他们在陆地上遭遇窘迫的时候，他们应当走向庇里犹斯，登上船舰，抵抗一切的敌人。"②

如果说地米斯托克利重视海洋基于对波斯入侵的被动考虑的话，那么，伯里克利重视海洋则是为了主动寻找新的利益。

在雅典人因为伯罗奔尼撒人的第二次入侵亚狄迦和瘟疫肆虐士气低落而谴责伯里克利的时候，伯里克利鼓舞雅典人说："在考虑到你们帝国伟大的时候，我想，有一个利益你们从来没有考虑过，在我过去的发言中也从来没有提到过。真的，因为听来几乎是吹牛，所以如果不是看见你们有这种不合理的沮丧情绪的话，我现在也不会用这个论证。现在你们心中所

---

① ［古希腊］修昔底德：《伯罗奔尼撒战争史》，谢德风译，商务印书馆1960年版，第17、59—60页。

② 同上书，第75页。

想的，以为你们的帝国只是你们的同盟国组成的，但是我还有其他一些事情要告诉你们。我们目前的整个世界可以分为两部分：陆地和海洋；每个部分都是对人有价值和有用的。这两部分中，整个一个部分是在你们控制之下——不仅现在在你们手中的地区，而且其他的地区也在内，如果你们有意进一步扩展的话。因为你们有了目前的海军，世界上没有哪一个强国能够阻挠你们在任何你们愿意去的地方航行——波斯国王不能够，世界上任何人民也不能够。你们的这种势力是和你们从房屋或耕地得到的一切利益性质上完全不同的一种利益。你们也许认为丧失房屋和耕地的时候，你们受到了很大的损失，但是事实上，你们不要对于这些东西过于重视了。你们应当把这些东西和你们力量的真正源泉衡量一下，在比较中，你们知道这些东西的价值不过是和那些与财富俱来的花园和其他奢侈品一样的。"①

具有远见卓识的伯里克利只有一个，在他之后领导雅典的政治家不是没有他的卓越品质，就是没有他的卓越能力，或者既无卓越品质，又无卓越能力。他们不再是第一等的政治家，而只能归入第二等、第三等，乃至等外的政治家行列了。

第二节　第二等政治家

第二等政治家既具备较好的品德，又具备较高的才能。但是，他们在这两个方面又不是完美的。他们或者在品德上有一定的私心，但这种私心不会大到危害国家利益；或者在才能上有一定的缺陷，但无法达到被人否定的地步。或者在这两个方面都有一定的缺点。在修昔底德笔下，这样的政治家最典型的是尼西阿斯。

一、远征西西里之前的尼西阿斯

在《伯罗奔尼撒战争史》中，尼西阿斯直到第三卷才出现。当时是

---

① ［古希腊］修昔底德：《伯罗奔尼撒战争史》，谢德风译，商务印书馆1960年版，第166页。

政治的定数

战争第六年（公元前427年）。雅典人在平定了密提林暴动之后，在尼西阿斯指挥之下，远征麦加拉海岸附近的米诺亚岛。次年他率船舰往弥罗斯，想征服这里。因为弥罗斯不肯屈服于雅典，甚至拒绝参加雅典同盟，所以雅典人破坏了弥罗斯的土地之后，就离开了，航往俄罗巴斯。之后，他打败塔那格拉人和支援塔那格拉的底比斯人，带着船舰沿着海岸航行，破坏罗克里斯沿海一带的土地，然后回国。①

到了第四卷，公元前426年，尼西阿斯和两个同僚指挥雅典远征军进攻科林斯的领土，又走到墨色那，在那里沿着地峡修筑了一条城墙，留军驻守后，就回雅典了。接着尼西阿斯与另外两个将军领导雅典军队进攻锡西拉，锡西拉投降。到了战争第九年，即公元前423年，尼西阿斯和尼克斯特拉图指挥雅典舰队从波提狄亚出发进攻门德。因为门德城内党争造成一场党派之间的意外战斗，雅典军队冲进了城内，占领了门德。②

在第五卷中，战争第十年，公元前422年，在雅典和斯巴达两个最有势力的政治家的努力下，雅典与斯巴达之间订立了50年和平条约和50年同盟条约。这两个政治家，一个是斯巴达国王普雷斯托安那克斯，另一个是雅典的将军尼西阿斯。所以这个和约也称为"尼西阿斯和约"。到战争第十二年的时候，由于雅典和斯巴达的关系恶化，雅典内部以亚西比得为领袖的赞成废除和约的一派抬头了。雅典马上就要与亚哥斯、伊利斯和门丁尼亚订立同盟了。但是，尼西阿斯还是坚持和斯巴达友好比较好一些。他建议把和亚哥斯协商的工作延搁下去，派人到斯巴达去探明它的意向所在。雅典派出了包括尼西阿斯在内的代表团到斯巴达，斯巴达人内部也存在一派赞成废除和约的人，在这帮人的影响下，尼西阿斯没有完成预定的任务，即把完整无缺的巴那克敦要塞归还雅典，取消斯巴达与彼奥提亚人所订的同盟条约。尼西阿斯眼见任务没有达到，恐怕回去受到攻击。事实上，他已经受到攻击了，因为雅典人都认为他是负责和斯巴达订立和约的。最后，经过他的请求，斯巴达人才将宣誓手续重新举行了一次。③

---

① ［古希腊］修昔底德：《伯罗奔尼撒战争史》，谢德风译，商务印书馆1960年版，第44、275—276页。
② 同上书，第329、331—332、335—336、392—394页。
③ 同上书，第410、434—435页。

二、反对西西里远征的尼西阿斯

在第六卷中，战争第十七年，公元415年，雅典人举行了一次民众会议，在听取了厄基斯泰人和雅典人自己派出考察厄基斯泰是否有所许诺的金钱的代表团的报告后，表决赞成派遣60条船舰前往西西里，任命亚西比得、尼西阿斯和拉马卡斯为全权的将军，领导这支雅典远征军。5天之后，雅典人又举行了一次民众会议，讨论远征西西里的准备问题。尼西阿斯原本不愿当选为将军，他认为雅典的政策是错误的。事实上，雅典是想利用一个外表上似乎合理的借口去征服整个西西里。因此，他在会议上发言，反对远征西西里。他认为，雅典不应这样仓促地考虑，因为相信外国人而卷入一场与雅典毫无关系的战争中去。但是，他知道自己的言辞不足以改变雅典人的性格。如果他劝雅典人保卫自己已经有了的东西，不要拿已经有了的东西去冒险，以求获得那些不可靠的将来希望，这样的劝告方法对于雅典人来说是毫无用处的。所以，他说："我只向你们说明，这样的冒险，现在还不是时候；你们的野心所想达到的目的是不容易获得的。""你们往西西里去，留下了许多敌人在后方。"雅典人可能认为雅典与斯巴达之间签订的50年和平条约和50年同盟条约会给雅典以保证，但尼西阿斯告诉雅典人，如果雅典人不采取行动，无疑这个和约在名义上是会存在的。因为雅典和斯巴达两国国内一些人的阴谋诡计，这个和约已经只在名义上存在了。如果雅典的大军在任何地方遭到失败的话，这个和约不一定能阻止敌人马上向雅典进攻。之所以这样说，是因为：首先，敌人只是因为自己受到灾难才订立这个和约的；他们是被迫而订约的；以声望而论，雅典处于优势。其次，和约本身还有许多没有解决的问题。就是现在的和约，有些国家，甚至是有些重要的国家，至今尚未承认。因此，尼西阿斯说："我们还没有达到安全的境界；在我们现有的帝国获得安全之前，现在不是我们去冒险或者抓住一个新帝国的时候。"何况，色雷斯的卡尔西斯人叛变雅典多年了，雅典人还没有把他们征服下来。在其他地区，雅典人也只能强迫附属居民服从雅典，而不免受他们怨恨。现在雅典人匆忙去援助厄基斯泰，援助所有的地方，说雅典有一个同盟者受到了委屈，但是雅典长期受到叛徒们的委屈，却迟迟不去惩

政治的定数

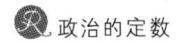

罚他们。①

尼西阿斯认为,西西里人口众多,离雅典这样遥远,纵或雅典人征服了他们,也很难统治他们。所以,他说:"这些人民纵或被征服了,也不能为我们所统治;如果失败了,我们的情况会比出征前更为恶劣:去进攻这样的人民是没有意义的。"②

他还说,在目前的情况下,西西里对雅典是没有危险的。厄基斯泰人常常用叙拉古会统治西西里来威胁雅典人,尼西阿斯则认为如果叙拉古统治了西西里,它对雅典会更少危险,因为一个帝国不会进攻另一个帝国。原因是:如果他们和伯罗奔尼撒人联合起来摧毁雅典帝国的话,他们很可能会发现他们自己的帝国会因为同样的理由,为伯罗奔尼撒人所摧毁。尼西阿斯说:"使西西里的希腊人畏惧我们的最好办法是根本不往西西里去;其次是去显示我们的军力,经过一个短时期后,再离开那里。我们知道,最使人惊服的是使它的声誉离开考验最远,受到考验最少。"他说,他们作战的目的和西西里的厄基斯泰人毫无关系:"我们真正的问题是有力地保卫我们自己,以及反对斯巴达贵族寡头的阴谋诡计。"③

尼西阿斯还说,雅典只在最近才从大瘟疫和战争的痛苦中稍许恢复过来,这是弥补人力和财力损失的开始。"我们应当把我们新获得的东西用在本国和我们自己的身上,而不要用在那些流亡者身上;他们请求援助……使我们相信他们,他们除了言辞之外,没有任何贡献,他们把所有的危险让给别人;如果他们成功了,他们不会适当地感激的,如果失败了,他们会连累他们的朋友,至于毁灭。"④

最后,尼西阿斯不点名地提醒人们要警惕亚西比得:"不要使他有机会为着自己要过辉煌的生活而危害国家。"⑤ 他也呼吁雅典人反对西西里远征。

尼西阿斯反对西西里远征的论证层次清晰,观点鲜明,有理有据,立足中道,说服力是很强的。从中我们可以看到尼西阿斯是一个具有较高政

---

① [古希腊]修昔底德:《伯罗奔尼撒战争史》,谢德风译,商务印书馆1960年版,第483—485页。
② 同上书,第485页。
③ 同上书,第485—486页。
④ 同上。
⑤ 同上书,第487页。

治才能的政治家。但是,他只得到少数人的赞成,大多数人则是赞成派遣远征军。尤其是当亚西比得发言后,煽动了雅典人更大的热情,他们比过去更加急于发动这次远征了。尼西阿斯知道利用他已经用过的论点不足以改变他们所采取的行动了,但是他认为,如果他夸大所需要的军力的话,或者可能改变雅典人的心思。因此,他第二次发言,专门向雅典人讲远征的困难问题和军需的巨大。但是,尼西阿斯的愿望又一次落空了,雅典人完全没有因为准备工作的困难而失去远征的欲望,反而比以前更加热烈。尼西阿斯第二次发言的结果和他所想象的正相反。雅典人认为尼西阿斯的这个意见是很好的,现在远征军是绝对安全了。每个人都充满了对远征的热情。他们马上表决:关于军队的数目以及远征军的一般事务,将军们有全权依照他们自己的意思处理。① 雅典人在扩张的欲望中不能自拔,以至于有点疯狂了。

雅典远征军到达意大利半岛南端的利吉姆的时候,先期派出考察前方形势的3条船舰回来了,他们带回消息说厄基斯泰并没有他们所允诺的那些款项,只有30他连特可供应用。当初,雅典人派使者去考察这笔款项的时候,厄基斯泰人用欺骗的方法使使者们相信那里有大量的金钱可用。对于这个消息,其他两个将军完全没有预料到,只有尼西阿斯毫不感觉惊异。②

当厄基斯泰人并没有金钱的消息传遍了的时候,雅典的士兵们对厄基斯泰人大加谴责。将军们开始商量他们应当采取什么步骤。尼西阿斯的意思是把全军驶往栖来那斯,注意用武力或协商的方法使厄基斯泰和栖来那斯达到和解。然后沿着海岸航行,经过其他城市,炫耀雅典的力量之后,他们就应当航行回国。他认为他们不应该耗费国家的资源,使国家陷入危险之中。这与他先前反对远征西西里的立场是一致的。亚西比得说,他们既已带着这样的军队出国,就不应该一事无成地回国去,而应当联络争取西西里的各城市,然后进攻叙拉古和栖来那斯,直到栖来那斯和厄基斯泰订立和约以及叙拉古允许他们恢复林地尼时为止。第三个将军拉马卡斯则认为他们应直接驶往叙拉古,在叙拉古城下迅速作战,当时敌人还没有准备对抗他们,就会最害怕他们。但商量的结果是,

---

① [古希腊]修昔底德:《伯罗奔尼撒战争史》,谢德风译,商务印书馆1960年版,第493—497页。
② 同上书,第512—513页。

拉马卡斯放弃了自己的意见,而支持了亚西比得的计划。雅典军队先是航往那克索斯和卡塔那,接着去卡马林那,再回到卡塔那。后来雅典军队驶往栖来那斯和厄基斯泰,随后,他们进攻机拉地区的亥布拉,没能攻陷它。①

三、不断失误的尼西阿斯

尼西阿斯在西西里的多次失误,表现了他才能上的欠缺。

雅典军队刚刚到达西西里时,没有立即进攻叙拉古,是一次不小的失误。虽然这个失误不是尼西阿斯一个人造成的,但他是造成这次失误的三个将军之一。拉马卡斯曾说过,每个军队在开始的时候是最使人害怕的,但是如果让时间过去而他们没有出现的话,人们的精神恢复了,当他们真的看见军队的时候,他们就会轻视它,而不会害怕它了。事实也正是如此。起初,叙拉古人害怕,并且预料雅典人会马上来进攻的,但是因为雅典人没有马上进攻,叙拉古人的信心与日俱增。他们发现敌人远远地离开了他们,航海到西西里的另一边去了;同时,雅典人进攻亥布拉,没有攻陷那个地方,因此,他们更加藐视雅典人了。后来率领雅典第二批远征军来支援第一批远征军的德谟斯提尼也曾总结过这个教训。他认为,因为尼西阿斯初到的时候,他似乎是很可怕的,但是当他不马上进攻叙拉古而在卡塔那度冬的时候,他自己引起敌人的轻视,让吉利普斯偷偷地引进伯罗奔尼撒的军队来首先向他进攻;如果尼西阿斯马上进攻的话,叙拉古就不会派人去求救于伯罗奔尼撒的军队了,因为他们以为是可以单独对付他的;等到他们知道自己处于劣势的时候,他们已经完全被雅典人所建筑的城墙封锁了,所以那个时候,纵或他们派人去请求援军,援军对他们也不能有很大的帮助了。②

当亚西比得逃亡、拉马卡斯阵亡以后,尼西阿斯成了雅典远征军唯一的将军了。根据逃亡在斯巴达的亚西比得的献策,斯巴达派出了吉利普斯到西西里,来做叙拉古军队的司令官。尼西阿斯虽然听说他来了,但是轻视他的

---

① [古希腊]修昔底德:《伯罗奔尼撒战争史》,谢德风译,商务印书馆1960年版,第513—515、524—525页。
② 同上书,第514、593页。

船舰数量很少,认为它们只能像私掠船那样进行活动,因而没有注意提防它们。① 这是尼西阿斯的又一次失误。

当吉利普斯到达叙拉古之后,尼西阿斯认为雅典人在陆地上的战争没有过去那么有希望了,他开始更注意海上的战争了。为此,他把军队移动到普利姆密里昂。而这次移动是雅典军队情况恶化的主要原因。他们用的水很缺乏,不得不到很远的地方去取水;他们出外搜集柴火的时候,总是遇着叙拉古骑兵的袭击,引起死伤。②

当尼西阿斯看到敌人的势力日益强大,而他自己的困难日益增加的时候,他向雅典发出了紧急信函。他在信中向雅典人报告了雅典军队在西西里的危急形势,要求雅典人作出决定:"不是召回我们,就是另派一支和第一次远征军一样大的军队来,包括海军和陆军,并携带巨额的金钱来,同时另派一位将军来指挥军队,以免除我的职务,因为我患肾脏病,不宜于军事了。"③ 于是雅典人派遣德谟斯提尼和攸利密顿率领第二批远征军赶赴西西里,但没有答应尼西阿斯免除自己职务的请求。

尼西阿斯在西西里三次丧失使雅典军队逃生的机会更是显示出他在才能方面的欠缺。

德谟斯提尼到达叙拉古后,马上组织了一次"冒失的夜袭",结果惨败。将军们讨论目前的形势,德谟斯提尼认为他们不应当再停留下去,主张离开这里,不要再迟延了。那时候,他们还可以横渡海面,在海军上还处于优势。他又说,他们与其在此地进攻叙拉古人,不如回去进攻那些在亚狄迦建筑要塞的人,因为叙拉古人已经不容易征服了;并且他们如果耗费巨额金钱来继续围城,而毫无结果,这也是不合理的。尼西阿斯虽然完全同意他们所处的形势是恶劣的,但是不愿公开暴露他们的弱点,或者让敌人知道他们全体都公开地主张撤退了;因为那么一来,当他们真的要撤退的时候,他们就更难秘密地撤退了。他根据私自得来的情报,他还有些理由相信,如果他们继续围攻的话,敌人所处的形势会比他们自己的形势更为恶劣。同时,他确信雅典民众会议是不会赞成他们撤退

---

① [古希腊]修昔底德:《伯罗奔尼撒战争史》,谢德风译,商务印书馆1960年版,第558页。
② 同上书,第565页。
③ 同上书,第571页。

的。所以他公开地说，他不赞成领导军队离开这里。德谟斯提尼则完全反对继续围攻的意见。他说，如果他们没有得到雅典人民的表决而不能领导军队回国，不得不留在西西里的话，他们也应当移往塔普萨斯或卡塔那去。他完全不赞成维持现况，而应当马上移动，一点也不要再迟延了。攸利密顿支持他的意见，但是尼西阿斯还是反对这个主张。因此，雅典人就这样拖延下去，而继续保持原有状况了。① 这是雅典人第一次丧失逃生机会。

吉利普斯带着从西西里召集的又一支大军回到叙拉古，准备再来一次海陆军同时向雅典人进攻。雅典的将军们后悔没有早些移开，现在就是尼西阿斯也不反对移动了，他只是反对把此事公开付诸表决。因此，他们尽量秘密地下命令给每个人，信号一发出时，马上准备离开军营，航海出去。当一切都准备好了，他们正要航行的时候，当时的满月发生了月食。大多数雅典人很认真地对待这件事，因而劝将军们等待。尼西阿斯也过于相信占卜和其他类似的事情，所以他说，依照预言家所说的，要等到过了三个九天之后，他才再讨论如何移动军队的事情。所以雅典人因月食而延误，以后又停留在那里了。② 这是雅典人第二次丧失逃生机会。

当叙拉古人在海战中取得了决定性的胜利，雅典人没有了从陆地上安全逃掉的希望的时候，德谟斯提尼跑到尼西阿斯那里去，建议他们再配备残余的船舰，尽他们的力量在黎明的时候冲出去。德谟斯提尼说，他们剩下来的可以应用的船舰还是比敌人的多一些，因为雅典人所剩下来的船舰约有60条，而敌人所有的不到50条。尼西阿斯赞成这个建议。但是当他们要配备船舰上的海员时，水兵们不愿上船，他们认为胜利是不可能了。③

因此，雅典人决定从陆地上退却。叙拉古的将军赫摩克拉底猜着了这个计划。他于是派遣自己的一个朋友带着一支骑兵队往雅典的军营附近去，呼唤某些士兵的名字，装成是对雅典人表示好感的，请他们回去告诉尼西阿斯不要晚上率领军队逃走，因为叙拉古军队在道路上守卫着。他应当做好适当准备后，从容地在白天里撤退。那些听到这些话的人把这个消

---

① ［古希腊］修昔底德：《伯罗奔尼撒战争史》，谢德风译，商务印书馆1960年版，第595—599页。
② 同上书，第600—601页。
③ 同上书，第620页。

息传给雅典的将军们，将军们就把当晚撤退的计划推迟了。他们决定等到第二天，士兵们能够把他们最重要的行李尽量地包好的时候才出发。同时，叙拉古人和吉利普斯已经率领军队把雅典人可能会走过的道路堵塞起来，在大小河流的渡口驻扎军队守卫着。当尼西阿斯和德谟斯提尼认为准备工作已经完成了的时候，军队移动的时候到了，这是海战之后两天了。海战结束的当晚没有立即撤退，是雅典人第三次丧失逃生机会。①

雅典人退却的第六天，殿后的德谟斯提尼所领导的全部军队共6000人定好了投降条件后投降了叙拉古，第八天，尼西阿斯在没有订立协定的情况下向吉利普斯投降。他之所以向吉利普斯投降而不是向叙拉古人投降，是因为他认为吉利普斯比叙拉古人可靠。尼西阿斯曾尽力劝雅典人订立和平条约，使在斯法克特利亚岛上被俘房的斯巴达人得以释放，因此，斯巴达人对他很有好感。尼西阿斯之所以向吉利普斯投降，主要也是相信这一点。但是据说，一些和尼西阿斯私通的人害怕他受拷问时，把这些事实泄露出来，引起他们的麻烦。其他一些人，特别是科林斯人，担心尼西阿斯利用贿赂逃跑，将来会给科林斯带来更大的灾祸。所以，他们说服同盟者，把尼西阿斯连同德谟斯提尼都处死了。修昔底德对尼西阿斯之死评论说："在所有的希腊人中间，他是最不应该遭到这么悲惨的结局的，因为他是终身致力于道德的研究和实践的。"②

虽然修昔底德对尼西阿斯作出了高度评价，但是透过事实，我们还是可以看到尼西阿斯在品质和才能上的一些缺陷。

前文曾述，战争第十年，公元前422年，在雅典和斯巴达两个最有势力的政治家的努力下，雅典与斯巴达之间订立了50年和平条约和50年同盟条约。这两个政治家，一个是斯巴达国王普雷斯托安那克斯，另一个是雅典的将军尼西阿斯。"尼西阿斯的军事才能超过当时代任何其他的人。"他想在自己还未曾受到过灾难而享有盛名的时候，保持他的荣誉，使自己和全城的同胞从艰苦困难中立时得到休养生息，替自己永远留一个为国效命而始终成绩卓著的声誉。他认为只有避免一切冒险行动，尽量使自己不依靠幸运，这个目的才有达到的可能；而冒险的事情也只有在和平的时候

---

① ［古希腊］修昔底德：《伯罗奔尼撒战争史》，谢德风译，商务印书馆1960年版，第620—622页。
② 同上书，第631—632页。

才能避免。① 这说明，尽管双方订立和约是共同愿望，也是水到渠成的事情，但是不能不说，尼西阿斯也有少许自私的利益在里边。基于为逝者、贤者和尊者讳，修昔底德只是简单直述了尼西阿斯的这一想法，没有作出任何其他的评论。而且在尼西阿斯死后，他还对尼西阿斯作出了高度评价。即使这样，也难以完全掩盖尼西阿斯的这点私心。

在尼西阿斯的政治活动中，他从来没有能够对雅典的民众实施过有效控制。在雅典人准备与亚哥斯、伊利斯和门丁尼亚成立四国同盟的时候，他虽然主张与斯巴达友好比较好一些，但他却无力左右政局，相反当他出使斯巴达不能完成任务时，他害怕回雅典，请求斯巴达人把宣誓手续举行了一遍，他才敢回国。他反对西西里远征的演说没有产生预期的效果，相反产生了与他的愿望完全相悖的效果。在西西里第一次丧失逃生机会的诸多原因中，他对雅典人行为的无奈是其中之一，他深知雅典人的性格，他认为与其被雅典人作出一个不公平的判决，在一个丢脸的罪名之下处死，还不如在此地碰碰运气；如果一定要死的话，他宁愿死在敌人手里。②诸多事实都证明了尼西阿斯没有控制和领导雅典这个桀骜不驯的民族的能力。与伯里克利的领导力相比，尼西阿斯显然低了一筹。

鉴于这些原因，尼西阿斯属于第二等的政治家。

第三节　第三等政治家

第三等政治家就是权术政治家。他们没有一定的政治信仰，其行为以一己之私为转移。这类政治家的典型代表是亚西比得。

一、亚西比得的出场

与伯里克利和尼西阿斯相比，亚西比得在《伯罗奔尼撒战争史》

---

① ［古希腊］修昔底德：《伯罗奔尼撒战争史》，谢德风译，商务印书馆1960年版，第410—411页。
② 同上书，第434—435、598页。

中出现得最晚，他是到第五卷才出场的。①那时，他尚是一个很年轻的人。当时是战争第十二年，也是尼西阿斯和约签订之后的第三年。那时，由于雅典与斯巴达之间的关系恶化，雅典内部赞成废除尼西阿斯和约的一派抬头了，其领袖就是亚西比得。他虽然很年轻，但是因为他的家庭受人尊敬，他已经取得了重要的地位。修昔底德说："他真诚地相信雅典最好的办法是和亚哥斯订立同盟——此外，他认为他的威信受到损害，因而也反对和斯巴达所订立的和约，这也是实情。"他很不高兴斯巴达通过尼西阿斯和雷岐兹来和雅典订立条约，因为看他年轻而忽视了他，斯巴达并没有给他应有的尊敬，而这种尊敬是他的家族在过去照料斯巴达人在雅典的利益这一事实上所应当取得的——照料斯巴达人在雅典的利益是他的祖父所放弃的职务，而他是很愿意继续承担的，他就照料过斯法克特利亚岛上被俘虏的斯巴达人，这一点就证明他是有这个愿望的。他认为，无论从哪个方面来说，他都没有受到应有的尊重，所以他一直反对和斯巴达讲和，说他们是靠不住的，他们讲和的唯一目的是想消灭亚哥斯，第二步就是把雅典孤立起来，然后向雅典进攻。在这里，亚西比得"真诚地相信雅典最好的办法是和亚哥斯订立同盟"这个意思是虚的，而实的意思在第二点上，即亚西比得认为斯巴达没有给他他认为应当有的那种尊敬而对斯巴达心怀怨恨，因而反对与斯巴达讲和。笔者之所以这么说，是基于第六卷中亚西比得在逃亡到斯巴达后所表达的思想。那时，他对斯巴达人说："我的祖先常常是斯巴达政府在雅典利益的代理人；由于某种误会，他们放弃了这个职位；但是我自己又担当起这个职位来，愿尽我的力量，供你们驱使，特别是关于你们在派娄斯所受的损失。我继续渴望帮助你们到底，但是你们在和雅典议和的时候，你们通过我私人的政敌谈判，因而使他们处于优势而侮辱了我。因此，当我转向门丁尼亚和亚哥斯，以及用其他各种方法来反对你们的时候，你们受到了损失。那么，你们就不能责

---

① 深深同情亚西比得的美国学者福特曾说："亚西比得是雅典城邦产生的最后一个值得纪念的政治家。修昔底德笔下的雅典是一个以自身的自由和个人主义为傲的城邦。……比起其他城邦来，雅典人允许人性更少羁绊，鼓励个人天分更加充分地发展。城邦独一无二的卓越领袖正是这种环境的产物。亚西比得是最后一位也是最为'解放'的雅典领袖。……在亚西比得那里，我们看到了雅典的个人主义。"参见［美］福特《统治的热望——修昔底德笔下的阿尔喀比亚德》，未已等译，华夏出版社2010年版，第8页。

R 政治的定数

备我了。"① 由这里可以看出，亚西比得与门丁尼亚、伊利斯和亚哥斯结盟，其出发点是让斯巴达痛苦，让斯巴达看一看轻视亚西比得的后果。

亚西比得一出场，就在为个人争利益，争面子，争自尊，而不是考虑国家利益。这已经预示了他以后行为的方向——私人的愿望和利益可以凌驾于国家利益之上。为了达到私人的愿望和满足私人的利益，他不会顾及国家利益，更不会顾及达到他的私人愿望和利益使用什么手段。这是他只能成为第三等政治家的根本原因。

亚西比得刚刚出场，我们就看到了他的权术。他派遣一个私人的使节到亚哥斯，要亚哥斯人邀请门丁尼亚人和伊利斯人赶快到雅典来，商议订立同盟的办法。一个政治家个人，未经民主政体下的民众会议同意和批准，径自派出私人的使节，邀请外国的政府代表到本国来商议订立同盟，他的目的怎么能够达到呢？亚西比得的办法就是权术，通过欺骗民众把他的个人行为转换为国家行为。

当亚哥斯人派遣代表邀请伊利斯和门丁尼亚的代表前往雅典协商同盟办法的时候，斯巴达的代表团也迅速地前往雅典。他们恐怕雅典人在盛怒之下和亚哥斯联盟。代表团曾向议事会发言，并且说明他们此来有全权商讨一切在争执中的问题，以期达成协定。这个发言使亚西比得担心，如果斯巴达代表团把这些话再向民众会议说出来，他们就会使民众和斯巴达亲善而拒绝和亚哥斯成立同盟了。于是，他向斯巴达代表团提出一个保证，如果代表团不向民众会议说他们有全权处理一切的话，他一定交还派娄斯。他说，他一定使雅典人同意交还派娄斯，因为现在反对交还派娄斯的就是他，并且他可设法使其他的问题都得到解决。他的计划成功了。当代表团向民众说话的时候，在回答质问时，果然他们所说的话和对议事会所说的不同，那就是说，他们之来是没有取得全权的。雅典人对斯巴达代表团不耐烦了，他们转回头来，听信亚西比得的话，而亚西比得现在攻击斯巴达人比以前更加厉害了。雅典人准备邀请亚哥斯人进入会场，和他们订立同盟。因为发生了地震，民众会议散会了，这个同盟才没有当时就签订。但是最终结果，雅典与亚哥斯、门丁尼亚和伊利斯签订了一个100年有效的条约。②

---

① ［古希腊］修昔底德：《伯罗奔尼撒战争史》，谢德风译，商务印书馆1960年版，第432—433、546页。
② 同上书，第433—436页。

二、亚西比得煽动远征西西里

到第六卷，在关于西西里远征问题上，尼西阿斯与亚西比得立场迥异。尼西阿斯反对远征，而亚西比得激烈地支持远征。他为什么支持远征呢？修昔底德说："他有更强烈的动机，想获得将军的职位，他希望由他征服西西里和迦太基——这些胜利会使他个人同时得到财富和荣誉。因为他在民众的眼光中有很高的地位，他对于赛马的热忱和他的奢侈生活已经超过了他的财产所能供给的。"这几句话明确点出了亚西比得之所以激烈支持远征西西里，其动机仍是个人的愿望和利益。这种愿望和利益包括将军的职位、财富、荣誉。这三项中没有一项是属于国家利益。所以，修昔底德说："事实上，这和后来雅典城邦的倾覆是有很大关系的。"①

在他激烈支持远征西西里的演说中，他自夸说更有权利做将军，他是无愧于将军这个职位的。他还提出了一个似是而非的论点：个人的奢华给城邦带来利益和光荣。他说："过去有一个时候，希腊人以为我们的城邦已经被战争所摧毁，但是因为我作为雅典的代表，在奥林匹亚赛会中，表现得豪华富丽，他们才开始把我们城邦的伟大，估计得超乎实际情况之上。""当时我以七辆双轮马车参加竞赛（过去从来没有过私人用这样多的马车来参加竞赛的）取得了第一名、第二名和第四名；我注意一切其他安排的样式，表示我有取得胜利的资格。在习惯上，这样的事情常常带来荣誉；这些事情的做到，它本身就会给大家一个强烈的印象。再者，虽然我在雅典所做的事富丽豪华，例如供给唱歌队等等，自然引起我的同胞公民的嫉妒，但是在外地人看起来，也是我们力量的证据。当一个人花费他的金钱，不仅使自己得到好处，同时也使他的城邦得到好处，这真是一件有益的蠢事。"② 亚西比得把自己的奢华生活说成对城邦有益的事情，这真是一件是非颠倒的事情。③ 他还自夸说："我的私人生活受到批评，

---

① ［古希腊］修昔底德：《伯罗奔尼撒战争史》，谢德风译，商务印书馆1960年版，第488页。
② 同上书，第489页。
③ 福特与亚西比得一样，有一个似是而非的观点。他曾说："亚西比得全神贯注地致力于自己的利益，实际上对城邦有益，因为他的私人生活完全是公共的。"参见［美］福特《统治的热望——修昔底德笔下的阿尔喀比亚德》，末已等译，华夏出版社2010年版，第80—81页。

政治的定数

但是问题在于你们中间是否有任何人处理国事胜过我的。"① 在这里，作为政治家，个人的品质问题并不在亚西比得的考虑之中。

在这里，亚西比得还讲到了自己的志向，在这个志向中没有品质的位置。他说："一个自视很高，而不把他自己和其他每个人都放在平等的地位上，这完全是公平的。因为当一个人穷困的时候，也没有人来和他共患难的。我们失败的时候，没有人注意我们；根据同样的原则，如果有人为成功者所鄙视，他也应该忍耐着：在一个人以平等地位对待其他每个人之前，他是不能要求别人以平等地位来对待自己的。我知道这类人——事实上所有在任何方面有显著成就而著名的人——在他们活着的时候是不得人心的，特别是他们的平辈以及其他和他们接触的人是不喜欢他们的。但是你们会发现，到了后世，就是和他们毫无关系的人也自称和他们有亲属的关系，你们会发现他们的国家不把他们当作外人或者名誉不好的人，而把他们当作同胞和干出伟大事业的人而引以为豪。这就是我的志向。"看来，亚西比得是知道雅典人不喜欢他的。这就是修昔底德说的："大多数人看到他有一种与众不同的品质，表现在私人生活习惯上的违法乱纪，以及他在一切机会中行动的精神，因而感到恐慌。他们认为他的目的是想做僭主，所以他们对他都有恶感。虽然在职务上，他领导战事的成绩是卓越的；但是他的生活方式使每个人都反对他的为人。"② 但是，亚西比得并不为所动，在他心目中，政治品质没有丝毫价值，他要追求的，是他的私人利益，而政治品质在他看来，并不能给他带来什么利益。因此，当他后来被指控渎神之时，笔者作为读者，虽然对他的敌人的做法深感憎恶，但对亚西比得却没有丝毫同情。尽管修昔底德始终没有就亚西比得被指控的渎神行为到底存不存在作出正面的澄清，尽管亚西比得对那样的指控也当场否认，而且信誓旦旦地说自己愿意接受审判，如果有罪他愿意接受处罚，但鉴于亚西比得在私人生活上有违法乱纪的习惯，他做出这样的事情是有可能的。

在这个演说中，亚西比得煽动雅典人远征西西里，他给民众勾画了一幅西西里非常容易征服的图景。他告诉雅典人，西西里人民就是一群乌合之众，征服他们甚至比这还要容易一些。③

---

① ［古希腊］修昔底德：《伯罗奔尼撒战争史》，谢德风译，商务印书馆1960年版，第490页。
② 同上书，第488、490页。
③ 同上书，第491页。

对于尼西阿斯所谈到的雅典军队往西西里去，留下许多敌人在后方，与斯巴达的和约并不能保证敌人会向雅典进攻的想法，亚西比得没有给出一旦敌人进攻雅典如何应对的办法，而只是笼统地说："在此地没有什么东西可以妨碍我们。"同时又用一个完全不恰当的类比来蒙骗雅典人："他们说，我们如果出国，我们会留着敌人在我们的后方。但是我们的父辈，当他们同时和波斯人作战的时候，也同样留着敌人在他们的后方，因而建立了帝国。"亚西比得故意不去知道，波斯战争时，雅典人留着敌人在后方，是因为他们的后方是一个"已经不存在了的城市"。① 而现在的雅典，后方是远征军的后盾，没有这个后方，远征军就成了浮萍。这个类比完全没有可比性。

亚西比得还用扩张论来煽动雅典人更强烈的远征欲望。他告诉雅典人，我们的目的是扩大帝国，所以，不管我们能否取得对方的帮助，我们都应当去援助他们。"这就是我们取得帝国的方法，这就是所有的帝国取得的方法——勇敢地援助一切请求援助的人。"他还说："我们很难和管家人一样，很正确地估计我们想要得到一个多么大的帝国。事实上，我们已经达到了一个阶段，我们不得不计划征服新的地方，不得不保持我们所已经取得的，因为如果别人不是在我们统治之下，我们自己就有陷入被别人统治的危险。""我们很可能利用我们在西西里所取得的，变为全希腊的主人翁。"② 这样的前景勾画是极具诱惑力的。

为了自己能够做将军，能够获得财富来支撑自己奢华的生活，能够获得荣誉，亚西比得就是这样来煽动和诱惑雅典人远征西西里的。他的表面上似乎合理的言辞，隐藏了他的真正目的。亚西比得煽动雅典人远征西西里，也是他的权术之一。

三、亚西比得危害雅典

亚西比得流亡了，一方面是因为他低劣的政治品德令人厌恶，另一方面是因为他咄咄逼人的统治欲望威胁了那些和他一样想掌控人民的人。在他流亡之前，他就开始了危害雅典的第一个行动。亚西比得在被召回国，

---

① ［古希腊］修昔底德：《伯罗奔尼撒战争史》，谢德风译，商务印书馆1960年版，第60、491页。
② 同上书，第492页。

政治的定数

交出兵权的时候,他知道自己会流亡了。所以,他把雅典军队的一个阴谋告诉了敌人。这个阴谋就是在卡塔那的雅典军队将利用内应取得麦散那。结果麦散那在雅典军队尚未达到时,就把阴谋的首要分子处死了。① 所以,雅典人没有达到目的。

亚西比得到了斯巴达,在斯巴达民众会议上把雅典人航往西西里的目的告诉了斯巴达人。他说:"我们航往西西里的目的是首先征服西西里人,如果可能的话,征服西西里人之后,就征服意大利的希腊人。其次,我们想征服迦太基帝国和迦太基本身。最后,如果所有的计划或者大部分计划成功的话,我们将带着我们在西方所获得的一切希腊军队——伊伯利亚人和其他蛮族并雇佣大量的土著军队来进攻伯罗奔尼撒。"亚西比得泄露雅典远征的目的,实际上还予以了夸大,征服迦太基并不在雅典人的目的之中。亚西比得之所以夸大事实,不仅是他的习惯,而且在这里他有更重要的目的要达到。当时,叙拉古派遣代表到斯巴达求援,斯巴达的监察官和其他行政长官虽然准备派遣代表往叙拉古去,阻止叙拉古人和雅典人妥协,但是不愿给予任何军事援助。在这种情况下,亚西比得发表演说鼓动斯巴达人的舆论,煽动他们采取行动。他在夸大地讲了雅典人的目的之后说,如果斯巴达人不援助西西里的话,西西里就会失掉,意大利不久也会陷落。那么,不久斯巴达人就会遭遇从西方来威胁斯巴达的危险了。"所以不要以为现在讨论的问题只是西西里的问题,如果你们不采取下面的办法的话,这将成为伯罗奔尼撒的问题。"亚西比得提出的办法有三条:第一,斯巴达人应该派遣一支军队往西西里去;第二,斯巴达应当派遣一个正规军官去组织西西里现在已有的军队;第三,斯巴达人在希腊也要更公开地进行战争,尤其是应该在狄西里亚设防,这件事情是雅典人最害怕的。他对斯巴达人说:"他们(指雅典人)认为在所有战争的灾难中,只有这个灾难他们还没有经历过。伤害敌人的最妥当的办法是发现敌人无疑地最害怕的那种进攻方式,然后利用这种方式向敌人进攻。他的危险在什么地方,可能他自己比任何其他的人知道得更加准确些,这就是他为什么害怕的原因。"②

亚西比得特别阐述了在狄西里亚设防对雅典人的祸害和对斯巴达人的

---

① [古希腊]修昔底德:《伯罗奔尼撒战争史》,谢德风译,商务印书馆1960年版,第533页。
② 同上书,第545—548页。

利益。他说，一旦在狄西里亚设防，这个地区大部分的财产都会落在斯巴达人的手里，雅典人从罗立温银矿取得的收入，从土地、法庭所取得的收入，马上就都会被剥夺了。最重要的是，它马上会失去它的同盟国的贡款，因为同盟国一旦看到斯巴达人在认真地进行战争，它们就不会按时缴纳贡款，不会任凭雅典剥削了。后来，斯巴达国王阿基斯果然率军侵入亚狄迦，在狄西里亚设防。①

斯巴达人在狄西里亚设防给雅典造成了巨大的祸害。狄西里亚离雅典很近，斯巴达人建筑这个要塞的目的是威胁和控制乡村最富裕的平原区。这个要塞在雅典城中都可以看见。斯巴达人在狄西里亚设防使雅典遭受了很大的损失。修昔底德评论说："真的，狄西里亚的被占领，事实上引起很多财产的蹂躏和人力的丧失，这是雅典势力衰落的主要原因之一。"以前的侵略，时间都很短，其余的时间雅典人还可以利用他们的土地；但是现在，敌人终年驻扎在高地，斯巴达国王阿基斯亲自在那里指挥，把整个战事当作主要的战役。因此，雅典受了很大的损失。他们失去了全部乡村；两万多奴隶逃亡，这些奴隶中大部分是有技术的工匠；全部羊群和役畜都丧失了。从优卑亚来的粮食，过去是从俄罗巴斯运上陆地，经过狄西里亚，由捷径到达雅典；而现在必须花很大的运费，由海道绕过修尼阿姆地角，才能运到雅典。城内一切需要都必须由海外运输，"现在雅典已经不是一个城市，而是一个要塞了"。在白天，分遣队在城垛上轮流守卫；在晚间，除骑兵外，所有的人都轮班防守。"所以夏去冬来，他们的困难永无尽期。"② 亚西比得力劝斯巴达人在狄西里亚设防，真真掐住了雅典的要害。

亚西比得在斯巴达的演说中还为自己的叛逃进行了辩解。他说："虽然过去我有热爱祖国的美名，而现在我尽力帮助它的死敌进攻它，我也请求你们中间不要有人因此而把我当作最坏的人。""雅典最凶恶的敌人不是那些和你们一样，只在战争中伤害它的人，而是那些迫使雅典的朋友们反转来反对雅典的人。我所爱的雅典不是那个现在迫害我的雅典，而是那个我常在其中安稳地享受公民权利的雅典。我现在进行攻击的国家，对我

---

① ［古希腊］修昔底德：《伯罗奔尼撒战争史》，谢德风译，商务印书馆1960年版，第549、574页。
② 同上书，第574、580—581页。

来说，似乎已经不再是我的了；我要努力恢复我过去的国家。真正爱国的人不是那个当他非正义地被放逐的时候还不攻击它的人，而是那个不顾一切，努力想恢复它的人。"① 这又是一个似是而非的观点，是一套为亚西比得自己量身定做的理由。

斯巴达人听了亚西比得的话，决定设防狄西里亚和马上派遣军队往西西里去。那个后来在西西里使得尼西阿斯全军覆灭的吉利普斯就是这时被斯巴达任命为叙拉古人的司令官的。

亚西比得在斯巴达的献策，是他危害雅典的第二个行动。

在第八卷中，出现了亚西比得危害雅典的第三个行动，那就是成功煽动斯巴达人在爱奥尼亚开展对雅典的战争。雅典人在西西里惨败之后，整个希腊马上起来反抗雅典了。雅典同盟国中最大的城市开俄斯准备叛变雅典。开俄斯人和也想准备暴动的厄立特利亚人向斯巴达政府请求援助，和他们同到斯巴达的还有波斯国王大流士任命的沿海地区总督替萨斐尼的代表。斯巴达人与开俄斯人以及厄立特利亚人订立了同盟，表决派 40 条船舰去援助他们。但是，当亚加美尼率领伯罗奔尼撒船舰开始航往开俄斯时，被雅典船舰追逐，逃入斯佩里安。雅典舰队逼着敌舰靠岸，把敌人的大部分船舰都破坏了，还杀死了敌人的司令官亚加美尼。斯巴达人大为丧气，因为他们在爱奥尼亚战争中的第一次冒险就这样失败了，因此，他们不想从他们的国家里再派遣船舰出来了，而且还想把已经派出来了的船舰召回去。②

亚西比得看见了这种情况，劝斯巴达人不要畏缩而不敢航行，并指出，他们可以在开俄斯人听到这次舰队惨败的消息之前达到开俄斯。他说，他一旦到达爱奥尼亚领土上，就可以把雅典的弱点和斯巴达的积极政策告诉他们，因而可以很容易地说服这些城市暴动。亚西比得说服了斯巴达监察官恩狄阿斯和其他监察官，就带着 5 条船舰和斯巴达人卡尔息底阿斯启程，迅速向开俄斯航行。他们在开俄斯突然出现，后者叛离了雅典。这使得雅典人认为他们现在的确是在严重的危险中。因为同盟国中最大的城市，也是一向对雅典忠诚的城市现在叛离了。雅典人为解救开

---

① [古希腊] 修昔底德：《伯罗奔尼撒战争史》，谢德风译，商务印书馆 1960 年版，第 581、549—550 页。
② 同上书，第 581、638、641、644 页。

俄斯作出了大规模的努力。①

在开俄斯人之后，克雷佐门尼叛离雅典。亚西比得还要组织更多城市叛变雅典。因为他与米利都的领导人有友好关系，他又成功地策动了米利都的暴动。当雅典军队与米利都人作战时，亚西比得参加了战斗，帮助米利都人和替萨斐尼。当雅典人直抵米利都城下，准备建筑一条封锁城墙，包围米利都的时候，亚西比得骑着马跑到米利都境内的泰丘萨，劝告已经到达那里的斯巴达人特利门尼率领的两支舰队尽快去援助米利都，以免米利都被封锁城墙包围了。所以，特利门尼的舰队决定一到黎明，马上去援救米利都，这迫使包围米利都的雅典军队撤走，航往萨摩斯去了。②

亚西比得在斯巴达人已经丧气的情况下成功地劝说他们促成开俄斯叛离雅典，接着又在爱奥尼亚地区对抗雅典人，这是亚西比得危害雅典的第三个行动。

亚西比得为何要如此帮助斯巴达方面尽力对抗雅典呢？这里边固然有报复雅典的成分，但是他还有另外一个用意。在他劝说斯巴达监察官恩狄阿斯让他去组织爱奥尼亚的暴动，取得斯巴达与波斯国王的同盟时，修昔底德曾提到亚西比得的想法是："不要让这个功劳被阿基斯得去。"在讲到亚西比得与米利都领导人有友好关系，他想在伯罗奔尼撒的船舰到达之前，使米利都转到伯罗奔尼撒这一边来，并组织许多城市的叛变时，修昔底德提到亚西比得的想法是："不但使开俄斯人、他自己和卡尔息底阿斯取得功劳，并且照他自己的诺言，使恩狄阿斯取得功劳，因为是恩狄阿斯派遣这个远征军出来的。"③ 这些事实表明，无论亚西比得身处何方，他的行为只围绕一个原则，就是自己的私利。

四、亚西比得背叛斯巴达

一个没有高尚政治信仰，只以自己的私利为行动准则的政治家是不会有一贯的政治立场的。亚西比得就是这样的一个政治家。米利都战役之后，伯罗奔尼撒人觉得亚西比得可疑，他们写信给在爱奥尼亚地区的斯巴

---

① [古希腊] 修昔底德：《伯罗奔尼撒战争史》，谢德风译，商务印书馆1960年版，第645—647页。
② 同上书，第645、648、654—655页。
③ 同上书，第645、648页。

达海军大将阿斯泰奥卡斯,要他把亚西比得处死。亚西比得在惊慌中,跑到了波斯国王在沿海地区的总督替萨斐尼那里,利用他对替萨斐尼的影响,尽力破坏伯罗奔尼撒人的事业。①

回想他逃亡初到斯巴达,在他向斯巴达献策的时候,他可以振振有词地为自己辩解,说自己是蒙受冤屈才帮助雅典的死敌斯巴达对付雅典的,自己仍然是一个热爱雅典的爱国者。但是,此次他又背叛了斯巴达,那么,他在替萨斐尼那里又该如何为自己的行为辩解呢?是否会说自己又是因为蒙受了冤屈才逃亡到波斯人这里的,自己仍然是一个热爱斯巴达的人?修昔底德没有讲到这一点,我们也无法猜测。②

亚西比得是如何破坏伯罗奔尼撒人的事业的?

他建议替萨斐尼把供给伯罗奔尼撒军队的薪给从一个亚狄迦德拉克玛一天减为三欧布尔一天,甚至于这三欧布尔也不是按期给付的。他告诉替萨斐尼对伯罗奔尼撒人说,雅典人在海军方面比他们更有长久的经验,他们给自己士兵的薪给也只有三欧布尔一天,这不是因为贫穷的缘故,而是防止水手们因为太富裕而腐化,防止他们浪费金钱以为不正当的娱乐而损坏他们的身体;雅典人也是不按期发给薪金的,扣留他们的欠款以为保证,而防止水手们逃亡。至于那些来请求金钱的城市,他遣回其使节,以替萨斐尼的名义拒绝他们的请求。③

亚西比得又劝替萨斐尼不要结束战争太快了,不要同意把正在装备的腓尼基舰队带来参加战争,不要再给付希腊人以薪金。因为这样做的结果,将使陆地上和海上的势力都归到一个强国手里,最好是让双方各有其势力范围。这样,如果波斯国王和一方发生纠纷,他总是可以招请另一方来反对它。让希腊人彼此互相摧残,而国王只负担一部分的经费,不会冒任何危险,这样是比较合算的。亚西比得甚至说,在共享权力时,雅典人是比较好的,因为雅典没有在陆地上建立帝国的野心;他们在战争中的政

---

① [古希腊] 修昔底德:《伯罗奔尼撒战争史》,谢德风译,商务印书馆1960年版,第667—668页。
② 福特说,亚西比得之所以认为自己效力于敌方的想法正当,是因为城邦转而反对他。福特认为,这个观点重新界定了传统上政治共同体与其伟大领袖之间的关系。在亚西比得看来,领袖有权与共同体分庭抗礼,他将领袖与共同体同等看待,而非让领袖像其他公民那样从属于共同体。这是理解阿尔喀比亚德提出的要求以及他施之于雅典的行为的关键。参见 [美] 福特《统治的热望》,未已等译,华夏出版社2010年版,第7页。
③ [古希腊] 修昔底德:《伯罗奔尼撒战争史》,谢德风译,商务印书馆1960年版,第668页。

策和行动是最合于波斯国王的利益的。斯巴达人自称为解放者,他们把希腊人从他们的希腊同胞的压迫下解放出来之后,不会不把希腊人也从异族人的统治下解放出来的。因此,亚西比得劝替萨斐尼首先使双方疲惫,然后,在尽量削弱雅典的势力之后,马上把伯罗奔尼撒人逐出国外。①

修昔底德评论说:"替萨斐尼大体上赞成这个政策,至少,从他的行动上看来,他似乎是依照这个政策做的。""他刻薄地给予伯罗奔尼撒人的军饷,反对他们在海上作战;他假意说,腓尼基的船舰就会到了,到那时候,他们的战争可以完全处于优势。这样,他给予伯罗奔尼撒人以很大的损害,引起伯罗奔尼撒海军的士气和效力更为朽蚀,伯罗奔尼撒海军的士气和效力以前已经是很坏了的。"②

五、亚西比得的弥天大谎

依修昔底德的看法,亚西比得向波斯国王和替萨斐尼献上"使希腊两个势力平衡、互相对抗"的策略,一方面是因为亚西比得认为这是他所能提供的最好的计谋,另一方面是替他自己的国家召他回去谋一条出路。他知道,如果他没有毁灭自己的国家的话,总有一天他可以说服雅典人把他从放逐中召回去的。③

可是,亚西比得远在敌军阵营中,他怎么可能到雅典人面前去做说服工作呢?亚西比得有他自己的办法。亚西比得认为,他可以说服雅典人的最好的机会就是使雅典人看见他和替萨斐尼有友好的关系。果然,当驻扎在萨摩斯的雅典军队知道他有左右替萨斐尼的实力的时候,他们采取行动了,主要是由他们自己发动的,但是一部分也是基于亚西比得写信给军队中主要人物的缘故。在信中他说,假如有一个贵族政治代替那个放逐他的腐败民主政治的话,他准备回国,尽自己的一份责任,使替萨斐尼成为他们的朋友。这样,在萨摩斯的雅典人就开始做推翻民主政治的工作了。④

其实,亚西比得提出废除雅典的民主政治,是为了自己能够被召回;说让替萨斐尼成为雅典人的朋友帮助雅典人,是为了显示自己在波斯方面

---

① [古希腊]修昔底德:《伯罗奔尼撒战争史》,谢德风译,商务印书馆1960年版,第669页。
② 同上书,第669—670页。
③ 同上书,第670页。
④ 同上书,第670页。

的地位，为自己被召回增添筹码。归根结底他的目的是被雅典召回。对于这一点，雅典的将军福里尼卡斯看得很清楚。他说，对于亚西比得来说，寡头政治和民主政治完全是一样的，他所真正要求的只是改变现行宪法，使他的朋友们可以召他回到雅典来。① 可见，亚西比得要求雅典废除民主政治，说自己可以让替萨斐尼成为雅典人的朋友，只是他的权术手段之一。

在拉替萨斐尼转向雅典人一边这件事上，亚西比得也确实去做了。因为修昔底德叙述说："亚西比得经常和替萨斐尼联系，尽一切力量想把他说服过来。"但是并没多大效果。他在替萨斐尼那里，也没有太高的地位。其证据就在皮山大说服雅典人准备变更政体后，雅典人派遣皮山大和其他十个代表航海去和替萨斐尼以及亚西比得订立协议未成这件事上。皮山大和代表们到了替萨斐尼那里，开始谈判，想达成协定。但是，亚西比得还不十分确实知道替萨斐尼对他的态度，因为替萨斐尼虽然害怕伯罗奔尼撒人比害怕雅典人还厉害一些，但是他还是依照当初亚西比得的献计，想要使双方疲惫。因此，亚西比得又耍起了权术。他的办法就是使替萨斐尼对雅典人提出过分的要求，从而使协定不能成立。他的目的是：要使雅典人认为不是因为他不能把替萨斐尼拉拢过来，而是替萨斐尼已经被拉拢过来，愿意和雅典人联合在一起之后，雅典人的让步不够，所以协议未成。因此，亚西比得当着替萨斐尼的面，为替萨斐尼说话。他首先为替萨斐尼要求整个爱奥尼亚，其次要求海岸附近的岛屿和其他地方的割让。雅典人都同意了。在第三次会议时，亚西比得害怕雅典人真的发现他的权力多么渺小，所以他要求波斯国王可以建造船舰，随意带着无论多少船舰，沿着他自己的海岸的任何地方航行。这一点是雅典人所不能再让步的。他们认为受了亚西比得的欺骗，愤而离开那里，回到萨摩斯去了。② 这件事，是亚西比得使用权术的一个例证。

后来，在萨摩斯的雅典军队还是召回了亚西比得，因为他们相信他们唯一安全的希望是他能使替萨斐尼从伯罗奔尼撒人那一边转到他们这一边来。亚西比得到了萨摩斯，在会议中夸张地说自己有左右替萨斐尼的力量，并说替萨斐尼给了他确实的保证，只要他能够相信雅典人，而

---

① ［古希腊］修昔底德：《伯罗奔尼撒战争史》，谢德风译，商务印书馆1960年版，第671页。
② 同上书，第674、676—677页。

在他自己还有一点剩余东西的时候,他绝不让他们缺少物资,纵或结果他不得不出卖自己的床的时候,他也绝不让他们感到匮乏。他将把驻扎在阿斯盆都的腓尼基舰队带来给雅典人,而不给伯罗奔尼撒人。但是,只有亚西比得从放逐中被召回,作为他们对他的保证的时候,他才能够确信雅典人。于是,在萨摩斯的雅典军队选举他为将军,把一切事务都委托给他去处理。亚西比得说自己愿意首先渡海到替萨斐尼那里,和他商量进行战争的策略问题。会议解散之后,他马上就去了。这样给人一个印象,以为他和替萨斐尼之间有极深厚的交情。同时,亚西比得也希望在替萨斐尼心目中增加自己的身价,给他一个印象,以为他现在已当选为将军,对于替萨斐尼,他可以造福,也可以为祸了。修昔底德忍不住发出了评论:"事实上,亚西比得是利用雅典人来威胁替萨斐尼,又利用替萨斐尼来威胁雅典人。"①

因为伯罗奔尼撒人对替萨斐尼越来越不满,认为他已经和雅典人公开合作了。替萨斐尼想要,或者装成想要为自己扫除这种嫌疑,所以他准备往阿斯盆都去带领腓尼基舰队来。当亚西比得听到替萨斐尼往阿斯盆都去了的时候,他亲自带着13条船舰航往那里。他告诉萨摩斯的雅典人,说他将替他们作出一个很大的贡献:他会亲自带着腓尼基舰队到雅典这边来,或者,无论如何,他会阻止腓尼基舰队到伯罗奔尼撒人那边去。修昔底德说:"这可能是他久已知道替萨斐尼根本没有把腓尼基舰队从阿斯盆都带来的意思。"后来,亚西比得回来时,告诉雅典人,他已经设法使腓尼基舰队不参加伯罗奔尼撒人一边,他使替萨斐尼对雅典人比过去更为友好了。②

亚西比得说自己具有左右替萨斐尼的能力,已经成了一个难以识破的弥天大谎了。在萨摩斯的雅典人据此把他请回萨摩斯,在雅典的雅典人则据此改变国家的政体。无论是在萨摩斯的雅典人还是在国内的雅典人,都是亚西比得玩弄权术的对象。

亚西比得也不是没有为雅典做过一件好事。在第八卷中,"四百人"的代表在向萨摩斯的军队说明情况时,士兵们很愤怒,提出了许多建议,其中最普遍的一个建议就是航海去进攻庇里犹斯。修昔底德在这里对亚

---

① [古希腊]修昔底德:《伯罗奔尼撒战争史》,谢德风译,商务印书馆1960年版,第694—695页。
② 同上书,第701、719—720页。

西比得给出了一个决定性的评论。他说:"似乎正是在这个时候,亚西比得为他的祖国做了第一件很有贡献的事情,而且这件事是很重要的。因为正当萨摩斯的雅典人都急于想航海去进攻他们自己的同胞的时候(如果这样的话,爱奥尼亚和赫勒斯滂马上都会被敌人占住),是亚西比得阻止了他们。"①修昔底德这个尖刻的评论对于亚西比得是很合适的。亚西比得从一出场就是一副权术政治家的形象,他时时刻刻都在为自己的利益打算。在亚西比得的所有行动中,贯穿着一根红线,这根红线就是亚西比得自己的利益。为了达到自己的利益,他大肆玩弄权术,甚至不惜撒弥天大谎。这样的第三等政治家在每个政治体系中也都是有可能存在的。

第四节 等外政治家

亚西比得投奔斯巴达是情有可原的。在雅典内部激烈的权力斗争中,亚西比得不敌对手,生命受到了威胁而被迫逃亡。他不是一个主动叛离雅典的叛国者,而等外政治家是指那些为了自私的利益而主动叛国的政治家。这类政治家的典型代表是波桑尼阿斯和福里尼卡斯。

一、波桑尼阿斯

下一章在对比斯巴达人和雅典人对待政治家的不同态度时,还会详述波桑尼阿斯的行为和结局,这里只简单地提及一下。

在第一卷中,修昔底德在叙述雅典势力扩大开始的时候,斯巴达的波桑尼阿斯第一次出现了。那是在波斯人撤出希腊之后。当时斯巴达人派遣他为希腊联军的总司令。他率领舰队先后征服了塞浦路斯和拜占庭。但是,他已经开始暴露妄自尊大的本性,希腊人尤其是爱奥尼亚人和新近从波斯统治下解放出来的人,渐渐不喜欢他了。波桑尼阿斯在拜占庭的时候,已经与波斯私通了。在攻陷拜占庭后,他在城中俘获了一些波斯国王

---

① [古希腊]修昔底德:《伯罗奔尼撒战争史》,谢德风译,商务印书馆1960年版,第698—699页。

的亲戚朋友，他瞒着同盟者，把这些人送回去，说他们是逃走的。他还给波斯国王一封信，说："如果你允许我和你的女儿结婚的话，我可以把斯巴达以及希腊其余的地方都归你统治。"波斯国王泽尔士收到这封信后，回复说自己可以向波桑尼阿斯提供金钱和军队来帮助他完成任务。在过去，波桑尼阿斯在波斯战争中的普拉提亚战役中表现出的将才已使他在希腊人中享有很大的声誉，现在他收到波斯国王的信件后，更是自命不凡了。他从拜占庭到外地去的时候，常常穿波斯人的服装；他旅行经过色雷斯的时候，常有波斯人和埃及人的卫队护送；他按照波斯人的方式举行宴会。他对任何人都是一种粗暴的态度。斯巴达人听到了他的行为，把他从赫勒斯滂召回。虽然对于波桑尼阿斯各种侵犯个人利益的行为被判为有罪，但是对于他私通波斯的控告，则被宣布为无罪。斯巴达没有再派他去赫勒斯滂，但是他没有得到政府的允许，却私自乘坐一条三列桨战舰，从赫迈俄尼驶往赫勒斯滂。修昔底德说："他假装是去和波斯人作战的，但是事实上他是去私通波斯国王。这事在过去已经开始了，他的目的是想做全希腊的统治者。"① 有人报告监察官，说他驻扎在特罗阿德的科伦尼，和波斯人进行阴谋活动。监察官们就派了一个传令官，命令波桑尼阿斯随着传令官回国。如果他不回国，斯巴达人就将宣布他为公敌。

波桑尼阿斯自信他能够利用贿赂把自己的罪名洗清，所以，他第二次回到了斯巴达。他一回到斯巴达，就被监察官投入狱中。后来他设法使自己被释放了。因为斯巴达人没有直接的证据证明他有罪。但是，他写给波斯国王的最后一封信被揭发出来了。那封信是他派去送信的使者提供的。这是一封没有送出的信，因为这个使者看到过去派去的使者都是一去不复返，他便害怕起来，就私自拆看了这封信，结果发现信中附载着要把他杀死的内容，所以，这个使者拿着这封信交给了监察官们。

波桑尼阿斯后来被监察官们决定逮捕，但是他逃进了一个女神庙中。最后被困在那里，将要死亡的时候，才被抬了出来。

波桑尼阿斯由一个战争英雄堕落为一个叛国者，根本原因在于他的政治欲望，他要做全希腊的统治者。权力欲使人癫狂，这是权力的诱惑力量。

---

① ［古希腊］修昔底德：《伯罗奔尼撒战争史》，谢德风译，商务印书馆1960年版，第100页。

二、福里尼卡斯

希腊的福里尼卡斯出现得最晚。在《伯罗奔尼撒战争史》第八卷中，他才出现。他出现的时候，是一个非常有智慧的将军。当时，雅典人派遣他和两个同僚指挥48条船舰航往萨摩斯，然后渡海到米利都扎营。米利都人出来作战，被打败。雅典军队挺进到米利都城下，准备建筑封锁城墙，包围米利都。此时，亚西比得去请斯巴达人特利门尼率领的两支舰队共55条船舰来解救米利都。雅典的司令官福里尼卡斯得到了敌舰的确实消息，虽然他的同僚们都赞成留在现在的地方，在海上与敌人决战。但是他说，他不愿意这样做，同时，他一定要尽力阻止他们或任何人这样做。他还补充说，以后无论什么时候，如果他们虽然有机会作战，但是他确实知道敌人船舰的数目以及敌人可以利用来和他们作战的力量，并且敌人有充分的准备，又趁着对于敌人有利的时机的话，他绝不因为害怕人家说他撤退是可耻的，而违反理智去冒险作战。雅典舰队在恰当的时机撤退，这种思想没有什么可耻的；被敌人打败，使雅典不但蒙受耻辱，而且陷入危险之中，这才是在各个方面可耻得多的。雅典遭遇西西里的惨败之后，除非迫不得已，纵或它有一个真正强大的军队，它也完全不能采取攻势。所以，他命令舰队航往萨摩斯，马上利用那里作为进攻的根据地。修昔底德评价福里尼卡斯的这个思想和行动的时候说道："他这个决定的聪明智慧在后来比在当时更清楚地为人所识。"这大概是指爱奥尼亚战争中，雅典军队以萨摩斯为根据地，才得以苦撑下去。修昔底德还说："不仅这一次，而且在他所担任的每个职务上，福里尼卡斯都表现了他的聪明智慧。"[1] 这个评价似乎并不恰当。在修昔底德的著作中，固然有福里尼卡斯另外的聪明智慧的事例，但更有他的叛国行径和支持寡头政府的作为。

在修昔底德笔下，除了刚刚提到命令雅典舰队撤退至萨摩斯的英明决策之外，福里尼卡斯还有一件体现聪明智慧的事情，那就是对亚西比得的分析。当驻扎在萨摩斯的雅典军队知道亚西比得有左右替萨斐尼的

---

[1] [古希腊]修昔底德：《伯罗奔尼撒战争史》，谢德风译，商务印书馆1960年版，第653—656页。

势力,他可以使波斯国王帮助雅典的时候,他们自己想要发动召回亚西比得的运动。同时,亚西比得写信给在萨摩斯的雅典军队中主要人物,说:假若雅典有一个贵族政治代替那个放逐他的民主政治的话,他准备回国。于是,在萨摩斯的雅典军队开始活动,做推翻民主政治的工作。为此,他们把自己的主张向全部军队宣布。一般人都赞成亚西比得的计划,认为这些计划能够很容易实现,但是福里尼卡斯完全不赞成。他分析说,对于亚西比得来讲,寡头政治和民主政治完全是一样的,他所真正要求的只是改变现行的宪法,使自己能够被召回雅典;而对于雅典人来讲,唯一应当防范的事正是内部的革命。至于波斯国王,现在伯罗奔尼撒人控制着帝国内的重要城市,当他有机会和伯罗奔尼撒人友好的时候,他不会或者不容易和雅典人联合,以造成他自己的困难,因为雅典人是他所不信任的,而伯罗奔尼撒人在过去没有损害过他。至于雅典的同盟国,推翻雅典的民主政治,既不会使那些现在已经叛变了的城市再回到雅典的怀抱里来,也不会使它们更为忠诚,因为他们宁愿自己在无论什么政体之下得到自由,而不愿在一个寡头政治或民主政治统治之下做奴隶;并且他们没有理由可以认为在所谓上层阶级统治下会比在民主政治统治下更好。①

福里尼卡斯的这些分析是充满智慧的,事实也证明了他是正确的。后来,当寡头派任命的色雷斯地区司令官第依特累斐推翻塔索斯的民主政治之后,不到两个月,塔索斯人就开始在他们的城市里设防,因为他们认为使他们和雅典联系的寡头政治已经不能够再给予他们以任何利益了。有些过去被雅典放逐的人,现在也尽力使塔索斯叛离雅典。②

虽然福里尼卡斯这样反对变更政体为寡头政体,但是寡头党人并没有改变主张。他们准备派遣皮山大和其他人前往雅典,协商召回亚西比得和取消民主政治事宜。现在福里尼卡斯知道他们将向雅典建议,召回亚西比得,而雅典人将同意这样做了。因为他反对此事,他害怕亚西比得真的回到雅典的时候会报复他,因此,他秘密地派一个使者往在米利都附近的斯巴达海军大将阿斯泰奥卡斯那里去,告诉他说,亚西比得出卖了斯巴达人,使替萨斐尼成为雅典人的朋友了。他在信中泄露了阴谋中其他的事,

---

① [古希腊]修昔底德:《伯罗奔尼撒战争史》,谢德风译,商务印书馆1960年版,第670—671页。
② 同上书,第681—682页。

政治的定数

同时对于他自己因为反对他的私敌，甚至牺牲国家利益，请求谅解。但是，阿斯泰奥卡斯从来没有采取行动反对亚西比得的意思，所以他不但没有采取对亚西比得不利的行动，相反还跑到亚西比得和替萨斐尼那里，把萨摩斯来信的内容告诉他们。亚西比得马上写信给萨摩斯当局，控告福里尼卡斯，请求把福里尼卡斯处死。福里尼卡斯又写信给阿斯泰奥卡斯，对于他没有保守第一封信的秘密表示抗议；又说，他现在准备给阿斯泰奥卡斯一个机会，可以毁灭驻扎在萨摩斯的全部雅典军队。他在信中详细指示阿斯泰奥卡斯应当怎样做。他同样为自己的这一将会毁灭雅典军队的行动进行了辩解。他说，既然因为他们而使他的生命处于危险之中，他做这件事以及其他任何事，以免被他最大的敌人所消灭，任何人也不能责备他。①

阿斯泰奥卡斯把这个消息又告诉了亚西比得，但是有人及时告诉了福里尼卡斯，说阿斯泰奥卡斯泄露了他的秘密，预料到亚西比得马上就有来信谈到此事的。因此，他事先告诉军队里的人说，因为萨摩斯事实上是没有设防的，敌人将袭击军营了，他们应当在萨摩斯尽快设防。于是，雅典人开始建筑要塞。不久，亚西比得的来信到了，说福里尼卡斯出卖军队，敌人要来进攻了。但是，人们并不相信亚西比得对福里尼卡斯的指控，认为亚西比得是因为私仇的关系而把福里尼卡斯牵涉进来的。② 这样，福里尼卡斯安全地逃过了一劫。

福里尼卡斯叛卖雅典，却像过去的亚西比得一样振振有词地为自己辩解。先是说请求谅解他为了反对私敌而不惜牺牲国家利益的行为，后是说是在萨摩斯的雅典人知道他叛卖他们后将会危及他的生命，据此而颠倒黑白地说自己的生命受到威胁是因为在萨摩斯的雅典人造成的，所以，理所应当叛卖这些雅典人。在这里，私利是他考虑一切问题的出发点和最终归宿，为了私利，他主动叛卖国家。

福里尼卡斯曾经坚决反对改变雅典的民主政治而改行寡头政治，他当时提供的理由让人信服。但是，仍是同一个人，后来却对寡头政治非常支持。修昔底德说："福里尼卡斯也表现了他对于寡头政治特别热心。""他

---

① ［古希腊］修昔底德：《伯罗奔尼撒战争史》，谢德风译，商务印书馆1960年版，第672—673页。
② 同上书，第673页。

一旦参加了这个运动，就是所有阴谋者中最敢冒险的。"后来，修昔底德列举的"四百人"中反对民主政治最力的领袖人物中就有福里尼卡斯。他之所以对寡头政治由原来的反对变为后来的特别热心，对民主政治由原来的坚决支持到后来的反对最力，是因为私利在起作用。他害怕亚西比得，他很清楚亚西比得知道他在萨摩斯和阿斯泰奥卡斯的阴谋，他认为寡头政治是不会召回亚西比得的。福里尼卡斯在寡头政府陷于危机的时候，被寡头政府派遣出使斯巴达，所受的命令是和斯巴达订立和约，无论依照什么条件都是可以容忍的。① 在寡头们为保全自己的生命而宁愿招请敌人来灭亡雅典的情况下，派遣福里尼卡斯这样善于叛卖国家的人出使斯巴达，还真是非常合适之举。

第五节　政治家与国家兴衰

笔者在上文曾经说过，不探讨史观问题，因为那容易引起纠缠，而且也不是政治学可以探讨的问题。政治家与国家兴衰这样的问题，不属于史观问题，而是一个在层次上低于史观的问题，也正是一个政治学的问题。

在修昔底德笔下，四类政治家在雅典都是存在的。他们的出现有一个先后顺序，而且其活动的舞台背景也有变换。第一等政治家伯里克利活动在战争酝酿和刚刚开始两年又六个月的时期，他的主要活动是雅典的战争决策和初期战事以及两次大瘟疫的应对事务。第二等政治家尼西阿斯活动在伯里克利之后到西西里事件终结的时期，他的主要活动是西西里远征的决策与作战事务。第三等政治家亚西比得虽然与尼西阿斯处于相同时代，但是除了西西里远征的决策之外，他的主要活动并不在雅典，而是在斯巴达和爱奥尼亚，他的主要活动是煽动西西里远征、在斯巴达献策以危害雅典和在爱奥尼亚战争中耍弄权术，这些权术危害雅典，又危害斯巴达。以福里尼卡斯为代表的雅典等外

---

① ［古希腊］修昔底德：《伯罗奔尼撒战争史》，谢德风译，商务印书馆1960年版，第685、703页。

> 政治的定数

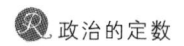

政治家则活动在雅典政体改变前后，他们的主要活动是应对爱奥尼亚战争和进行内部革命。

一、伯里克利的矛盾

伯里克利统治雅典时期，是雅典的全盛时代。修昔底德本人就是这样说的。[①] 修昔底德对伯里克利的品质和能力的评价是很适当的，但笔者还要进一步分析政治家与国家兴亡的关系。这个分析可以从伯里克利思想中的一个矛盾说起。

在伯里克利的思想中，存在自身的矛盾和紧张。这表现在他和其他雅典人一样具有扩张帝国领土和势力的欲望，但是他又要求雅典人在战争期间自我克制这种欲望，这是很难做到的事情。

为什么说伯里克利也和其他雅典人一样具有扩张帝国领土和势力的欲望呢？他在劝慰雅典人的时候，曾经说，如果雅典人有意进一步扩展的话，海洋会完全被雅典人掌握，也就是他所说的："整个一部分是在你们控制之下——不仅现在在你们手中的地区，而且其他的地区也在内。"他还说道："世界上没有哪一个强国能够阻挠你们在任何你们愿意去的地方航行——波斯国王不能够，世界上任何人民也不能够。"他还曾说到过城邦的帝国志向。他说："所有那些以统治别人为自己的责任的人，暂时会引起仇恨和不得人心，但是如果一个人有伟大的目标去追求的话，这个被人嫉妒的负担是应当接受下来的；同时，接受这个负担也是聪明的。仇恨是暂时的，但是目前的显耀和将来的光荣会永远保存在人们的记忆中。你们要保卫将来的光荣，不要现在做出不光荣的事情来。"这样的一个志向与亚西比得曾经表达的个人志向是何其相似！在第六卷中，亚西比得在关于远征西西里的辩论中曾经表达道："我知道这类人——事实上所有在任何方面有显著的成就而著名的人——在他们活着的时候是不得人心的，特别是他们的平辈以及其他和他们接触的人是不喜欢他们的。但是你们会发现，到了后世，就是和他们毫无关系的人也自称和他们有亲属的关系，你们会发现他们的国家不把他们当作外人或名誉不好的人，而把他们当作同胞和干出伟大事业的人而引以为

---

① ［古希腊］修昔底德：《伯罗奔尼撒战争史》，谢德风译，商务印书馆1960年版，第169页。

豪。这就是我的志向。"①一个是城邦的志向，一个是个人的志向，如果抽掉"城邦"和"个人"这样的前提，上述两个志向是一模一样的。这表明，在伯里克利那里，扩张帝国的思想同样是存在的。

永不满足是雅典人的民族性格。在第一卷中，科林斯代表在比较斯巴达与雅典两个民族的性格时说雅典人："他们宁愿艰苦而活动，不愿和平而安宁。一言以蔽之，他们是不能自己享受安宁的生活，也不让别人享受安宁生活的。"在第四卷中，修昔底德曾评论说："雅典人是觉得一刻不进攻别人，就会牺牲了那一刻胜利的机会。"在第六卷中，尼西阿斯在反对西西里远征的时候曾对雅典人讲："我知道我的言辞不足以改变你们的性格；如果我劝你们保卫你们所已经有了的东西，不要拿你们已经有了的东西去冒险，以求获得那些不可靠的将来希望，这是毫无用处的。"可见，他是深知雅典人的性格的。亚西比得也曾对雅典人说过："你们对于安静生活的看法不能和别人一样——这是不可能的，除非你们会改变你们整个生活方式而使之变为和他人的生活方式一样。"② 基于这样的民族性格，笔者认为，西西里远征的错误不是哪一个政治家的错误，也不是群众的错误，而是雅典人勇于进取的民族性格使然。即使是伯里克利这样杰出的政治家，也无法完全褪掉雅典人的这种民族性格，何况群众乎？这种勇于进取的民族性格固然有其优势，但是却往往偏离中道。一种体制和一种政策无论多么优良，只要不加权量，偏离中道，最后都有可能造成灾难。西西里远征不符合雅典当时的利益，但是它符合雅典的民族性格。

既然扩张是帝国的本性，既然雅典人是永不满足的民族，既然伯里克利本人也不能完全褪掉雅典人的民族性格，那么，要求雅典人不再扩大帝国，无疑是不可能的。但是，要求雅典人在战争期间自制，不再扩大帝国，则是有可能的。修昔底德显然是这样看待伯里克利的想法的。他说："伯里克利曾经说过，如果雅典等待时机，并且注意它的海军的话，如果在战争过程中它不再扩张帝国领土的话，如果它不使雅典城市本身发生危险的话，雅典将来会获得胜利的。"修昔底德还说："当伯里克利预言雅

---

① ［古希腊］修昔底德：《伯罗奔尼撒战争史》，谢德风译，商务印书馆1960年版，第166、168、490页。
② 同上书，第57、337、484、492页。

典可以很容易地战胜伯罗奔尼撒人的时候，在他心目中，雅典的资源是极其雄厚的。"①

二、国家兴衰的根源

国家之兴衰，系于政治家。政治家的品德与能力决定着一个国家的前途命运。可以说，兴也在政治家，衰也在政治家。雅典的兴衰即可以作为一个明证。

要求雅典人在战争期间自制，这需要雅典有一位像伯里克利一样的政治家：既有优秀的品德，又有远见卓识，更有控制群众的能力，但是在伯里克利死后，世间再无伯里克利了。继承他的那些政治家只能继承他的职位，却无法继承他的品德与能力。国家向下走成了当然之势。尼西阿斯虽然具有较好的政治品质，但他从来没有能够对雅典的民众实施过有效控制。在雅典人准备与亚哥斯、伊利斯和门丁尼亚成立四国同盟的时候，他虽然主张与斯巴达友好比较好一些，但他却无力左右政局，相反当他出使斯巴达不能完成任务时，他害怕回雅典，请求斯巴达人把宣誓手续举行了一遍，他才敢回国。他反对西西里远征的演说没有产生他预期的效果，相反产生了与他的愿望完全相悖的效果。在西西里第一次丧失逃生机会的诸多原因中，他对雅典人行为的无奈是其中一个原因，他深知雅典人的性格，他认为与其被雅典人作出一个不公平的判决，在一个丢脸的罪名之下处死，还不如在此地碰碰运气；如果一定要死的话，他宁愿死在敌人手里。诸多事实都证明了尼西阿斯没有控制和领导雅典这个桀骜不驯的民族的能力。与伯里克利的领导力相比，尼西阿斯显然低了一等。最后，西西里远征军全军覆灭，雅典的国力受到了沉重打击。亚西比得则以一己之私凌驾于国家利益之上，为了能取得职位、财富、荣誉，他不惜煽动雅典民众表决赞成远征西西里，这样的行为，其实质是让国家为他一战。当他被迫逃亡后，这样的一个无政治信仰的政治家为了报复自己的国家，向敌国献策，掐住祖国的要害，使雅典的势力迅速衰落。到了等外政治家那里，他们已经不是被迫卖国，而是主动卖国了。他们为了保住权位和生命，宁愿接受敌国的任何条件，不再顾及国家的前途命运。国家掌握在这样的政

---

① ［古希腊］修昔底德：《伯罗奔尼撒战争史》，谢德风译，商务印书馆1960年版，第169、171页。

治家手中，是绝对没有好结果的。①

一言以蔽之，政治家与国家兴衰甚至存亡都有着莫大的关系。第一等的政治家掌握国家，国家就兴盛；没有这样的政治家掌握国家政权，国家就会逐渐败落。如果国家落入第三等政治家和等外政治家之手，国家就会完全丧失前途，乃至灭亡。这样的原理无论在什么政体下都是适用的。在政治家受到最大牵制的民主政体下尚且如此，何况在其他政体下呢？

第六节 本章小结

本章对政治家的分类明显受到了中国传统文化的影响。以才、德且以德为才之帅为标准来品评人物，是典型传统中国人的偏好。但是，这种中国式的分类并未违背修昔底德的立场，在修昔底德笔下，四类（等）政治家确实是活生生存在的，我们在阅读修昔底德的时候，完全能够感受出来这种存在。

虽然笔者在本章中提到为了避免纠缠，不探讨史观问题，只探讨修昔底德笔下政治家的分类和政治家与国家兴衰的关系问题，但是，对政治家与国家兴衰的关系的探讨不可避免要涉及史观问题，即究竟是什么力量在推动国家的发展，使之或兴或衰。经济当然是基础，但是，作为基础的经济力量又是怎么得来的呢？显然，作为国家兴衰表征的经济力量的得失背后，站着政治家。

伯里克利这样的政治家在任何政治制度下都是需要的，这样的政治家在任何政治制度下都是第一等的政治家。但是很遗憾，不是每一个政治体中的每个时期都会出现这样的政治家。修昔底德对伯里克利的赞扬和对伯里克利的后继者的批评同样令人印象深刻。但是，在无伯里克利的政治体

---

① 威廉斯说，修昔底德对比了伯里克利与其继任者之间品性上的不同，描述了后者与科西拉革命期间那些人行为上的相似性（尤其表现在个人野心和贪婪、公共政策上的犹豫不定、无法控制民众等方面），这暗示，伯里克利死后，雅典社会趋于危机和革命。参见威廉斯《修昔底德笔下的个人与城邦——〈战争史〉卷二义疏》，陈开华译，载刘小枫、陈少明编《修昔底德的春秋笔法》，华夏出版社2007年版，第112页。

政治的定数

中，在无伯里克利的时期，人们还得活下去，还得尽力过好政治生活。那么，过好政治生活的依靠在哪里呢？修昔底德没有直接给予我们一个完美的答案，但是在他的叙事中，我们却可以找到一个答案，那就是克里昂关于法治观念的演说。

在雅典公民大会上，关于密提林事件的辩论中，克里昂曾经说："一个城市有坏的法律而固定不变，比一个城市有好的法律而经常改变是要好些；无知与健全的常识相结合比聪明与粗鲁相结合更为有用；一般说来，普通人治理国家比有智慧的人还要好些。这些有智慧的人常想表示自己比法律还聪明些……结果，往往引导国家走到毁灭的路上去。"[1]一个国家有一个伯里克利是幸运的，但是如果没有一个伯里克利，我们还可以依赖法治。法治，唯有法治，才能从根本上解决无伯里克利的情况下国家的前途命运问题，才能从根本上避免国家兴衰与政治家的紧密勾连。

---

[1]　[古希腊]修昔底德：《伯罗奔尼撒战争史》，谢德风译，商务印书馆1960年版，第231—232页。

第五章 政体

古希腊政治思想具有特定的研究主题，那就是政体。政体问题之所以能够成为主题，是因为当时的希腊世界具有多种多样的政体，这为研究政体问题提供了丰富的材料。古希腊政治思想家的政治眼界要远远宽于中国的政治思想家。政体问题在修昔底德的著作中也是一个突出的问题。作为一种人为的设计，政体可用于克服人性的弱点和政治家的缺欠。本章要解决的问题是，在修昔底德著作的展示中什么样的政体是最好的政体。

第一节 修昔底德笔下的政体种类

修昔底德在书中，提到了多种政体。有君主制和僭主制，有贵族寡头制，还有民主制。

一、君主制和僭主制

在第一卷中，修昔底德在回顾希腊历史的时候曾说："古老的政体是世袭君主制，君主有确定的权力和限制。但是因为希腊的势力增加，获得金钱的重要性愈来愈明显，几乎所有的城市都建立了僭主政治。""当时萨摩斯的僭主希波克拉底利用他的海军，增加了自己的势力。他征服了许多岛屿，累尼亚岛在内。""希腊国家由僭主们统治。""但是最后斯巴达镇压了雅典以及希腊其他地方的僭主政治。""斯巴达很早就有一个宪法，它从来没有过僭主政治。""特阿真尼是当时麦加拉的僭主。"第二卷提到雅典人进攻阿开那尼亚的阿斯塔卡斯，赶走了统治那个地方的僭主挨维卡斯，后来科林斯人又恢复了挨维卡斯的势力。第三卷中再次提到"萨摩斯僭主希波克拉底（他统治了很多其他的岛屿）在海上称霸时代，征服了累尼亚，把这个岛献给提洛岛上的阿波罗神，用铁索把累尼亚和提洛岛连接起来"。第一卷和第六卷还都提到了雅典的庇西斯特拉图及其儿子们的僭主政治，并纠正了多数雅典人把被哈摩狄阿斯和阿里斯托斋吞刺杀的希帕库斯当成当时雅典僭主的错误认识。第六卷在叙述西西里历史的时候，提到了利吉姆的僭主安那克西拉斯把赠克利改名为麦散那，还提到机拉城邦历史上的一个僭主也叫希波克拉底，因为与叙拉古交换战俘而取得了卡马林那。第六卷还提到拉姆普萨卡斯的僭主希波克利，说希比亚把自己的女儿阿基狄斯嫁给了希波克利的儿子伊安泰德，因为他知道他们在波斯王大流士面前很有势力。此外还提到，雅典人看到亚西比得的违法乱纪和在一切机会中行动的精神，便认为亚西比得的目的是想做僭主。① 这些记述说明，僭主制与君主制是相连的，同时也说明僭主政体曾经是希腊很普遍的一种政体，但到伯罗奔尼撒战争时代，实行这种政体的城邦已经很少了。

二、贵族寡头制

除了君主政体和僭主政体，修昔底德提到的第三种政体是贵族寡头政体。第五卷中讲到斯巴达军队开到西息温，依照贵族政治的方式将西息温政府改组；后来两军联合起来，把亚哥斯的民主政治取消而组织了一个对于斯巴达有利的贵族政府。在第六卷中，雅典那哥拉斯说："贵族政治只是代表人民中的一部分人。""一个寡头政治，无疑会使大众分担患难。"在赫尔密神像和神秘祭祀的渎神事件中，雅典人"认为所发生的一切都是想建立寡头政治或僭主政治的阴谋的一部分"。第八卷中说："在萨摩斯军队中的意见已经转向反对寡头政治了。"② 似乎寡头政治与贵族政治是两种政体。

但实际上，在修昔底德那里，并不区分贵族政体和寡头政体。在第八卷中，修昔底德用"贵族政治"和"寡头政治"两个词语指称同一个政体。这在两个地方可以找到证明。在一个地方，他说雅典的寡头党提出了

---

① ［古希腊］修昔底德：《伯罗奔尼撒战争史》，谢德风译，商务印书馆1960年版，第12—18、97、143—144、285、480、488、521页。
② 同上书，第461、508—509、522、688页。

第五章 政体

寡头政治的政纲,并且事实上已经成为寡头政治了,因为尽管民众会议和依照抽签方法选举出来的议事会还是继续开会,但是没有经过寡头党批准的事情,他们不能议决。接着他又说,民众想象的贵族党人数比实际人数多得多。这样,"寡头党"与"贵族党"指称的是同一个事物。他还说:"事实上,阴谋者中有一些人是没有能够想到他们会参加贵族政治的。"在另一个地方,他先是说:"就是在以前,大部分和寡头政治有关的人已经不满意于寡头政治了。""他们的领袖们是一些主要的将军们和在贵族政治下居重要职位的人。"接着他又说:"他们虽然在寡头政治中占有重要职位,但是,他们说,他们害怕萨摩斯的军队,害怕亚西比得。"这里,"寡头政治"和"贵族政治"指称的也是同一个事物。由此可证,修昔底德并不把贵族政体和寡头政体看成两种不同的政体。修昔底德甚至把这种由上层少数人掌权的政体直接称为"贵族寡头政治",这在第一卷、第五卷中有明确的证据。在第一卷中,修昔底德说:"斯巴达人没有要求同盟国缴纳贡款,但是注意使这些国家都是由为着斯巴达利益的贵族寡头所统治着。而雅典则逐渐夺取同盟国的海军(只有开俄斯和列斯堡是例外),要求它的同盟国缴纳贡款。"在第五卷中,他在分析彼奥提亚人和麦加拉人没有加入亚哥斯同盟的原因时说:"他们觉得亚哥斯的民主政治比斯巴达的政制更加和他们的贵族寡头政治不和谐。"①

正是因为修昔底德并不把贵族制与寡头制区分为两种政体,②所以本书才使用了"贵族寡头制"来指代修昔底德提到的第三种政体。

---

① [古希腊]修昔底德:《伯罗奔尼撒战争史》,谢德风译,商务印书馆1960年版,第18、423、683、702页。
② 柏拉图和亚里士多德都严格地区分了贵族制和寡头制。两种政体都是由少数人掌握城邦政权,但是,当这些少数人以城邦的利益为依归时,这种政体就是贵族制,而当他们仅仅以自己的利益为宗旨时,则是寡头制。同时,在亚里士多德那里,寡头制还意味着富有的少数人掌握城邦权力。但是,修昔底德不是政治思想家,而是史家,他要讲述的是史实,而不是对政体进行精确的分类。根据他的叙述,我们看到他并不刻意区分贵族制与寡头制,似乎在他的心目中,只要是居于社会上层的少数人掌握城邦权力,那么,称之为"贵族制"可以,称之为"寡头制"也可以。这也许是他不区分贵族制与寡头制的原因之一。此外,修昔底德对人性是悲观的,他所展示的人性大多是负面的,这使他不相信少数人掌握城邦政权会以城邦的利益为依归,故而只要是少数人掌权,那么,必然是以少数人的利益为宗旨,所以都可以称为寡头制。这也许是他不区分贵族制与寡头制的原因之二。至于亚里士多德那种把少数富人掌握城邦政权称为"寡头制"的思想,决然不在修昔底德的考虑之中,因为修昔底德的生活年代早于亚里士多德。本书对修昔底德笔下的政体进行分类,依据的是修昔底德叙述中的展示,而不是修昔底德自己对政体有一套确切的分类。

三、民主制

第四种政体就是《伯罗奔尼撒战争史》中提得最多的政体——民主政体。从一个角度来看，可以说，《伯罗奔尼撒战争史》就是一部民主政治的运行和嬗变史。据笔者阅读过程中随手的统计，在修昔底德的笔下，"民主政治"这个词语出现不下 53 次（包括"民主政体""民主政府"和"民主国家"各出现 1 次）。修昔底德提到的较大的城邦中，雅典是民主政体。此外，亚哥斯、叙拉古、麦提姆那等也都是民主政体。斯巴达是何种政体，修昔底德似乎没有明确讲过。在开篇第一卷中，他只是说："（斯巴达）从来没有过僭主政治。四百多年以来，他们的政府没有变更。"而且希腊的僭主政治还是被斯巴达镇压下去的。但是，常识告诉我们，斯巴达是贵族政体。按照修昔底德的观念，斯巴达是贵族寡头政体。即使抛开这种常识，单纯依据修昔底德著作本身的只言片语，我们仍然可以作出这个判断。例如，在第四卷中，讲到斯巴达将军伯拉西达在对斯巴达军队的一次演讲，其中说："你们来自一个少数统治多数而不是多数统治少数的国家；在这些国家中，战争和征服是国力唯一的基础。"在第六卷中，尼西阿斯在演讲中对雅典人说："我们真正的问题是有力地保卫自己，以及反对斯巴达贵族寡头的阴谋诡计。"[①]

修昔底德作为雅典人，而且曾经是雅典的将军，他具有鲜明的雅典立场和爱国主义精神。这不仅体现在《伯罗奔尼撒战争史》对雅典政治中所发生的各种大小事件的具体叙述上，也体现在他对雅典人顽强果决的民族性格的赞扬上。但是，修昔底德的雅典立场并没有影响他对雅典民主政治弊端的批评，尽管作为史家，他的主要任务是忠实地记录历史因而导致他这种批评非常克制。这些批评有的是隐微的，有些是明显的。也正是因为修昔底德非常熟悉雅典民主政治，所以他对雅典民主政治的批评在今天看来仍然是非常深刻的。

那么，什么是民主政治呢？

在修昔底德的笔下，亚西比得曾经对民主政治有一个界定。他在逃亡

---

① ［古希腊］修昔底德：《伯罗奔尼撒战争史》，谢德风译，商务印书馆 1960 年版，第 17、390、486 页。

中初到斯巴达时的一个发言中说:"凡反对专制政权的就叫民主政治。"①但是,对民主政治的含义进行全面分析的是伯里克利。

在第二卷中,战争第一年,雅典人依照他们每年的习俗,对于那些首先在战争中阵亡的人,给予公葬。在这次公葬的典礼上,伯里克利被推举出来发表演说。在伯里克利的演说中,对民主政治有一个定义。他说:"我们的制度之所以被称为民主政治,因为政权是在全体公民手中,而不是在少数人手中。"他很为这种制度骄傲。他说:"我们的政治制度不是从我们邻人的制度中模仿得来的,我们的制度是别人的模范。"他为什么会为民主政治自豪呢?因为在他看来,雅典的民主政治具有四个重要的特性:其一,平等。这又体现在两个方面,一方面,在解决私人争执的时候,每个人在法律上都是平等的;另一方面,让一个人负担公职优于他人的时候,所考虑的不是某一个特殊阶级的成员,而是他们有的真正才能。他有一句名言:"任何人,只要他能够对国家有所贡献,绝对不会因为贫穷而在政治上湮没无闻。"其二,自由。伯里克利说:"我们雅典人自己决定我们的政策",公民彼此间的日常生活是自由而公开的;在公民的私人生活中,公民们是自由和宽恕的。"当我们隔壁邻人为所欲为的时候,我们不至于因此而生气;我们也不会因此而给他以难看的颜色,以伤他的情感。"其三,服从。这包含两个方面,一方面是服从当权者。他说:"对于那些我们放在当权地位的人,我们服从。"另一方面是遵守法律。伯里克利说:"在公家的事务中,我们遵守法律。因为这种法律使我们心悦诚服。""我们服从法律本身,特别是那些保护被压迫者的法律,那些虽未写成文字、但是违反了就算是公认的耻辱的法律。"其四,关心政治。他说:"在我们这里,每一个人所关心的,不仅是他自己的事务,而且也关心国家的事务;就是那些最忙于他们自己事务的人,对于一般政治也是很熟悉的——这是我们的特点:一个不关心政治的人,我们不说他是一个注意自己事务的人,而说他根本没有事务。"②

在伯里克利的心目中,民主已经不仅仅是一种政治制度,而且已经成为雅典人的生活方式。

---

① [古希腊]修昔底德:《伯罗奔尼撒战争史》,谢德风译,商务印书馆1960年版,第546页。
② 同上书,第147—149页。

第二节　民主政治下个人与城邦的关系

对民主政治下个人与城邦的关系问题，科林斯代表有简单陈述，而伯里克利有详细说明。但真正有说服力的是实际发生的两个事件：波桑尼阿斯事件和地米斯托克利事件。从这两个事件中，我们可以看到在斯巴达的贵族寡头制下和在雅典的民主制下，个人与城邦关系的差异。

一、伯里克利的陈述

战前，在斯巴达的辩论中，科林斯代表在比较斯巴达人与雅典人的民族性格时曾说到雅典人与城邦的关系。他说："至于他们的身体，他们认为是给他们的城邦使用的，好像不是他们自己的一样。但是每个人培养自己的智慧，其目的也是给他的城邦做一点显著的事业。"①

在国葬典礼上的演说中，伯里克利讲："在我们这里，每一个人所关心的，不仅是他自己的事务，而且也关心国家的事务；就是那些最忙于自己的事务的人，对于一般政治也是很熟悉的——这是我们的特点：一个不关心政治的人，我们不是说他是一个注意自己事务的人，而说他根本没有事务。"在阐述了雅典城邦的伟大之后，伯里克利说："这就是这些人为它慷慨而战、慷慨而死的一个城邦，因为他们只要想到丧失这个城邦，就不寒而栗。很自然地，生于他们之后的人，都应该忍受一切痛苦，为它服务。""我们所应当记着的，首先是他们抵抗敌人、捍卫祖国的英勇行为。""他们的行动是这样的，这些人无愧于他们的城邦。我们这些还生存的人们可以希望不会遭遇和他们同样的命运，但是在对抗敌人的时候，我们一定要有同样的勇敢精神。""我宁愿你们每天把眼光注意到雅典的伟大。它是真正伟大的；你们应当热爱它。""他们（指战死者）尽可能把最好的东西贡献给国家。他们贡献了他们的生命给国家和我们全体。"②

---

① ［古希腊］修昔底德：《伯罗奔尼撒战争史》，谢德风译，商务印书馆1960年版，第56页。
② 同上书，第149—152页。

当雅典人谴责伯里克利,把他们所遭受的一切不幸的原因都归到伯里克利身上时,伯里克利召集民众会议。在发言中,伯里克利说:"我自己的意见是这样的:每一个人在整个国家顺利前进的时候所得到的利益,比个人利益得到满足而整个国家走下坡路的时候所得到的利益要多些。一个人在私人生活中,无论怎样富裕,如果他的国家被破坏了的话,也一定会牵入普遍的毁灭中。但是只要国家本身安全的话,个人就有更多的机会从私人的不幸中恢复过来。"①

此外,伯里克利区还区分了"对政治冷淡的人"和"积极行动的人"两种人,他认为前者是无用的人。他说:"主张放弃帝国,并且劝别人采纳他们的观点的那些人,很快地将使国家趋于灭亡;纵或他们自己孤独地生活,也会使国家趋于灭亡。因为这些对政治冷淡的人也只有在采取行动的人的支持下才能够生存。虽然他们在一个被别人控制的城市中,可以安稳地做奴隶,但是他们在一个控制帝国的城市中是毫无用处的。"②

二、两个事件的展示

正是因为在雅典,城邦是第一位的,个人显得微不足道,所以,雅典人在处理城邦与政治家的关系问题上就不够慎重。我们可以通过对比斯巴达人处置波桑尼阿斯时的慎重与雅典人处置地米斯托克利时的轻率看到这一点。

关于波桑尼阿斯事件,修昔底德在第一卷中两个不同的地方都提到了,并作了叙述。综合他的叙述,这个事件的大致情况如下。

波斯人撤退后,斯巴达派波桑尼阿斯为希腊联军总司令,驶往塞浦路斯,征服了这个岛的大部分土地。后来,他又去进攻拜占庭,迫使这个城市投降,在城中俘虏了一些波斯国王的亲戚朋友。波桑尼阿斯瞒着同盟者,把这些人送回波斯,说他们是逃走的。这件事情是通过龚基拉斯做的。龚基拉斯是负责防守这些俘虏和拜占庭本城的人。波桑尼阿斯还让龚基拉斯带了一封信给波斯国王泽尔士,信中说,如果波斯国王允许波桑尼阿斯与国王的女儿结婚,波桑尼阿斯就可以将斯巴达和希腊其余地方归波

---

① [古希腊]修昔底德:《伯罗奔尼撒战争史》,谢德风译,商务印书馆1960年版,第164页。
② 同上书,第167页。

政治的定数

斯国王统治。如果国王同意的话，就派一个可靠的人到海边，波桑尼阿斯与国王可以通过这个人互通消息。①

泽尔士收到波桑尼阿斯的信后很高兴，派阿塔培扎斯到海滨，担任达西利翁姆省的总督。泽尔士还给波桑尼阿斯写了回信，让阿塔培扎斯送到拜占庭，交给波桑尼阿斯。信中说，很感谢波桑尼阿斯送回了自己的亲戚朋友，但提醒波桑尼阿斯要日夜注意对国王许下的诺言（指让波斯国王统治希腊）。只要需要，波斯会提供任何数量的金钱和军队来帮助波桑尼阿斯。波桑尼阿斯可以与阿塔培扎斯交涉，阿塔培扎斯会竭尽全力支持波桑尼阿斯。

就是在过去，波桑尼阿斯因为在普拉提亚战役中的将才，在希腊人中就有着很大的声誉。现在，收到了泽尔士的这封信，他更加自命不凡，不能再安于普通的生活方式了。因此，当他从拜占庭到外地去的时候，常常穿波斯人的服装；当他经过色雷斯的时候，常有波斯人和埃及人的卫队护送；他按照波斯人的方式举行宴会。在小事情方面，他已经把将来要在大规模上做的事情很清楚地表现出来了。他的真正目的已经完全不能隐瞒了。他与别人的平常接触隔绝了，对任何人都是一种粗暴的态度。这是当时同盟军转而倾向于雅典人的主要原因之一。

斯巴达人听说了他的这些行为，就在公元前478年，把他从赫勒斯滂指挥军队的位置上召回审问。在斯巴达，波桑尼阿斯各种侵犯个人利益的行为被判为有罪，但对于所告发的主要罪状——私通波斯人，被宣布为无罪。斯巴达没有再派他去赫勒斯滂。

但是，他没有得到政府的允许，私自乘着一条三列桨战舰，从赫迈俄尼航往赫勒斯滂。他假装是去和波斯人作战，事实上他是去私通波斯国王的。他的目的是想做全希腊的统治者。很明显，他的行为和过去是一样的。在赫勒斯滂，他被雅典人包围而驱逐出拜占庭。但是，他没有回斯巴达，而是住在特罗阿德的科伦尼，和波斯人进行阴谋活动，无故逗留国外。监察官们派了一个传令官，命令他回国。如果不回国，斯巴达人将宣布他为公敌。

波桑尼阿斯希望避免嫌疑，同时他自信能够通过贿赂洗清自己的罪

---

① ［古希腊］修昔底德：《伯罗奔尼撒战争史》，谢德风译，商务印书馆1960年版，第75、100—101页。

名。所以，他第二次回国了。他一回到斯巴达，监察官们就把他投入监狱，因为监察官们有权力幽禁国王。波桑尼阿斯设法使自己被释放了，并表示，在审问时，他将对任何控告进行答辩。

斯巴达人没有对他不利的直接证据，同时他身居高位（波桑尼阿斯是摄政王，未成年的国王普雷斯他库斯是他的侄子，普雷斯他库斯是利奥尼达的儿子），是王族成员，没有什么确切的事实足够判决这样一个处于这么高职位的人。但是，因为他对礼仪的轻视，对外国人生活方式的模仿，斯巴达人广泛怀疑他是不愿遵守斯巴达的现行习惯的。于是，进而仔细检查他过去的一切行动，目的是看他的生活方式是不是违反了现行习惯。结果发现了两件事：一件事是特尔斐的三角香炉事件。这个三角香炉是被希腊人当成反抗波斯战争的第一批胜利果实贡献给神的，波桑尼阿斯却擅自在香炉上雕刻了这样一句话："战争中希腊人的领袖，反抗波斯人的胜利者，波桑尼阿斯建造这个纪念品，献给飞巴斯。"飞巴斯意为太阳神，因为这个香炉是贡献给阿波罗的。斯巴达人马上把这话擦掉，刻上了所有联合起来打败波斯人，并贡献这个纪念品的那些城邦的名字（一共31个城邦）。波桑尼阿斯在三角香炉事件中的行为，在当时就是犯罪。另一件事是他正与希洛人阴谋。如果希洛人参加他的暴动，并帮助他实现计划的话，他允诺给予他们以自由权和完全的公民权。

就在监察官从希洛人那里得到一些消息的时候，他们还不相信，所以对波桑尼阿斯仍没有采取任何行动。原因有二：第一，这是符合对于处理自己人民的事务时的通常习惯的；第二，除非根据铁一般的绝对证据，他们是不会下这个不可撤回的判决的。但是，最后有一个人拿着波桑尼阿斯最后写给波斯国王的信来告发波桑尼阿斯。这个人叫阿吉拉斯，他是波桑尼阿斯的朋友，向来对波桑尼阿斯很忠实。波桑尼阿斯派他携带着给波斯国王的一封信送给阿塔培扎斯。阿吉拉斯看到，过去派去的使者都是一去不复返，他恐惧起来了。他拆看了信件，发现信中附载着要把他杀死的内容。这正如他所料的。于是，他把这封未送出的信件交给了监察官。

监察官发现这是一个比较令人信服的证据，但是他们还想亲自听听波桑尼阿斯本人说出一些情况来。因此，他们和阿吉拉斯作出了如下布置：阿吉拉斯到塔纳鲁斯的神庙中去，装成一个求神者。他留在一个小屋中，小屋分成两个房间。一些监察官隐藏在这个小屋的内房中。波桑尼阿斯如约来到了。

政治的定数

阿吉拉斯首先抱怨波桑尼阿斯在信中关于他的指示，接着谈到其他详细的情节，指出在波桑尼阿斯与波斯国王的谈判中，他从来没有损害过波桑尼阿斯的利益，而他现在所得的报酬是被处死。所有这一切，波桑尼阿斯都承认了，请求阿吉拉斯不要生气，并要他马上出发，不要耽误谈判。

监察官在内房中听到了全部情节，他们现在完全相信波桑尼阿斯私通波斯了。他们没有从内房走出来，而是计划在城内逮捕波桑尼阿斯。据说，在街上，波桑尼阿斯从一个走近他的监察官的面部表情中知道了监察官走来的真正目的，同时，另一个监察官向他暗中点头，表示他有危险。于是，波桑尼阿斯开始迅速地逃跑，想跑进近在咫尺的黄铜宫女神的神庙中去。他跑进庙内一个小房安静地躲在里边。监察官后来赶到，揭去屋顶发现了他，就把他困在这个小房中，想使他饿死。当他将要死的时候，人们把他从神庙中抬出，因为如果他死在那里，神庙将被污秽。刚刚抬出来，他就死了。①

从修昔底德对这个事件的整个过程的描述，可以看到斯巴达人对于公民个人进行处置时是很慎重的。

斯巴达人处置自己的公民时十分慎重，而雅典人在处置自己的公民时就轻率得多了。在第一卷中，修昔底德叙述完波桑尼阿斯事件之后，紧接着就叙述了地米斯托克利事件：斯巴达根据在审问波桑尼阿斯时发现的证据，控告地米斯托克利也犯了私通波斯的罪行，劝告雅典人处罚地米斯托克利。雅典人同意了。但是，当时地米斯托克利已经被放逐，住在亚哥斯，常在伯罗奔尼撒其他地方走动。于是雅典人派官吏随同斯巴达人往伯罗奔尼撒，命令他们无论在什么地方发现地米斯托克利，都要马上逮捕他，送回雅典。地米斯托克利知道了消息，从伯罗奔尼撒逃往科西拉。科西拉人一向把他当成恩人来尊敬。之所以把他当成恩人，或者是因为他原谅了科西拉人没有参加波斯战争，或者是因为在科西拉与科林斯的争执中，地米斯托克利帮助了科西拉人。尽管如此，科西拉人怕引起雅典和斯巴达的敌视，所以，把地米斯托克利送到了对岸的大陆上。雅典的官吏紧紧追踪，地米斯托克利不得不在摩罗西亚人的国王阿德密塔斯家里停留下来。当斯巴达人和雅典人赶到的时候，阿德密塔斯拒绝交出地米斯托克利。地米斯托克利希望到波斯国王那里去，阿德密塔斯就把他送到爱琴海

---

① ［古希腊］修昔底德：《伯罗奔尼撒战争史》，谢德风译，商务印书馆1960年版，第101—105页。

岸边的城市彼得那。在那里，地米斯托克利乘船到了以弗所，写了一封信给波斯国王阿塔薛西斯，讲了自己在波斯战争中给予波斯人的帮助。自己今天被希腊人追逐，就是因为对波斯人的帮助。并且说，自己有能力对波斯国王作出重大贡献，将在一年后去见波斯国王。

地米斯托克利在一年的等待时期，学习了波斯的语言文字和风俗习惯。一年之后，他到了波斯王廷，成为重要人物。最后，他于公元前462年病死。据说，依照他的愿望，其遗骨被其亲属携带回国，秘密埋葬在亚狄迦。

修昔底德在叙述地米斯托克利事件的时候，对于怎么可以证明地米斯托克利犯有私通波斯的罪行，没有提供任何证据。雅典人只是根据斯巴达人的控告和劝告，就轻率地决定逮捕地米斯托克利。

地米斯托克利的才能在修昔底德的笔下有充分的展现。在第一卷中，地米斯托克利运用高明的政治策略使得雅典人在波斯人撤退之后很短的时间内就建筑了雅典的城墙。当时地米斯托克利就说："雅典现在已经设防，足以保卫它的人民了；如果斯巴达人或他们的同盟者，无论为着什么事要派代表到那里去，都要准备承认，雅典人对于他们自己的利益和希腊其他国家的利益，都能够自己决定。"对此，修昔底德说："雅典人就这样建筑了他们的城墙，因此他们的地位一般地加强了。"①

不仅如此，修昔底德对地米斯托克利的才能还有更高的评价。他说："真的，地米斯托克利是一个表现得有显著天才的人。在这方面，他是超凡的，比任何其他的人都更值得我们钦佩。对于当场要解决而不容许长期讨论的问题，他用不着事先研究或事后考虑，只用他天赋的智慧，就能得到正确的结论，在估计将来可能产生的结果的时候，他对将来的预测总是比其他的人更为可靠。任何他熟悉的问题，他都能够说明得很好；就是对于他本行以外的事情，他也能够提供很好的意见。他有特别惊人的本领，能够看透未来，看出其结果好坏的可能性。总之，可以说，由于天才的力量和行动的迅速，他能够在恰当的时候做出真正恰当的事情来，远非他人所能及。"②

---

① ［古希腊］修昔底德：《伯罗奔尼撒战争史》，谢德风译，商务印书馆1960年版，第73、75页。
② 同上书，第109页。

政治的定数

雅典人在处理城邦与个人关系问题上的轻率态度迫使一个杰出的政治家逃离而远投敌国去了。

民主政体下的政治家处于民主体制之下，他们纵然有特别高明的才能，也无法与这个体制相抗衡，他们必须在这个体制之下生存和活动，因而不可避免要与这个体制发生紧张。杰出的个人往往无法见容于这个体制，因而命运悲惨。个人与城邦之间的这种张力的存在是民主政治的必然。对此，尼西阿斯看得十分清楚。在西西里，针对德谟斯提尼要求退回雅典的主张，他确信雅典人是不会赞成他们撤退的，他深知雅典人的性格，与其被雅典人作出一个不公平的判决，在一个丢脸的罪名之下处死，还不如在此地碰碰运气；如果一定要死的话，他宁愿死在敌人手里。尽管他曾说过"须知城邦就是人，而不是城墙也不是没有人的船舰"，① 但是他的城邦无法理解这一点，他所赖以生存的民主体制并没有这样的认识。

第三节　理想政体

在《伯罗奔尼撒战争史》中，修昔底德曾讲到过一些国家的国王，如波斯国王泽尔士、阿塔薛西斯，利比亚国王伊那罗斯，帖撒利国王奥勒斯特，斯巴达国王普雷斯他库斯、阿基达马斯、普雷斯托安那克斯、阿基斯，摩罗西亚人的国王阿德密塔斯，马其顿国王柏第卡斯及其儿子阿基拉斯，林卡斯国王阿拉皮阿斯，色雷斯地方奥德里西人的国王西塔尔西斯，阿格里国王萨林修斯，意大利的西塞尔人国王意大拉斯，等等。他也曾说："古老的政体是世袭君主制。"② 但是，修昔底德并没有通过政治事件来展示君主制的优劣，也没有通过他笔下的人物之口来做这种展示。他对君主制是一笔带过的。

在其他几种政体（包括僭主政体、贵族寡头政体和民主政体）中，哪一种政体最好呢？

---

① ［古希腊］修昔底德：《伯罗奔尼撒战争史》，谢德风译，商务印书馆1960年版，第625页。
② 同上书，第12页。

第五章　政体

一、非优良的僭主政体

可以肯定的是僭主政体不是优良的政体。在第一卷中，修昔底德曾讲述了库伦事件：过去有一个叫库伦的希腊人，他是奥林匹亚赛会的胜利者。他娶麦加拉僭主特阿真尼之女为妻。库伦到特尔斐去问神，神的回答是要他在"宙斯的大节日"夺取雅典卫城。特阿真尼给他一些军队，所以当伯罗奔尼撒的奥林匹亚节日到了的时候，他召集他自己的一些朋友，想夺取卫城，自己做僭主。他认为，奥林匹亚节日一定就是神谶中所说的"宙斯的大节日"，因为他是奥林匹亚赛会的胜利者。至于神谶中所说的这个节日是在亚狄迦或在其他地方，他根本没有考虑，神谶中也没有任何启示。但是，他认为自己的看法是对的，所以他决定在伯罗奔尼撒的奥林匹亚节日夺取政权。但是当雅典人发现这件事的时候，他们都从乡村中赶来，以全力抵抗库伦的党羽，把他们包围在卫城中。库伦和他的兄弟设法出逃，但是其余的人不是饿死，就是被围城的雅典人杀死了。①

在库伦事件中，雅典人民的态度是很明确的，他们反对僭主政治。在第一卷中，修昔底德曾说："僭主们总是考虑他们自己，他们个人的安全和他们自己家族的荣耀。因此这些政府的主要政治原则是安全，它们没有值得提及的成就——事实上，除了它们的直接地方利益以外，它们什么事也没有做。因此，在长时期中，整个希腊的国家不能联合一致，做出了不起的事业来，就是单独的城市也缺乏进取心。②"

在第一卷中，普拉提亚人指责底比斯人在波斯战争中勾引波斯人，与波斯人合作。针对这个指责，底比斯人在斯巴达五个审判官面前发言说："你们也应该考虑，当这些事件发生的时候，我们两国的政体是怎样的。当时，我们的宪法既不是所有的人在法律上都有平等权利的贵族政治，也不是民主政治。政权在有势力的一个小集团手中，这种政体和僭主政治最接近，离开法律和中庸美德最远。如果波斯人侵略成功的话，这个小集团的人还希望为自己获得更大的权势，所以他们以武力镇压人民，勾引波斯

---

① ［古希腊］修昔底德：《伯罗奔尼撒战争史》，谢德风译，商务印书馆1960年版，第97—98页。
② 同上书，第16页。

政治的定数

人进来。这不是整个城邦的行动，因为城邦不能自主地作出自己的决定，它不应当因为它在没有正式合法政府的时候所犯的错误而受到责难。"① 在底比斯人这里，僭主政体不仅离开法律和中庸美德最远，而且是一种不合法的政体。

在第六卷中，修昔底德在述及雅典历史上的僭主政治时曾说："事实上这些特别的僭主们长期以来表现他们的政策有高度的原则和智慧。他们对于雅典人所征的税不过财产的二十分之一，但是他们大大地改善了雅典的面貌，在战争中取得了胜利，举行了一切正当的宗教祭祀。在其他一切方面，城邦还是按照过去的法律管理，他们只是注意他们自己的家族中一个成员总是居于公职。"尽管如此，修昔底德仍说："人民都听说过关于僭主庇西斯特拉图和他的儿子们的僭主政治，知道它后来是多么压迫人民的。"哈摩狄阿斯和阿里斯托斋吞刺杀希帕库斯的事件发生后，"僭主政治对于雅典人民更加压迫了。现在希比亚更加害怕，所以处死了许多公民。同时，他开始在外国寻找一个在革命发生时可以逃避的地方"。希比亚把他的女儿阿基狄斯嫁给一个拉姆普萨卡斯人伊安泰德（拉姆普萨卡斯的僭主希波克利的儿子）。这个阿基狄斯的坟墓在拉姆普萨卡斯。修昔底德特意记录了其墓碑上的铭刻："长眠在这里的阿基狄斯，父亲是当代希腊最伟大的人物希比亚，父亲和丈夫，兄弟和儿子们都是僭主，但是她心中毫无骄傲。"② 僭主政体并不为人民大众所喜欢，就连僭主的女儿和姐妹也以自己的亲人是僭主而惭愧，而不是骄傲。

二、寡头政治之恶

僭主政体不是好的政体，那么，贵族寡头政体呢？在修昔底德笔下，寡头政治压迫人民、寡头政权容易内讧、寡头政权出卖国家以及寡头政治的其他缺陷等都是寡头政治之恶。③ 这些"恶"，决定了寡头政体也不是优良的政体。

（1）关于寡头政治压迫人民。在第三卷中，科西拉的贵族党暴动成

---

① ［古希腊］修昔底德：《伯罗奔尼撒战争史》，谢德风译，商务印书馆1960年版，第254页。
② 同上书，第517—518、521—522页。
③ 由于修昔底德不区分贵族制与寡头制，所以，本节以"寡头制"指代"贵族寡头制"，以"寡头政权"指代"贵族寡头政权"。

第五章 政体

功后,召集人民开会。他们建议将来不接待雅典和斯巴达任何一边的使节,除非是根据和平条件,但每次也不得超过一条船舰;比这个数目多的船舰将被当成敌人。当这个建议提出来的时候,他们马上强迫民众会议通过。请注意"强迫"这个词。在第四卷中,麦加拉人与逃亡党人通过友好谈判,从培加召回逃亡党人,逃亡党人宣誓:他们只能为城邦谋利益,绝不报复既往的私仇。但是流亡者恢复政权以后,挑出约100个和他们有私仇的以及有和雅典私通的重大嫌疑者,强迫人民公开表决宣判。这些人都被判处死刑。于是他们在城内建立了严格的贵族政治。在这里,也请注意"强迫"这个词。修昔底德谈到帕利尼的城市门德叛离雅典的情况时说,和伯拉西达私通的也只是极少数人,他们看到伯拉西达支持他们,又不愿意放弃塞翁尼,所以得出结论,认为伯拉西达不会出卖他们,所以更加愿意冒险了。他们强迫他们的同胞公民违反大多数人的善良判断而跟着他们跑。在这里还是请注意"强迫"这个词。在第八卷中,讲到开俄斯当时的政治状况,修昔底德叙述说:"现在因为爱温的儿子泰底阿斯的党人被佩达利都以亲雅典的罪名处以死刑;城市中其余的人民被贵族政治强暴地压制了,人民彼此间互相猜疑,对政治冷淡。"这里的用词是"强暴",甚于"强迫"。当斯巴达海军大将阿斯泰奥卡斯带着他的全部舰队向萨摩斯推进时,因为雅典人彼此互相猜疑,他们没有出来和他作战。雅典人之所以采取这种态度,是因为大约在这个时候,或者甚至更早一点,雅典的民主政治已经被推翻了。[1]

修昔底德在这几个地方提到贵族寡头制的时候,都把这种体制与负性的词语相连。这些负性的词语包括强迫、强暴、猜疑、冷淡等。下文即将要说到的福里尼卡斯的看法中,对贵族寡头制的用词则是"粗暴"这样的负性词语。

在第八卷中,福里尼卡斯反对在萨摩斯的雅典人推翻雅典民主政治的阴谋时,曾比较过民主政治与寡头政治。他说,雅典同盟诸国"没有理由可以认为在所谓上层阶级统治下会比在民主政治统治下更好,因为当贵族政治作恶的时候,这种行为是上层阶级所发动,所执行,所从中获得利益的。这些阶级执政的时候,可以粗暴地处平民以死刑,而不要经过审

---

[1] [古希腊]修昔底德:《伯罗奔尼撒战争史》,谢德风译,商务印书馆1960年版,第262、351、387、662—663、681页。

判；而民主政治使平民获得安全，使上层阶级安守本分。他说，他确信这是这些城市从它们自己的经验中所得到的教训，这是它们所想的。"①

　　福里尼卡斯的这个说法是否夸大其词呢？后来雅典寡头党人的恐怖做法完全证实了福里尼卡斯的先见。当皮山大和其他代表与替萨斐尼谈判无果回到萨摩斯之后，联络萨摩斯的上层阶级，想使他们参加建立寡头政治的工作。在萨摩斯的雅典人商量，决定把事情亲自担负起来。他们自愿地从他们私人的产业中贡献出金钱以及其他一切需要的东西，因为他们现在所做的困难工作不是为了别人，而是为了自己。②

　　当皮山大和其他代表依照所决定的计划，一路废除沿途各城市的民主政治，最后到达雅典时，他们发现，在雅典方面，大部分的工作已经为他们的同党人做好了。这些雅典的寡头党做了什么呢？他们暗杀了民主党的一个领袖安得洛克利，对于其他一些他们认为讨厌的人也秘密地除掉了。他们公开提出了一个寡头政治的纲领。他们还控制了民众会议和豆粒议事会。尽管民众会议和依照抽签方法选举出来的豆粒议事会还是继续开会，但是没有经过寡头党批准的事情，他们不能议决。事实上，在会议中发言的都是寡头党的人，他们所要说的也是事先由寡头党考虑好了的。人民看见他们就怕了，没有人敢说反对他们的话。如果有人真的敢说反对他们的话，他们马上会用适当的方法把他杀死，没有人去追究这种罪犯，或向有嫌疑的人提出控诉。修昔底德评论说："人民默然无言，他们是在这样的恐怖状态中，以至于他们纵或完全没有说什么，也以免于祸害而私自庆幸。"③他们想象的贵族党人数比实际的人数多得多，他们失掉了对自己的一切信心，一则因为城市过大，二则因为他们彼此间的消息不灵通，他们不能知道真实的情况。基于同样的原因，任何感到受虐待的人也不能向任何人诉苦，以便采取自卫的方法。因为他发现他能向之诉说的人，要么是不认识的人，要么就是虽然认识但不可靠的人。整个民主党的人彼此怀疑，每个人都认为他的邻人是和这个阴谋有关系的。事实上，阴谋者中有一些人是没有能够想到他们会参加贵族政治的。主要是这些人使人民大众彼此不相信任，使少数人获得安全，因为他们在民众会议中，使彼此互相

---

① ［古希腊］修昔底德：《伯罗奔尼撒战争史》，谢德风译，商务印书馆1960年版，第671—672页。
② 同上书，第681页。
③ 同上书，第683页。

猜疑成为既成事实。①

　　皮山大在雅典提出了一个寡头政体的提案。他要求取消现行宪法所规定的公职制和薪金制，选举5人为主席，这5人选择100人，100人中每人又选择3人，由这400人组织议事会，有全权依照他们认为最好的方法统治城邦。他们在他们选定的任何时候，召集"五千人会议"。②

　　民众会议批准了这个建议，没有人提出反对的意见，于是就散会了。接着寡头党人就用暴力为后盾，使400人进入议事会会议厅。当天他们让那些没有参加阴谋的人和平常一样回家去，命令他们自己的党人安静地在附近等着，不露一点儿声色，站在离武器不远的地方。如果有人对于刚才所进行的事情有任何反对的表示的话，他们就马上夺取武器，镇压他们。那里也有一些安得罗斯人和提诺斯人，300名卡利斯都人和一些从厄基那来的移民。所有这些人都是特别为了这个阴谋的目的，带着自己的武器来的；他们也接受了同样的命令。当他们都站在他们的岗位上的时候，"四百人"出来了，每个人身上都暗藏着匕首，有120名"希腊青年"跟在后面。他们需要用暴力的时候，就可以利用这些青年行动。依照抽签方法选出来的议员们正在议事厅中开会。他们跑来，命令这些议员领了他们的薪金，离开那里。议事会议员们就这样退出去了，没有人反对，其余的公民都很安静，没有人采取任何行动。③"四百人"就是这样以武力为后盾占据了议事会的。

　　对于"四百人"以后的统治，修昔底德评论说："他们利用暴力统治城邦"。有些他们认为最好是除掉的人都被杀死了，有些被囚于狱中，或被放逐。④

---

① 寡头们在使人民相互猜疑上是如此成功，以至于后来庇里犹斯的重装步兵在号召拆毁那个目的在于引导敌人的舰队和陆军进来的亚提翁尼亚城墙的时候，依然不敢攻击这个子虚乌有的"五千人"统治，而仅仅攻击"四百人"统治。修昔底德评论说："他们还是用'五千人'的名义作幌子，而不直截了当地说，'凡是希望人民统治的'，因为他们恐怕这'五千人'也许是真正存在的，他们可能在不知不觉中对这'五千人'中的人说了一些什么话，因而惹起麻烦。事实上，这正是'四百人'之所以不希望这'五千人'存在，同时又不希望大家知道这'五千人'不存在的原因：他们认为，有了这么多的人共同掌握政权，那么，这就和民主政治简直是一样了。但是不把整个问题确定下来，就会使人民彼此互相畏惧。"［古希腊］修昔底德：《伯罗奔尼撒战争史》，谢德风译，商务印书馆1960年版，第706—707页。

② 同上书，第684页。

③ 同上书，第685—686页。

④ 同上书，第687页。

> 政治的定数

在寡头政治下,少数人掌权,阴谋盛行,人民失去自由、不敢说话,寡头们用暴力统治城邦。这些都是寡头政治之恶。回想当年伯里克利在国葬典礼上盛赞的民主政治下的雅典,如今寡头统治下的雅典与之相比,恍若隔世。①

在民主政治下的雅典,尽管与城邦相比,作为个体的公民是微不足道的,但作为整体的人民是自由的。政治生活是公开的,也是自由的。公民彼此间的日常生活也是公开和自由的。人民掌握城邦的政权,人民的意志高于一切。他们不依赖阴谋诡计,而依赖人民的勇敢和忠诚。就连克里昂这样的善于搞权术的政治家也承认这一点。他在关于密提林的辩论中曾说雅典人彼此间的日常关系中,"不受恐惧和阴谋的影响"。②如今,在寡头政治下,政权在少数寡头手中,人民匍匐在寡头们的脚下,生活在恐惧和相互猜疑之中。

修昔底德曾评论说:"雅典人在驱逐暴君之后大约一百年的整个时期中,他们不惯于受别人统治;而且在这个时期一半以上的时间内,他们是统治别人的,要剥夺这样一个民族的自由,确实不是一件容易事。"当雅典的寡头政治建立的时候,斯巴达国王阿基斯正在狄西里亚,他不相信雅典平民一下就会放弃他们自古以来就享受了的自由。③修昔底德的这一处评论和一处叙述反证了民主政治与自由的密切关系:民主政治是人民自由的政治,寡头政治是人民丧失自由的政治。

(2) 关于寡头政权内讧。寡头政权的成员,是以利益结合在一起的。一旦他们的利益不一致,就会引起内讧。

雅典的寡头们夺取了国家政权以后,曾派遣十个代表到萨摩斯,想获得驻扎在那里的雅典军队的好感。因为"四百人"恐怕在海军中服务的人不安于接受寡头政治的统治,叛乱可能在那里发生,结果将使新政府本身倾覆。但是,这时的萨摩斯已经转向反对寡头政治了,亚西比得已经被召回,做了在萨摩斯的雅典军队的将军。亚西比得给十个代表答复说,政权

---

① 对于这个寡头政府,施特劳斯却大为称赞。他说:"这种政制在雅典的建立是一项了不起的成就,是最有能力和最卓越的雅典人中的一些人的杰作。"参见〔美〕施特劳斯《对修昔底德著作中诸神的初步考察》,载〔美〕施特劳斯《柏拉图式政治哲学研究》,张缨等译,华夏出版社2012年版,第141页。
② 〔古希腊〕修昔底德:《伯罗奔尼撒战争史》,谢德风译,商务印书馆1960年版,第231页。
③ 同上书,第685、687页。

在"五千人"手里,他不反对;但是他坚决要求取消"四百人议事会",原先的"五百人议事会"应当恢复。他劝他们坚持,不要对敌人让步。代表们从萨摩斯回到雅典,传达了亚西比得的答复。这个答复使得寡头政权走向了内讧。就是在以前,大部分和寡头政治有关的人已经不满意于寡头政治了;只要他们能够得到安全的话,他们很愿意退出寡头政治;现在亚西比得的答复使他们更加决心退出寡头政治了。他们开始自己组织一个反对党,激烈地批评当时的行政。他们的领袖们是一些主要的将军和在贵族政治下居重要职位的人,例如特拉门尼、亚里斯多克拉底和其他一些人。这些人虽然在寡头政治中占有重要的职位,但是他们害怕萨摩斯的军队,害怕亚西比得;同时,他们也害怕那些往斯巴达去谈判和约的人,没有得到大多数人的同意,会给国家带来一些危害。他们虽然没有建议完全取消寡头政治,但是主张"五千人"应当指定出来,使这个团体不仅是名义上存在的,而是实际存在,主张政府应当建立在一个比较广大的基础上。①

他们为什么会这么做?或者说,寡头政权为什么会出现内讧?修昔底德分析了两个原因。他说:"因为政体一变,每个个人都不满意于和别人处于平等的地位,以为自己比谁都强得多。反过来说,在民主政治统治下,有人没有当选为官吏的时候,他总可以用这种思想来安慰自己:使他失败的不是他的平辈。但是最明显地鼓励反对党的不满情绪的是亚西比得在萨摩斯的势力,他们不相信寡头政治会维持得长久。"此外,修昔底德还提到了第三个原因,那就是个人野心的作用。他在谈到寡头政权中的这些人反对寡头政权而提出政府应当建立在一个比较广大的基础上、他们害怕那些往斯巴达谈判的人没有得到大多数人的同意会给国家带来一些危害的时候,评论说:"事实上,这只是他们政治上的宣传。他们大多数人是为个人的野心所驱使,他们在以寡头政治代替了民主政治的时候,他们的行动就采取了对于寡头政治最有害的路线。""他们每个人都想首先成为一般民众的领袖和代言人。"② 这些就是寡头政权内讧的原理。

(3)关于寡头政权卖国。寡头政权不仅压迫人民,不仅其内部会出现内讧,而且同等重要的是,寡头政权是卖国的政权。

---

① [古希腊]修昔底德:《伯罗奔尼撒战争史》,谢德风译,商务印书馆1960年版,第687—688、694—695、699、702页。
② 同上书,第702—703页。

政治的定数

人民不会出卖国家，而寡头会出卖国家。"四百人"中反对民主政治最力的领袖是福里尼卡斯、亚里斯塔卡斯、皮山大、安替芬和其他一些最有势力的家族中的人。寡头们夺取了雅典的政权以后，与派遣十个代表到萨摩斯几乎同时进行的是，他们向驻扎在狄西里亚的斯巴达国王阿基斯建议，说他们愿意讲和，并派代表往斯巴达商谈和约。他们也在亚提翁尼亚建筑城墙。因为他们看到，不仅一般民众，而且自己党内的成员，过去被认为是最可靠的人，也起来反对他们了。因为萨摩斯和雅典两个方面的形势，他们大为恐慌起来，急忙派遣安替芬、福里尼卡斯和其他十个人，命令他们和斯巴达订立和约，无论依照什么条件都是可以容忍的。同时，他们更积极地建筑亚提翁尼亚的城墙。事实上，建筑这道城墙的用意是想在任何他们需要的时候，可以让敌人带着舰队和陆军进来。这条城墙有很小的后门和入口，有引导敌人进来的道路。修昔底德说："他们所希望的，首先是保全寡头政治，同时也控制同盟国。如果这一点做不到的话，他们其次的目的是想占据雅典的海军要塞，保全独立。但是，如果这一点也做不到的话，他们一定不愿意自己成为民主政治恢复后第一批被杀戮的人，宁愿招请敌人来，把舰队和要塞交出，根据任何条件订立和约，只要保全他们的性命，不管雅典的将来如何。"① 这些就是寡头政治卖国的原理。

（4）关于寡头政治的其他缺陷。叙拉古的雅典那哥拉斯曾专门比较过民主政治与贵族寡头政治。他说："同一个国家内的成员，公平地说，应该享受同样的权利。有人说，民主政治不是一个贤明的制度，也不是一个公平的制度，有钱的人就是最好的统治者。但是我说，首先民主政治的意义是代表全体的人民，而贵族政治只是代表人民中的一部分人；其次，虽然富者善于寻找金钱，但是最好的顾问是贤明的人，多数人最善于听取各种不同的辩论，然后从中作出判断。在民主政治下，一切的人一样，不管全体一块也好，当作个别的阶级也好，都有平等的权利。反过来说，一个寡头政治，无疑地，使大众分担患难，但是在享受幸福生活的时候，不仅自己要求最大的一部分，并且甚至于独占了全部。"他认为，寡头政治这样的目的是邪恶的，做这些事情的人是最大的罪犯。②

---

① ［古希腊］修昔底德：《伯罗奔尼撒战争史》，谢德风译，商务印书馆1960年版，第687、702—705页。
② 同上书，第508—509页。

在《伯罗奔尼撒战争史》中，对民主政治的批评时有出现。如本书第二章所述，人民那些不好的品性几乎都是民主政治的缺陷。在第六卷中，亚西比得在斯巴达的发言中也说道："至于民主政治，凡是有点常识的人都会知道，这是什么意义，而我不至于比任何人缺乏常识。真的，我很有理由攻击民主政治；但是关于这种一般人认为是愚笨的制度，我没有什么新的东西可说。"在"民主政治"这个词语之前，有时会被冠以否定性的修饰语。例如，这里亚西比得说的"愚笨的"，他在另一处说的"腐败的"，雅典寡头们说的"反复无常的"。[1] 不能否认，民主政治具有很多的缺陷，但是所有的缺陷之和都抵消不了它的最大的优点，那就是人民本身的自由。如果人民丧失了自由，无论什么政体，对于人民还有什么意义？民主政治让人民自由，而所有其他的政体都是人民的枷锁。

修昔底德在《伯罗奔尼撒战争史》前七卷中的叙述让我们得到一个强烈的印象——民主政治是满身缺点的政治。雅典民主政治中发生的令人遗憾的事情以及伯里克利、克里昂、戴奥多都斯对人民和民主政治的批评给了我们太深的印象，以至于我们甚至忘掉了民主政治竟然还有优点。但是，当我们进入第八卷，看到雅典由民主政治逐步改换为寡头政治，进一步又看到寡头政治之恶的时候，我们开始怀念以前的雅典民主政治。当我们设身处地为雅典人着想的时候，我们会期望回到以前的民主政治状态下去，而不再去计较它的缺点。

三、作为理想的混合政体

"混合政体"意味着多种政体要素的混合。修昔底德所倾向的是以民主制为根本，混以君主制或贵族制的某种因素。

单纯回归雅典原来的民主政治，其实是不够的。民主政治需要融入新的要素来克服它自身的一些缺陷。在第二卷中，修昔底德的一处评论已经给了我们一些启发。他在评论伯里克利的时候曾经说："虽然雅典在名义上是民主政治，但事实上权力是在第一公民手中。"修昔底德所说的"第一公民"特指伯里克利。他说："他的贤明和他有名的廉洁，能够尊重人

---

[1] ［古希腊］修昔底德：《伯罗奔尼撒战争史》，谢德风译，商务印书馆1960年版，第547、670、687页。

民的自由，同时又能够控制他们。是他领导他们，而不是他们领导他。因为他从来没有从不良的动机出发来追求权力，所以他没有逢迎他们的必要：事实上他这样崇高地受人尊敬，以至于他可以对他们发出怒言，可以提出反对他们的意见。""但是他的继承人，彼此都是平等的，而每个人都想居于首要的地位，所以他们采取笼络群众的手段，结果使他们丧失了对公众事务的领导权。在一个统治着帝国的大城市中，这样的政策自然会引起许多错误，西西里远征就是这些错误之一。"①

修昔底德对伯里克利盖棺定论的评论启示着我们，民主政治也需要强有力的政治领导人，这个强有力的政治领导人应当具备优良的品质和超群的智慧。唯其品质优良，才可能强有力。这种君主制的因素渗入民主政治，有利于民主政治的稳定和决策的正确。所以，在伯里克利主持国政的整个和平时期，国家得到英明的领导，安全也得到保卫。雅典的全盛时代正是伯里克利统治的时期。②

在第八卷一开始，当雅典人知道西西里远征军全军覆灭的消息确实的时候，他们感到了很大的恐惧和惊慌。但是，他们决定不屈服。修昔底德说："和一切民主政治的政府一样，因为他们恐慌了，他们准备把一切事情都整顿好。"其中的一项措施是"任命一些有经验的人组织一个团体，以便无论什么时候发生问题时，给他们提供经验"。这样，民主政治中就渗入了贵族政治的因素。而贵族政治因素是有利于政治稳定的。斯巴达的强大就得益于其稳定，而其稳定又得益于其贵族政体。修昔底德就曾说过："四百多年来，他们的政府没有变更，这点不仅是它内部力量的源泉，并且使它能够干涉其他国家的事务。"③

除了对伯里克利的评论和西西里大败后雅典人的这个措施以外，修昔底德笔下还有两处临时性的而非制度性的混合安排。一处在第四卷中，当时正值派娄斯事件的高潮。斯巴达派遣代表到雅典请求缔结和约。克里昂鼓动民众提出无理要求，作为对斯巴达代表的答复。对于雅典人的答复，斯巴达代表没有发表意见。他们要求成立一个委员会，他们可以和委员会商讨每个细节，在安静的气氛中找出协定的基础来。其实，斯巴达是想向

---

① ［古希腊］修昔底德：《伯罗奔尼撒战争史》，谢德风译，商务印书馆1960年版，第170页。
② 同上书，第169页。
③ 同上书，第17、637—638页。

雅典作出若干让步，但又怕在人民会议中难以保密，所以才提出了这个要求。这遭到克里昂的大力攻击。克里昂说，斯巴达代表不愿意向全体民众说话，而愿意和一个极少数人组织的委员会商谈一切，这表明斯巴达人的意念是不诚恳的。假如他们的意念是诚恳的，他们尽可以对每个人说出自己的意见来。斯巴达人害怕不保密，如果对人民大会说出他们心里想说的话来，他们不一定能够达到目的，而在同盟者方面就会得到一个恶名。所以，斯巴达代表们没有取得任何结果就离开了雅典。①斯巴达代表所要求的这个委员会是一种贵族政治的因素。

另一处在在第五卷，50年休战和约和50年同盟条约成立后，科林斯代表访问亚哥斯，建议亚哥斯通过一个法令，邀请任何独立自主、能以平等合法的地位对待他国的希腊国家和亚哥斯订立防守同盟。为了达到这个目的，他们认为委派少数有特权的人员参加这项会议比在人民会议中进行协商要好一些，因为这样的办法可以使那些申请加入同盟而没有被批准的各邦易于保守秘密。后来，亚哥斯人真的通过了一个法令，推选12个代表，付以全权，要他们和斯巴达及雅典以外一切愿意加入的城邦商议缔结同盟。②这个安排也是在民主政治中掺进了贵族政治的因素。

从修昔底德笔下的展示和评论，我们可以得到一个结论：以民主政治为基础，加入君主制和贵族制因素的混合政体也许才是最理想的政体。

对何为理想政体这个问题，修昔底德本人没有任何明确的结论。但在第八卷中，他的一处评论似乎为我们探寻他的可能的结论留下了线索。当时，除了雅典人自己占领的奥勒阿斯之外，整个优卑亚叛离雅典，引起了雅典人从未曾有的一次最大恐慌。雅典人除了做好军事应对准备外，还立即召集了许多会议中的第一个会议，废除了"四百人"议事会，议决将政权交给"五千人"（包括所有可能自备重装步兵的军备的人在内），担任公职的人不得享受报酬。后来雅典人又举行了许多其他会议，选举起草宪法的人，准备修改宪法。在此，修昔底德评论说："真的，在这个新政权的初期，雅典人似乎有了一个比以前更好的政府，最低限度在我的这个时代是这样的，因为这样使少数的上层阶级和多数的下层阶级有了一个合

---

① [古希腊]修昔底德：《伯罗奔尼撒战争史》，谢德风译，商务印书馆1960年版，第314页。
② 同上书，第420—421页。

理的、适当的和解。这个和解首先使雅典在遭遇许多方面的灾难之后，再恢复起来。"①

第四节　本章小结

关于修昔底德心目中的理想政体问题，施特劳斯、威廉斯、韦特格林、格雷纳等人都有研究，并给出了各自的结论。施特劳斯曾经说："比起伯里克利的政制，他（指修昔底德）必定更欣赏公元前411年的短命政制，即寡头制和民主制的良好结合。正如古典的古代所有智慧之人一样，修昔底德赞同一种混合的或节制的政制，而雅典民主并不节制。""在我所谓的政治而非哲学的意义上，修昔底德的政治取向跟柏拉图一样。"②第二句话的意思是，修昔底德和古典时代的雅典智慧者一样，都赞成混合政制。此外，施特劳斯还说："他（指修昔底德）更喜欢寡头制和民主制的混合形式，而不是喜欢纯粹的寡头制或民主制的形式，但他是否绝对地喜欢这两种制度的混合形式而不是明智的和有德行的专政，这就不是很清楚了。"③

施特劳斯的认识很明确，所谓修昔底德心目中的混合政制，就是寡头制与民主制的混合。这样的混合政制是修昔底德所赞成的。至于修昔底德是否喜欢伯里克利式的明智和有德行的专政那样的政制，他认为是不清楚的。

除了施特劳斯的这个认识之外，关于修昔底德心目中的理想政体问题，威廉斯认为修昔底德对民主制是排斥的，但他从未公开承认自己属于何种政制。韦特格林则认为"五千人"仅仅是战时雅典最好的政制，并认为修昔底德把雅典最好的政制呈现为仅仅是偶然发生的。④格雷纳认

---

① [古希腊]修昔底德：《伯罗奔尼撒战争史》，谢德风译，商务印书馆1960年版，第712页。
② [美]施特劳斯：《修昔底德：政治史的意义》，郭振华等译，载潘戈编《古典政治理性主义的重生》，华夏出版社2011年版，第145—146页。
③ Leo Strauss, *The City and Man*, Chicago and London: The University of Chicago Press, Ltd, 1964, p. 238.
④ [美]威廉斯：《修昔底德笔下的个人与城邦——〈战争史〉卷二义疏》，陈开华译，载刘小枫、陈少明编《修昔底德的春秋笔法》，华夏出版社2007年版，第97、124、139页。

为，修昔底德视雅典民主制为城邦与战争胜利失之交臂的主要原因，赞成对政制作出某些形式上的改变，以便使权力掌握在少数被仔细挑选出来、更有智慧的人的手里，而不是自伯里克利逝世到"四百人"反叛期间那样，以贪婪和愚蠢的民众为权力来源。①

在以上研究者的认识中，施特劳斯的看法最为清晰明确，那就是修昔底德赞成寡头制与民主制的混合形式。这种认识正确吗？

笔者认为，修昔底德本人虽然赞同混合政体，但是，对于混合政体如何混合这个问题，并没有明确清晰的说明。鉴于寡头政治之恶，修昔底德不可能把寡头制作为混合的一个方面。通过他在书中的叙述和评论，我们可以看到，他似乎赞成的是，以民主制为基础，混以君主制和贵族制的因素，而不是简单地把寡头制与民主制混合起来。

---

① ［美］格雷纳：《古希腊政治理论——修昔底德和柏拉图笔下的人的形象》，戴智恒译，华夏出版社2012年版，第48页。

第六章　国家间关系

国家间关系是政治中的基本问题之一。国与国之间到底是一种什么关系？这个问题稍显复杂。在修昔底德笔下，有友谊关系，有畏惧关系，有强权关系，有利益关系，还有荣誉关系。在所有的关系中，最根本的是利益关系。这典型地反映在国家间关系的变动性上。所以，人们常说的"没有永恒的朋友，也没有永恒的敌人"放在国家间关系上来看，的确是一个朴素的真理。

第一节　友谊

一、雅典的友谊和密提林人的驳斥

在修昔底德笔下，讲国家间友谊关系的主要有两处：一处是在伯里克利在阵亡将士国葬典礼上的演说中，另一处是在密提林人在奥林匹亚的演说中。

在第二卷中，战争第一年末的冬季里，雅典人对首先阵亡的将士举行国葬典礼。伯里克利在这个典礼上被雅典城市推举出来发表了一篇演说，其中谈到雅典人对其他国家或城市的友谊，并予以了高度的赞美。伯里克利认为，在关于一般友谊问题上，雅典人和其他大多数的人形成了鲜明的对比。他说："我们结交朋友的方法是给他人以好处。这就使我们的友谊更为可靠，因为我们要继续对他们表示好感，使受惠于我们的人永远感激我们；但是受我们一些恩惠的人，在感情上缺少同样的热忱，因为他们知道，在他们报答我们的时候，这好像是偿还一笔债务一样，而不是自动地给予。在这方面，我们是独特的。当我们真的给予他人以恩惠时，我们不是因为估计自己的得失而这样做的，乃是由于我们的慷慨，这样做而无后悔。"①

伯里克利的这个赞美是纯粹的过誉。在修昔底德笔下，雅典的对外关系从来也没有以友谊为出发点。首要的一个明证就是密提林人在奥林匹亚的演说中对雅典友谊的揭露。

密提林是雅典的同盟城市，它在战争的第四年叛离雅典。密提林的代表到斯巴达请求支援，在奥林匹亚，他们在伯罗奔尼撒同盟的会议上有一个演说。在演说一开头，密提林代表就毫不隐讳地提到，当一个国家在战争中途暴动，放弃它的同盟者的时候，会出现两种截然对立的看法。"那些欢迎和它建立同盟的人正因此而高兴，因为他们知道这件事对于他们是有利的；而另外一些人则认为这是最坏的，因为它出卖了它从前的朋友。"密提林代表对第二种看法进行了辩解。他们说："人们不要以为我们很坏，以为我们在和平的时候受到雅典的尊重，而在危急的时候叛离了他们。"为此，密提林代表阐述了他们的友谊观。他们说："如果双方没有诚实的信念，没有在其他方面的某些共同心理状态的话，人与人之间绝对不可能有坚强的友谊，国与国之间也不可能建立真正的联盟；因为思想不同的人行动也不会一致。"密提林代表回顾了密提林与雅典的同盟是如何建立的，雅典人后来又是怎么对待密提林的。他们说，他们与雅典的同盟起源于波斯战争将结束的时候。当时，斯巴达退出领导的地位，而雅典人留下来完成这个工作。但是同盟的目的是解放希腊人，使希腊人免受波斯人的压迫，而不是要雅典人来奴役希腊人。当密提林人看到雅典人对波斯的敌视愈来愈少，而关心和奴役他们的同盟国愈来愈多，于是密提林人开始恐惧了。密提林人对雅典的领导不再信任了。他们担心，雅典人把其他国家控制了之后，很可能也会用同样的方法对付密提林人。②

但是，密提林人毕竟还是独立的，名义上还是自由的，他们在同盟军中有自己的分遣队。这该如何解释呢？密提林代表讲："事实上，雅典人允许我们独立的唯一原因是他们在创造其帝国的时候，认为他们利用巧妙

---

① ［古希腊］修昔底德：《伯罗奔尼撒战争史》，谢德风译，商务印书馆1960年版，第150页。
② 同上书，第212—213页。

的言词和政策的方法比利用暴力更易于取得势力。""我们能够保全独立的另一个因素，是我们费尽心血以讨好雅典的民众会议和他们各个主要的政治家。""如果不是这次战争爆发的话，我们绝对没有希望能够保持多么久了。"因为雅典人的策略是："他们首先领导较强的国家去进攻那些较弱的国家，而把最强大的国家留在最后面；一到其余的国家都被并吞之后，这个强大的国家也因而削弱，他们就有把握来对付了。"①

由此，密提林人认为他们和雅典之间没有真挚的友谊，他们对自己的自由也没有什么信心。"在战时，他们尽力对我们表示好感，因为他们害怕我们；而在平时，我们努力对他们表示好感，也是因为我们害怕他们。在大多数情况下，善意是忠顺的基础，但是在我们的情况之下，是依靠畏惧来作保证；我们的同盟关系是由于畏惧，而不是由于友谊来维持的。"②因此，密提林人告诉伯罗奔尼撒人，不要责难他们叛离雅典的行为。

在这里我们可以看到，密提林人与雅典人的同盟关系实际上并不是以友谊为基础的。后来，在关于密提林问题的辩论中，克里昂曾说密提林人与雅典人没有同样的情感。他说："对于那些确定不移总是我们的仇敌的人，我们不能有怜悯之感，因为他们和我们完全没有同样的感情。"③这些非常明确的观点与伯里克利所高度赞扬的雅典人对其他国家和城市的友谊精神是完全不合拍的。

二、伯里克利的过誉

密提林人对雅典友谊的揭露是真实的，伯里克利对雅典友谊的赞颂是过誉的。这有诸多的证据可以作为佐证。

在第一卷中，雅典人与科林斯人在科西拉海岸附近的海战以后，雅典人对自己的纳贡同盟国波提狄亚马上采取措施。他们向波提狄亚提出下列要求：拆毁面向帕利尼方面的城墙，向雅典交纳人质，驱逐科林斯人派来的地方官，并且以后不许科林斯人每年再派遣这种地方官来。修昔底德说："雅典提出这些要求，因为它恐怕波提狄亚受柏第卡斯和科林斯人的

---

① [古希腊]修昔底德：《伯罗奔尼撒战争史》，谢德风译，商务印书馆1960年版，第214页。
② 同上书，第214—215页。
③ 同上书，第235页。

影响，起来暴动，因而引起色雷斯地区内其他同盟城市的暴动。"雅典为了先发制人，派遣军队前往波提狄亚，这支军队所受的命令是去取得波提狄亚的人质，拆毁波提狄亚的城墙，同时注意防止邻近城市的暴动。雅典这样严密地防范同盟国，它和同盟国之间的关系能是以友谊为基础的吗？此外，在第一卷中，科林斯代表在劝说斯巴达决定战争政策的时候曾说道："我们远不如我们的祖先，因为我们的祖先使全希腊获得自由，而我们不但不能保卫自己的自由，而且容许一个国家在希腊作暴君，尽管我们在个别国家中确定了推翻暴君的原则。""至于那个在希腊已经建立起来了的暴君城市，我们深信它是想同样地统治全希腊的，它现在正在计划征服那些还没有被它征服的国家。"①

就是伯里克利本人，对雅典与同盟国之间脆弱的关系也有清醒的认识。在第一卷中，在接到斯巴达的最后通牒后，伯里克利在雅典民众会议上说道："同盟国是我们力量的基础。如果我们所剩下来的军队不够派出去镇压同盟国的话，它们马上会暴动的。"在第二卷中，他在劝雅典人坚定战争的决心时说："你们不要认为我们战争的目的单单是为了享受自由或遭受奴役的问题，同时也牵涉到帝国的丧失以及管理这个帝国时所引起的仇恨而产生的危险。虽然也许有些在突然恐慌状况中对政治漠不关心的人真的认为放弃这个帝国是一种好的和高尚的事，但是你们已经不可能放弃这个帝国了。事实上你们是靠暴力来维持这个帝国的；过去取得这个帝国可能是错误的，但是现在放弃这个帝国一定是危险的。"②

伯里克利本人对雅典与同盟国之间的脆弱关系有清醒认识，其他人也有一样清醒的认识。在第三卷中，克里昂在关于密提林的辩论中对雅典人说："你们不知道，你们的帝国是一个对属民统治的暴君统治。这些属民不喜欢它，总是阴谋反对你们的。你们不会牺牲自己的利益而给他们以恩惠，使他们服从你们。你们的领导权依靠自己的优越势力，而不是依靠他们对你们的好感。"③

同盟国是雅典力量的基础，对于这一点，雅典人自己很清楚。伯里克利多次表达过这个思想。上文曾引他在雅典民众会议上说的话："同盟国

---

① ［古希腊］修昔底德：《伯罗奔尼撒战争史》，谢德风译，商务印书馆1960年版，第46—47、95—97页。
② 同上书，第115、167页。
③ 同上书，第231页。

政治的定数

是我们力量的基础。"后来,当伯罗奔尼撒军队在阿基达马斯带领下准备第一次入侵亚狄迦的时候,他在民众会议上也讲到,对同盟者要紧紧抓住,因为同盟者所缴纳的金钱就是雅典的力量,当时每年由各同盟国所缴纳的贡款平均达到600他连特。克里昂曾说过:"(从同盟者那里得来的)收入是我们的力量所依赖的。"戴奥多都斯也说:"(从同盟国可以取得的收入)正是我们战时的力量所依靠的。"在第四卷中,修昔底德提到,安菲玻里的失陷引起雅典很大的恐慌。不仅因为这个地方可以向希腊供给木材,以为建筑船舰之用,而且希腊可以从这个地方得到很大的收益,对于雅典是很有用的。①

同盟国是雅典力量的基础,雅典的敌国也很清楚。在第一卷中,科林斯代表在斯巴达的演说中说到战争的方法的时候曾提出:"我们可以煽动他们的同盟国叛变——这是剥夺他们的力量所在的资源的最好办法。"在第二卷中,密提林代表在奥林匹亚说:"决定战争胜负的不是亚狄迦,如有些人所想象的,而是在于亚狄迦所以从那里吸取它的力量的那些国家。它的财力来自同盟国所缴纳的贡款。"在第三卷中,当斯巴达海军大将阿尔息达率领舰队到达密提林,发现密提林在七天前已经投降雅典的时候,有人建议他争取一个爱奥尼亚的城市,阻止爱奥尼亚的暴动。这个建议的目的是切断雅典和这个地方的关系,剥夺它最大的经济来源。②

正是因为同盟国是雅典力量的基础,所以,雅典人不惜手段防止同盟国的暴动和叛离,伯罗奔尼撒人则尽力煽动这些同盟国叛离雅典。由这种情况看来,雅典与其同盟国之间很难说有友谊存在。

其实,过去,雅典人从斯巴达人手中接管希腊同盟的领导权的时候,是受到拥护的。由于斯巴达派出的希腊联军总司令波桑尼阿斯妄自尊大,希腊人,尤其是爱奥尼亚人和新近从波斯统治之下解放出来的人,渐渐不喜欢他了。他们靠拢雅典人,请求雅典人保护,制止波桑尼阿斯的专制行为。当斯巴达拱手让出同盟军的领导权的时候,因为厌恶波桑尼阿斯,同盟国也愿意雅典取得领导权。但是,逐渐地雅典在其同盟国中也不得人心了。在第一卷中,修昔底德在追述雅典帝国的扩张时,讲到了不少雅典的

---

① [古希腊]修昔底德:《伯罗奔尼撒战争史》,谢德风译,商务印书馆1960年版,第115、130、235、241、375页。
② 同上书,第94、216、227页。

同盟国暴动的事例。他评论说:"这些暴动的主要原因是没有交纳贡款或法定数量的船舰,有时完全拒绝提交船舰。因为雅典人坚持严格履行义务,他们对于那些不惯于牺牲,也不愿意牺牲的同盟国进行严重的压榨,因此他们丧失人心。在其他方面,雅典人作为统治者的资格,也不如过去一样得到人心了:在实际战争中,他们的兵役负担超过了应有份额;但是这样使他们更容易强迫任何想叛离同盟的国家回到同盟来。"在第二卷中,修昔底德谈到战争刚要发动的时候,双方准备的情况和人民的心理状态。在那里,他叙述说:"舆论的情感大致是倾向于斯巴达一方面的,尤其是因为他们宣布了他们的目的就是解放希腊。……一般的情绪对于雅典人是很恶劣的,无论是那些想逃避他们的控制的人也好,或者那些恐怕受到他们管辖的人也好,其心情大概是这样的。"斯巴达国王阿基达马斯就曾说过:"整个希腊注视着我们的行动,因为大家都仇恨雅典,大家都希望我们取得胜利。"在第四卷中,一些隶属于雅典的城市听到了安菲玻里的失陷,听到了对安菲玻里所提出的条件,听到了伯拉西达的慎重举动,它们渴望改变它们的现况,向伯拉西达提出条件,请求他继续前进,到它们的境内来,它们彼此争先叛离雅典。在第八卷中,雅典人在西西里惨败之后,冬季里整个希腊马上起来反抗雅典了。特别是雅典的属民,他们已经准备暴动了。①

相比较而言,在国家间关系的友谊方面,斯巴达要比雅典表现得好一些。公元前455年,厄基那在雅典的围攻下投降,雅典人把厄基那人及其妻室儿女逐出厄基那,派遣自己的移民占据了厄基那。从厄基那迁出来的人从斯巴达得到泰里亚镇住下来,有土地可以耕种。斯巴达人之所以这样做,一部分是因为厄基那人对雅典是仇恨的,一部分是因为厄基那人在斯巴达地震及希洛人暴动时,曾给斯巴达以有力的支持。有些厄基那人定居于此,其余的人散居于全希腊各地。②

雅典人对曾经帮助过自己的科林斯人则恩将仇报。在第一卷中,科林

---

① [古希腊]修昔底德:《伯罗奔尼撒战争史》,谢德风译,商务印书馆1960年版,第75—78、125—126、128、375、638页。
② 同上书,第85、141页。在该著338页,修昔底德再次提到这件事:"这(泰里亚)是位于拉哥尼亚和亚哥斯领土间的边界上辛那里亚的土地。这本是斯巴达的土地,但是斯巴达人将它让与被放逐的厄基那人,作为他们居住的地方,因为他们在地震和希洛人暴动的时候,曾经帮助过斯巴达人;又因为他们虽然是雅典的属民,但是总和斯巴达人站在一边。"

斯人在雅典的演说中曾经说到科林斯对雅典的两次重要的帮助。当雅典人和厄基那人作战的时候，雅典缺少船舰。当时科林斯把20条船舰给雅典人。这种友好行动使雅典人能够征服厄基那。当萨摩斯人叛变雅典的时候，伯罗奔尼撒诸国对于是否帮助萨摩斯人的问题存在分歧。当时科林斯人公开地反对干涉，说每个国家应当有权利控制它自己的同盟国。科林斯人帮助的结果是雅典能够处罚萨摩斯这个同盟国。科林斯代表说道："在斯巴达讨论的时候，我们定下了一个原则：每个国家应当有权利处罚它自己的同盟国，现在我们自己所处的地位正和你们在那个时候所处的地位相同。我们要求你们维持这个原则。在那时候，我们的表决既然帮助了你们，你们也不应当用投票反对我们的办法来危害我们。不，你们应当对待我们犹如我们过去对待你们一样。你们应当知道：我们现在处于危难之中，援助我们，可以得到真正的友谊；反对我们，将得到真正的仇恨。不要和这些科西拉人订立同盟来反对我们。"① 而雅典人表决的结果是赞成与科西拉订立同盟。

雅典人的行动往往以友谊为幌子，但实际上在这个幌子后边有着它的真正目的。在第三卷中，战争第六年的时候，雅典人第一次远征西西里，因为西西里的叙拉古人与林地尼人发生了战争。雅典派遣雷岐兹和察里阿德率领20条船舰前往西西里，名义上说是因为他们和林地尼人是同族的关系，但是他们的真正目的是防止谷物从西方运往伯罗奔尼撒去，以及初步试探他们是不是可以占领西西里。叙拉古政治家赫摩克拉底对此非常清楚。在第四卷中，他在机拉会议上的演说中，就揭露了雅典人的这种伎俩："虽然从性质上说来，他们一定把我们当作他们的敌人，但是他们总是借口法律上的同盟关系，想把事件安排得适合他们的心愿。""至于那些从外面请来的人（指雅典人），他们到这里来，是利用表面上似乎有理由的借口，意图达到他们不善良的目的。"在第六卷中，修昔底德评论说："虽然表面上他们装作只是援助他们在那里的同族人和旧日的同盟者，但是事实上他们是想征服整个岛。"在第八卷中，战争第十六年，雅典人第二次远征西西里的时候，仍然是这样做的。第八卷开篇第一句话已经点明了雅典的真实目的："雅典人决定再派一支比雷岐兹和攸利密顿所

---

① ［古希腊］修昔底德：《伯罗奔尼撒战争史》，谢德风译，商务印书馆1960年版，第37—38页。

率领的更大的军队航海去进攻西西里。如果可能的话，他们想征服整个岛。"尼西阿斯对此甚为明了。修昔底德说："尼西阿斯本不愿当选将军，他认为雅典的政策是错误的。事实上，雅典是想利用一个外表上似乎合理的小小借口去征服整个西西里。"①

三、"解放希腊"口号的虚伪性

说斯巴达人在友谊方面比雅典表现稍好一些，是否就意味着斯巴达人对待国家间关系就是以友谊为基础呢？非也。

斯巴达人的宣传口号是"解放希腊"。在战争爆发前的间隔时期中，伯罗奔尼撒人不断地派遣代表团到雅典去，提出各种抗议，使他们在被拒绝的时候，尽可能有一个作战的借口。第一个代表团要求雅典"驱逐那些被女神诅咒的人"，雅典人对斯巴达人提出相对的要求，要求他们驱逐塔纳鲁斯的被诅咒者，也要求斯巴达人驱逐那些被黄铜宫中雅典娜女神诅咒的人。第二个代表团要求解除波提狄亚之围和给厄基那以独立，但最主要的是要求雅典撤销那个排斥麦加拉于雅典帝国内一切港口以及亚狄迦本身市场之外的麦加拉法令。而雅典人则控诉麦加拉人，说他们耕种圣地，耕种不属于他们自己的土地和隐藏雅典的逃亡奴隶。②

前两个代表团所提出的要求，都被雅典以反要求拒绝了。斯巴达找不出战争的借口，这时才派出了第三个代表团。这个代表团带着最后通牒到了雅典，没有再提什么要求，只是简单地说道："斯巴达希望和平。现在和平还是可能的，只要你们愿意给予希腊人以自由。"③ 这里，斯巴达人以希腊人的解放者自居，笼统地以"给予希腊人自由"作为和平的条件。这是斯巴达以"解放希腊"为宣传口号的开始。从这个口号的来源，我们可以看到，所谓"解放希腊"，只是斯巴达人在难以找出战争借口的情况下提出的一个没有实际内容的笼统的要求，实际上是给了雅典一个难以回答的问题。如果雅典答应这个要求，那么说明雅典一直在奴役希腊人，直到现在它才允诺给予希腊人自由；如果雅典拒绝这个要求，那么说明雅

---

① ［古希腊］修昔底德：《伯罗奔尼撒战争史》，谢德风译，商务印书馆1960年版，第272、340—341、476、481、483页。
② 同上书，第97—105、110页。
③ 同上书，第110页。

典决心要奴役希腊人。前一种回答是不可能出现的,因为雅典绝不会承认自己一直在奴役希腊人;后一种回答更不会出现,因为那样一来,雅典不仅承认一直在奴役希腊人,而且还承认将继续奴役希腊人。斯巴达给雅典这样一个两难的问题,目的仍是为战争寻找借口。伯里克利对这个两难问题的回答是很绝妙的,他把斯巴达提出的笼统问题具体化,针对具体问题分别予以了答复。①

从斯巴达提出"解放希腊"这个宣传口号的根源看,并不是要真的解放希腊,而是要用这样的一个宣传口号为进行战争寻找借口。这根本没有斯巴达对其他国家的友谊在里边。

此后,"解放希腊"便成了斯巴达一个正式的口号。在第二卷中,战争第三年,斯巴达国王阿基达马斯对前来谴责自己的普拉提亚代表说:"你们可以享受你们的独立,也可以参加解放那些过去和你们共患难,和你们共同宣誓,而现在受雅典人统治的其他希腊人的工作。这次军队的召集和这次战争的爆发,其目的就是解放他们和像他们一样的其他的人。"在第四卷中,伯拉西达在阿堪修斯民众会议上的演说中一开始就说道:"斯巴达人派遣我和我的军队出来的目的是履行我们在战争之初所发表的宣言——就是我们将和雅典作战,以解放希腊。"在同一篇演说中,伯拉西达还说:"我到这里来的目的,不是来危害希腊人;我的使命是来解放他们。"②

政治口号不是没有政治作用的东西。"解放希腊"口号中暗示了斯巴达对希腊其他国家的救赎与友谊,所以,这个口号非常具有吸引力。普拉提亚事件之后,战争正式爆发了。舆论的情感大致是倾向于斯巴达这方面的。希腊各邦和个人都热烈地在一切可能的范围内援助他们,既用言辞,又用行动。大家都觉得,除非以切己的关系投入这一事件,整个奋斗就会

---

① 伯里克利说:"在目前,我建议:送回斯巴达的代表,并给他们带回我们下面的答复:我们愿意允许麦加拉人应用我们的市场和港口,只要斯巴达也同时对我们和我们的同盟者停止执行它禁止外人入境的法令;我们愿意允许我们的同盟国独立,只要它们在订立和约的时候已经是独立了的,同时斯巴达人也要允许他们自己的同盟国独立,允许它们有自己所愿意有的那种政府,而不是那种服从于斯巴达利益的政府。我们愿意依照和约中的明文规定,提交仲裁;我们不会发动战争,但是我们将抵抗那些实际发动战争的人。"修昔底德说,这个答复的总的原则是:他们不愿在强迫命令之下,做任何事,但是愿意依照和约上的规定,在公平与平等的基础上,对于各项争议点达到调解。
② [古希腊] 修昔底德:《伯罗奔尼撒战争史》,谢德风译,商务印书馆 1960 年版,第 176、357—358 页。

受到牵制。之所以会这样，修昔底德认为有一个很重要的原因，就是斯巴达方面宣布了他们的目的是解放希腊。阿堪修斯人民表决，大部分人赞成叛离雅典，不能不说与伯拉西达适时地宣传了斯巴达"解放希腊"这个口号有关。修昔底德还曾提到过，伯拉西达无论到什么地方，总是经常宣布他的使命是解放希腊。① 这对一些隶属于雅典的城邦有很大的诱惑力，所以他们请求伯拉西达继续前进，到它们的境内来，彼此争先叛离雅典。

斯巴达"解放希腊"的口号所强烈暗示的友谊是根本不可靠的。看一看它在与雅典媾和时的表现就可以明白。

斯巴达与雅典的第一次媾和是在派娄斯事件发生之后，即公元前425年。那时，一些斯巴达人被雅典军队围困在斯法克特利亚岛上。斯巴达人急于尽快结束战事和将这些人救出，所以他们向雅典求和。斯巴达代表团到达雅典讲明了斯巴达的愿望，雅典人民却被克里昂鼓动着提出了非分的要求。对这些非分的要求，斯巴达代表们没有发表意见，只是要求成立一个委员会，他们来和委员会商讨细节。克里昂对此大加攻击，指责斯巴达人意念不真诚，要求他们在民众面前说出他们的意见来。斯巴达代表们看清楚了，就是他们打算对雅典人让步，说出他们心里想说的话来，他们不一定能够达到目的，而在同盟者方面就会得一个恶名。② 所以，这次媾和没有成功。

斯巴达人想说出什么心里话呢？修昔底德没有讲述具体内容，但对这样的心里话有一个定性，就是：这些心里话如果说出来，会在同盟者中得到一个恶名。这样看来，他们的心里话一定对其同盟者不利。这怎么能说斯巴达人对同盟者有真挚的友谊呢？

斯巴达与雅典的第二次媾和发生在战争第九年，即公元前423年。斯巴达与雅典成立了一个一年休战和约。当时雅典人的心思是，休战和约成立，伯拉西达就不能再唆使雅典的属国转到他一边去了。同时，他们有充足的时间实行保护他们自己的政策。斯巴达人正确地估计了雅典的这种用心，他们认为雅典人在艰难痛苦的战争中得到暂时休息的机会后，会更加愿意和解，把战俘退还，订立一个比较长期的和约。他们特别急于取回他

---

① ［古希腊］修昔底德：《伯罗奔尼撒战争史》，谢德风译，商务印书馆1960年版，第125、375页。
② 同上书，第314页。

们被俘虏的人。① 从斯巴达人的这个用心上看，他们关心的恐怕不是"解放希腊"，而是"取回他们被俘虏的人"。

斯巴达与雅典的第三次媾和发生在战争第十一年，即公元前 422 年，这个 50 年和平和约被修昔底德称为"尼西阿斯和约"，因为在雅典方面是尼西阿斯负责订立和约的。此次和约是在一定的背景下订立的。在斯巴达方面，他们认为战事没有如他们所期望的一样发展下去；斯法克特利亚岛上的灾难是斯巴达人从来没有经历过的；他们的土地经常受到侵袭；希洛人不断逃亡；与亚哥斯的 30 年休战将要期满，亚哥斯不愿将休战和约继续下去；他们还怀疑伯罗奔尼撒各邦中有一些会倒向亚哥斯一边去。修昔底德还说，斯巴达人希望和平的心思更为迫切，因为他们很希望在岛屿上被俘虏的人可以被释放回来。在这些被俘虏的人中间，有斯巴达军官阶级的成员，他们都是重要的人物，和政府中的人员是有关系的。② 所以，从这些背景看，斯巴达人这次与雅典的媾和也不是什么为了"解放希腊"。

再从和约成立后斯巴达的表现也可以看到斯巴达人所谓的"解放希腊"的虚伪性。和约虽然成立了，但是在伯罗奔尼撒方面，尚有几个重要的国家没有加入这个和约，包括彼奥提亚人、科林斯人、伊利斯人和麦加拉人。虽然斯巴达催促这些国家接受和约，但后者依然坚持拒绝的态度。于是，斯巴达与雅典两国之间又签订了 50 年同盟条约。斯巴达为什么要与原来的敌国雅典签订同盟条约呢？原因是：亚哥斯拒绝与斯巴达继续盟约，斯巴达人认为他们如果能够和雅典缔结同盟的话，亚哥斯得不到雅典的援助，就不能给斯巴达以威胁；其他伯罗奔尼撒诸国本来也可能和雅典人联合一起来威胁斯巴达的，这样一来，它们也会安静下来。③

对于 50 年休战和约以及后来的 50 年同盟条约，一些斯巴达的盟国有不同看法。科林斯人认为斯巴达缔结这个条约，和他们仇恨最深的雅典订立同盟，这远不是有利于伯罗奔尼撒诸国，而是想奴役它们。各邦都怀疑斯巴达是想凭借雅典的力量来奴役它们，因为斯巴达和雅典的同盟条约中曾有一部分规定，只要它们双方愿意增加或删改盟约中的某些

---

① ［古希腊］修昔底德：《伯罗奔尼撒战争史》，谢德风译，商务印书馆 1960 年版，第 381—382 页。
② 同上书，第 409—410、435 页。
③ 同上书，第 416 页。

条款，它们尽可以那样做而不至于影响誓词。正是这个条文使伯罗奔尼撒诸国出现了不安状态。大家都认为盟约的变更必须通过各同盟国的同意方能生效。①

这些都说明了斯巴达宣传的政治口号"解放希腊"以及其中所强烈暗示的斯巴达对希腊人的友谊完全是虚伪的。政治宣传毕竟只是政治宣传。所以笔者认为，尽管斯巴达人在友谊方面比雅典表现得稍好一些，但是斯巴达人在对待与其他国家的关系问题上也并不是以友谊为基础的。

四、国家间友谊之不可恃

友谊不是国家间关系的基础，这在其他方面也有证明。最突出的就是外力不可恃的教训。相信外力，就是相信国家间的友谊；外力不可恃，就是不相信国家间的友谊。在修昔底德笔下，外力是不可恃的，相应地我们可以说，国家间的友谊是不可靠的。

在第一卷中，当雅典人先发制人派出军队前往波提狄亚时，波提狄亚派遣代表到雅典，希望雅典人不要改变他们的现况。他们也派遣代表，和科林斯人同往斯巴达去，希望万一必要时，他们能够得到斯巴达的支援。他们在雅典长期谈判之后，没有得到满意的结果；而斯巴达当局则答复他们说：如果雅典人进攻波提狄亚的话，斯巴达人就侵入亚狄迦。于是波提狄亚人认为这是一个好机会，他们就和卡尔西斯人以及波提亚人订立同盟，叛离雅典。而斯巴达并没有兑现它的承诺，及时侵入亚狄迦。波提狄亚一直被雅典军队围攻，没有了粮食，连人吃人的事情都发生了。所以，最后，波提狄亚向雅典人投降了。②

也是在第一卷中，修昔底德在追述雅典帝国的扩张时，讲到公元前465年的塔索斯暴动。塔索斯人战败后被雅典军队包围了，他们向斯巴达人求援，劝斯巴达人侵入亚狄迦，以解除他们的包围。斯巴达人答应了塔索斯人的要求。但是当时发生了地震，同时又发生了希洛人和一些庇里奥西人的暴动，他们逃往伊汤姆宣布独立，所以斯巴达人不能侵入亚狄迦了。结果，塔索斯人在被围的第三年，被迫接受雅

---

① ［古希腊］修昔底德：《伯罗奔尼撒战争史》，谢德风译，商务印书馆1960年版，第420—422页。
② 同上书，第47、174页。

典的条件投降。①

波提狄亚和塔索斯都是因为相信依恃斯巴达这个外力是自己的保障而遭到失败的。这正应了科林斯代表在斯巴达的辩论中指责斯巴达时所说的话:"我们已经能够想到许多的例子,说明那些依赖你们而自己不作准备的人,因为他们对你们的信任而遭到毁灭。"②

在第二卷中,战争第三年,阿基达马斯进军雅典的盟国普拉提亚。普拉提亚人曾与阿基达马斯进行了几轮交涉。其中有一次,当阿基达马斯向普拉提亚人提出建议时,普拉提亚人决定首先把阿基达马斯的建议告诉雅典人。如果雅典人允许的话,他们就愿意接受他的建议。普拉提亚代表到了雅典,雅典人向他们保证,自从和普拉提亚人订立同盟以来,他们从来没有遗弃过普拉提亚人,使之受到侵略者的损害;现在他们也不会遗弃普拉提亚人。他们一定要尽力帮助普拉提亚人。普拉提亚人听到了雅典的这个保证后,就决定不背叛雅典人。于是阿基达马斯开始围攻普拉提亚,而雅典人始终没有给普拉提亚以有力的支援。战争第二年的夏季,普拉提亚被围,到战争第三年的冬季,已经一年半的时间了,普拉提亚人的粮食已经吃完了,还没有看见雅典的援兵到来。③ 到战争第五年的夏季,普拉提亚人的粮食吃完,不能再抵抗围城的军队,因而向伯罗奔尼撒人投降了。斯巴达人残酷地灭亡了普拉提亚。

在第五卷中,战争第十二年,亚哥斯侵略斯巴达的盟邦挨彼道鲁斯。挨彼道鲁斯人向同盟者求援,同盟者有些借口神圣月份,不肯赴援;有些把军队开往边境上,就停止不前了。当亚哥斯再次侵入挨彼道鲁斯进行劫掠时,斯巴达把军队开到边境上,在那里的祭祀有不利于行军的征兆,他们就撤退了。也是在第五卷中,战争第十五年,亚哥斯的民主党向贵族党进攻,民主党胜利了。他们把敌人杀了一些,也放逐了一些。斯巴达人最初没有响应亚哥斯朋友们(指贵族党人)的呼吁,后来把节日的庆祝延期举行,进兵来援助贵族党人了。在提基亚,他们听得了贵族党失败的消息。虽然逃亡的贵族请求援助,他们却停止前进,大家又回去庆祝节日

---

① [古希腊]修昔底德:《伯罗奔尼撒战争史》,谢德风译,商务印书馆1960年版,第79—81页。
② 同上书,第55页。
③ 同上书,第177—178、219页。

了。当决计向亚哥斯用兵后，斯巴达却把远征的日期不断地拖延下去。①

在弥罗斯的辩论中，弥罗斯人把希望寄托于斯巴达人身上。其中他们觉得最有把握的一点就是斯巴达人的援助。因为弥罗斯人是斯巴达的移民，他们相信斯巴达会为其冒险，因为弥罗斯接近伯罗奔尼撒，斯巴达人进军更容易；也因为弥罗斯人比别人更可靠，他们与斯巴达人是同族的，情感是彼此相通的。结果，斯巴达人并没有援助他们，他们最终无条件向雅典人投降了，凡是适合于兵役年龄而被俘虏的人都被雅典人杀了，妇女及孩童则被出卖为奴。雅典人把弥罗斯作为自己的领土，后来派了500个移民移居到那里。②

凡此种种表明，国家间的友谊是不可恃的，友谊绝不是国家间关系的基础。

第二节 利益

由上文的分析可知，友谊不是国家间关系的基础，那么什么才是国家间关系的基础呢？在修昔底德笔下，国家间关系的实质是利益关系，利益才是国家间关系的基础，也是国家考虑问题和采取行动的根本出发点。

一、国家间关系的实质

国家间关系的实质是利益，这在《伯罗奔尼撒战争史》中有大量的证据。倒如，科西拉对雅典的劝说、科林斯对开战的怂恿、密提林事件中的阐述、斯巴达对普拉提亚的处置、雅典远征西西里的决策以及其他事件等。

（1）关于科西拉对雅典的劝说。在第一卷中，由伊庇丹努争端引起了科林斯与科西拉之间的战争。科林斯战败后，进行了两年的备战，这引

---

① ［古希腊］修昔底德：《伯罗奔尼撒战争史》，谢德风译，商务印书馆1960年版，第245、444、462页。
② 同上书，第470、474页。

起科西拉的恐慌。他们在希腊没有同盟者,于是他们决定转向雅典,参加雅典同盟。这个消息传到科林斯的时候,科林斯人也派代表到雅典。雅典召开民众会议,双方代表发生辩论。科西拉代表首先发言,他以利益劝说雅典人接受他们加入同盟。他一开始就对雅典人说:"你们援助我们对于你们自己是有利的,或者,至少对于你们自己是没有害的;其次,我们要说明,我们一定会感激你们的。"在科西拉代表眼中,雅典接受科西拉加入同盟对雅典至少有三个方面的好处:其一,雅典会得到科西拉的感激和全世界的钦佩。科西拉代表说:"你们不是帮助侵略者,而是帮助被侵略的人民。""现在我们正在极端危急之中,如果你们在此刻欢迎我们加入同盟,我们会对你们永远感激。""对于你们的慷慨好义,全世界会钦佩的。"其二,雅典可以得到一支强大的海军。科西拉代表说:"除你们之外,我们是希腊最大的海军势力。如果你们建立这样的海军,你们一定要花费很多金钱。""对你们来说,拒绝一个海军强国加入同盟和拒绝一个陆地强国加入同盟,完全是一回不同的事。无疑地,你们的目的,如果可能的话,是根本不许任何其他国家有海军;如果这一点做不到的话,其次,最好是使现在最大的海军强国站在你们一边。""希腊有三大海军势力——雅典、科西拉和科林斯。如果科林斯控制了我们,你们让我们的海军和它的海军联合在一起,那么,你们就不得不与科西拉和伯罗奔尼撒的联合舰队作战。但是,如果你们允许我们加入你们的同盟,那么,你们就可以得到我们的船舰和你们的船舰并肩作战。"其三,科西拉在往意大利和西西里的沿海途中占有优越的地位,因此它能够防止从那里往伯罗奔尼撒半岛去的,或者从伯罗奔尼撒半岛往那些国家去的海上援兵。科西拉代表所说的第三点利益建立在一个假设之上,即伯罗奔尼撒将会与雅典发生战争。他们认为,这个战争是会发生的,因为"事实上斯巴达害怕你们,想要发动战争","事实上,这是一个已经爆发了的战争。""一旦发生战事,很明显,我们对于你们是有用的。"①

在这场辩论中,科西拉代表着眼于用利益劝说雅典接受自己加入同盟,而科林斯代表则着眼于正义以反对雅典接受科西拉加入雅典同盟。但最终结果是,正义碰壁了,雅典人基于利益考虑,接受了科西拉的要求。

---

① [古希腊] 修昔底德:《伯罗奔尼撒战争史》,谢德风译,商务印书馆1960年版,第29—34页。

对此，修昔底德评论说："一般人都相信伯罗奔尼撒战争是无论如何会发生的。雅典不希望科西拉的强大海军落在科林斯手里。同时它希望两国因互相战争而削弱；因为这样，如果战争真的爆发的话，雅典自己会比科林斯及其他海军国家的势力都强大些。此外，事实上，科西拉在往意大利和西西里去的沿海道路中占有很便利的地位。因为这些，雅典就和科西拉订立同盟了。"①

（2）关于科林斯对开战的怂恿。在斯巴达同盟第一次代表大会常会上，科林斯之所以积极要求战争，是因为其利益正处于危险之中。波提狄亚被围，科林斯有一些公民在围城中，又担心这个地方陷落。所以科林斯才劝其同盟国的代表们马上到斯巴达去。科林斯让前面的发言激动了斯巴达人之后，其代表才发言，攻击和控诉雅典人，要求斯巴达援助同盟国，特别是波提狄亚，并且马上侵入亚狄迦。②

针对科林斯代表的发言，斯巴达国王阿基达马斯从斯巴达城邦本身的利益出发主张慎重决策。他说："如果在我们没有准备的时候，破坏他们的土地，仓促地采纳我们同盟中抱怨者的主张的话，我要提醒你们注意，不要给伯罗奔尼撒带来更多的耻辱和更大的困难。至于这些抱怨者，不管他们是城邦的代表们还是私人的代表，他们是能够和解的；但是当我们整个同盟，为着我们中间一部分人的利益而宣战的话，在战争结果尚不能预测的时候，欲求得一个光荣的解决就完全不是一件容易的事了。""战争对我们的祸害多而对我们的利益少。到那时候，我们想求得一个光荣的和约尚不可得。……我担心很可能把战争在我们死后遗留给我们的儿子们。"他还说："我们不要被我们的同盟者的言辞迷惑了。无论战争的好坏，对于战争的后果，将来负最大责任的是我们，所以应当让我们有充分的时间来从容地估计到一些可能性。"③

在斯巴达第二次同盟代表大会之前，科林斯为了自己的利益也进行过活动。科林斯人恐怕再迟缓的话，他们会失掉波提狄亚，所以他们已先派遣自己的代表到各同盟国去，劝它们赞成战争。科林斯的代表仍然是最后发言。在这个发言中，在雅典曾两次提到正义的科林斯代表此时却讲起了

---

① ［古希腊］修昔底德：《伯罗奔尼撒战争史》，谢德风译，商务印书馆1960年版，第39页。
② 同上书，第52、57页。
③ 同上书，第65—67页。

利益。他们劝斯巴达尽快决定战争,他们把战争当成斯巴达同盟全体的利益进行推荐。他们说:"城市和城市之间或个人与个人之间,利益一致是最可靠的保证。"科林斯一再敦促斯巴达赞成战争。而在这个表象的背后,是科林斯的国家利益。伯里克利对斯巴达同盟曾有一个评说。他说:"他们没有一个慎重考虑的中央政权可以作出迅速果决的行动,因为他们都有平等的代表权,他们来自各个不同的国家,每个国家只关心它自己的利益。""就是在会议中,他们也只花费一小部分的时间来考虑他们的共同利益,大部分的时间都花费在处理它们个别的事件上。他们中间没有一个人想到一个国家的漠不关心会损害到全体的利益的。"① 参照科林斯的表现,伯里克利对国家联盟的弊端的这个评论,是很中肯的。

(3) 关于密提林事件中的阐述。密提林人暴动后,派出代表到伯罗奔尼撒,在奥林匹亚,他们在斯巴达同盟会议上发言,在阐述了他们暴动叛离雅典的根据和理由之后,请求伯罗奔尼撒与自己订立同盟,迅速地支援他们。他们告诉伯罗奔尼撒人,不要以为他们是为了一个和伯罗奔尼撒毫无关系的国家而使他们自己的人冒着危险,不要以为列斯堡离伯罗奔尼撒很远,伯罗奔尼撒人会发觉这件事情对伯罗奔尼撒人的利益近在眼前。支持他们对伯罗奔尼撒是有利的。因为雅典的财力来自同盟国所缴纳的贡款,如果密提林被征服了的话,雅典的财力会更大了。"但是如果你们支援我们的话,你们自己会获得一个有强大海军的国家(海军是你们所最需要的);你们所处的地位会好得多,可以分散雅典的同盟国,以摧毁雅典的势力,因为别的国家会受到很大的鼓舞而转到你们这一边来;同时,你们也可以避免人家对你们的责难,说你们是不支援暴动者的。""如果我们失败的话,你们会遭遇到更大的普遍灾殃。"② 斯巴达人和他们的同盟者听了密提林人的发言后,就接受了密提林人的建议,欢迎列斯堡加入他们的同盟。

在雅典关于密提林的辩论中,克里昂坚持处死密提林人,戴奥多都斯则激烈地反对这样做。虽然两个人对于如何处置密提林人针锋相对,却有着高度一致的地方,那就是两个人都在维护雅典的利益,把雅典与

---

① [古希腊] 修昔底德:《伯罗奔尼撒战争史》,谢德风译,商务印书馆1960年版,第96、113页。
② 同上书,第216—217页。

其同盟国的关系看成利益关系。克里昂说:"如果你们对于那些受敌人压迫而暴动的人和对于那些自动暴动的人给以同样的处罚的话,那么,他们都会利用很小的借口举行暴动,因为如果成功了,他们可以获得自由;如果失败了,也没有可怕的后果,难道你们没有看到这一点吗?同时,我们将花费我们的金钱,冒着生命的危险,向一个一个的国家进攻;如果我们胜利的话,我们需要恢复一个破坏了的城市,因而丧失了这个城市将来的收入,而这种收入是我们的力量所依赖的;如果我们不能征服他们的话,那么,除了我们已有的敌人之外,我们必须对付更多的敌人,我们会花费那些我们应当用来抵抗目前敌人的时间和我们自己的同盟者作战了。""关于密提林的问题,如果你们采纳我的意见的话,你们不仅是做得正当,而且是合乎你们自己的利益的。""(如果赦免了密提林人)你们不仅不能得到他们的感激,而且你们是对你们自己宣布了判决。因为他们既然有叛乱的理由,那么,一定是你们行使统治权的错误。但是如果你们不管是非怎样,总是要维持你们的统治的话,那么,依照你们的利益,这些人,无论是非怎样,也是应该处罚的。如果不这样做的话,另一个唯一的办法是放弃你们的帝国,使你们能够博得仁慈的美名。"[1]

戴奥多都斯则对雅典人说:"我们要考虑的不是密提林人是不是有罪的问题,而是我们的决议对于我们自己是不是正确的问题。我可以证明他们是世界上最有罪的人,但是我不会因此而主张把他们处死,除非那样做对于你们是有利的。""这不是一个法庭,在法庭中,我们就应当考虑什么是适当的和公平的;这是一个政治会议,问题是怎样使密提林对于雅典最为有利。"在戴奥多都斯看来,赦免密提林人才是对雅典有利的行动。这种利益有两个。第一个利益是可以使叛变的城邦容易投降从而减少雅典的损失。他说:"现在如果有一个城邦已经叛变了,后来知道它不成功了,当它还能够给付赔款和以后继续缴纳贡款的时候,它就会投降。但是如果采纳克里昂的办法的话,每个城邦不但在叛变时将作更充分的准备,而且在被围攻的时候,将抵抗到底,因为迟早投降是一样的,难道你们还不能看到这一点吗?无疑地,这对于我们是不利的——我们要花费很多金钱去围城,因为它不会投降;如果我们攻陷了那个地方,我们也只取得了

---

[1] [古希腊] 修昔底德:《伯罗奔尼撒战争史》,谢德风译,商务印书馆1960年版,第234—236页。

一个破坏了的城市，因而丧失了将来从这个城市可以取得的收入，而这种收入正是我们战时的力量所依靠的。"第二个利益是可以争取叛变城邦的人民来帮助雅典。他对雅典人说："在目前的情况下，各城邦的人民对你们是友好的，他们拒绝和贵族一起来叛变，或者，如果被迫而参加了叛变的话，他们还是时常仇视叛变者，因此，当你们和叛变者作战的时候，人民是帮助你们的。密提林的人民没有参加叛变。当他们得到武器的时候，他们马上自愿地把城市交给你们；如果你们杀害他们的话，你们是犯罪，杀害了那些曾经帮助你们的人；你们所做的正是反动阶级最希望你们做的。以后他们发动叛变的时候，他们自始即可得到人民的支持，因为你们已经表现得很清楚，犯罪者和无辜者将受到同样的处罚。"克里昂曾说，处死密提林人，不仅正当，而且合于雅典的利益，但是戴奥多都斯认为，在这件事情中，两者是完全不可能一致的。①

由关于密提林的辩论我们可以看到，雅典与其同盟国之间完全是利益关系，如果处死密提林人符合雅典的利益，那么就应当处死密提林人；如果这样做不利于雅典，那么就应当赦免密提林人。正是因为处死密提林人不利于雅典，所以，雅典人最终改变了最初的决议，采纳了戴奥多都斯的意见。

（4）关于斯巴达对普拉提亚的处置。在雅典人处理密提林人这件事之后，修昔底德紧接着叙述的是斯巴达人对普拉提亚人的处置。雅典人为了自身的利益，赦免了密提林人。而斯巴达人同样也是为了自身的利益，却残酷地杀掉了普拉提亚人。两者处理方法迥异，但是背后起支配作用的因素是相同的，那就是利益。普拉提亚人在斯巴达遭受危机的时候曾经帮助过斯巴达——地震之后，希洛人暴动，跑到伊汤姆去的时候——普拉提亚派遣自己公民的1/3去援助斯巴达。在普拉提亚人的发言中，他们已经预见到斯巴达人可能为了自己的利益和因为底比斯人对普拉提亚人的仇恨而杀害自己，他们曾说："如果你们把你们目前的利益和他们对我们的仇恨心理作为你们的司法标准的话，那么，你们必须承认你们是只追求自己的利益而不注意真实地判断是非的人。""我们过去对你们有很大的贡献，我们没有损害过你们，你们只是因为别人对我们的仇恨而杀害我们。"但是，斯

---

① ［古希腊］修昔底德：《伯罗奔尼撒战争史》，谢德风译，商务印书馆1960年版，第239—242页。

巴达人最终还是杀掉了普拉提亚人，灭亡了这个城市。斯巴达人杀掉普拉提亚人，并不是因为他们对普拉提亚人多么仇恨，而是为了讨好底比斯人。因为底比斯人对普拉提亚人一向是仇恨的。修昔底德对普拉提亚被灭亡发出的评论就是："斯巴达人对待普拉提亚人这样残酷，主要或完全是为了底比斯人；他们认为在这个战争阶段中，底比斯人对于他们是有用的。"① 当正义与利益发生冲突的时候，斯巴达人毫无迟疑地选择了利益。

（5）关于雅典远征西西里的决策。在第六卷中，雅典决定远征西西里，而其诱因是西西里的厄基斯泰人的请求。当时，厄基斯泰人与其邻居栖来那斯人发生了战争。栖来那斯人早已与叙拉古建立同盟，现在正从海上和陆地上紧紧地压迫厄基斯泰。所以，厄基斯泰人派遣代表到雅典，请求雅典人派一支舰队去援救他们。他们提出了许多论点，但是主要的论点是说，援救厄基斯泰对雅典有利。他们说，如果叙拉古人控制了西西里，那么，就有一种危险产生，就是叙拉古人迟早有一天，会派遣大军来援助他们同族的多利亚人，和伯罗奔尼撒人联合起来，以彻底摧毁雅典的势力，因为叙拉古人本身是多利亚人而伯罗奔尼撒人是原先派遣他们出去做移民的。因此，雅典最好是利用现在的时机，因为它还有同盟者制止叙拉古，尤其是厄基斯泰愿意提供足够的金钱，作为战争的经费。②

雅典民众会议议决，首先派遣代表团到厄基斯泰去，看他们的金钱是不是如他们所说的那样储存在金库和神庙中，同时考察他们和栖来那斯人战争的实际情况。雅典代表团在厄基斯泰受到了欺骗。因为厄基斯泰人让雅典人看到神庙中有很多光辉灿烂的供品，其实都是银子做的，价值很小。他们又在私人家里款待雅典人。他们收集了全城的金银杯子，还从邻近的腓尼基人那里借了一些，每个东道主在宴会时，都把这些东西当成自己的财产拿出来。而实际上这些全是同一批器皿。雅典人看到到处都有很多这样的器皿，回国后就告诉每个人，他们在那里看到了大量的贵重物件，雅典人就这样受了骗。③ 他们从西西里回来时还带着厄基斯泰人一路来，厄基斯泰人带来未铸成货币的银块60他连特——即60条船舰一个月的薪给，他们正是请求雅典派遣60条船舰去援助他们。厄基斯泰人为了

---

① ［古希腊］修昔底德：《伯罗奔尼撒战争史》，谢德风译，商务印书馆1960年版，第121、247—248、251、260页。
② 同上书，第481页。
③ 同上书，第481、513页。

自己的利益，让雅典人出兵帮助自己，竟不惜使用欺骗的手段。于是雅典人表决赞成远征。

在笔者看来，其实雅典人并不全是因为受了厄基斯泰人的欺骗才表决远征西西里的。远征西西里，主要还是因为雅典人要实现自己的利益。早在战争第五年的时候，雅典人就远征过一次西西里，雅典当时的行动并没有受到厄基斯泰人的影响。修昔底德讲到过那次远征的真正目的，一个是防止谷物从西方运往伯罗奔尼撒去；另一个是初步试探他们是不是可以占领西西里。至于第二次远征，受了厄基斯泰人的欺骗也只是一个小插曲，即使没有厄基斯泰人的欺骗，雅典也要找上一个借口远征西西里的。对于这一点，尼西阿斯看得非常清楚，他认为雅典是想利用一个外表上似乎合理的小小借口去征服整个西西里。征服西西里才是雅典人的真实目的，而这个目的的背后是扩张帝国，阻止西西里援助伯罗奔尼撒，如果可能的话，雅典想成为全希腊的主人。正是因为这是雅典人的目的和利益，所以修昔底德才说："西西里远征不是一个判断上的错误，如果我们考虑到所要对付的敌人的话。"考虑到雅典要对付的敌人不仅有伯罗奔尼撒人，还包括伯罗奔尼撒人在西西里的同盟者，这样考虑，似乎远征西西里也没有太大的错误。但是，事有缓急，敌有明暗。对当时的雅典来说，对付伯罗奔尼撒人的战事是紧急的，在西西里开辟新战场是不急之务，况且，普拉提亚事件爆发后，尽管斯巴达命令意大利和西西里的各同盟国增造船舰，筹措经费，但这些同盟国并没有加入战争中来。直到雅典人在西西里惨败之后，在叙拉古人赫摩克拉底的劝说下，西西里才开出22条船舰增援伯罗奔尼撒。可以设想，假如没有雅典人远征西西里的撩拨，西西里人可能永远也不会帮助伯罗奔尼撒人去摧毁雅典。在叙拉古的辩论中，赫摩克拉底的言论已经强烈地提示了这一点。在这个勇敢的将军口中，有两个明确的愿望，一个就是雅典人自己放弃远征，另一个是叙拉古人要做好战争准备，保卫自己。他最激烈的言辞也无非是："他们进攻我们，以为我们是不会起来保卫自己的；他们之所以抱着这种卑劣的看法是因为我们没有帮助斯巴达人去毁灭他们。"这些说明西西里人是不会主动出击帮助伯罗奔尼撒人去进攻雅典人的。所以，雅典人议决远征西西里，是不必要的。但他们远征西西里，也是在追求自己的利益，只不过这是一个虚幻的利益。这正如尼西阿斯所言："不要拿你们所已经有了的东西去冒险，以求获得那些不可靠的将来希望。"① 这个"不可靠的将来希望",就是指这种虚幻的利益。雅典人远征西西里虽然是一个错误的决策,但这个错误的决策同样也是为了追求利益,只不过是一种不可靠的利益罢了。

尼西阿斯在反对远征的演说中,深深地为雅典的国家利益担忧。他还说,即使叙拉古统治了整个西西里,它对雅典也会更少危险,因为一个帝国不会去进攻另一个帝国。其原理是:"如果他们和伯罗奔尼撒人联合起来摧毁我们的帝国的话,他们很可能会发现自己的帝国会因为同样的理由,为伯罗奔尼撒人所摧毁。"这就是说,一个帝国与另一个帝国之间也是一种利益关系,一个帝国为了自己的利益,不会帮助另一个帝国去摧毁第三个帝国。尼西阿斯还揭露了厄基斯泰人的伎俩。他说:"他们的利益是说谎,使我们相信他们,他们除了言辞之外,没有任何贡献,他们把所有的危险让给别人。如果他们成功了,他们不会适当地感激的,但是如果失败了,他们会连累他们的朋友,以至于毁灭。"② 尼西阿斯的这段话,血淋淋地把国家间关系的利益实质揭露了出来,让人不寒而栗。

(6) 关于其他事件。在第三卷中,战争第六年,雅典舰队在阿开那尼亚人等的协助下,进攻琉卡斯本城。琉卡斯人在雅典人人数众多的压迫下,不敢出战。阿开那尼亚人劝雅典将军德谟斯提尼建筑一条城墙,切断琉卡斯城和外界的联系,以封锁它。他们认为这样很容易使琉卡斯发生饥荒,迫使它投降;同时也消灭了一个总是敌视他们的地方。但是同时,美塞尼亚人劝德谟斯提尼:有了这样大的一支军队,最好是进攻挨托利亚。征服了挨托利亚,就可以解除诺帕克都的一个威胁,同时也容易把大陆上那个地区内所有的其他部落都争取到雅典一边来。而且美塞尼亚人还说,挨托利亚人会很容易就被征服。德谟斯提尼赞成了美塞尼亚人的主张,一部分原因是因为他想讨好美塞尼亚人,另一个重要原因是因为他认为,如果征服了挨托利亚人,使之加入雅典同盟的话,他不需要用雅典的人力,就可以从大陆上进攻彼奥提亚。在这里,阿开那尼亚人出于自己的利益考虑,要求德谟斯提尼封锁琉卡斯。而德谟斯提尼出于雅典利益的考虑,则采纳美塞尼亚人的主张。所以,他违反阿开那尼亚人的意志,进攻挨托利

---

① [古希腊] 修昔底德:《伯罗奔尼撒战争史》,谢德风译,商务印书馆1960年版,第170、272、483—484、505、654页。
② 同上书,第484—486页。

亚。当德谟斯提尼在挨托利亚惨败之后，诺帕克都受到了威胁，他才跑去说服阿开那尼亚人派来援兵挽救诺帕克都。①

在第五卷中，战争第十四年，当雅典同盟的军队攻取了奥科美那斯之后，商讨下一个进攻的目标。伊利斯人主张进攻列普累安，门丁尼亚人则主张进攻提基亚。伊利斯之所以主张进攻列普累安，是因为伊利斯的列普累安现在被斯巴达人占据。它要夺回这个地方。但是，亚哥斯人和雅典人没有赞成伊利斯人的计划，而是赞成了门丁尼亚人的计划。伊利斯人不满意大家没有采纳他们进攻列普累安的主张，就带领自己的军队回国了。②

二、种族与政治制度的位置

在国家间关系中，种族、政治制度都不是区分敌友和采取行动的标准，只有利益才是。第三卷中，战争第六年，雅典第一次远征西西里，其理由是：与雅典同族的林地尼人被叙拉古人封锁了。但是修昔底德评论说："雅典派了一个舰队，名义上说是因为他们和林地尼人是同族关系，但是他们的真正的目的是防止谷物从西方运往伯罗奔尼撒去，以及初步试探他们是不是可以占领西西里。"在第六卷中，雅典人第二次远征西西里，表面上是援助他们在那里的同族人和旧日的同盟者，但是事实上他们是想征服整个岛。所以，在第六卷卡马林那的辩论中，赫摩克拉底揭露说："依我看来，他们的目的不是恢复林地尼的土地，而是夺取我们的土地，他们在希腊破坏城市，而在西西里要恢复城市；他们表示关心林地尼人，因为林地尼人是卡尔西斯人，和他们有种族上的联系，而同时他们却把优卑亚的卡尔西斯人降于附属地位，林地尼人就是卡尔西斯人的移民：无疑这是不合于逻辑的。"赫摩克拉底还提出其他事实，揭露雅典人。他讲道："爱奥尼亚人和其他跟雅典人在种族上有联系的人组织同盟，自愿地在战争中接受雅典的领导，以从波斯人手中夺回他们自己的土地。但是雅典人责难他们没有履行军事

---

① ［古希腊］修昔底德：《伯罗奔尼撒战争史》，谢德风译，商务印书馆1960年版，第278—279、283页。
② 同上书，第440、449页。

义务，有些互相征战，事实上，利用任何适合于每个特殊情况、似乎合理的借口，剥夺了他们所有国家的独立。"针对赫摩克拉底对雅典的言论攻击，雅典代表攸非谟斯终于说出了实话。他说："任何人都不应该认为我们关心你们，和我们自己没有关系。你们只要想一下，只要你们安全，保卫你们自己的领土，抵抗叙拉古人的话，叙拉古人就不会那么容易派遣军队去援助伯罗奔尼撒人，以危害我们。因此，你们所做的，真的，对我们有很大的关系。根据同一个原则，我们要恢复林地尼人民的独立是很合乎情理的。我们不是把他们作为我们的属民，和他们在优卑亚的同族人一样，而是要注意使他们的势力尽可能强大，使他们可以经常扰乱叙拉古。""叙拉古的代表说，我们在希腊奴役卡尔西斯人。而在西西里我们解放他们，这是不合乎逻辑的；但是他应当记着，在希腊，他们应当解除武装，只纳贡款，这是合于我们的利益的。而在西西里，我们希望林地尼人和其他朋友们尽量地独立。当一个人或者一个城邦行使绝对权力的时候，合乎逻辑的方针就是对自己有利的方针，种族上的联系只有在他们靠得住的时候才存在。一个人依照每个时期的特殊情况而决定他的朋友和敌人。在西西里，合于我们的利益的，不是削弱我们的朋友们，而是利用他们已有的势力去削弱我们敌人的势力。"①

在第七卷中的弥罗斯辩论中，弥罗斯人对于斯巴达会援助自己有很大的信心。他们说："我们的同盟者斯巴达，丢开别的不讲，为了荣誉的缘故，也会援助我们的，因为我们有同族的关系。""我们比别人更为可靠。我们是同族的，我们的情感是彼此相通的。"针对此种看法，雅典代表说："谈到你们关于斯巴达的看法，你们以为它会为着保持荣誉的关系，会来援救你们的，我们祝贺你们头脑的简单而不妒忌你们的愚笨。……在我们所知道的人民中，斯巴达人最显著的特点就是他们认为自己所爱做的就是光荣的，合乎他们利益的就是正义的。这样的态度对于你们现在不合情理的安全要求是没有用处的。"当弥罗斯人继续讲他们对于斯巴达的救援是最有把握的一点时，雅典人告诉他们："一个注意自己利益的人就会先求得自己的安全，而正义和荣誉的道路

---

① ［古希腊］修昔底德：《伯罗奔尼撒战争史》，谢德风译，商务印书馆1960年版，第272、481、540—541页。

是含有危险性的。一般说来，凡是有危险的地方，斯巴达人是不会去冒险的。"①

斯巴达和雅典都经常以让别国建立与自己一样的政体来保障自己的利益。例如，在第一卷中，修昔底德说，斯巴达注意使同盟国都是由那些为斯巴达的利益而工作的贵族寡头所统治。雅典代表也在斯巴达讲过："在你们领导伯罗奔尼撒诸国的时候，安排了各国的事务以适合于你们自己的利益。"30年休战和约订立之后第六年，雅典人派遣船舰到萨摩斯，在那里建立了民主政治。在第五卷中，战争第十四年，斯巴达军队单独开到西息温，依照贵族政治的方式将西息温政府改组。后来，它又联合亚哥斯的军队，把亚哥斯的民主政治取消而组织了一个对于斯巴达有利的贵族政府。在第六卷中，尼西阿斯隐含地提到雅典总是通过改变强暴政府为一个新政府来使当地人接受雅典人的统治。但是，和种族一样，政治制度从来也不是区分敌友和决定国家采取何种行动的标准。例如，在第四卷中，麦加拉是民主政府，却是雅典的敌人、斯巴达的盟友。最典型的是雅典人进攻叙拉古人。叙拉古和雅典人一样都是采取民主政体，但是却是敌对关系。在第七卷中，修昔底德曾叙述叙拉古人在一次战斗中获胜以后雅典人对这次远征的后悔心情时说："在和他们进行战争的城市中，只有这些城市是和他们自己的性质相类似的：和他们自己一样，是民主政治，领土广大，有海军和骑兵的设备。他们不能利用分化手段，或设法改变叙拉古的政体，以夺取政权，使之倾向于他们一边，也不能利用很大优势的军事力量来征服叙拉古人；他们大部分的努力都失败了。"②

对于利益在国家间关系中的根本性地位，修昔底德有明确的说法。在第七卷中，修昔底德在列举站在叙拉古方面和雅典方面的国家的时候，这样说道："下面是站在双方的国家，支援西西里的和进攻西西里的，它们都在叙拉古城下作战，有些是来帮助雅典人征服西西里的，有些是来帮助叙拉古防守西西里的。它们不是因为道义上的原则，或者种族上的联系，而是因为每个国家的利益或需要而团结起来的。"③

---

① ［古希腊］修昔底德：《伯罗奔尼撒战争史》，谢德风译，商务印书馆1960年版，第469—470页。
② 同上书，第18、61、89、344、461、469—470、494、602—603页。
③ 同上书，第604页。

第六章 国家间关系

第三节 恐惧

一、国家间关系中的恐惧

恐惧关系是国家间关系的一种。国家行动中有很多是出于恐惧而采取的。在第一卷中,修昔底德在述及伯罗奔尼撒战争的原因时说:"使战争不可避免的真正原因是雅典势力的增长和因而引起斯巴达的恐惧。"修昔底德在回顾希腊历史尤其是战争史的时候曾经说:"依我看来,阿伽美浓一定是当时最有权势的统治者。正因为这个,他才能够召集舰队,进攻特洛伊,而不是因为那些向海伦求婚者对丁达里阿斯宣了誓必须跟随他。""(阿伽美浓)有比其他统治者更强的海军。因此,照我看来,他之所以能够募集远征军进攻特洛伊的原因,不是由于同盟者对他的忠顺,而是由于同盟者对他的畏惧。"①

一个国家的势力增长后,邻国就会产生恐惧心理。这是修昔底德所揭示的一个现象。在《伯罗奔尼撒战争史》中,雅典势力的增长引起斯巴达的恐惧就是一个典型事例。在第一卷中,修昔底德追述了雅典势力扩大的开始,讲到波斯战争后,斯巴达及其同盟国看见雅典海上势力的加强和在反抗波斯人的战争中雅典人所表现的勇敢,因而感到恐慌了。所以,当雅典人回到雅典的土地上开始重建他们的城市和要塞时,斯巴达人就派遣了一个代表团到雅典。这一部分是因为他们自己不愿意雅典或其他城市建筑要塞,但主要是因为受他们同盟国的怂恿。斯巴达人建议,不但雅典不要建筑要塞,并且雅典应当和他们联合一起来摧毁伯罗奔尼撒以外现在还存在的一切要塞。对雅典人提出这个建议来的时候,他们隐藏了他们的真正用意和他们的真正恐惧。他们说,这个计划的目的是这样的:如果波斯再来侵略的话,他们不会有一个可以进军的强固根据地;并且伯罗奔尼撒

---

① [古希腊]修昔底德:《伯罗奔尼撒战争史》,谢德风译,商务印书馆1960年版,第7—8、21页。

能够供给每个国家的需要,既可以作为避难所,又可以作为反攻的根据地。①

笔者认为,斯巴达人之所以不让雅典建筑要塞,是想由自己决定雅典的命运,因为雅典一旦受到进攻,就须求救于斯巴达,那么,雅典的命运就完全由斯巴达掌握了。地米斯托克利很清楚斯巴达的用意。所以,他采取策略,使雅典很顺利地建筑了城墙,成了一个设防的城市。他于是对斯巴达人说,雅典现在已经设防,足以保卫它的人民了。如果斯巴达人或他们的同盟者,无论为着什么事要派代表到那里去的话,他们去的时候要准备承认,雅典人对于他们自己的利益和希腊其他国家的利益,都能够自己决定。斯巴达人的目的没能达到,它的恐惧心理无法消除,难怪修昔底德说"(斯巴达人)暗中是因此而感到烦恼的"。②

在雅典设防问题上,地米斯托克利的基本思想是:"只有在平等力量的基础上,才可能平等地和公平地讨论共同的利益。"这个思想与后来密提林代表所表达的思想是一致的。在第三卷中,密提林代表在奥林匹亚说:"一个同盟的安全保证是在平等的基础上互相畏惧。因为,想要破坏信用的一方顾虑到它不一定操有胜算,就不敢了。"③密提林代表的这一思想客观上是对地米斯托克利思想的诠释。

对于斯巴达同盟第一次代表大会常会决定对雅典宣战这件事,修昔底德评论说:"斯巴达人之所以议决和约已经破坏,应即宣战,不是因为他们受了他们的同盟者发言的影响,而是因为他们恐怕雅典的势力更加强大,因为他们看见事实上希腊的大部分已经在雅典控制之下了。"可见,监察官斯提尼拉伊达在发言中所说的"不要让雅典的势力更加强大了"正是斯巴达的心声,而聪明温和的斯巴达国王阿基达马斯的发言则完全没有考虑到斯巴达的这种恐惧心理,所以,他的不要仓促宣战的建议没有被斯巴达人采纳。这正应了赫摩克拉底在第六卷中的卡马林那会议上的说法:"强大的国家总是为人所嫉妒和害怕的。"④

在第二卷中,当色雷斯地方奥德里西人的国王西塔尔西斯进攻马其顿

---

① [古希腊]修昔底德:《伯罗奔尼撒战争史》,谢德风译,商务印书馆1960年版,第71—72页。
② 同上书,第73—74页。
③ 同上书,第73、214页。
④ 同上书,第69—70、536页。

国王柏第卡斯以及色雷斯的卡尔西斯人的时候，住在南方的一些人——帖撒利人、马格尼西亚人，以及帖撒利的依附人民和南至德摩比利的希腊人——都怕这支军队南下向他们进攻，所以都准备战争了。同时，斯特赖梦河以北平原地带的色雷斯人也感觉到同样的恐慌。他们是培尼亚人、俄多曼提人、德罗依人和得西亚人，都是一些独立的部落。和雅典人为敌的希腊人中间也有许多关于西塔尔西斯的谣传，因为他们恐怕他可能是受雅典人的引诱，依照他和雅典人的条约，也来向他们进攻。尽管西塔尔西斯本人原来以为雅典也要派遣一个舰队和尽量多的军队来支援他和卡尔西斯人作战，① 但实际上雅典人并没有来到。在第四卷中，马其顿国王柏第卡斯和叛离雅典的色雷斯诸城镇看见雅典势力的扩大而恐慌起来。卡尔西斯人认为雅典下一次进攻的对象就是他们了（同时，还没有暴动的邻近城市也秘密地派人去请伯罗奔尼撒人来），所以他们邀请伯罗奔尼撒的军队前来，伯拉西达就到了色雷斯地区开始对雅典的战争。

在第三卷中，密提林人也曾谈到国家间关系中的恐惧问题。他们认为，他们与雅典人之间没有友谊。"在战时，他们尽力对我们表示好感，因为他们害怕我们；而在平时，我们努力对他们表示好感，也是因为我们害怕他们。""我们的同盟关系是由于畏惧，而不是由于友谊来维持的。"②

在第五卷中，伯罗奔尼撒同盟的分裂是部分同盟国恐惧的结果。当50年休战和约以及后来的50年同盟条约成立后，从斯巴达回国的科林斯代表团首先访问了亚哥斯，与亚哥斯政府中一些人协商。他们认为斯巴达缔结这个条约，与雅典结盟，是想奴役伯罗奔尼撒诸国。亚哥斯现在应当考虑如何维持伯罗奔尼撒诸国的安全。他们建议，亚哥斯人可以通过一个法令，邀请希腊国家和亚哥斯订立防守同盟。于是亚哥斯照此办理了，准备接受希腊各城邦加入同盟。第一个要求加入的就是门丁尼亚人和他们的同盟者，因为他们都害怕斯巴达。门丁尼亚退出斯巴达同盟，震动了伯罗奔尼撒其他各邦。他们自己也很不满意斯巴达，尤其是因为斯巴达与雅典的盟约中曾有一部分规定，只要双方愿意增加或删改盟约中的条款，他们尽可以那样做而不致影响誓词。

---

① ［古希腊］修昔底德：《伯罗奔尼撒战争史》，谢德风译，商务印书馆1960年版，第199、204页。
② 同上书，第214—215页。

使伯罗奔尼撒诸国发生不安状态的原因就是这个条文，各邦都怀疑斯巴达想凭借雅典的力量来奴役他们。一种普遍惶恐的情绪产生了，各邦都走向和亚哥斯订立同盟的道路。①

到战争第十一年的时候，由于彼奥提亚人的失误，彼奥提亚人答应派遣的使节没有来到亚哥斯。彼奥提亚人不听斯巴达人劝告，一意孤行地拆毁了原本要交还给雅典的巴那克敦要塞。斯巴达国内监察官的变动使得主张推翻尼西阿斯和约的势力抬头，促成了斯巴达与彼奥提亚人的同盟。亚哥斯人看到这些情况，误以为斯巴达人已经说服了彼奥提亚人加入和雅典的同盟，而雅典人对这一切都是很明了的。他们曾经以为他们可以倒向雅典同盟以寻找依靠，但现在亚哥斯人对于和雅典订立同盟这一件事也不敢指望了。于是，亚哥斯人害怕起来了，他们以为自己是孤立的，全体同盟者都会倒向斯巴达一边去了。他们赶快选派了代表到斯巴达去，续订休战和约，以使自己安下心来。在这种恐惧的心情中，亚哥斯使斯巴达人同意，订立一个 50 年和平条约，但是如果斯巴达或亚哥斯境内没有发生战事或瘟疫的话，任何一方都可以向对方挑战，以战争解决双方所争执的土地问题。这个办法，斯巴达人起初以为是愚蠢得可笑的，但是他们想不惜任何代价维持两国友好，所以他们接受了亚哥斯的这个建议，把它载入盟约之中了。②

二、两篇演说谈恐惧

较为集中谈到国家间关系中的恐惧的是两篇演说。一篇是在斯巴达同盟代表大会常会上雅典匿名代表的演说，另一篇是在卡马林那会议上雅典代表攸非谟斯的发言。

在第一卷中，在斯巴达代表大会常会召开时，正碰上有些雅典代表在斯巴达，他们是因为别的事情到那里去的。当他们听到大会中科林斯代表攻击雅典的发言之后，决定也应当要求一个发言机会，目的是使听众不要主张战争而赞成维持现状。斯巴达人答应了他们的要求。③ 在这个发言

---

① ［古希腊］修昔底德：《伯罗奔尼撒战争史》，谢德风译，商务印书馆 1960 年版，第 420—422 页。
② 同上书，第 430—431 页。
③ 同上书，第 58 页。

中，匿名的雅典代表为雅典帝国进行了辩护，而他辩护的主要理由是雅典的恐惧。

他首先说到了雅典对波斯的恐惧。他说："我们不是利用暴力取得这个帝国的，它是在你们不愿意和波斯人作战到底的时候，才归我们的。那个时候，我们的同盟者都自愿跑到我们这一边来，请求我们领导。事物发展的实际过程迫使我们增加我们的实力，达到现在的程度：我们主要是因为害怕波斯，虽然后来我们也考虑到我们自己的荣誉和利益。"①

雅典代表的这个说法合乎事实。因为修昔底德在叙述雅典设防一事的时候曾说过，当时的雅典与斯巴达之间关系特别友好。在叙述波桑尼阿斯事件时也提到斯巴达不想再负担反对波斯的战争了，他们认为雅典人完全能够指挥，并且当时雅典人对他们也是友好的。② 况且与波斯之间的战斗还没有完全停止。雅典扩张势力不会是因为害怕斯巴达，它一定是因为害怕波斯。

雅典代表其次说到了对同盟国的恐惧。他说："最后，我们的四周都有了敌人。我们镇压了一些暴动。你们对我们失去了过去的友好感情，反而起来反对我们，因而引起我们的疑心——在这个时候，如果我们放弃我们的帝国，特别是当那些叛离我们的同盟者将跑到你们那一边去的时候，那么，很明显我们是不会安全的。当一个人被卷入很大的危险中去了的时候，任何人也不能责备他，说他不应该只顾自己的利益。"③

这里虽然提到"利益"，但其主旨是讲恐惧，利益的内容是雅典帝国的安全，雅典所恐惧的正是自身的安全。造成雅典安全问题的是同盟国的暴动，尤其是这些暴动的同盟国将跑到斯巴达一边去。这是雅典对同盟国的恐惧。

面对这样的局面，假如斯巴达处于雅典的位置上，它会怎么办？雅典代表认为斯巴达也会像雅典一样行事。他说："假如在我们所谈到的年代中，你们在战争中继续采取积极行动，在行使你们的领导权的过程中，也和我们一样不得民心的话，我们认为，无疑地，你们也会用强硬的态度来对待你们的同盟者的；同时，你们也会被迫着，强硬地统治，就会使你们

---

① ［古希腊］修昔底德：《伯罗奔尼撒战争史》，谢德风译，商务印书馆1960年版，第61页。
② 同上书，第74、76页。
③ 同上书，第61页。

自己的安全发生危险。"与此意思相同的是，雅典代表还说道："假如你们摧毁我们，把我们的帝国夺去的话，你们就会马上失去他国因为害怕我们而对你们所表示的好感。"雅典不能放弃帝国。"有三个很重要的动机使我们不能放弃：安全、荣誉和自己的利益。"在恐惧自己的安全这种心理下，不需要去考虑是非、正义等字眼。"当人们有机会利用他们的优越势力得到扩张的时候，他们绝对不因为这种考虑而放弃的。"这种在恐惧中只考虑自身安全而不考虑是非、正义问题的做法，并非恶行。"我们认为，如果任何其他的人处于我们的地位，那么，我们的行为是不是合乎中庸之道，无疑就会马上明白了。"①

对于雅典的安全问题，伯里克利也很关注。在伯里克利那里，也有着恐惧心理。在第二卷中，他曾对雅典人说："你们不要认为我们战争的目的单单是为了享受自由或遭受奴役的问题，同时也牵涉到帝国的丧失以及管理这个帝国时所引起的仇恨而产生的危险。……你们已经不可能放弃这个帝国了。事实上你们是靠暴力来维持这个帝国的，过去取得这个帝国可能是错误的，但是现在放弃这个帝国一定是危险的。"② 雅典人在国家间关系上的恐惧心理是它许多政策的出发点。

在第六卷中，雅典代表攸非谟斯在卡马林那会议上发言。在这个发言中，他讲到了雅典的恐惧。他说："由于恐惧，我们才保持我们在希腊的帝国；也是由于恐惧，我们才到这里来，和朋友们一道解决一些问题，以保持我们的安全。不是来奴役任何人，而是来防止任何人受到奴役的。"③

攸非谟斯说，伯罗奔尼撒人人数比他们多，又是他们的近邻。因此他们寻找保全他们独立的最好方法。在波斯战争时期中，他们已经建立了自己的海军，战后他们脱离了斯巴达帝国和斯巴达的统治而获得了自由。他们成为那些过去在波斯国王统治下的国家的领导者，他们还继续在处理自己的事务。他认为："这样，我们才有可能不受伯罗奔尼撒人的统治，因为我们有了自卫的能力。"④

攸非谟斯还为雅典帝国进行了辩护，他讲到了雅典为什么可以用建立帝国的方法来保卫自己的安全。他主要讲了两点：第一，他们为了希腊人

---

① ［古希腊］修昔底德：《伯罗奔尼撒战争史》，谢德风译，商务印书馆1960年版，第61—63页。
② 同上书，第167页。
③ 同上书，第540页。
④ 同上书，第539页。

的事业提供了最强大的海军和勇往直前的勇气;第二,他们希望有力量保持自己的领土,以对抗伯罗奔尼撒人。他说:"没有人因为依照自己的方法保卫了自己的安全而应当受到责难的。"①

以上是攸非谟斯讲的由于恐惧,雅典在希腊保持着一个帝国。下边他又讲,也是因为恐惧,雅典人来到了西西里。他说:"现在为着我们的安全,我们来到了西西里。"那么,来到西西里怎么就成了保卫雅典安全的一个措施了呢?攸非谟斯有一套论证,其基本思路是:让西西里人扰乱叙拉古,使叙拉古人无法派出军队去帮助伯罗奔尼撒人。他说:"任何人都不应该认为我们关心你们,和我们自己没有关系。你只要想一下,只要你们安全,保卫你们自己的领土,抵抗叙拉古人的话,叙拉古人就不会那么容易派遣军队去援助伯罗奔尼撒人,以危害我们。"他还说:"在我们的西西里政策中,我们也应当以我们自己的利益,即如我们所说的,以我们对叙拉古的恐惧为指导原则。"他还提到,雅典人是受邀请而来的,不是不请自来的。"当你们原先请求我们援助的时候,你们在我们面前说,可怕的是如果我们让你们落在叙拉古人的手中,我们自己将有危险。而现在你们却不相信这同一个论证。"② 他以此指责了西西里人,同时再次表明了雅典在西西里的政策是以对叙拉古的恐惧为指导原则的。

除此之外,攸非谟斯还分析了大国干涉对解除其他国家的恐惧和维持国际和平的意义。他说:"(我们的干涉政策)对于所有任何地方的人,就是在我们没有占领的地方的人民都是有影响的,因为无论那些害怕被侵略的人,或者是那些实际上计划进行侵略的人,都要考虑到我们总是有干涉的可能的:害怕被侵略的人希望得到我们的援助;计划进行侵略的人会考虑到,如果我们真的干涉,他们的事业可能是很危险的。这样,双方都感觉到我们的威力:可能的侵略者,就是违反他自己的意志,也不得不采取合理的行动,而那些可能受到他人侵略的人也不要自己费力而得到挽救了。"③

最后,攸非谟斯对自己的论证作了一个小结。他说:"在希腊,我们统治了一些城市,使我们不受别人的统治。在西西里,我们是来解放一些

---

① [古希腊] 修昔底德:《伯罗奔尼撒战争史》,谢德风译,商务印书馆1960年版,第539页。
② 同上书,第539—541页。
③ 同上书,第543页。

城市，使我们不受西西里的侵害。我们不得不干涉各方面的事务，只是因为我们不得不在各方面防范我们的敌人。"① 在攸非谟斯的发言中，雅典人对自身安全的恐惧已经溢于言表了。

三、国家间恐惧的特殊形式

国家间关系中的恐惧还有一个特殊的表现形式，就是一个城邦恐惧另一个城邦中的某一个人。这在修昔底德笔下有三个人：一是雅典人害怕科林斯的阿利斯提阿斯，二是斯巴达害怕雅典的伯里克利，三是科林斯人害怕雅典的尼西阿斯。

（1）关于阿利斯提阿斯。在第一卷中，波提狄亚暴动后，雅典的30条船舰驻在马其顿海岸附近，科林斯人恐怕那个地方会失掉，他们把保全那个地方作为自己的责任。因此他们派遣一支军队，由阿利斯提阿斯指挥，他总是波提狄亚人民的朋友。大部分科林斯志愿军之所以参加这次远征是由于他个人的深得民心。当波提狄亚被雅典军队包围，阿利斯提阿斯没有挽救它的希望的时候，阿利斯提阿斯偷偷越过封锁线，和卡尔西斯人在一起，帮助他们作战。到战争第二年的时候，伯罗奔尼撒人派了一个使团到亚细亚去，这个使团包括5名代表，科林斯代表阿利斯提阿斯在这个使团中。他们先到达色雷斯，访问西塔尔西斯。如果可能的话，他们想劝他派军队去解救波提狄亚之围。同时，他们也想要他帮助他们渡过赫勒斯滂，以达到亚细亚的目的地。但是，正碰上两个雅典使者也在西塔尔西斯那里。当时，西塔尔西斯的儿子萨多卡斯刚刚归化为雅典公民，雅典的两个使者劝萨多卡斯把伯罗奔尼撒的使者交给他们，不要让他们渡过赫勒斯滂到波斯国王那里去，以危害他所自愿归化的城邦。萨多卡斯应允了。萨多卡斯逮捕了伯罗奔尼撒的使团，交给两个雅典使者。两个雅典使者接收了他们之后，马上把他们送到雅典去了。过去雅典在波提狄亚和色雷斯所遭遇的困难，主要是阿利斯提阿斯造成的。雅典人恐怕阿利斯提阿斯逃跑了，会给他们更多的祸害，因此，他们一到雅典，雅典人没有经过审判，也没有让他们说出他们想为自己辩护的话来，就

---

① ［古希腊］修昔底德：《伯罗奔尼撒战争史》，谢德风译，商务印书馆1960年版，第542—543页。

把他们全体杀死了。①

（2）关于伯里克利。在第一卷中，斯巴达议决战争后，在寻找战争借口的时期，向雅典派出了三批代表团。其中第一批代表团要求雅典驱逐"被女神诅咒的人"。他们说他们的第一个目的是对神表示尊敬，但是，他们的真正目的是打击伯里克利。他们知道伯里克利在其母系方面，是和这个诅咒有关的。斯巴达人认为如果伯里克利被雅典放逐的话，他们比较容易取得雅典人的让步。当然，斯巴达人并不是真的预料到雅典人会放逐伯里克利，但是他们实在希望使他在雅典不得人心，因为雅典人会认为战争一部分是因为他而引起的。伯里克利当时是最有势力的人。在他掌握政权的时候，他不可避免地要反对斯巴达，他不会让步而要劝雅典人作战的。②

修昔底德后来还讲到，在伯罗奔尼撒人第一次侵入亚狄迦时，正碰上伯罗奔尼撒军队的指挥官是阿基达马斯，他是伯里克利的朋友。伯里克利认为阿基达马斯也许会经过他的地产而不加破坏，这种做法可能是出于阿基达马斯私人的好意，也许是奉行斯巴达人的指示，以引起大家对伯里克利的恶感，正好像他们过去曾经宣称要驱逐那些被神诅咒的人一样，其目的也就是指着他。伯里克利于是在民众会议上发言说：虽然阿基达马斯是他的朋友，但这一事实无损于雅典人的利益。假如他的地产和房屋不被敌人毁灭，如同别人的地产和房屋一样，他愿意将自己未遭毁灭的财产捐献给公家，以免大众因此对他怀疑。③

（3）关于尼西阿斯。在第七卷中，远征西西里的雅典军队投降后，叙拉古人和他们的同盟者违反吉利普斯的意思，杀死了尼西阿斯和德谟斯提尼。吉利普斯认为，如果能够把敌人的将军们带回斯巴达去的话，这将是他胜利的顶点。正碰上这两位将军中的一个，德谟斯提尼，由于派娄斯和斯法克特利亚岛上战役，是斯巴达最大的敌人；而另一个，尼西阿斯，出于同样的缘故，是斯巴达最好的朋友。尼西阿斯曾尽力劝雅典人订立和约，使岛上被俘虏的斯巴达人得以释放。也因为如此，斯巴达人对他很有好感。而尼西阿斯，当他向吉利普斯投降的时候，主要也是相信这一点。

---

① ［古希腊］修昔底德：《伯罗奔尼撒战争史》，谢德风译，商务印书馆1960年版，第48、51、171—172页。
② 同上书，第99页。
③ 同上书，第129—130页。

但是据说，一些和尼西阿斯私通的人害怕他受拷问时，把这些事实泄露出来，从而在胜利的时候引起他们许多麻烦。其他一些人，特别是科林斯人，担心尼西阿斯可能利用贿赂逃跑，将来会给他们带来更大的灾祸。所以他们说服同盟者，把他置于死地。①

第四节　强权

一、什么是强权政治

在第一卷中，匿名的雅典代表在斯巴达说："弱者应当屈服于强者，这是一个普遍的法则。"这是修昔底德笔下第一次出现的强权思想。匿名雅典人还说："当人们有机会利用他们的优越势力得到扩张的时候，他们是绝对不会因为这种（指是非、正义）考虑而放弃的。那些合乎人情地享受他们的权力，但是比他们的形势所迫使他们做得更注意正义的人才是真正值得称赞的。"在这里，他举例说，在因契约关系而和他们的同盟者所发生的诉讼案件，他们在雅典由公平的法庭审判。对此，人们责难他们好讼，而那些虐待臣民远甚于他们的其他帝国反而没有受到这种责难。这是因为那些帝国使用武力，所以没有诉讼的必要了。他说："如果我们自始即把法律抛在一边，公开牺牲他们的利益以自肥的话，他们的情感反而会伤害得少些。在那种情况下，他们一定不会争辩，只说弱者应当服从于强者了。"在这里，雅典代表把雅典与同盟国之间的平等关系看成自己赐予的，把这种平等看成雅典人"把自己处于不利的地位。"② 如果公开牺牲同盟国的利益以自肥，则是正常的做法了。这是典型的强权政治论调。什么是强权政治？一句话：弱者应当屈服于强者。

---

① ［古希腊］修昔底德：《伯罗奔尼撒战争史》，谢德风译，商务印书馆1960年版，第631—632页。
② 同上书，第62—63页。

二、普拉提亚的灭亡

修昔底德笔下揭示的强权政治，既有实践上的实例，也有言论上的阐明。

从实践上表明强权有理的是斯巴达人和底比斯人。普拉提亚人的遭遇是强权政治的一个例证。底比斯人知道战争一定会发生，他们想在战事尚未开始的时候，就把一向和他们有仇恨的普拉提亚控制住。① 所以，底比斯军队侵入了普拉提亚。

在底比斯军队入城和离开普拉提亚的过程中，普拉提亚人有过两次出尔反尔。第一次是底比斯军队刚刚入城的时候，发表宣言说，凡是愿意回到彼奥提亚同盟中适当的传统地位的人都应当跑到市场上来，与底比斯人订立协定。当时的普拉提亚人在黑夜中看不出真实情况，他们估计进城的人数远远超出了实际的人数，所以他们接受了这个提议，不抵抗底比斯军队。但是当他们发现进城的敌军力量不大的时候，他们决计抵抗，战争爆发了。底比斯人大部分被杀死，留得性命的敌人无条件缴械投降了。这样，底比斯的整个先头部队不是被杀死，就是被俘虏了。②

底比斯的援军想向郊外的普拉提亚人进攻，想俘虏一些郊外的普拉提亚人，以交换被俘的底比斯人。普拉提亚人为了保护郊外人民的安全，派了传令官警告敌人不要伤害郊外的居民，否则他们会把城内被俘的底比斯人一齐杀掉。如果底比斯人撤退军队，他们一定把俘虏交出来。底比斯人还说，这个调停的办法是曾经用誓言承认了的。但是，普拉提亚人不承认他们答应立即释放俘虏，也不承认有过誓言。修昔底德说："不管实际情况怎样，底比斯人的确离开了普拉提亚的境界，没有任何破坏，而普拉提亚人却匆忙地将郊外所有的财产迁入城内后，把俘虏的底比斯人都杀死了。"③

修昔底德用隐微的手法表明底比斯人没有撒谎，但是因为普拉提亚人后来的遭际太悲惨了，所以他没有直接写成普拉提亚人说了谎。

---

① ［古希腊］修昔底德：《伯罗奔尼撒战争史》，谢德风译，商务印书馆1960年版，第121页。
② 同上书，第121—123页。
③ 同上书，第123—124页。

政治的定数

虽然在底比斯人侵入普拉提亚和撤出普拉提亚的过程中，普拉提亚人有过这样两次出尔反尔，但那是抵抗侵略中的策略，而"抵抗侵略者总是正当的"。抵抗敌人侵略中的过失是小节，抵抗敌人侵略本身才是大义。在第六卷中，吉利普斯不是也说过这样的意思吗？他说："在对付敌人的时候，要求对侵略者复仇，以泄心中的愤怒，是最正义的，是最合法的。"[①]

可是，普拉提亚这样一个被围攻的弱小的城邦，在战争第五年的时候再也不能抵抗伯奔尼撒的军队了。当时的斯巴达司令官问普拉提亚人是不是愿意把城市交给斯巴达人，让他们受斯巴达人的审判，但是必须经过审判，才能处罚。普拉提亚人接受了这个建议后，就投降了。他们满以为自己会经过斯巴达比较正常的法律审判手续的，但是当5个审判官从斯巴达到达时，却没有对普拉提亚人提出公开的控诉，而只是简单地向他们问这样一个问题："在目前的战争中，你们做了一点什么事情来帮助斯巴达人和他们的同盟者吗？"这个问题不是一个法律问题，不是控诉，而是一个政治问题，答案是预定了的，审判结果也是预定了的。所以，当普拉提亚人发言的时候，他们就已经意识到了自己的危险。他们说："你们为了讨好另一个国家（指底比斯），给我们这种样子的审判，而判决是早已预定好了的。"他们向斯巴达人提出了一个反问题："我们要反问一句，你们问这个问题的时候，你们是把我们当作敌人，还是当作朋友呢？如果把我们当作敌人的话，那么，你们就不能单单因为我们没有帮助过你们，而埋怨说我们伤害了你们。但是，如果你们把我们当作朋友的话，那么，你们向我们进攻，错误在于你们。"[②] 这是一个何等好的反问啊！

普拉提亚人历数了自己对波斯战争的贡献和对斯巴达的贡献。"只是以后的时期，我们才成为你们的敌人，这是你们要负责的。当底比斯压迫我们的时候，我们请求和你们订立同盟，但是你们拒绝我们，要我们向雅典请求，因为雅典近些，而你们住得很远。""当我们拒绝你们要我们叛离雅典的要求的时候，我们是没有错误的。当你们不愿意帮助我们的时候，他们曾经帮助过我们抵抗底比斯人。如果我们叛离他们，这是不光彩

---

① ［古希腊］修昔底德：《伯罗奔尼撒战争史》，谢德风译，商务印书馆1960年版，第248、614页。
② 同上书，第245—247页。

的事情。"①

普拉提亚人在发言中还说到底比斯人经常侵略自己，正是底比斯人最近的一次侵略行为才造成了普拉提亚人现在的恶劣情况。他们还提到，过去当外国人入侵希腊，希腊人有做奴隶的危险的时候，底比斯是投降敌人的。底比斯人是"只顾自己安全的利益而不抵抗敌人侵略的人"。如今，斯巴达人却以自己目前的利益和底比斯人对普拉提亚人的仇恨作为自己的司法标准。② 斯巴达人只是因为底比斯人的仇恨而杀害普拉提亚人，所以，他们在发言中多次提醒斯巴达人，普拉提亚人是祈祷者，希腊的法律是禁止在这种情况下杀害人的，"饶恕我们的生命才是正当的判决"。"如果我们的言词不足以说服你们的话，你们应当让我们恢复我们原来的地位，让我们选择自己的道路来对付我们所遭遇的危难，这才是公平的。"

底比斯人在发言中，把自己投降波斯人的行为说成当时的政府所为，与底比斯人无关，这完全是狡辩。他们还说，当波斯人撤退后，底比斯人一直抵抗雅典的侵略。这样，在底比斯人的口中，底比斯的投降行为一眨眼变成了抵抗侵略的行为。同时，他们攻击普拉提亚人，说普拉提亚人"之所以没有和波斯人合作的唯一原因是雅典人没有这样做"，"当雅典人侵犯全希腊人的自由的时候，普拉提亚是彼奥提亚唯一的一个国家和雅典人合作的"。最后，底比斯人总结说："关于我们不愿意和波斯合作而你们愿意和雅典合作的事情，我们所要说的就是这些。"③ 在底比斯人的发言中，他们自己倒成了不与波斯人合作的典范，这种说辞完全颠倒了黑白是非。

普拉提亚已经成为俎上之肉，无论什么发言都改变不了自己任人宰割的命运了。弱者在强者面前，只有屈从。没有人相信底比斯人对黑白和是非的颠倒，斯巴达人也不会相信，但是，底比斯人在战争的这个阶段上对斯巴达人是有用的，所以，斯巴达人决定：他们的问题——他们在战争中是不是得到普拉提亚人的帮助——是他们所提出的正当问题。强权就这样占据了正义的位置，自居为正义的化身。他们把普拉提亚人一个一个地带到他们面前，向每一个人提出这个问题。当每个人回答"没有"的时候，

---

① ［古希腊］修昔底德：《伯罗奔尼撒战争史》，谢德风译，商务印书馆1960年版，第248页。
② 同上书，第248—252页。
③ 同上书，第253—254、258页。

> 政治的定数

他就被拖去处死，毫无例外。① 普拉提亚在斯巴达和底比斯的强权面前灭亡了。

三、在弥罗斯的对话

从言论上直接阐明强权有理的是雅典人。雅典人对强权政治的明确阐述在弥罗斯对话中。

在第五卷中，战争第十六年，雅典人远征弥罗斯。在作战之前，雅典人曾派遣代表与弥罗斯人交涉，希望弥罗斯人投降，做雅典的属民。雅典代表与弥罗斯人之间有一篇著名的对话。这篇对话最鲜明地表达了国家间关系中的强权政治。

其实，在第三卷中，早在战争第六年，雅典人就曾远征过弥罗斯。当时是因为弥罗斯不肯屈服于雅典，甚至拒绝参加雅典同盟，雅典人破坏了他们的土地。后来因为他们不肯投降，雅典人才离开了。② 如今，到战争第十六年的时候，雅典人又来了。

弥罗斯人像普拉提亚人一样清楚自己的处境。他们说："我们知道，你们到此地来，已经准备自己做这次辩论的裁判者。如果我们认为正义在我们这一边，因而不肯投降的话，结果就是战争；如果我们听了你们的话，结果就是被奴役。"雅典人要求弥罗斯人正视事实，设法保全自己的城邦，使之免于毁灭。因为他们只是在少数人面前说话，不必用心去迷惑民众，所以雅典人的讲话和他们后来在机拉会议上的讲话一样诚实和露骨。他们说："我们一方面就不愿说一切好听的话，例如说，因为我们打败了波斯人，我们有维持我们帝国的权利；或者说，我们现在和你们作战，是因为你们使我们受到了损害——这套话都是大家所不相信的。我们要求你们那一方也不要说，你们虽然是斯巴达的移民，你们却没有联络斯巴达人向我们作战；或者说，你们从来没有给我们以损害。不要妄想用这套言词来影响我们的意志。"③

既然弥罗斯并无过失，并没有危害雅典，那么，雅典为什么要侵略它

---

① ［古希腊］修昔底德：《伯罗奔尼撒战争史》，谢德风译，商务印书馆1960年版，第259—260页。
② 同上书，第275页。
③ 同上书，第465页。

呢？换句话说，雅典侵略弥罗斯的正义性何在呢？雅典代表说："经历丰富的人谈起这些问题来，都知道正义的标准是以同等的强迫力量为基础的；同时也知道，强者能够做他们有权力做的一切，弱者只能接受他们必须接受的一切。"这就是说，强者的行为不需要解释，弱者只能接受强者的一切行为。只有在双方力量相等的时候，才可能存在正义。地米斯托克利曾经说过："只有在平等力量的基础上，才可能平等地和公平地讨论共同的利益。"① 地米斯托克利的说法省略了后半句。根据他的逻辑，这后半句就是："如果没有平等的力量，就不可能平等地和公平地讨论共同的利益。"这个后半句，体现的就是强权的力量。由地米斯托克利的看法，我们可以得知雅典人对强权的认识可谓早矣。只不过，在地米斯托克利的时代，雅典是为了避免成为强权的牺牲品；而在弥罗斯这里，雅典是要让别人成为强权的牺牲品。

弥罗斯人明白了雅典人的想法，那就是强迫他们不要为正义着想，而只为本身的利益着想。他们发问道："你们总不该消灭那种对大家都有利益的原则，就是对于陷入危险的人有他们得到公平和正义处理的原则。"他们认为这个原则影响到任何人，包括雅典人在内。"因为你们自己如果到了倾危的一日，你们不但会受到可怕的报复，而且会变为全世界引为殷鉴的例子。"雅典人对此不屑一顾，认为弥罗斯人不必为雅典人操这份心。"关于这一点，你们尽可让我们自己去对付所引起的危险吧！"雅典人并不在意自己有倾危的一天，因为他们信仰强权，纵或自己成为强权的牺牲品，他们也愿意自认，因为他们认为势力不如人，当然应当成为强权政治的牺牲品。这从在弥罗斯的雅典代表后来的发言中和攸非谟斯在卡马林那的发言中可以找到证据。在弥罗斯，雅典代表后来曾说："保持独立的国家是因为它们有力量，我们不去攻击它们是因为我们有所畏惧。"在卡马林那，攸非谟斯说："他们（指斯巴达）没有权利对我们下命令，犹如我们没有权利对他们下命令一样，除非是在他们的势力比我们强大的时候。"② 这句话表明，在雅典人的心目中，强权政治也适用于自己，所以他们并不在意自己有倾危的那一天。

---

① ［古希腊］修昔底德：《伯罗奔尼撒战争史》，谢德风译，商务印书馆1960年版，第73、466页。
② 同上书，第466—467、539页。

政治的定数

雅典人打掉了弥罗斯人对正义的希冀，开始谈利益了。他们说自己来到弥罗斯，与弥罗斯人商谈，是为自己帝国的利益，同时为了保全弥罗斯。他们说："使你们加入我们这个帝国，不是我们想自找麻烦，而是为着你们的利益，同时也为着我们自己的利益，想保全你们。"这样，在雅典代表的口中，雅典与弥罗斯俨然有了共同利益，这个共同利益就是保全弥罗斯。这个说法令弥罗斯人感到诧异。他们认为，让弥罗斯人做奴隶，而雅典人做主人，两者之间怎么会有共同利益呢？但是，雅典代表认为，两者之间是有共同利益的。他们说："屈服了，你们就可以保全自己而免于灾祸；不毁灭你们，我们就可以从你们中间取得利益。"这真是一个绝妙的共同利益，[1] 这个共同利益是以弥罗斯屈服为雅典的属民为前提的。

弥罗斯人的愿望是守中立，做朋友，不做敌人。在雅典和斯巴达之间，自己不做任何一边的盟邦。但是雅典代表认为雅典不害怕弥罗斯人敌视和仇恨雅典，相反，它害怕弥罗斯与雅典友好却独立。在雅典人那里，有一套自己的逻辑："你们对我们的敌视对我们的损害少，而我们和你们的友好对我们的损害多；因为和你们的友好，在我们的属民眼光中，认为是我们软弱的象征，而你们的仇恨是我们力量的表现。"这也许是真实的。因为就在弥罗斯，雅典代表说过，一个国家所害怕的，不在于被另一个国家所征服，而在于一个统治国家被它自己的属民所攻击而战败。[2] 同盟国是雅典力量的基础，这在伯里克利、克里昂、戴奥多都斯、尼西阿斯等人那里都有同样的认识。雅典一旦丧失属民，就意味着帝国的崩溃，单单一个雅典城邦在这个弱肉强食的世界上是难以生存的。所以，雅典从来都非常重视同盟国的稳定，对叛离雅典的城邦的处罚都非常严厉，目的就在于稳定自己的力量之源。

雅典是一个海上强国，所以它尤其重视夺取岛国，因为那样可以增强自己的安全。雅典代表告诉弥罗斯人："征服了你们，我们不仅扩充了幅员，也增加了我们帝国的安全。我们是统驭海上的，你们是岛民，而且是比别的岛民更为弱小的岛民。所以尤其重要的是不要让你们逃脱。""事实上，我们不很害怕大陆上的国家。它们有它们的自由，要经过长久的日子它们才会对我们有所戒备。我们更关心的是那些和你们一样，现在还没

---

[1] ［古希腊］修昔底德：《伯罗奔尼撒战争史》，谢德风译，商务印书馆1960年版，第466—467页。
[2] 同上书，第466—476页。

有被征服的岛国人民,或者那些因我们帝国所给予的限制而感到仇恨的属民。这些人民可能轻举妄动,使他们自己和我们都陷入很明显的危险之中。"①

在雅典代表的高压之下,弥罗斯人显然仍然不愿意屈服,他们说自己如果不去反抗,而是低声下气受奴役,就成了懦夫。而雅典人认为世界上没有公平的战争,没有光荣在一方面,羞辱在另一方面的战争。"问题在于怎样保全你们的生命,而不去反抗过分强大的对方。"② 这样,雅典人与弥罗斯人的讨论就由正义问题、利益问题转入了保全生命问题,这是最后的问题了。因为如果生命都不存在了,那么,还奢谈其他什么?

关于保全弥罗斯和弥罗斯人的生命问题,弥罗斯人首先寄托于命运和希望。他们认为,在战争中,命运有时是无偏颇的,人数众多的有时也不一定胜利。如果屈服了,那么,一切希望都丧失了;反过来说,只要继续斗争,则有希望站立起来。雅典人则认为,希望,只是危险中的安慰者,它的前提是要有结实可恃的资源。"你们是弱者,只要在天平上一摆,你们的命运就决定了。"③ 他们劝告弥罗斯人不要把保全自己寄托于希望。

弥罗斯人继而把保全自己寄托于神祇的保佑和斯巴达的援助上。他们相信神祇会保佑他们,因为他们是代表公理反对不义。谈到自己的力量不够时,他们说他们相信有补充的办法,因为他们有同盟者斯巴达,丢开别的不讲,为了荣誉的缘故,斯巴达也会援助他们,因为他们与斯巴达有同族的关系。

针对弥罗斯人的这种想法,雅典人首先打消他们对神祇保佑的迷恋。雅典人说自己和弥罗斯人都有神祇的庇佑,雅典人的目的和行动完全合乎人们对于神祇的信仰。而雅典人所认为的对神祇的信仰是指"自然界的普遍和必要的规律",这个规律就是在可能的范围内扩张统治的势力。雅典代表说:"这不是我们制造出来的规律;这个规律制造出来之后,我们也不是最早使用这个规律的人。我们发现这个规律老早就存在,我们将让它在后代永远存在。我们不过照这个规律行事,我们知道,无论是你们,

---

① [古希腊] 修昔底德:《伯罗奔尼撒战争史》,谢德风译,商务印书馆1960年版,第467—468页。
② 同上书,第468页。
③ 同上书,第468—469页。

或者别人,只要有了我们现有的力量,也会一模一样地行事。"① 对神祇的信仰,经雅典人解释后,就成了以强权扩张统治势力这样的规律,而且这个规律还是普遍的和必要的。根据这种解释,雅典人说自己没有理由害怕处于不利的地位。

雅典人接着又要打消弥罗斯人对斯巴达援助的希冀。他们说,斯巴达人不会为了弥罗斯人而出兵的,因为斯巴达人注意的是自己的安全,凡是有危险的地方,斯巴达人是不会去冒险的。斯巴达所期望的是军事行动中的绝对优势,他们的确不相信自己本国的资源,所以他们攻击邻国时,要和同盟国的一支大军联合前进。因此,在雅典控制海洋的时候,斯巴达人是不会横渡海洋到一个岛屿上来的。②

经过一番辩论,弥罗斯人不愿屈服投降,最终被雅典人占领了。国家间关系中的强权就是这样大行其道的。

第五节 荣誉

荣誉也是影响国家间关系的一个方面,它在某些情况下会成为国家采取行动的动机和出发点。雅典人的一些行动、科林斯对科西拉的反应、斯巴达代表在雅典的演说以及其他一些事件都证明了荣誉对国家间关系的影响。这些事件可以分为三类:因为荣誉受到损害而采取对抗行动、因为要获得荣誉而采取积极政策、在荣誉未受损时采取和解态度。

一、因荣誉受损而采取对抗行动

在第二卷中,在斯巴达第二次同盟代表大会常会上,匿名的雅典代表曾说,三个很重要的动机使雅典不能放弃帝国:安全、荣誉和自己的利益。弥罗斯被灭亡,从雅典一方讲,是强权政治的产物。而从弥罗斯一方讲,则是为了荣誉。弥罗斯人曾说:"我们这些还有自由的人民如果不去

---

① [古希腊]修昔底德:《伯罗奔尼撒战争史》,谢德风译,商务印书馆1960年版,第469页。
② 同上书,第470页。

反抗一切，而低声下气，受奴役的羁绊，那么，我们就真是懦夫，真是孱弱无能之辈了。"① 弱小的弥罗斯，为了荣誉而玉碎，也不愿屈服于强权，其高尚的气节令人钦敬。

在第一卷中，科林斯干涉伊庇丹努的事件与荣誉有关。伊庇丹努虽然是科西拉的殖民地，却是一个科林斯人建立的。当伊庇丹努民主党人驱逐贵族党人，却遭到贵族党人联合城外的蛮族人的压迫时，他们先求救于科西拉。被科西拉拒绝后，他们就向科林斯求援，把殖民地交给科林斯人。科林斯人同意援助伊庇丹努人，他们觉得他们很有权利这样做，因为他们和科西拉人一样把这个殖民地当成他们自己的。同时，他们怨恨科西拉人，因为科西拉人对科林斯没有表示一个殖民地对母国应有的尊敬。② 这就涉及荣誉了。

科西拉人自大而无礼。他们和其他殖民地不同，在公共节日赛会时，没有给予科林斯以特权和荣誉。在祭神的时候，也没有给予科林斯人以应有的便利。他们轻视他们的母邦，自称他们当时的金融实力可以和希腊最富裕的国家匹敌，而他们的军力强于科林斯。他们特别夸耀他们自己的海军优势。据说，著名的水手腓阿西亚人是在他们以前住在科西拉的，有时候，他们甚至把这一点当成他们海军强大的理由。这一切都引起了科林斯的恶感。③

当科西拉人发现科林斯的移民和军队已经到达伊庇丹努，这个殖民地已经交给科林斯的时候，他们大为愤怒，马上驾着25条船舰驶往伊庇丹努，后面还跟着一个舰队。修昔底德说："他们用最具威胁作用和最恶劣的语言要求伊庇丹努人：第一，恢复流亡党人的职位；第二，遣散科林斯的驻军和移民。"科西拉的这些举动也说明了它的自大无礼。这对科林斯和伊庇丹努来说，都是事关荣誉的事情。它们当然不能轻易让步，所以，伊庇丹努拒绝了科西拉的要求，科林斯则准备派遣军队前往。④

在雅典的辩论上，科林斯代表也揭露了科西拉人的妄自尊大和无礼行为。他们说："虽然他们是我们的移民，但是他们对我们从来就不忠实。

---

① ［古希腊］修昔底德：《伯罗奔尼撒战争史》，谢德风译，商务印书馆1960年版，第62、468页。
② 同上书，第24页。
③ 同上书，第25页。
④ 同上书，第24页。

现在他们和我们作战了。他们说，他们被派遣出去的目的不是来受虐待的。我们说，我们建立殖民地的目的也不是来受他们的侮辱的，而是要保持我们的领导权，并且要他们对我们表示适当的礼貌。总之，我们的其他殖民地对我们是尊敬的，当然，它们对我们有很好的感情。既然大多数殖民地对我们满意，那么，很明显科西拉是没有理由说只有它是不满的。""事实上，因为他们妄自尊大和依仗自己的财富，他们在许多事情上对我们极无礼貌。"① 科西拉的行为损害了科林斯的荣誉，最终遭到了科林斯的报复。

在雅典与斯巴达之间也曾发生过损害荣誉的事件，那是斯巴达损害了雅典的荣誉。当希洛人和一些庇里奥西人暴动逃往伊汤姆而宣布独立后，斯巴达要镇压伊汤姆的叛变者。他们知道伊汤姆的战争没有结束的希望，所以他们请求同盟国（包括雅典在内）的援助。雅典人带着一支大军，在塞蒙指挥之下，来到斯巴达。斯巴达人请求雅典人援助的主要原因是雅典人以善于围城战术著名。经过长期围攻之后，斯巴达人很清楚地知道自己缺少这一门战术的经验，否则他们早已攻陷伊汤姆了。斯巴达突击伊汤姆，没有攻下的时候，他们害怕雅典人的冒险和革命精神。同时，他们也认为雅典人是异族人，担心雅典人留在伯罗奔尼撒，也许会听伊汤姆人的话，而煽动一些革命的政策。所以，他们留下了其余的同盟者而遣送雅典人回国。他们没有公开地说出他们的疑心，只说他们不再需要雅典人的帮助了。但是雅典人知道，他们的被遣回不是这样一个光荣的理由，而是因为他们被人猜忌。他们感到愤怒，认为斯巴达人不应当这样对待他们。他们回国后，马上就通告废除原先和斯巴达所订立的反抗波斯的同盟条约，而和斯巴达的敌国亚哥斯订立同盟。同时，亚哥斯和雅典都根据完全相同的条件和帖撒利人订立同盟条约。②

伊汤姆的暴动者经过十年战争之后，不能再支持下去了，于是和斯巴达人谈判成功而投降。投降的条件是：在保障生命安全的条件下，伊汤姆人离开伯罗奔尼撒，再不到那里来了。于是，他们带着他们的妻室儿女离开伯罗奔尼撒。雅典人因为对斯巴达的恶感已经增加，所以接受这些被放

---

① ［古希腊］修昔底德：《伯罗奔尼撒战争史》，谢德风译，商务印书馆1960年版，第35页。
② 同上书，第81页。

逐的人，把他们安置在诺帕克都市镇中。①

这些都是因为荣誉受到损害而造成国家间关系恶化的事例。

二、因要获得荣誉而采取积极政策

亚哥斯、叙拉古和其他一些希腊城邦因为要获得荣誉而采取积极政策，从而影响到了国家间关系。

在第五卷中，50年休战和约签订后，亚哥斯人接受科林斯人的建议，通过了一个法令，邀请希腊国家与亚哥斯订立防守同盟。他们之所以这样做，有两个动机，一是他们预料到他们与斯巴达人的条约快要期满了，两国间的战事一定不能避免，与其他希腊国家订立同盟，可以保障自己的安全。二是牵涉到了荣誉。亚哥斯人在阿伽美浓时代具有在全希腊的霸权，现在他们也想争取伯罗奔尼撒的领导权。那时候，斯巴达受到挫折，声誉低落，而亚哥斯在各个方面的情况都是很顺遂的，因为他们没有参加亚狄迦的战事，他们的中立地位使他们得到了不少的利益。② 争取领导权是一个很大的荣誉，这是当时亚哥斯的一个目标。因为亚哥斯想要获得这样一个荣誉，所以，它在与斯巴达的关系上就采取了强硬的态度。

在第六卷中，当雅典远征西西里的消息传到叙拉古时，赫摩克拉底在叙拉古民众会议上的演说中，说到了雅典当年意外地打败了波斯人，从而获得了战争的荣誉。他认为，在叙拉古抵抗雅典进攻的战争中，很可能也会有同样的事情发生。所以，他鼓励叙拉古人勇敢地与雅典人开战，抵抗雅典人的侵略。到后来，在第七卷中，当叙拉古转危为安，他们的问题已经不再是挽救自己的问题，而是如何防止雅典人逃跑的问题时，他们想到了，如果他们能够在陆地上和海上打败雅典人及其同盟者的话，他们将在全希腊著名。当时和后世，他们将很为人所尊敬，他们已经是跟科林斯人和斯巴达人一样，处于领导的地位了。③ 对这个荣誉的渴望激励着叙拉古人与雅典人作战。

雅典人在西西里惨败之后，整个希腊马上起来反抗雅典了。那些没有

---

① ［古希腊］修昔底德：《伯罗奔尼撒战争史》，谢德风译，商务印书馆1960年版，第81—82页。
② 同上书，第421页。
③ 同上书，第503、603页。

和任何一边联盟的国家，就是没有人邀请它们，它们也不应再置身事外，都应当自动起来反抗雅典。这里边就有两个动机：一个是每个国家都认识到，如果雅典人在西西里胜利的话，雅典人会来进攻他们。另一个动机就与荣誉相关。他们认为战争很快就会结束了，他们可以因参加战争而得到光荣。①

三、荣誉未受损时和解的可能性

荣誉与国家间关系还有一种情况，就是荣誉未受到损害时国家间关系存在和解的可能性。

尽管斯巴达人曾经损害过雅典的荣誉，引起过雅典的报复，但是斯巴达代表在雅典还谈到过荣誉与国家行动之间的关系问题。那是在派娄斯事件时期，斯巴达人在派娄斯获得休战后，派遣代表到雅典，请求缔结条约，停止战争；请求和平，请求成立同盟条约和亲密的友谊关系。他们认为雅典要求和平的心思比斯巴达来得早一些，现在斯巴达就范了，雅典人自然会抓住这个机会。因为有这样的想法，所以，原本是来求和的斯巴达代表，在雅典的态度却有点傲气。他们说，从他们看来，当彼此有很深的仇恨的时候，如果在战争中胜利的一方面强迫对方宣誓履行不平等的条约，想在复仇的心情中建立一个持久的协定，这是不可能成功的；只有力量强大，能够压迫对方受到屈辱的那一方面不这样硬干，使敌人料想不到战胜者能够提出那样温和的条件的时候，持久的协定才可能成立。在这种情况下，对方没有争回被强力夺取的权益的必要，才会采取以德报怨的精神，在保持荣誉的情况下，更衷心地拥护和约规定的条件。别人愿意让步时，自己也自然会甘心让步；反过来说，如果遇见骄慢可恶的态度，无论什么人也会坚持不屈，反抗到底，就是明知对于自己不利，也会不顾一切硬干下去。斯巴达代表分析说，当前就是恢复和平最好的时候，因为最后的结果还没有决定，雅典人已经取得了光荣，同时也可以接受斯巴达的友谊。在斯巴达方面，还没有发生可耻的事件，斯巴达的困顿使它可以接受一个合乎情理的和解。② 在斯巴达代表看来，此时双方的荣誉都未受到损害，和解就是就好的时机了。

---

① ［古希腊］修昔底德：《伯罗奔尼撒战争史》，谢德风译，商务印书馆1960年版，第638页。
② 同上书，第312—313页。

派娄斯休战后斯巴达的求和原本有成功的可能，但因为克里昂在雅典对民众的煽动，才导致雅典失去了这次和平的机会。

第六节 国家间关系的变动性

一、雅典与斯巴达、亚哥斯关系的变动

雅典与斯巴达之间曾经非常友好。在反抗波斯的战争后期，由于波桑尼阿斯事件的影响，斯巴达退出了希腊联军的领导地位，由雅典接任。斯巴达人之所以这样做，除了担心他们的军官到了海外后生活会腐化之外，很重要的原因在于他们认为雅典人完全能够指挥，并且当时雅典人对他们也是友好的。所以后来雅典代表在斯巴达同盟第二次代表大会常会上说："我们不是利用暴力取得这个帝国的，它是在你们不愿意和波斯人作战到底的时候，才归我们的。"密提林代表在奥林匹亚对斯巴达人说："当时（指波斯战争将结束的时候），你们退出领导的地位，而雅典人留下来完成这个任务。"这指的都是这件事。波斯战后，雅典人在地米斯托克利领导下，重建了雅典的城墙。虽然斯巴达在这个过程中，曾经试图劝雅典人放弃城墙的重建，但是当地米斯托克利告诉斯巴达人雅典已经设防的时候，斯巴达人对于雅典没有不高兴的公开表示。之所以如此，修昔底德说："这个时候是斯巴达对雅典特别友好的时候。"[①]

就是这样友好的两个国家，在波斯战后不久就开始发生矛盾了。修昔底德专门追述了从波斯战争终结到伯罗奔尼撒战争开始这50年间雅典人在战争方面和一般事务的管理方面所做的事。其中就包括与斯巴达之间的矛盾和战争。例如，雅典围攻暴动的塔索斯时，斯巴达答应以侵入亚狄迦的方式帮助塔索斯，只是后来斯巴达国内发生叛乱，才没有履行诺言马上进攻亚狄迦。斯巴达在围攻伊汤姆不下的时候，邀请包括雅典

---

① ［古希腊］修昔底德：《伯罗奔尼撒战争史》，谢德风译，商务印书馆1960年版，第61、74、76、213页。

> 政治的定数

人在内的同盟国军队帮助自己，但猜疑雅典人，所以单独遣回了雅典人。雅典人马上报复，通告废除与斯巴达所订立的反抗波斯的同盟条约，而与斯巴达的敌国亚哥斯订立同盟。后来又接受斯巴达的暴动者伊汤姆人，把他们安置在新近夺来的诺帕克都市镇中。接着雅典又接受了麦加拉加入雅典同盟，而麦加拉废除了与斯巴达的同盟。雅典人围攻厄基那，斯巴达人则派出军队要解除厄基那的包围。当斯巴达人从佛西斯撤军回国时，暂时滞留在彼奥提亚，与雅典内部的一个党派商谈推翻雅典的民主政治，阻止长城的建筑时，雅典出动全部军队来对抗斯巴达人，双方作战于塔那格拉。雅典人还环绕伯罗奔尼撒航行，焚毁斯巴达人的船坞。再后来，双方先后订立了5年休战和约和30年休战和约。但是，几年以后，就发生了科西拉事件、波提狄亚事件和其他一些事件，这些事件构成了雅典与斯巴达间战争的表面原因。终于，在30年休战和约订立之后第十四年，在斯巴达同盟第一次代表大会常会上，斯巴达人议决向雅典宣战。两个原本非常友好的国家终于刀兵相向，成了战争对手。这两个国家之间关系的巨大变化是始料未及的。双方战争十年又六个月的时候，又订立了休战和约，而且斯巴达和雅典之间还订立了同盟条约，时间均为50年。此后有六年零十个月的时间斯巴达与雅典这两个国家之间没有发动相互侵略的行动。但是，除这两个国家之外，战争从来就没有停止过，最后，两国也不得不把所谓的50年休战和约和50年同盟条约破坏，又公开地宣布战争了。①

波斯原本是希腊人的敌人，那是在波斯战争期间。但是，希腊人内部的战争开始的时候，斯巴达即派出专使访问波斯国王，希望能够得到波斯的援助。而早在战前时期，当雅典人远征埃及的时候，波斯国王就曾经派遣使节到斯巴达，想通过贿赂使斯巴达人侵入亚狄迦，以迫使雅典人从埃及撤回舰队。在伯罗奔尼撒战争第二年，斯巴达方面曾派遣一个使团前往波斯，其目的是想说服波斯国王供给金钱，参加战争，以帮助斯巴达人。只是这个使团落到了雅典人手中后遇害，使团才没能到达波斯。战争第八年的时候，波斯国王派往斯巴达去的使节在爱昂被雅典人捕获，从使节身上的文件可以看到，斯巴达曾多次派遣使节前往波斯。只是因为到国王那

---

① [古希腊]修昔底德：《伯罗奔尼撒战争史》，谢德风译，商务印书馆1960年版，第79—89、419页。

里去的使节们各有各的说法，所以波斯国王不明白斯巴达所要求的究竟是什么。如果斯巴达人有一定的意见要向他提出，他们最好派遣代表们随同这个波斯使节前往波斯。后来，雅典人派了使节与这个波斯使节一起往波斯去，当他们到达以弗所的时候，得知波斯国王阿塔薛西斯已死，才又折返了。① 到了爱奥尼亚战争时期，斯巴达公开地与波斯的两个总督结成了盟友，与雅典作战。

亚哥斯与雅典关系的变化是国家间关系变动性的又一个典型事例。当斯巴达和雅典都没有认真履行和约与同盟条约的要求时，雅典与斯巴达之间的关系就恶化了。这时，经过亚西比得的权术操作，亚哥斯、伊利斯、门丁尼亚和雅典成立了四国同盟。但是后来，亚哥斯内部有一个亲斯巴达的党派，说服了亚哥斯人接受斯巴达提出的和平方法。不久，这个党派又劝导亚哥斯人取消和门丁尼亚、伊利斯以及雅典所订立的同盟条约而和斯巴达订立50年和平条约与50年同盟条约。②

亚哥斯赞成民主的人组织了一个党派，向贵族党进攻。当斯巴达准备干涉时，亚哥斯的民主党因为害怕斯巴达人，又开始转而和雅典联盟了。③亚哥斯与雅典之间的关系变化也说明了国家间关系的变动性。

二、麦加拉与雅典关系的起伏

麦加拉与雅典关系的变化是国家间关系变化的典型事例之一。麦加拉原本是斯巴达同盟的成员，但它后来废除了和斯巴达的同盟关系，因为它和科林斯发生边疆纠纷，而科林斯人向它进攻。这样，雅典人占据了麦加拉和培加，替麦加拉人建筑从麦加拉到尼塞亚的长城，并派雅典军队驻守。这是科林斯对雅典怀着深恨的原因。雅典和厄基那发生战争期间，科林斯人攻入麦加里德，因为雅典当时在埃及和厄基那已经有两支大军在作战，所以雅典人召集留在雅典的老年人和年轻人组织军队，在迈隆尼德指

---

① ［古希腊］修昔底德：《伯罗奔尼撒战争史》，谢德风译，商务印书馆1960年版，第86、124、171—172、334页。
② 同上书，第463、459页。
③ 同上书，第462页。

政治的定数

挥下，进入麦加拉，帮助麦加拉人对科林斯作战。① 这些说明那时麦加拉与雅典之间是同盟关系。

但是，不久之后，修昔底德叙述说，伯里克利率领雅典军队已经渡海到了优卑亚，要镇压叛变雅典的优卑亚的时候，有消息传来，说麦加拉暴动了，麦加拉的雅典驻军大多被麦加拉人所歼灭了，麦加拉人已经引导科林斯人、西息温人和挨彼道鲁斯人的援兵进入了麦加拉。伯里克利急忙引军从优卑亚渡海撤回。② 这说明麦加拉已经叛离了雅典。

在斯巴达同盟第一次代表大会常会上，麦加拉代表控诉雅典人的麦加拉法令，这个法令把麦加拉排斥在所有雅典帝国的海港和雅典市场本身之外。在战争间隔期，斯巴达派往雅典的第一个代表团向雅典提出的很明白的一条要求就是撤销麦加拉法令。但是，雅典人拒绝撤销这个法令。他们控诉麦加拉人，说他们耕种圣地，耕种不属于他们自己的土地和隐藏雅典的逃亡奴隶。在修昔底德所列的伯罗奔尼撒战争交战双方的同盟者分布情况中，麦加拉赫然列于斯巴达一方面。在战争第一年的夏季，雅典的全部军队在伯里克利指挥之下，侵入麦加里德。战争第三年的时候，麦加拉还曾向斯巴达献计，进攻雅典的港口庇里犹斯。战争第六年时，尼西阿斯则远征麦加拉的米诺亚岛，在那里建立据点，留兵驻守，以防止伯罗奔尼撒人偷偷地带着战舰从那里航行出来，也阻止任何船舶进入麦加拉港内。③ 这些事件证明了麦加拉与雅典又成了敌对关系。

三、斯巴达同盟的分与合

50年休战和约和50年同盟条约签订后，斯巴达同盟内部的分裂与聚合是国家间关系变动性的一个典型事例。

搅动斯巴达同盟分裂的国家是科林斯。当50年休战和约以及后来的50年同盟条约成立后，科林斯联络了斯巴达的敌国亚哥斯，建议亚哥斯邀请希腊国家和亚哥斯订立攻守同盟。科林斯和亚哥斯都认为，许多城邦，因为仇恨斯巴达，都会加入这个同盟。亚哥斯果然采纳了科林斯的建

---

① ［古希腊］修昔底德：《伯罗奔尼撒战争史》，谢德风译，商务印书馆1960年版，第82—83页。
② 同上书，第88—89页。
③ 同上书，第53、110、176、197、244页。

议。门丁尼亚首先加入了这个同盟，后来伯罗奔尼撒其他各邦也都与亚哥斯订立同盟。以后，伊利斯人与科林斯订立同盟，又与亚哥斯订立同盟。不久，科林斯人和色雷斯的卡尔西斯人加入亚哥斯同盟。但是，彼奥提亚人和麦加拉人不愿加入。科林斯人又派遣代表往提基亚，想使它脱离斯巴达的羁绊。科林斯认为，如果把提基亚拉过来的话，整个伯罗奔尼撒就到了自己一边了。但是，提基亚不愿意反对斯巴达。① 虽然有若干国家不愿反对斯巴达，但在科林斯的奔走下，斯巴达同盟已近分崩离析了。这是来自外敌的外部压力骤减之后，一个同盟内部很可能出现的情况。这个情况也说明了国家间关系是变动不居的。

四、柏第卡斯对雅典的反复无常

　　国家间关系变动性最极端的事例是柏第卡斯反复无常的表现。柏第卡斯是马其顿国王，他出现在第一卷中，他出现的时候，是雅典的敌人。尽管过去柏第卡斯是雅典人的朋友和同盟者，但是因为雅典和他的兄弟腓力以及得达斯订立同盟，联合起来反对柏第卡斯，所以，他仇恨雅典人。雅典向波提狄亚提出拆毁面向帕利尼的城墙，向雅典交纳人质，驱逐科林斯人派来的地方官这些要求，是因为它恐怕波提狄亚受柏第卡斯和科林斯人的影响而起来暴动。雅典人的这些措施使柏第卡斯恐慌起来了，他不但派遣使者往斯巴达去，想使雅典和斯巴达之间发生战争，并且和科林斯接近，以支持波提狄亚的暴动。他也结交色雷斯的卡尔西斯人和波提亚人，劝他们同时暴动。当波提狄亚人和卡尔西斯人以及波提亚人订立同盟叛离雅典以后，柏第卡斯说服了卡尔西斯人拆毁并放弃沿海一带的城市，迁居于奥林修斯境内，准备与雅典的战争。② 这时的柏第卡斯是雅典的敌人。

　　雅典派往波提狄亚的第一批军队到达色雷斯的时候，波提狄亚已经开始暴动了。这支军队不能对抗柏第卡斯和暴动城市的同盟，因此把注意力转向马其顿，与腓力和得达斯联合起来作战。雅典人得知消息后，又派出了第二批军队前往镇压这些地区的暴动。他们首先到达马其顿，与第一支

---

① ［古希腊］修昔底德：《伯罗奔尼撒战争史》，谢德风译，商务印书馆1960年版，第420—424页。
② 同上书，第46—48页。

政治的定数

军队汇合后，围攻彼得那。最后，他们和柏第卡斯达成协定，和他订立同盟。因为雅典军队急于和波提狄亚作战，同时科林斯的军队已经在阿利斯提阿斯带领下到了波提狄亚，他们已不得不这么做了。[1] 这时，柏第卡斯又成了雅典的盟友。

不到三天，柏第卡斯就又背叛了雅典，马上破坏了和雅典所订立的同盟条约，帮助波提狄亚作战。因为，雅典军队与柏第卡斯订立同盟后离开马其顿，第三天就到达了波提狄亚附近，波提狄亚人和阿利斯提阿斯指挥下的伯罗奔尼撒军队已经在等待雅典军队了。同盟军推选阿利斯提阿斯为全部陆军总司令，柏第卡斯为骑兵司令官。柏第卡斯本人虽然不在那里，但是他派了一个人做他的代理司令官，帮助波提狄亚作战。[2] 这时的柏第卡斯又成了雅典的敌人。

在第二卷中，战争第一年的夏季，雅典人任命尼姆福多拉斯担任他们在色雷斯的代理人，并召他到雅典去。因为此人的姊妹嫁给了西塔尔西斯，他本人具有左右西塔尔西斯的势力。雅典的目的是想争取色雷斯王西塔尔西斯作为同盟者，进而利用西塔尔西斯的帮助，来控制马其顿王柏第卡斯和色雷斯的市镇。尼姆福多拉斯来到雅典，商妥了与西塔尔西斯的同盟，使西塔尔西斯的儿子萨多卡斯做雅典的公民。尼姆福多拉斯又把柏第卡斯拉拢到雅典这边来，劝雅典人把德密退还给柏第卡斯。此事之后，柏第卡斯就帮助福密俄领导的雅典人，对卡尔西斯人进行战争。这样，雅典就和色雷斯国王西塔尔西斯和马其顿国王柏第卡斯订立了同盟。[3] 这里，柏第卡斯又成了雅典的同盟者。

战争第三年的夏季，安布累喜阿人和查俄尼亚人说服斯巴达人派遣军队到阿开那尼亚去，想征服那里的整个地区，使之脱离雅典同盟。斯巴达人听从了，派了海军大将纳谟斯率军前往。修昔底德列举了跟随纳谟斯远征的各国军队，其中就有柏第卡斯派来的马其顿军队。但是因为他们迟到了，所以没有参加这次远征。在第四卷中，战争第八年的夏季，斯巴达将军伯拉西达率领伯罗奔尼撒军队开赴色雷斯区域。这支军队是柏第卡斯和叛离雅典的色雷斯诸城镇请来的，因为他们看见雅典势力的扩大而恐慌起

---

[1] ［古希腊］修昔底德：《伯罗奔尼撒战争史》，谢德风译，商务印书馆1960年版，第48页。
[2] 同上书，第49页。
[3] 同上书，第141—142页。

来了。雅典人听说伯拉西达到了色雷斯，马上对柏第卡斯宣战，因为他们认为这次远征军是他引来的。① 这里，柏第卡斯是雅典的敌人。

柏第卡斯想征服林卡斯的马其顿国王阿拉皮阿斯，但伯拉西达坚持要先去与阿拉皮阿斯商谈，看是不是可以使阿拉皮阿斯加入斯巴达同盟。结果商谈成功，伯拉西达率军离开，没有侵入阿拉皮阿斯的国家。因此，柏第卡斯只负担伯拉西达军队 1/3 的费用而不肯负担一半了。但是，当伯拉西达取得了安菲玻里的时候，柏第卡斯也到了那里，和伯拉西达合作。战争第九年的时候，伯拉西达和柏第卡斯第二次联合侵入林卡斯，进攻阿拉皮阿斯。打了一个胜仗以后，他们停留在那里两三天，目的是等待伊利里亚的雇佣兵来帮助柏第卡斯。当时，柏第卡斯想要进兵攻击阿拉皮阿斯的村庄而不愿再留在那里了，伯拉西达则担心门德，因为没有伊利里亚人的援助，他不想进兵而主张撤退。当两个人为这个问题发生争执的时候，消息传来，伊利里亚人出卖了柏第卡斯，现在他们已经和阿拉皮阿斯的军队联合在了一起。因为伊利里亚人是一个善战的种族，双方都害怕他们，所以，双方都同意撤退，但没有具体安排什么时候开始撤退。天将黑的时候，柏第卡斯的军队无端惊慌而逃，柏第卡斯没有时间与伯拉西达会面了。黎明时，伯拉西达才发现马其顿人已经跑掉，便率军稳稳地撤退，进入柏第卡斯的王国。伯拉西达的军队愤恨马其顿人的撤退，使他们陷入危险中。他们掠取一切财物，把他们在路上所遇着的牛群的牛轭解除，把牛群杀掉，把马其顿人丢在路上的行李包裹都攫为己有。因为这件事情，柏第卡斯开始把伯拉西达当成敌人，对伯罗奔尼撒人表示仇恨了。他开始努力与雅典和解，以图尽快和伯罗奔尼撒人脱离关系。在塞翁尼被围的时候，柏第卡斯已经派遣传令官到雅典的将军们那里去，和雅典人订立和约了。所以，当斯巴达派出的一支支援伯拉西达的军队到达帖撒利的时候，因为柏第卡斯与帖撒利的领导人物总是友好的，在柏第卡斯的努力下，这支军队被帖撒利所阻碍。② 这时的柏第卡斯又成了雅典人的朋友了。

在第五卷中，战争第十五年的时候，斯巴达与亚哥斯订立了 50 年和平条约和 50 年同盟条约，两国采取一致政策，不接待雅典派来的传令官

---

① ［古希腊］修昔底德：《伯罗奔尼撒战争史》，谢德风译，商务印书馆 1960 年版，第 183—184、355—356 页。
② 同上书，第 356、375、388—395 页。

或代表。两国又派了使节往色雷斯，并且与柏第卡斯接头，劝他和他们宣誓，加入他们的同盟。虽然柏第卡斯没有立即和雅典决裂，但是他心里是很想这样做的，因为他看见这是亚哥斯所做的事，而他自己的祖先是从亚哥斯来的，出自亚哥斯的泰明尼德族。从修昔底德后来的叙述中，我们可以得知，柏第卡斯也宣誓成为斯巴达和亚哥斯的同盟者了。同时，过去雅典组织远征军，由尼西阿斯指挥，进攻色雷斯的卡尔西斯人和安菲玻里的时候，柏第卡斯没有好好执行雅典同盟者的任务，后来这支远征军不得不解散，主要的原因是柏第卡斯没有尽他的职责，因此雅典人宣布他为敌人。所以，在第六卷中，战争第十六年的时候，雅典组织骑兵队，由海道开到美敦尼，劫掠柏第卡斯的领土。① 此时的柏第卡斯又成了雅典的敌人了。

在第七卷中，战争第十八年的时候，雅典将军欧伊申带着大批色雷斯人的军队和柏第卡斯合作，进攻安菲玻里，但没有攻陷这个城市。② 柏第卡斯就又成了雅典人的朋友了。

柏第卡斯反复无常，一会儿帮助雅典人，一会儿背叛雅典人，一会儿是雅典人的朋友，一会儿又是雅典人的敌人。在柏第卡斯身上，我们最容易看到国家间关系的变动性。国家间关系的变动，根子在利益关系的变化。没有永恒的朋友，也没有永恒的敌人，是一个极为朴素的真理。

第七节　本章小结

伯里克利关于雅典对其他国家友谊的赞扬是过誉的，拙于言辞的斯巴达人在国家间友谊方面的纪录远胜于雅典人。但是，斯巴达人的友谊同样是不可靠的。在国际关系中，寄托于友谊的行为是幼稚无知的。

在友谊、利益、恐惧、强权、荣誉这五个方面中，利益是国家间关系的基础和根本，其次是恐惧和强权，再次是荣誉，最后才是友谊。即使恐

---

① ［古希腊］修昔底德：《伯罗奔尼撒战争史》，谢德风译，商务印书馆1960年版，第202、460—463、482页。
② 同上书，第568页。

惧、强权、荣誉、友谊都不存在了,利益依然是不会消失的。说修昔底德是国际关系理论中的现实主义之父,虽然是以现代的语汇加于古人的身上,但是这个词语所代表的内涵与修昔底德所展示的国家间关系是符合的。在利益至上、强权就是一切的国家丛林中,唯有强国富民才应当是执政者首先要考虑的目标。

一个国家要成长为一个伟大的国家,必然伴随着其他国家的妒忌和惧怕,对该国的遏制也会随之而来。这是国家成长当然的规律。被其他国家嫉妒,恰恰是一件值得欣慰的事情。弱小的国家没人嫉妒,但弱小国家不是伟大国家,同时弱小国家面临的则是强权的欺侮。这样,走向伟大国家遭人嫉妒,退为弱小国家遭人欺侮。两者必选其一的话,我们宁愿选择走向强大的伟大国家。

第七章　外交

在上一章探讨国家间关系的若干类型的时候，我们已经谈了利益是国家间关系的基础，外交追随国家间关系，它的目标当然也是利益。但是，影响外交的因素却不止利益一项。在影响外交的诸多因素中，从修昔底德那里主要可以看到的还有内政和民族性格。这一章，我们就来探讨在修昔底德笔下内政和民族性格对外交的影响。

第一节　内政与外交

关于内政与外交的关系问题，在修昔底德笔下可以看到两个方面：一方面是内政影响外交，另一个方面是外交影响内政。

一、内政影响外交

在第一卷中，修昔底德在讲到历史上希腊富饶的地区人口的变动频繁时，曾经说："在这些肥沃的地区，个人容易获得比其邻人优越的权势，这就引起纷争，纷争使国家崩溃，因而使外族易于入侵。"这说明了一个道理，内争会引来外部势力的介入，这种介入甚至会导致国家的灭亡。这在修昔底德笔下有很多的例证。例如，在第二卷中，修昔底德说，在普拉提亚的党争中，一个政党邀请底比斯人进入普拉提亚。这个政党的目的是屠杀他们自己的政敌，使普拉提亚与底比斯建立同盟，以便自己取得政权。按照底比斯人对普拉提亚人的说法，则是："当时是你们自己的公民，著名家族中富有的人自动请求我们的援助，因为他们想废止你们和外国的同盟而恢复你们在彼奥提亚中的传统地位。""他们也和你们一样，是普拉提亚的公民，

第七章 外交

只不过他们可能遭受的损失会更多些。他们打开自己的城门,把我们当作朋友而不是当作敌人,带进他们自己的城内,使你们中间的坏人不至于变得更坏,使正直的人们得到他们应有的权利,使你们的议会实行聪明的政策,而不放逐你们。""他们是把你们带回到你们亲属的大家庭中,所以远不是把你们变为任何人的敌人,而是使所有的人同样地对你们负担条约上的义务。"①同样的一件事情,在不同的倾向下有两种说法,但是无论哪一种说法,都没有改变一个事实:内部的党派之争引进了外部的势力。这种引进不仅仅是引发了伯罗奔尼撒战争,更为普拉提亚人日后被灭亡的悲剧拉开了序幕。

与此相类似,在第五卷中,修昔底德提到了麦散那的内争中,一方面的人士引入罗克里的势力,因此,有一个时候,麦散那是在罗克里统治之下的。在第四卷中,修昔底德提到由利吉姆放逐出来,而和罗克里人交好的流亡人士欢迎罗克里人来干涉内政。利吉姆曾长期陷于党争,所以他们现在不能抵抗罗克里人。在第三卷中,修昔底德提到诺丁姆的党争中,一个党派引进匹苏斯尼的势力,另一个党派的人流亡在外,引进了雅典军队(帕撒斯的军队)。鉴于这些事实,修昔底德才说:"凡是想要改变政府的人就会求助于外国。"②

在第一卷中,修昔底德讲到僭主政治的时候说,斯巴达从来没有过僭主政治,它很早就有一个宪法。它的政府400多年以来没有变更,这不仅是它内部力量的源泉,并且使它能够干涉其他国家的事务。事实证明了这一点,斯巴达不仅镇压了希腊的僭主政治,而且后来在波斯战争中,成为希腊联军的领导者,因为他们的势力最强大。在后来的伯罗奔尼撒战争中,战争的一方是伯罗奔尼撒同盟,其领导者就是斯巴达。与此相反,有的国家因为国内的混乱却导致了势力的衰落,跟着就是外交上的失败。例如,伊庇丹努建立后,经过相当久的时间势力逐渐强大起来,人口众多,但是后来发生多年的政治混乱,据说这是因为和当地蛮族居民的战争所引起的。结果,伊庇丹努衰落,它的大部分势力丧失了。③

---

① [古希腊]修昔底德:《伯罗奔尼撒战争史》,谢德风译,商务印书馆1960年版,第3、120、256—257页。
② 同上书,第229、267、299、401页。
③ 同上书,第17、23页。

政治的定数

波斯战后到伯罗奔尼撒战争前这50年里，雅典在战争方面和一般事务的管理方面所做的事情，有些是对付波斯人的，有些是对付它自己的同盟国的，有些是对付伯罗奔尼撒诸国的。通过这些事情，雅典人使他们的帝国日益强大，因而也大大地增加了他们自己国家的权势。斯巴达人虽然知道雅典势力的扩大，但是很少或者根本没有制止它。在大部分的时间里，他们仍然保持冷静的态度。按照修昔底德的分析，这有两重原因，除了斯巴达的民族性格使他们在传统上如果不是被迫则总是迟迟作战外，另一个重要的原因就是他们自己国内的战争，使他们不能采取行动。斯巴达国内的战争是指希洛人暴动。当时，希洛人和一些庇里奥西人暴动，他们逃往伊汤姆宣布独立。这场暴动持续了十年。斯巴达原来曾答应塔索斯侵入亚狄迦，以解除塔索斯的包围，但因为伊汤姆的暴动，使得斯巴达不能援助塔索斯了，导致塔索斯在被围的第三年被迫接受雅典的条件而投降。①

在斯巴达，希洛人是一个政治问题。希洛人人数众多，性格顽强。斯巴达人对希洛人的政策总是完全以自己的安全为基础。斯巴达人总是害怕希洛人暴动，但同时也总是利用希洛人作战。例如，第四卷中说，斯巴达人派遣700名希洛人跟随伯拉西达远征色雷斯。在第七卷中，修昔底德提到，在斯巴达人设防狄西里亚的同时，他们又遣送希洛人和脱籍奴隶中最精选的人共600名，用商船送往西西里去与雅典远征军作战。在第八卷中，优卑亚人与斯巴达国王阿基斯商量叛离雅典的问题，阿基斯从斯巴达请来亚加美尼和梅兰修斯去指挥优卑亚的军队，他们带着300名脱籍希洛人的军队到了，阿基斯正安排他们渡过海峡。不仅斯巴达国家是这样，就是政治家个人，有时也利用希洛人。在第一卷中，在谈到波桑尼阿斯事件时，修昔底德提到，有人向监察官报告，说波桑尼阿斯正在和希洛人密谋。如果希洛人参加他的暴动，并帮助他实现他的计划的话，他允许给予他们以自由权和完全的公民权。②

到第五卷时，修昔底德又提到，随着伯拉西达开往色雷斯的军队在伯拉西达死后由克利里达带领着回来了。斯巴达下令，凡是随着伯拉西达作战的希洛人都应该取得自由，可以在他们愿意居住的地方自由居住。不久，

---

① ［古希腊］修昔底德：《伯罗奔尼撒战争史》，谢德风译，商务印书馆1960年版，，第80—81、92页。
② 同上书，第103、355、574、639页。

第七章 外交

斯巴达人把他们都安插在拉哥尼亚和伊利斯中间边区上的列普累安地方，和那些已经取得自由的希洛人居住在一起。由这里可以看到，以前取得自由的希洛人也是被安置在列普累安的。为什么要把希洛人安置在这个地方？修昔底德说："斯巴达是和伊利斯相处得不好的。"① 这说明，斯巴达人把脱籍的希洛人安置在列普累安，是为了让这些希洛人对付伊利斯人。

斯巴达人一方面利用希洛人，另一方面又采取了种种措施控制希洛人。在第一卷中，修昔底德提到，斯巴达人有一次把一些在塔纳鲁斯地方波赛敦神坛前祈祷庇护的希洛人拖出去杀掉了，雅典人认为斯巴达的大地震就是这次渎神事件所引起的。在第四卷中，修昔底德也提到斯巴达人使用诡计对希洛人实施另一次杀戮。斯巴达人发表宣言，要求希洛人从自己的人中间选出那些他们认为战功最多的人来，暗示这些人可以获得自由。但是这只是一个试探，他们认为那些表现得最勇敢，首先起来要求自由的人就是那些最容易起来反抗斯巴达的人。结果，选出大约2000人，他们头戴花冠，环绕神庙行走，以为将获得自由。但是不久之后，斯巴达人把他们都除掉了，甚至于这些人中，每个人是怎样被弄死的，也没有一个人确切知道。②

斯巴达人对希洛人的恐惧深刻影响了他们在外交上的行动。在第四卷中，当雅典人占领派娄斯后，依附于斯巴达人的希洛人开始逃亡，斯巴达人怕国内革命运动会蔓延下去，感觉十分不安。所以，尽管他们此前向雅典求和已经遭到了拒绝，尽管他们不想把自己不安的情绪透露给雅典人，但是他们还是派了代表到雅典，要求雅典人交还派娄斯和斯法克特利亚岛上被俘虏的斯巴达人。在第四卷中，战争第八年，雅典人征服锡西拉后，斯巴达人最害怕的就是发生反对政府的革命运动，所以当时斯巴达人大体上采取守势。当雅典人在斯巴达沿海进行破坏的时候，斯巴达很少有人出来抵抗。他们派遣700名希洛人跟随伯拉西达远征色雷斯，也是因为他们害怕发生国内革命。在第五卷中谈到斯巴达人想与雅典订立和约时，修昔底德分析了多种原因，其中一个原因就是希洛人的不断逃亡。斯巴达的希洛人不断逃亡，大家都担心那些没有逃亡的希洛人会从那些逃亡的希洛人那里学习经验，利用时局所给予他们的机会，造成一个革命运动，和过去

---

① ［古希腊］修昔底德：《伯罗奔尼撒战争史》，谢德风译，商务印书馆1960年版，第425页。
② 同上书，第99、355页。

的伊汤姆独立一样。因此，斯巴达人希望尽快和平。在 50 年休战和约签订后，斯巴达与雅典之间又签订了 50 年同盟条约，其中第四条就是针对希洛人的："如果奴隶们起来暴动，雅典人应按照他们资源的情况，给予斯巴达以充分的援助。"①

斯巴达人对希洛人的恐惧只是内政影响外交的一个例证。在修昔底德笔下，内政影响外交的例证远不止这一个。在第四卷中，雅典人占领派娄斯的消息传到斯巴达的时候，人们认为这个问题是很严重的，因为他们想要解救被困在岛上的人，这些人在其国内是很重要的。他们这才决定向雅典求和，派遣代表到雅典去，目的就是尽快结束战事和取回那些被围困的人们。雅典人攻陷斯法克特利亚岛后，把俘虏的斯巴达人关在牢狱中，等到战事解决后再行发落。如果在战争还没有结束的时候，伯罗奔尼撒人侵略亚狄迦的话，雅典人就准备把这些战俘一起杀掉。果然，此后斯巴达人暂时不敢侵略亚狄迦了。到战争第九年，双方订了一个一年休战和约，雅典有自己的目的，那就是试图凭借这个和约阻止伯拉西达在色雷斯的进一步行动，而斯巴达最大的用心则是取回岛上被俘虏的人。同在第四卷中，远在色雷斯的伯拉西达看到雅典尽可能派遣驻军往各城市去的时候，就派人往斯巴达，请求再派一支军队去援助他。但是，斯巴达人丝毫没有帮助他，一是因为斯巴达的主要人物嫉妒他，二是因为斯巴达真正的愿望是想恢复在岛上被俘虏的人和结束战争。在第五卷中，战争第十一年的时候，双方都想订立和约，雅典想这样做仍然有雅典的目的，但在斯巴达这一方，一个重要的愿望在岛屿上被俘虏的人们可以被释放回来。斯巴达人在斯法克特利亚岛上被俘虏的人们成了斯巴达长期的心病，在他们的种种外交行动中，解决这个心病都是其动机之一。为什么会有这样一个心病呢？因为这些被俘虏的人是很重要的。修昔底德曾叙述，在这些被俘虏的人中间，有斯巴达军官阶级的成员，他们都是重要的人物，和政府中的人员是有关系的。② 所以，斯巴达屡次的外交行动都以使雅典释放这些人为重要的目的之一。

政治家个人对外交的影响也是显而易见的。在第一卷中，雅典之所以

---

① ［古希腊］修昔底德：《伯罗奔尼撒战争史》，谢德风译，商务印书馆 1960 年版，第 328、336—337、355、409、417 页。
② 同上书，第 309、328、376、381—382、410 页。

第七章 外交

对伯罗奔尼撒同盟的最后通牒采取对抗的外交路线，与伯里克利的个人影响关系密切。雅典人接到最后通牒后，举行了民众会议，决定把整个问题一劳永逸地仔细考虑一下，然后给斯巴达一个答复。许多人站起来发言，有些人认为战争是必要的，有些人说可以撤销斯巴达所要求撤销的麦加拉法令，不要让它成为和平的障碍。伯里克利在这个民众会议上发言，反对对伯罗奔尼撒人作出任何让步。雅典人认为他的发言是最好的，所以照他的意见表决了。雅典方面的战争政策是在伯里克利的影响下决定下来的。在第二卷中，伯罗奔尼撒人第二次侵入亚狄迦之后，雅典人开始谴责伯里克利，说他不应该劝他们作战，认为他们所遭受的一切不幸都应当由他负责。他们渴望与斯巴达讲和，并且已经派了大使去往斯巴达，但这些大使没有得到任何结果。他们愤怒，并把这种愤怒转移到伯里克利身上。此时的雅典人准备与斯巴达媾和。但在民众会议上经过伯里克利的劝告后，关于国家的政策，他们接受了他的论点，没有再派使团到斯巴达去了。①

派娄斯休战后，斯巴达代表在雅典外交的失败是因为雅典人采取了强硬的外交路线，而雅典人之所以采取强硬的外交路线是因为受到了克里昂的鼓动，此人是当时很得人心的人物。克里昂之所以鼓动战争、反对媾和，有着他自己的利益在里边，因为在和平安静时期，人们会注意他的不良行为，会不相信他对别人的谗言。② 政治家的个人利益左右国家外交政策，是很可怕的。

但是到战争第十一年的时候，斯巴达和雅典双方都有了订立和约的意向。双方主战的政治家也都死了。不仅如此，双方内部都出现了一位主和的政治家。在雅典有尼西阿斯，在斯巴达有国王普雷斯托安那克斯。修昔底德讲："当时雅典和斯巴达两个最有势力的政治家，作了很大的努力，促成和约的实现。"其中普雷斯托安那克斯之所以主和，与他个人的遭际有关。他曾经因为从亚狄迦撤兵而被斯巴达放逐，回来后，总是为他的敌人所攻击。事情不顺利的时候，国内的仇敌就一定把他的名字提出，说他的非法复辟是一切一切的根源。他为这些攻击所苦。他以为在和平时代，不会有这些灾难；又以为被俘虏的斯巴达人一旦被释放回来，冤家就没有对

---

① [古希腊]修昔底德：《伯罗奔尼撒战争史》，谢德风译，商务印书馆1960年版，第168页。
② 同上书，第314、410页。

R 政治的定数

他攻击的根据了；而且在战争时，居最高地位的人一定会因为每一个不幸的事情而受到埋怨。所以，他积极和雅典言归于好。① 50年和平条约就在两位政治家的推动下成立了。

到了后来，斯巴达的监察官有了变动，已经不是订立和约时的那些监察官了，他们中间有一些人实际上是反对这个和约的。其中有两个监察官，克利奥标拉和济那尔，特别希望推翻和约。他们秘密与彼奥提亚人和科林斯人接头，劝彼奥提亚人和科林斯人尽可能施行一种共同的政策，并建议彼奥提亚人首先和亚哥斯结盟，然后彼奥提亚人、亚哥斯再一同跟斯巴达建立同盟。他们说，斯巴达宁愿和亚哥斯做盟友，即使这样做引起雅典的敌视和50年和约的破裂也在所不惜。同时他们要求彼奥提亚人将巴那克敦要塞交给他们，以便将来可以把这个地方来和被雅典占领的斯巴达要塞派娄斯进行交换。② 斯巴达在其国内反对和约的人的操作下，外交政策开始发生转向了。

后来，斯巴达人派遣使节前往彼奥提亚，商请将巴那克敦和雅典的俘房移交给他们管理，以作为将来交换派娄斯的依据。彼奥提亚人答复说，事情可以照办，但是斯巴达应该仿照它和雅典商定的办法，和彼奥提亚订立一个单独的盟约。斯巴达人认为这样做，会使斯巴达对雅典犯下不守信约的错误，因为它们的盟约中明文规定，没有其他一方面的参加，任何一方面都不得单独议和或作战。但是，斯巴达急于想取得巴那克敦，以交换派娄斯，而主张推翻和约的那一部分人又使用压力，怂恿斯巴达和彼奥提亚进行交涉，所以，不久之后斯巴达和彼奥提亚成立盟约。后来，当尼西阿斯出使斯巴达，要求斯巴达取消它和彼奥提亚人的盟约时，斯巴达予以拒绝。斯巴达之所以拒绝放弃它和彼奥提亚人的同盟条约，是因为受了监察官济那尔的党人以及和他们意见相同的人的影响。这样，斯巴达在其国内反对和约的那些人的操纵下，外交政策的转向迈出了实质性的一步。

当从斯巴达使者那里得知巴那克敦要塞已经被彼奥提亚人拆毁的时候，雅典人愤怒了。他们认为斯巴达人在两件事情上都不守信约：巴那克敦应该完整地交还给雅典而不应该拆毁；同时，斯巴达人和彼奥提亚人单独订立同盟条约，而依照以前的条约，斯巴达应该和雅典联合起来，迫使

---

① ［古希腊］修昔底德：《伯罗奔尼撒战争史》，谢德风译，商务印书馆1960年版，第410—411页。
② 同上书，第428—429页。

不愿意加入同盟的各邦接受条约。雅典人认为自己被欺骗了，所以给了斯巴达代表们一个很不客气的答复，就把他们送回国了。①

在雅典国内，同样存在一派人，他们赞成废除和约。这一派人的代表和领袖是年轻的亚西比得。看到雅典与斯巴达关系恶化，这一派马上就抬头了。他们想让雅典和亚哥斯订立同盟。在亚西比得的操纵下，雅典人、亚哥斯人、门丁尼亚人和伊利斯人订立了一个100年有效的同盟条约。这样，不仅斯巴达内政的变化引起了外交政策转向，雅典也因为内政的变化引起了外交政策的转向。

二、外交影响内政

在第八卷中，在萨摩斯的雅典人决定推翻雅典的民主政治，其动因是想与波斯总督替萨斐尼结盟以对抗斯巴达。他们要与替萨斐尼结盟，首先就要取得亚西比得的支持。这样的一个逻辑是亚西比得写信告诉他们的。亚西比得说，假若有一个贵族政治代替民主政治的话，他打算回国，和雅典同胞在一起，尽自己的一份责任，使替萨斐尼成为雅典的朋友。虽然这是亚西比得为了自己能被雅典召回而使用的权术伎俩，但是在萨摩斯的雅典军队相信了。他们就开始做推翻民主政治的工作。各种人从萨摩斯渡海去和亚西比得会谈。亚西比得表示，只要没有民主政治，他首先可以获得替萨斐尼的友谊，后来可以获得波斯国王的友谊。废除民主政治，将使波斯国王更加相信他们。雅典最有势力的阶级的成员受战争的痛苦很深，开始抱着很大的希望，想自己夺取政权，以便胜利结束战争。当他们回到萨摩斯的时候，找到一些适当的人，组织自己的党派，公开地对军队中的士兵说，如果召回亚西比得，废除民主政治的话，波斯国王将成为他们的朋友，供给他们金钱。在萨摩斯的雅典人派遣皮山大回雅典活动。皮山大在雅典对人民讲，如果他们召回亚西比得，改变宪法的话，他们可以把波斯国王变为他们的同盟者，在反对伯罗奔尼撒人的战争中取得胜利。尽管人民对于建立寡头政治的主张没有好感，起初也是大力反对，但是当皮山大很清楚地说明再没有别的出路的时候，他们的恐惧以及他们将来可以再改

---

① ［古希腊］修昔底德：《伯罗奔尼撒战争史》，谢德风译，商务印书馆1960年版，第429—430、432、435页。

ℝ 政治的定数

变政制的期望使他们让步了。皮山大最终说服了人民同意他带着代表们去和替萨斐尼以及亚西比得订立协议。但是，在亚西比得的权术伎俩的操纵下，他们和替萨斐尼的谈判破裂了。于是他们决定把建立寡头政治的工作自己负担起来，派遣了皮山大第二次回雅典，同时命令他在沿途所经的属国中建立寡头政治。而他们在雅典的同党们则已经做好大部分的工作，暗杀了民主党的领袖之一安得洛克利，提出了寡头政治的政纲。皮山大回到雅典后，一步一步最终废除了民主政治，建立了寡头政治。优卑亚暴动后，引起了雅典人从来没有过的一次最大恐慌，他们感到一切都失望了。雅典人马上召集了一系列会议中的第一个会议，决定废除寡头政治。① 政制一改变，原来的寡头党人中的极端分子马上离开雅典，投奔斯巴达去了。雅典就是这样在战争与外交失利的刺激下废除了民主政治改行寡头政治的，又在战争与外交失利之后废除寡头政治的。外交对内政的深刻影响在这个过程中得到了充分的反映。

敌人在自己国内设防，对本国内政的影响是比较严重的，它也是外交影响内政的一个表现。在修昔底德笔下，这样的设防有多处。在第四卷中，雅典人曾在斯巴达的派娄斯设防。在第四卷中，还提到雅典人将在第力安设防。在第七卷中，雅典人又在拉哥尼亚一个类似于地峡的地方设防。雅典人在派娄斯设防，使得依附于斯巴达人的希洛人开始逃亡。对于在第力安设防，雅典人的希望是引起彼奥提亚诸城市的革命，所有反政府的人都容易逃亡，这样，各城市的现况是不能维持很长久的。对于拉哥尼亚设防，修昔底德曾说"使希洛人有一个地方可以逃亡"。在第八卷所述的爱奥尼亚战争中，雅典人又在开俄斯的特尔斐尼安设防。这个要塞对开俄斯内政有着严重影响。修昔底德叙述说："现在当雅典的军队似乎稳固地驻扎在岛上要塞中的时候，大部分奴隶马上逃出，走到雅典人这一边去了。因为他们对于这个地区很熟悉，这些人对于开俄斯人的祸害最多。"②

相比较而言，斯巴达在狄西里亚的设防对雅典内政的影响尤为巨大。在第七卷中，战争第十九年，斯巴达依照亚西比得的献策，在狄西里亚设防。这引起雅典 2 万多个奴隶逃亡。"狄西里亚设防是雅典势力衰落的主

---

① [古希腊]修昔底德：《伯罗奔尼撒战争史》，谢德风译，商务印书馆 1960 年版，第 670—677、681—686、710、712 页。
② 同上书，第 301、328、352、580、662、664 页。

要原因之一。"雅典人感到财政上困难了。大约在这个时候,他们开始对属民从海上输入和输出的一切货物征收5%的关税。①

第二节 民族性格与外交

在《伯罗奔尼撒战争史》中,斯巴达和雅典两个国家完全不同的民族性格给人以很深的印象。不同的民族性格作用在外交上,呈现出的状况就大不相同。

一、斯巴达人

在修昔底德笔下,用来描述斯巴达人民族性格的词语主要有保守、冷静、稳健、慎重、迟缓、缺乏创造等。在第一卷中,科林斯人在斯巴达的辩论中对斯巴达人说道:"你们相信自己的宪法和生活方式而不相信别人的。这种性格使你们在判断事务时,表现得稳健。""真的,你们是常以安全和稳健著名的。""你们是善于保守事务的原况;你们从来没有创造过新的观念,你们的行动常常在没有达到目的的时候就突然停止了。""你们的天性总是想做得少于你们的力量所能够做到的;总是不相信自己的判断,不管这个判断是多么健全的;总是认为危险是永远没有办法可以挽救的。"②

斯巴达人的这种民族性格使他们在处理内部事务时表现得很慎重,这从他们处理波桑尼阿斯事件的过程中可以看出来。更重要的是,他们的这种民族性格影响外交。

在第一卷中,修昔底德曾叙述过雅典人在波斯战后重建雅典城墙和庇里犹斯城墙的事情。那时,斯巴达的同盟国劝它阻止雅典设防,但是斯巴达行动不力。他们派到雅典去查看情况的使团并没有表示阻止雅典人行动的任何企图,只在那里提出意见而已。斯巴达人阻止雅典设防的目的没有

---

① [古希腊]修昔底德:《伯罗奔尼撒战争史》,谢德风译,商务印书馆1960年版,第574、582页。
② 同上书,第53—56页。

政治的定数

达到，虽然暗中烦恼，却没有表示任何怨言。①

此事之后，出现了波桑尼阿斯事件。斯巴达人召回波桑尼阿斯，不再派遣他为希腊联军的总司令，而是派遣了另外的将军去担任总司令。但是这个时候，同盟军已经不愿意接受他们为最高司令官了。斯巴达人知道了这种情况，所以也就回国，以后斯巴达也没有派遣其他司令官去了。斯巴达就是这样拱手让出了希腊同盟的领导权。所以，雅典人在谈及这件事的时候才会说："我们不是利用暴力取得这个帝国的，它是在你们不愿意和波斯人作战到底的时候，才归我们的。""我们所做的没有什么特殊，没有什么违反人情的地方；只是一个帝国被献给我们的时候，我们就接受，以后就不肯放弃了。"如果考虑到斯巴达拱手让出同盟的领导权，那么，科林斯代表评论斯巴达人时说的"你们在处理外交事务时，表现得有点无知"② 就应该说是很恰当的了。

修昔底德还叙述了从波斯战争终结到伯罗奔尼撒战争开始这50年间雅典的作为。在这些年代中，雅典人使他们的帝国日益强大，因而也大大增加了他们自己国家的权势。斯巴达人虽然知道雅典势力的扩大，但是很少，或者根本没有制止它；在大部分的时间里，他们仍然保持冷静的态度。为什么会这样？修昔底德说："因为在传统上，他们如果不是被迫而作战的话，他们总是迟迟作战的；同时也因为他们自己国内的战争，使他们不能采取军事行动。"可见，在波斯战后50年中，斯巴达没有阻止雅典势力的扩张，斯巴达的民族性格是原因之一。正是斯巴达人的冷静性格纵容了雅典势力的增长。这正如科林斯代表对斯巴达人说的："在所有的希腊人中间，只有你们斯巴达人是很镇静地等待事变发生的。你们的防御不是靠你们的行动，而是靠人家认为你们将要行动。只有你们在早期阶段不做一点事来防止敌人的扩充，你们等待，直到敌人的势力已经加倍地增长了。……你们不去抵抗他们（指雅典人），反而站着不动，等待着，直到你们受到攻击的时候，然后冒着一切危险来和这个比原先的势力强大得多了的敌人作战。"③

斯巴达同盟代表大会常会虽然议决雅典人的侵略破坏了休战和约，但

---

① ［古希腊］修昔底德：《伯罗奔尼撒战争史》，谢德风译，商务印书馆1960年版，第74页。
② 同上书，第53、61—62页。
③ 同上书，第55、92页。

第七章 外交

是他们还派人到特尔斐去问神，他们是不是可以作战。神回答说，如果他们以全力作战的话，胜利是属于他们的；不论他们是不是向神祈祷，神自己也会保佑他们的。但是，斯巴达人还召集了他们的同盟者，希望同盟者对于应不应当宣战问题表示态度，这就是斯巴达第二次同盟代表大会常会。① 这次会议表决赞成战争。即使在决定作战以后，斯巴达人仍有迟缓的表现。普拉提亚事件发生后，伯罗奔尼撒同盟的军队集中到地峡一带，由斯巴达国王阿基达马斯指挥。在未作出更进一步的行动以前，他派遣密里西配斯前往雅典，看雅典是不是有接受谈判的可能。密里西配斯却被雅典人遣返了。这次外交努力失败，阿基达马斯知道雅典人是坚决不肯让步的之后，方才进兵去蹂躏亚狄迦。

在第六卷中，西西里战争期间，科林斯人、叙拉古人在斯巴达民众会议上请求斯巴达对叙拉古给予军事援助。斯巴达人虽然准备派遣代表往叙拉古去，阻止叙拉古人和雅典人妥协，但是不愿意给予任何军事援助。只是因为亚西比得的献策，他们才同意派出吉利普斯去担任叙拉古人的司令官，并派出援兵前往叙拉古。在第八卷中，西西里战事结束后，斯巴达与开俄斯人以及厄立特利亚人订立同盟，派遣40条船舰去援助他们暴动。当第一批船舰被雅典人赶入斯佩里安港口，连斯巴达的司令官亚加美尼都被杀死后，斯巴达人大为丧气，因为他们在爱奥尼亚战争中的第一次冒险失败了。因此，他们不想从他们的国家里再派遣船舰出来了，而且还想把已经派出了的船舰召回去。也是因为亚西比得的劝告，斯巴达人才继续进行爱奥尼亚战争。②

斯巴达的民族性格对外交的最重大的影响体现在第八卷中的一个事件上，那就是优卑亚叛离雅典后斯巴达人坐失了占领雅典的一次良机。那时，雅典人的灾难已经达到了顶点，他们感觉最不安的、最急迫的是担心斯巴达人乘优卑亚岛上的胜利，直接向他们进攻，渡海来攻击庇里犹斯。雅典人已经没有海军来防卫了。雅典人意料得到，斯巴达人是随时可以来的。修昔底德评论说："如果伯罗奔尼撒人更勇敢一点的话，这是他们能够很容易地做到的。那时，只要他们停泊在雅典城的附近，他们就会引起城内的党派更加分裂。或者，如果他们留在那里围攻雅典城的话，他们可

---

① ［古希腊］修昔底德：《伯罗奔尼撒战争史》，谢德风译，商务印书馆1960年版，第92页。
② 同上书，第545—546、550、641、644—645页。

以迫使爱奥尼亚来援助自己的人民和雅典城本身，不管它多么仇恨寡头政治。同时，赫勒斯滂和爱奥尼亚，以及海上岛屿及至优卑亚为止的一切土地——事实上就是整个雅典帝国——都会落在他们手里。"但是，斯巴达人的稳健、慎重等性格使他们止步了。所以，修昔底德评论说："但是这一次，正如其他许多次一样，斯巴达人证明是雅典人最有益的敌人，因为两个民族性格的大不相同，使雅典，特别是作为一个海上强国来说，受到很大的益处：雅典人的迅速和斯巴达人的迟缓，雅典人的冒险精神和斯巴达人的缺少创造性，成一对比。"① 科林斯人曾经指责的斯巴达人不达目的就停止的性格在这个事件上得到了突出反映。

二、雅典人

雅典人的民族性格与斯巴达人的民族性格确实成一对比。科林斯人曾经讲，一个雅典人总是一个革新者，他敢于下定决心，也敢于把这个决心实现。雅典人的勇敢常常超过了他们人力和物力的范围，常常违反他们的善良判断而去冒险。在危难之中，他们还能坚持自己的信念。雅典人果决，如果他们胜利的话，他们马上会穷追到底；如果他们战败的话，他们绝不退缩。雅典人富于公共精神，他们似乎是为城邦而活的。雅典人不断进取，他们宁愿艰苦而活动，不愿和平而安宁。② 这些确实与斯巴达人的保守、慎重、迟疑等性格形成了鲜明的对比。

在第一卷中，埃及边界上的利比亚国王伊那罗斯发动了埃及暴动，使埃及脱离波斯国王阿塔薛西斯而独立。伊那罗斯取得政权后，请求雅典援助。雅典人立即放弃了对塞浦路斯岛的远征，来到埃及。这次冒险的远征，经过六年战斗之后失败，远征军完全被波斯人消灭了，埃及又回归波斯国王统治。③ 笔者认为，远征埃及可以看成远征西西里的预演。两次远征都是雅典人的冒险行动。雅典人没有从远征埃及的下场中吸取教训的原因在于雅典人民族性格中的冒险精神。

就在雅典人远征埃及期间，雅典与厄基那之间发生了战争。雅典人登

---

① ［古希腊］修昔底德：《伯罗奔尼撒战争史》，谢德风译，商务印书馆1960年版，第711页。
② 同上书，第56页。
③ 同上书，第82、85页。

陆，围攻厄基那。伯罗奔尼撒人派兵在厄基那登陆，试图解除厄基那的包围。同时，科林斯人夺取哲朗尼亚高地，居高临下地攻入麦加里德。他们认为雅典人不可能来援助麦加拉，因为雅典在厄基那和埃及已经有两支大军在作战了。如果它想援助麦加拉的话，它就必须从厄基那撤军。但是，雅典人完全不是这样做的。他们召集留在雅典的老年人和年轻人组织军队，在迈隆尼德指挥下，进入麦加拉，与科林斯人作战。①

在第三卷中，密提林人在奥林匹亚的发言中劝斯巴达人说，由于瘟疫和战费的负担，雅典人已经到了民穷财尽的地步。他们的舰队一部分正在环绕伯罗奔尼撒航行，其余的在封锁密提林，他们不可能还有船舰留在国内。如果伯罗奔尼撒人进攻的话，雅典人一定不能抵抗，或者他们不得不从伯罗奔尼撒沿海一带和密提林撤退他们的军队。斯巴达人及其同盟者听了密提林代表的话之后，不仅欢迎密提林加入斯巴达同盟，还决定同盟国各以其全军的1/3在地峡集合，侵入亚狄迦。雅典人知道敌人的准备是根据雅典自己的弱点，他们希望表明敌人的这种想法是错误的，他们用不着从列斯堡召回他们的舰队，就可以打败伯罗奔尼撒舰队的进攻。因此，他们用自己的公民和住在亚狄迦的异邦人配备了100条船舰的海员，航往地峡，在那里示威，随意在伯罗奔尼撒沿岸登陆。斯巴达人看到情况完全不是如他们所预料的那样，认为列斯堡人所说的话不是真的，所以，斯巴达人就回国去了。② 这次侵略亚狄迦成了一次未遂的侵略。

雅典人的冒险、果敢的民族性格决定了围魏救赵这样的方法对它是不起作用的。在雅典远征埃及期间，波斯国王曾经派使者到斯巴达，想通过贿赂让斯巴达侵入亚狄迦，来迫使雅典从埃及撤回舰队。结果这个企图没有成功。塔索斯暴动后，被雅典军队围攻。塔索斯向斯巴达求援，劝斯巴达人侵入亚狄迦，以解除他们的包围。斯巴达人同意了，但由于国内发生暴动，没有能派出军队侵入亚狄迦，导致塔索斯被围的第三年，投降了雅典。

雅典人的果敢和冒险精神，使他们在外交上无所畏惧。其实，即使波斯说服了斯巴达人侵入亚狄迦，也不见得雅典人就会撤退在埃及的军队。即使斯巴达人侵入亚狄迦，也不见得雅典人就会从塔索斯撤退。在第六卷

---

① ［古希腊］修昔底德：《伯罗奔尼撒战争史》，谢德风译，商务印书馆1960年版，第83页。
② 同上书，第216—218页。

中，战争第十七年，叙拉古人派遣代表往科林斯和斯巴达去，劝斯巴达人向雅典宣战，并猛烈地进行战争，使雅典人不得不从西西里撤退他们的军队，或者阻止他们再派军队来增援他们那些已经在西西里的军队。结果，雅典人不仅没有撤退在西西里的军队，反而在战争第十九年派遣了德谟斯提尼率领着第二支远征军前往西西里。这正如在弥罗斯辩论中雅典代表所说："雅典人从来就没有过一次为着害怕别人而撤退围城的军队的。"伯里克利在称赞雅典人时也曾说过："雅典之所以在全世界享受最大的名誉是因为它从来不向困难低头。"① 这样的民族性格在外交上必然表现出冒险的特征。西西里远征就是所有的冒险中最大的冒险。

雅典人果决的民族性格也对其外交有很大影响。战争爆发后，当伯罗奔尼撒同盟的军队聚集在地峡时，雅典人就预先决定，只要斯巴达人离开他们本国，雅典就不接见他们的任何传令官或使节。所以，当密里西配斯被阿基达马斯派遣前往雅典看一看雅典人是不是还有接受谈判的可能时，雅典人不接见密里西配斯，要他当天就离开雅典，并且对他说：如果斯巴达人有话要说，首先要把军队撤回到自己的领土内，然后派使节来。雅典人派人押送密里西配斯回去，以防止他和别人接触。② 拒绝接见斯巴达使节，表明的是雅典人对战争的果断态度。

战争第二年，当伯罗奔尼撒人的军队第二次侵入亚狄迦时，瘟疫在雅典突然出现了，导致雅典人口大量死亡。但是，雅典人仍然组织了一个100条船舰的远征军，进攻伯罗奔尼撒半岛，伯里克利亲自指挥这个舰队。当这个舰队回来后，哈格农和克利奥彭帕斯又率领这个舰队出发远征色雷斯的卡尔西斯人和波提亚人。③ 在瘟疫肆虐时，雅典人仍然派出军队远征，这样的对外行动是雅典人果敢的民族性格的展现。

斯巴达人在狄西里亚设防对雅典造成了巨大损害，雅典人同时进行两个战争，使雅典人很受折磨的时候，雅典人依然非常顽强果决。他们的对外行动并没有停止。修昔底德对此直接发出了评论："真的，他们达到这样顽强果决的地步，以至于如果在这件事情实际发生之前，有人听到这种事情的话，他不会相信这是可能的。这是难以置信的，因为雅典人已经被

---

① ［古希腊］修昔底德：《伯罗奔尼撒战争史》，谢德风译，商务印书馆1960年版，第168、471、532—533页。
② 同上书，第129页。
③ 同上书，第161—162页。

伯罗奔尼撒人包围（伯罗奔尼撒人以亚狄迦的一个要塞作为根据），而他们不但没有从西西里撤退，反而留在西西里，同样地包围着一个和雅典一样大的城市——叙拉古，使希腊世界对于他们的势力和勇敢表示惊异。这种惊异的程度可以从下面的事实看出来：在战争之初，有些人认为，如果伯罗奔尼撒人侵入亚狄迦，雅典可能支持一年，而另外一些人认为可以支持到两三年，再没有人认为它可以支持三年以上的。现在是伯罗奔尼撒人第一次侵入亚狄迦以后的第十七年了，雅典人虽然在战争中遭受了各种困难，但是他们还向西西里出发，发动另一个战争，其规模是和他们已经和伯罗奔尼撒人进行的战争一样大的。"①

在这样严峻的情况下，雅典人还应西西里远征军的请求，向西西里派出了第二批远征军。这种对外行动，震惊了叙拉古。"这时候，叙拉古人和他们的同盟者感觉到真正的恐怖。他们看见虽然伯罗奔尼撒人在狄西里亚设防，而雅典人又派遣一支和第一次一样大的军队来进攻他们了，从各方面看来，雅典表现得这样强大，因此，他们似乎永无解除危险的时期了。"②

当西西里远征军全军覆灭的消息传到雅典时，雅典人感到了很大的恐惧和恐慌，因为在当时他们很少有能够生存下去的希望了。尽管这样，他们仍然利用他们有限的资源，决定绝不屈服。他们将从任何可能取得木材的地方取得木材，装备一支舰队。他们将筹款，注意他们的同盟国，尤其是优卑亚，不要叛离他们。雅典本身将采取节约和改良政策，任命一些有经验的人组织一个团体，给他们提供意见。他们恐慌了，决定把一切事情都做好。在那个冬季里，他们取得了木材，开始建造船舰；他们在修尼阿姆设防，使他们运输谷物的船舶在环绕这个地角航行时得到安全；他们从航往西西里时在拉哥尼亚所建筑的要塞撤退；凡是他们认为用钱不恰当的地方，他们就裁减经费，以节省开支；他们特别严密地监视同盟国，以防止它们暴动。③一直到《伯罗奔尼撒战争史》这部未完成的著作的最后一章，雅典人仍在战斗，塞诺西马的胜利似乎预示着雅典人的顽强是永远不会停止的，除非被毁灭。这是雅典人的民族性格使然。

对于雅典人在战争后期的顽强果决，修昔底德早在第二卷中就说过：

---

① ［古希腊］修昔底德：《伯罗奔尼撒战争史》，谢德风译，商务印书馆1960年版，第581—582页。
② 同上书，第593页。
③ 同上书，第637—639页。

"他们（指雅典人）大部分的舰队和其他军队在西西里丧失之后，雅典内部已经发生革命，但是他们还支持了八年，以对抗他们原来的敌人（这些敌人已经有了西西里人的增援），对抗他们自己的同盟国（它们大部分已经暴动），对抗波斯王子居鲁士（他后来帮助伯罗奔尼撒方面，以金钱供给伯罗奔尼撒人建造船舰）。"①

雅典人势力的扩大，与雅典人的民族性格有关；雅典人的战略错误，与雅典人的民族性格有关；雅典人的毁灭，同样与雅典人的民族性格有关。真可谓"成也民族性格，败也民族性格"。

第三节 本章小结

党争对外交的影响和外交对党争的影响，与内政的其他方面与外交的关系一样重要，但是本章在关于外交与内政的阐述中，很少提及内政中的党争。这是因为在"党争"一章中，我们已经详细论述了党争引进外部势力和招引外部势力，而且探讨了内奸与外交问题。所以，本章所谈的内政仅仅涉及了党争之外的其他方面。

一个国家内部的政治生态是一个既定的常量，短时期内不易改变，如民族性格就不是短期内可以改变的。因此，由这种常量所规定了的外交战略与策略也就不易改变了。不易改变，不是不能改变，改变仍然是可能的。伯里克利要求雅典人在战争期间不要扩张帝国，这不是不能做到的。伯里克利自己同样有着雅典人进取、果敢的民族性格，但伯里克利可以做到不与强大的伯罗奔尼撒陆军对抗，可以做到在战争期间不扩张，说明这样的民族性格是可以暂时抑制的。那么，雅典人为什么不能抑制这种民族性格呢？这是因为政治家们的煽动，尤其是亚西比得的煽动。政治家们之所以进行煽动，目的在于自私的利益。他们的煽动之所以能够得逞，是因为他们充分利用了这样的民族性格。这再一次警醒人们，政治家在政治生活中举足轻重，历史车轮的走向与政治家的用力方向有着重大关系。

---

① ［古希腊］修昔底德：《伯罗奔尼撒战争史》，谢德风译，商务印书馆1960年版，第170—171页。

第八章 人的限度

在修昔底德笔下，人本身受制于多种因素。本书将之称为"人的限度"。这种人的限度体现在人性、偶然性、命运和神明等对人的行为的限制上。人无法跳出人性的限制，无法与偶然性、命运和神明相抗衡。人的限度也是修昔底德所展示的"政治的定数"或"政治的规律"的一个方面，它划定了包括政治行为在内的人的行为的最大范围。

第一节 人性

一、笼统的人性

修昔底德通过叙事和评论所展示的政治的定数只是希腊世界在公元前5世纪的一场战争前和战争中所具有的规律，这些政治规律具有希腊性、历史性、地域性，一句话，具有特殊性。那么，这些政治规律如何成为超越希腊、超越历史、超越地域的具有普遍性的人类政治规律呢？修昔底德将两者联系起来的桥梁和基础是人性。在第一卷中，他说："我这部历史著作很可能读起来不引人入胜，因为书中缺少虚构的故事。但是如果那些想要清楚地了解过去所发生的事件和将来也会发生的类似的事件（因为人性总是人性的）的人，认为我的著作还有一点益处的话，那么，我就心满意足了。"[①] 这意味着，过去所发生的事情，将来还会发生，至少是

[①] [古希腊]修昔底德：《伯罗奔尼撒战争史》，谢德风译，商务印书馆1960年版，第20页。

类似。因为，所发生的事情都根植于人性，而人性总是人性的。人性，是理解修昔底德著作的特殊性意义与普遍性意义的总关键。永恒的人性，使得特殊性变成了普遍性。修昔底德就是这样把人性作为自己著作的特殊性与普遍性之间联系的中介和贯通的桥梁。

关于这种贯通特殊性与普遍性的人性，修昔底德只是很笼统地说"人性总是人性的"，他并没有将某种人性与某种政治规律相对应。即使在评论某种政治规律时，他也没有把这种规律与某种人性机械地相关联，而仍然是讲的笼统的人性。例如，在第三卷中，他在评论科西拉党争的残酷时说道："在各城邦中，这种革命常常引起许多灾殃——只要人性不变，这种灾殃现在发生了，将来永远也会发生，尽管残酷的程度或有不同；依照不同的情况，而有大同小异之分。"①

二、具体的人性

虽然修昔底德不把某种人性与某种政治规律机械地相对应，但是这并不意味着修昔底德就不讲具体的人性。在他的笔下，具体的人性随处可见。

在第一卷中，修昔底德讲到这次战争的伟大时，曾提到人性的厚古薄今特征。他说："至于目前这次战争，纵或普通人很容易想到他们所正在进行的战争是所有战争中最伟大的；同时，当战争完结的时候，他们又回转来对于更远古的事迹感叹欣赏了。"②

在第一卷中，雅典代表在斯巴达同盟代表大会常会上说："人们对于法律的差错比对于暴力的虐待，似乎更觉得愤慨。在第一种情况下，他们认为是受到了平辈的打击；第二种情况下，他们认为是被一个优势者所强迫。""受统治的人民总是觉得现在是最难忍受的。"关于人们不愿受到平辈的打击，在第八卷中，修昔底德讲到雅典寡头政治中的一部分人已经不满意于寡头政治的时候说："政体一变，每个个人都不满意于和别人处于平等的地位，以为自己比谁都强得多。反过来说，在民主政治统治下，有人没有当选为官吏的时候，他总可以用这种思想来安慰自己：使他失败的

---

① ［古希腊］修昔底德：《伯罗奔尼撒战争史》，谢德风译，商务印书馆1960年版，第268页。
② 同上书，第19页。

不是他的平辈。"①

在第一卷中,伯里克利在雅典民众会议上的发言中说:"我们要知道,这个战争是强迫加在我们身上的,我们愈愿意接受挑战,敌人向我们进攻的欲望将愈少。"他还说到人们对于战争的热情问题。他说:"虽然我知道,说服人们参加战争时的热烈情绪到了战争开始行动的时候是不会保持得住的,并且人们的心理状态是随着事件的发展过程而变化的,但是我认为这时候我一定向你们提出和我过去所提出的完全相同的意见。"阿基达马斯也提到过对于战争的热情问题。他说:"在我的一生中,我曾参加过许多战争;同时,我知道,你们中间和我年龄相同的人也参加过许多战争。你们和我都有经验,所以不会有要求战争的一般热忱,也不会认为战争是一件好事或安全的事。"在第二卷中,修昔底德评论说:"在一个任务开始的时候,热情总是很高的。那时,在伯罗奔尼撒和雅典两方面,都有不少的青年人,从来没有看见过战争,所以都很高兴加入这个战争。"在第六卷中,尼西阿斯想用扩大所需军力的发言来阻止雅典人远征,"但是雅典人完全没有因为准备工作的困难而失去远征的欲望,反而比以前更加热烈些,结果和尼西阿斯所想象的正相反"。②

在第二卷中,伯罗奔尼撒的军队集中于地峡,准备第一次入侵亚狄迦时,阿基达马斯在各国的将军和重要人物面前的演说中说到痛苦的事情会使雅典人愤怒而出来作战:"人们受到过去从来没有受到过的痛苦,而这些痛苦的事情都在自己的眼前进行,他们自然会愤怒。他们不是等着事变而加以考虑的,而是自身受到冲动的刺激而投入行动的。这样的做法,对于雅典人尤其是可能的,因为他们自己认为他们享有特权,处于至高无上的地位,他们总是惯于侵略和毁灭别人的土地,而很少看见自己的领土被别人侵入。"在另一处,他仍持这样的看法。他说,他希望雅典人出来作战,因为雅典有最卓越的青年群众,他们对于战争有了从来所没有过的准备,他们不会让他们的土地遭到蹂躏的。他们(得莫阿卡奈人)不会让自己的财产遭到破坏,而会强迫其他的人出来和他们一同作战。阿基达马斯的这些想法是很正确的。雅典人看到自己土地被蹂躏,确实感到愤怒,

---

① [古希腊] 修昔底德:《伯罗奔尼撒战争史》,谢德风译,商务印书馆1960年版,第63、702页。
② 同上书,第64、111、116、125、496页。

特别是青年人，他们要出来阻止敌军的破坏。他们迁怒于伯里克利，辱骂他身为将军而不领导他们出去作战。①

在第二卷中，修昔底德提到人们不愿离开家园迁移。他说到雅典人从乡村迁入雅典城中的时候说："雅典人从长久的时间以来就是在分散于全亚狄迦的独立乡村中生活着的；就是在亚狄迦统一以后，古时的习惯依然是保留下来的。大多数雅典人，从早几代一直到这次战争发生的时候，尤其是在波斯战争后，大家刚刚安定下来的时节，忽然来一个迁移运动，他们心里是很不舒服的。他们很悲伤，很不愿意抛弃他们的家园和他们祖先遗留下来的古代神庙，很不愿变更他们整个的生活方式，把每个人所认为是他自己的市镇加以抛弃。"伯里克利在阵亡将士国葬典礼上的演说中说："一个人不会因为缺少他经验中所没有享受过的好事而感到悲伤的：真正悲伤是因为丧失了他惯于享受的东西才会被感觉到。"②

在第三卷中，当特内多斯人、麦提姆那人和密提林城内某些私人告诉雅典人说：密提林人想要以武力统一列斯堡全岛，成为一个国家，受密提林的统治的时候，雅典人正遭受着瘟疫以及最近发生的战争，而且战争正是激烈的时候。他们认为又和列斯堡作战，真实一件严重的事情。因此，他们偏重于自己的愿望，起初他们不相信这些告密是真的。这就是以愿望代替现实的规律。关于这个规律，在第四卷中修昔底德有直接的评论。他在谈到色雷斯的雅典属国彼此争先叛离雅典的时候说道："实际上，它们的判断是根据自己的愿望，而不是根据可能性的健全估计。因为人们惯常是这样的：当他们需要什么东西的时候，他们会毫不深思熟虑地把他们所需要的东西寄托于自己的希望；而对于他们所不喜欢的东西，他们会用充分的理由来拒绝。"这些隶属于雅典的城市，认为叛离雅典是十分安全的。"但是后来的事实证明雅典的实力正和它们在估计雅典实力上的错误是一样大的。"③

在第三卷关于密提林的辩论中克里昂说："当一个国家突然意外地获得很大的繁荣的时候，它往往产生傲慢。享有中等成就的人比那些获得和

---

① ［古希腊］修昔底德：《伯罗奔尼撒战争史》，谢德风译，商务印书馆1960年版，第128、137—138页。
② 同上书，第134、153页。
③ 同上书，第209、375页。

第八章 人的限度

他们不相称的幸运的人要安稳些。""一般人性都是轻视那些待他们好而敬畏那些不让步的人。"①

在第六卷中,赫摩克拉底在叙拉古民众会议上建议叙拉古人把叙拉古人数的情报一定要夸大一些。"因为人们易于根据他们所听到的而下定决心,或变更他们的主意。同时,那些首先进攻的人,或者,至少那些预先使侵略者知道他们会起来保卫自己的人是敌人所最害怕的。""他们(雅典人)进攻我们,以为我们是不会起来保卫自己的;他们之所以抱着这种卑劣的看法是因为我们没有帮助斯巴达人去毁灭他们。但是如果他们看见我们的行动有他们意想不到的勇敢的话,正是这种出乎预料之外的事实使他们感到惊慌,更甚于我们真正所有的实力。"所以,他希望叙拉古采取勇敢的行动。与此相类似的是第七卷中,吉利普斯在一篇演说中说:"当人们以为他们特别在某一点上见长而发现他们正在这一点上受到挫折的时候,他们会改变对自己的看法,会比他们原先从来不相信他们的优点的时候,更加缺乏信心了:他们的抱负所受到的意外打击很容易使他们就是在还有可以利用的力量的时候,也会屈服了。很有可能,雅典人所遭遇的情况正是这样的。"吉利普斯对人性和雅典人的这种看法在后文当中得到了印证。叙拉古人在海战中取得决定性胜利后,雅典军队确实还有可以利用的力量。德谟斯提尼曾对尼西阿斯说,当时雅典人还剩下有约 60 条船舰,而叙拉古人所剩下的不到 50 条,所以德谟斯提尼主张尽力在黎明的时候冲出去,尼西阿斯赞同这个建议。但是当他们要配备船舰上的海员时,水兵们不愿上船,他们因为上次的战败,挫折了锐气,认为胜利是不可能的了。②

野蛮残酷也是人性中的一个方面。密卡利苏斯屠杀就是一个实例。在第七卷中,雅典人派遣德谟斯提尼率领第二批远征军赶赴西西里。提伊人,修昔底德在讲述奥德里西帝国情况时提到的罗多彼山中的剑士,是色雷斯的一个部落,他们以短剑为武器。他们派来了 1300 名轻盾武装兵士到了雅典,原来是想和德谟斯提尼一同航往西西里去的。因为他们来迟了,不能往西西里,雅典人决定要他们回到色雷斯。雅典人的考虑是,如果把他们留下来对付狄西里亚战争的话,费用似乎太大了。在目前财政困

---

① [古希腊]修昔底德:《伯罗奔尼撒战争史》,谢德风译,商务印书馆 1960 年版,第 234 页。
② 同上书,第 505、612—613、620 页。

难的情况下，雅典人不想增加开支，因此，他们马上把这些迟到而不能随德谟斯提尼一道出发的色雷斯人遣回了。第依特累斐受命率领他们回国，在航海归国途中尽量破坏敌人的沿海地区。他首先运送他们在塔那格拉登陆，他们迅速地劫掠一些东西运跑了。后来，他们从优卑亚的卡尔西斯横渡攸里配斯海峡，在彼奥提亚登陆，率领他们黎明时进攻密卡利苏斯。密卡利苏斯是一个不大的城市。第依特累斐把这个城市攻陷了。色雷斯人冲入密卡利苏斯城内，大肆劫掠，屠杀居民，无论年幼的或年老的都没有幸免于难。凡是他们所遇上的，妇女和儿童也是一样的，甚至于连他们在田间所看见的牲口和一切动物也都杀掉。这时全城混乱，人民遭到种种不可言状的惨死。特别是他们冲入一个儿童学校，这个学校是当地最大的一个学校，儿童们刚刚跑进学校里去，他们把这些儿童都杀死了。因此全城遭到灾祸，这个灾祸比任何一次灾祸都来得更突然，更可怕，范围更广大。密卡利苏斯丧失了许多人口。修昔底德说："它的居民所遭受的灾难，其悲惨的程度可以和这次战争中任何一次灾难相比。"他还评论说："色雷斯人种，和一切最残酷的野蛮人一样，当他们无所畏惧时，是特别喜欢杀人的。"与密卡利苏斯屠杀一样野蛮的是波提狄亚被围困到最后时，城中出现的人吃人的事情。①

三、人性的不可阻止规律与下降规律

在所有具体的人性中，与政治密切关联的是人性的不可阻止规律和人性的下降规律。

（1）关于人性的不可阻止规律。在第三卷关于密提林的辩论中，克里昂主张处死密提林人，而戴奥多都斯反对这样做。他提出了一个考虑这个问题的总原则，就是要从政治上考虑，而不是从法律上考虑。他认为雅典人需要考虑的不是密提林人是不是有罪的问题，而是雅典人的决议对雅典人是不是正确的问题，是不是有利的问题。他说，这不是一个法庭，在法庭中，我们应当考虑什么是适当的和公平的；这是一个政治会议，而问题是怎样使密提林对于雅典最为有利。他论证说，现在，在人类社会中，对于许多没有这件

---

① ［古希腊］修昔底德：《伯罗奔尼撒战争史》，谢德风译，商务印书馆1960年版，第174、202、580—583页。

事那样严重的罪犯都规定处以死刑。但是当人们有足够信心的时候,他们还是冒这种危险。如果犯罪者认为他的计划不会成功的话,他就不会去冒犯法的危险了。与此相类似,国家也是这样。如果一个国家相信自己的资源或从它的同盟国得到的资源不足的话,它就不会暴动。"城邦和个人一样,都是天性易于犯错的。没有任何法律能够阻止它。"为什么这么说呢?戴奥多都斯提出了事实来证明。他说,人们试用了各种刑罚,刑罚愈来愈多,以图减少罪犯而获得安全,但还是有人犯法,可见死刑已不足以防止犯罪。"在贫穷迫使人们勇敢的时候,在财富的傲慢和豪华养成人们的野心以及其他人生事故中他们不断地受到一些不可救药的强烈情欲支配的时候,他们的冲动还是促使他们走入危险中。"①

刑罚不足以制止犯罪,实质上是刑罚不足以制止人性。戴奥多都斯解释了其中的原理。他说:"希望和贪欲到处都有。贪欲在前,希望跟着来;贪欲产生计划,希望暗示计划可以成功。"希望和贪欲这两个因素虽然看不见,但是他们比我们眼睛所能看得见的恐怖还要强烈得多。除了希望和贪欲这两个因素之外,还有第三个因素在促使人们犯罪,那就是幸运的思想。认为一个人可以遇着幸运的思想也和其他东西一样,使人产生过分的信心。因为有时候,人们会意外地遇上幸运,所以幸运诱导人们,就是在他们没有充分准备的时候,也会去冒险。对于整个国家,尤其是这样。他说:"简单一句话,只要是认真进行某一件事情的时候,想利用法律的力量或其他恐怖的手段去阻止它,这从人的天性来说是不可能的。""因此,我们不应当因为过于相信死刑的效力而得到错误的结论,我们不应当剥夺叛逆者悔过的可能和他们尽快地赎罪的机会,而使他们陷于绝境。"② 除了从人性上讲明用刑罚难以阻止犯罪的这个理由之外,戴奥多都斯还从利益上讲明了处死密提林人对雅典不利。所以,他的结论是不要处死密提林人。③

戴奥多都斯在这里给我们上了一课,人性在很多时候是不可阻止的,

---

① [古希腊]修昔底德:《伯罗奔尼撒战争史》,谢德风译,商务印书馆1960年版,第240页。
② 同上书,第240—241页。
③ 约翰逊研究了戴奥多都斯的这篇演说词。他认为,戴奥多都斯坚持人性的诸种冲突是强迫性的,因而戴奥多都斯不是在建议威慑,而是在建议防止。参见[美]约翰逊《重思狄奥多图斯的论辩》,彭磊译,载刘小枫、陈少明编《修昔底德的春秋笔法》,华夏出版社2007年版,第149页。

政治的定数

刑罚也不能完全遏止犯罪，原因就在于此。这对于治国者未必不是一个启发。

城邦和个人一样，天性是易于犯错的。这在修昔底德笔下还可以找到另外的例证。在第八卷中，雅典人在西西里惨败之后，整个希腊马上起来反抗雅典，就是一个例证。他们认为战争很快就会结束了，他们可以因参加战争而得到光荣。那些已经和斯巴达联盟的国家，比以前更加希望迅速地免除一切他们已经忍受了很久的痛苦。特别是雅典的属民，他们已经准备暴动了。修昔底德评论这些雅典属民时说："真的，他们有这样做的愿望，但是没有这样做的力量，因为他们不能冷静地观察事物，他们不相信雅典有度过次年夏季的可能。"①

在第八卷中，开俄斯人暴动叛离雅典是又一个例证。开俄斯的暴动与密提林的暴动一样，是由贵族发动的。他们在战争第十九年的时候与厄立特利亚人一起向斯巴达政府请求援助，准备暴动。斯巴达经过考察，确认开俄斯有很多船舰后，就和开俄斯人和厄立特利亚人订立了同盟条约，将派出船舰去援助他们。当斯巴达远征开俄斯之事延误后，雅典人知道了开俄斯所进行的事情，就派人用证据责难开俄斯人。开俄斯人予以否认，雅典人就命令他们派遣船舰来和雅典的舰队在一起，以示诚意。开俄斯人就派遣了7条船舰参加雅典舰队。他们之所以这样做，是因为开俄斯的人民大众尚不知道和斯巴达协商的事情，而贵族党人，在他们有坚强的力量作他们的后盾之前，不愿意使人民起来反对他们，他们以为伯罗奔尼撒人已经没有来的希望了。②

当斯巴达的船舰在卡尔息底阿斯和亚西比得带领下到达开俄斯后，开俄斯正式叛离雅典。雅典人为了解救开俄斯这个同盟国中最大的城市，表现出了很大的精力，为了解救开俄斯而做的一切事情都是大规模的。雅典人派出多批船舰赴开俄斯，与开俄斯进行战争，开俄斯人死伤惨重，开俄斯人不敢再出来战斗了。雅典人就劫掠其乡村。这些乡村是很富裕的，自从波斯战争以来，没有受到过损害。③ 而现在开俄斯人在海上被封锁着，在陆地上被劫掠着。

---

① ［古希腊］修昔底德：《伯罗奔尼撒战争史》，谢德风译，商务印书馆1960年版，第638页。
② 同上书，第640—643页。
③ 同上书，第652—653页。

对于开俄斯暴动，修昔底德曾评论说："真的，除了斯巴达以外，开俄斯人是我们所知道的唯一一个民族，能够在繁荣的时候有聪明的头脑，他们城邦的势力愈强盛，他们处理城邦事务的政策愈为安全着想。我们可以认为这次暴动是过分自信的一个例子；但是直到他们有许多善良的同盟者已经准备和他们共同冒险，直到他们看见西西里惨败之后，就是雅典人也不否认他们是处于真正绝望中的时候，开俄斯人才敢于叛变的。如果人事和人的寿命一样难于估计，因而他们犯了错误的话，那么，有许多人和他们一样，认为雅典很快就会崩溃了；但是后来也开始知道，他们的估计是错误的。"①

以上这些事例说明，因为愿望、欲望和信心的综合作用，无论是城邦，还是个人，都是易于犯错的，人性的不可阻止是人性的规律之一。

（2）关于人性的下降规律。在修昔底德笔下，人性的下降规律主要体现在危急时和革命（党争）时。

在第二卷中，战争第二年，伯罗奔尼撒人和他们的同盟者在阿基达马斯指挥之下第二次侵入亚狄迦之后不久，瘟疫就在雅典发生了，雅典人大量死亡。而最可怕的是当人们知道得了这种疾病时，即陷于绝望中，马上采取一种毫无希望的态度。人们害怕去看病人，病人因无人照顾而死亡。当他们真正去看病人的时候，他们自己也丧失了生命。死者的家属为深重的灾难所压倒，以至于放弃了哀悼死者的通常习惯。这个灾祸有这样压倒的力量，以至于人们不知道下一次会发生什么，所以对于宗教上或法律上的每条规则都毫不关心。过去所遵守的丧葬仪式，现在都不遵守了。许多人采取最可耻的方式来埋葬。他们首先到别人已经做好的火葬堆去，把他们的死者放在火葬堆上，然后点起火来。或者，他们发现另一个火葬堆正在燃烧，他们把抬来的尸体放在别的尸体上，就跑开了。②

出于瘟疫的缘故，雅典开始有了空前违法乱纪的情况。人们看见幸运变更得这样迅速，这样突然，有些富有的人忽然死亡，有些过去一文莫名的人现在继承了他们的财富，因此他们现在公开地冒险作出放纵的行为。他们决定迅速地花掉他们的金钱，以追求快乐，因为金钱

---

① ［古希腊］修昔底德：《伯罗奔尼撒战争史》，谢德风译，商务印书馆1960年版，第653页。
② 同上书，第158—159页。

政治的定数

和生命都同样是短暂的。至于所谓荣誉，没有人表示自己愿意遵守它的规则，因为一个人是不是能够活到享受光荣的名号是很有问题的。一般人都承认，光荣的和有价值的东西只是那些暂时的快乐和一切使人能够得到这种快乐的东西。对神的畏惧和人为的法律都没有约束的力量了。因为他们看见好人和坏人毫无区别地一样死亡，所以他们认为敬神和不敬神是一样的。因为没有一个人预料他能活到受审判和处罚的时候，所以也不在意违反法律。相反，每个人都感觉到，对于他来说，一个更为沉重的判决正悬在他头上，他想在这个判决执行之前，得到一些人生的乐趣。①

由于瘟疫这种自然灾祸的出现，人性下降了。

在第三卷中，修昔底德曾描述科西拉革命（党争）的残酷。科西拉革命令整个希腊世界都受到波动，因为每个国家都有敌对的党派。在和平时期，没有向外国求助的借口和愿望，但是在战争时期，每个党派总能够信赖一个同盟，伤害它的敌人，同时巩固它自己的地位。凡是想要改变政府的人都会求助于外国。这种革命常常导致许多灾殃。修昔底德说："在和平与繁荣的时候，城市和个人一样地遵守比较高尚的标准，因为他们没有为形势所迫而不得不去做那些他们不愿意去做的事。但是，战争是一个严厉的教师；战争使他们不易得到他们的日常需要，因此使大多数人的心志降低到他们实际环境的水平之下。"②

修昔底德说，这些革命的结果，在整个希腊世界中，品性普遍地堕落了。修昔底德评论说："就是在有法律的地方，人性总是易于犯法的。现在因为文明生活的通常习惯都在混乱中，人性很傲慢地表现出它的本色，成为一种不可控制的情欲，不受正义的支配，敌视一切胜过它本身的东西。因为，如果不是为了这种嫉妒的有害影响的话，人们不会这样重视复仇而轻视宗教，重视图利而轻视正义的。真的，不错，在对他人复仇的时候，人们开始预先取消那些人类的普遍法则——这些法则是使所有受痛苦的人有得救的希望的——他们不让这些法则继续存在，以准备他们在危急时也可能需要这些法则的保护。"③

---

① ［古希腊］修昔底德：《伯罗奔尼撒战争史》，谢德风译，商务印书馆1960年版，第159—160页。
② 同上书，第268页。
③ 同上书，第271页。

第八章　人的限度

第二节　偶然性

政治中的偶然性是政治的规律之一。政治行动有时会受到偶然情况的影响。无论人们如何合理地计划自己的行动，政治行为的进程和结果都可能在一定程度上偏离计划，这个造成偏离的因素就是政治中的偶然性因素。在一定意义上说，偶然性是政治的必然，也是人的限度的表现之一。

一、雅典的瘟疫

在修昔底德笔下，有不少的偶然性事件，也有一些对偶然性的述说和评论。在第一卷中，斯巴达国王阿基达马斯说过："正确地估计由偶然性决定的事件，是不可能的。"在第二卷中，阿基达马斯还说："在战争中，许多事情是预料不到的。"这个想法在第二卷中马上得到了证明，那就是雅典的瘟疫。雅典的第一次瘟疫发生在战争第二年夏季伯罗奔尼撒人第二次侵入亚狄迦之后。这完全是一个偶然性的事件，是雅典人和伯罗奔尼撒人双方都没有料想到的。瘟疫使得雅典的状况大大恶化，人口大量死亡，也出现了空前的违法乱纪情况。军队士兵的死亡影响尤大。那一年夏季，哈格农和克里奥彭帕斯率领雅典军队远征色雷斯的卡尔西斯人和波提狄亚，但是一切都不顺利，他们没有攻下这个被雅典人包围的城市；也没有取得这样一支军队所预料到要取得的成就。这是因为这支军队中也发生了瘟疫。就是从前在这里的雅典军队，过去是完全健康的，现在也从哈格农的士兵那里染上了这种疾病。结果，哈格农率领着他的船舰回雅典去了。他原有重装步兵4000名，40天之内，因瘟疫而死亡者达1050名。①

这场瘟疫虽然是正在伯罗奔尼撒人侵入亚狄迦之后发生的，但对于伯

---

① ［古希腊］修昔底德：《伯罗奔尼撒战争史》，谢德风译，商务印书馆1960年版，第68、128、163页。

> 政治的定数

罗奔尼撒人完全没有影响，或者不严重。尽管这样，伯罗奔尼撒人还是怕被传染，所以比他们原定的计划提早回国了。①

伯罗奔尼撒人第二次侵入亚狄迦的40天，是雅典人灾难的40天。当时的日子是艰苦的，因为雅典城内的人们在死亡，而城外的土地则在被蹂躏。雅典人必须同时跟战争和瘟疫作斗争。在这样的痛苦中，他们开始谴责伯里克利，谴责他的战争政策，渴望与斯巴达讲和，并且实际上已经派遣了大使们到斯巴达去，但这些大使们没有得到任何结果。雅典人把所有的愤怒都转移到伯里克利身上。一场瘟疫，一次偶然事件，导致了雅典人精神面貌的变化和战争决心的改变。亏得有伯里克利这样一个第一等的政治家力挽狂澜，说服了雅典人，雅典的国家政策才没有改变。②

到了战争第六年的冬季，瘟疫第二次在雅典人中间暴发。这次瘟疫延续了将近一年，而第一次延续了两年。修昔底德评论说："没有什么其他的灾祸比瘟疫能给雅典人带来更大的损失，或削弱雅典人更多的战斗力量。在正规军中，因瘟疫而死亡的将近四千四百名重装步兵和三百名骑兵；在人民大众中，没有人知道死亡者的人数。"③

二、雅典人占领派娄斯

雅典人占领派娄斯也是一个偶然事件，而这个偶然事件却对后来的战局和国家间关系造成了重大影响。

在第四卷中，战争第七年的时候，雅典人派遣攸利密顿和索福克利率领一支舰队去支援第一次远征西西里的舰队。德谟斯提尼当时正在雅典，他没有担任官方职务，由于他自己的请求，雅典人允许他在这个舰队环绕伯罗奔尼撒航行的途中随意利用这个舰队。当舰队航行到拉哥尼亚海岸附近的时候，伯罗奔尼撒援助科西拉流亡党的60条船舰已经到了科西拉。攸利密顿和索福克利主张迅速驶往科西拉，去援救科西拉的民主党人。但是，德谟斯提尼想要他们在派娄斯停泊一下，把他自己的任务完成以后，再开往科西拉。其他两位将军都反对这个办法。但那时恰有风暴，船舰不

---

① ［古希腊］修昔底德：《伯罗奔尼撒战争史》，谢德风译，商务印书馆1960年版，第161—162页。
② 同上，第162、169页。
③ 同上书，第273页。

得不开进了派娄斯。德谟斯提尼马上建议将派娄斯的防御工程建立起来，这实际上就是他参加这次远征的目的。在德谟斯提尼看来，如果雅典人占据了这个地方，可以为害于斯巴达。他的这一主张不仅被另两位将军反对，士兵们也不赞成。当时天气不好，士兵们无所事事，直到他们厌倦起来时，才忽然想起一个办法，把自己编成小队，以从事建筑要塞的工作。① 派娄斯就是这样被雅典人占据的。

那时候，斯巴达人正在庆祝佳节，对于雅典人占据派娄斯的消息，没有给予应有的注意。他们没有急于进攻这个地方。而正在亚狄迦侵略雅典的伯罗奔尼撒人听说派娄斯陷落了，就立即退回本国。斯巴达人和国王阿基斯都以为自己的要害所在受到了威胁，所以他们把军队从亚狄迦提早撤退。②

伯罗奔尼撒人从亚狄迦回来后，即调军开往派娄斯，营救那个地方，还派遣重装步兵渡海到斯法克特利亚岛上去。双方一场激战，雅典人胜利了。消息传到斯巴达，人们认为这个问题很严重。他们决计向雅典求和，以营救那些被困在斯法克特利亚岛上的斯巴达人。由于克里昂的阻挠，斯巴达代表在雅典没有得到任何结果就回来了。后来，雅典人登陆进攻斯巴达人，斯法克特利亚岛上的斯巴达军队缴械投降。原来渡海到岛上去的斯巴达重装步兵共有440名，被俘虏到雅典的有290名，其余的都在战争中被杀死了。俘虏中包括120名军官阶级中的斯巴达人。③

雅典方面占领派娄斯使得依附于斯巴达人的希洛人开始逃亡，斯巴达人怕国内革命运动蔓延下去，感觉十分不安。所以，他们派遣代表到雅典，要求交还派娄斯和俘虏们。但是雅典人总是使他们空手而回。出乎意料的灾难使斯巴达人丧了胆，他们总怕还有别的灾难会同斯法克特利亚岛上的灾难一样，落在他们身上。因此，当他们进入战场以后，他们没有信心，他们觉得他们所采取的一切措施都是错误的。④

到战争第九年的时候，斯巴达人和雅典人订立了一个一年休战和约。斯巴达人的用心在于：他们认为雅典人在艰难痛苦的战争中得到暂时休息的机会后，会更愿意和解，把战俘退还，订立一个比较长期的和约。他们

---

① ［古希腊］修昔底德：《伯罗奔尼撒战争史》，谢德风译，商务印书馆1960年版，第300—301页。
② 同上书，第302页。
③ 同上书，第302—309、327页。
④ 同上书，第328、337页。

特别急于取回他们被俘虏的人。① 到战争第十年的时候,尼西阿斯和约成立了,斯巴达人终于取回了那些在岛上被俘虏的人们。

雅典人占据派娄斯这样一个原本是偶然的事件,后来却引出了一连串的战事与和谈,对斯巴达人的精神和伯罗奔尼撒的战局都产生了影响。

三、记错进攻日期事件

在第四卷中,战争第八年的夏季,雅典将军德谟斯提尼到了诺帕克都。在一些彼奥提亚的城市中,有一些人跟德谟斯提尼和希波克拉底勾结,阴谋推翻当地的政府,实行和雅典一样的民主政治。他们预定的阴谋是:一个党派将西菲镇出卖给雅典,另一个党派将喀罗尼亚交出。同时,在计划中,雅典人将夺取第力安。这一切都计划在预定的日期同时进行,使彼奥提亚人不能开拔全军去进攻第力安的雅典人,而必须先对付国内各地的内乱。②

预定日期到了的时候,希波克拉底本人即率领雅典军队进入彼奥提亚。同时,他派遣德谟斯提尼首先率领40条船舰往诺帕克都,在那里召集一支军队,然后起航前往西菲接受投降。他们确定了一个日期,使两个方面的军事行动同时进行。谁知出了偶然事件,德谟斯提尼和希波克拉底都把自己动身的日期弄错了。德谟斯提尼首先驶往西菲,但是没有取得任何成就,因为阴谋已经被泄露,彼奥提亚各地的援兵都开到了。而希波克拉底还没有到达第力安,以分散彼奥提亚人的兵力。彼奥提亚人坚守着西菲和喀罗尼亚,参加阴谋的人知道了这个错误,不敢在城中采取行动了。当彼奥提亚人已经从西菲回来了的时候,希波克拉底才带着军队到达第力安,在那里设防。结果雅典人在第力安的战役中失败,彼奥提亚人收复了第力安,希波克拉底本人也阵亡了。③ 在第力安的挫折是雅典人后来与斯巴达订立和约的原因之一。

记错日期,这真正是一个极为偶然的事情,但是这样的一个偶然性事件却对政治和军事行动造成了重大影响。

---

① [古希腊]修昔底德:《伯罗奔尼撒战争史》,谢德风译,商务印书馆1960年版,第381—382页。
② 同上书,第352页。
③ 同上书,第353、361、370页。

四、亚哥斯与雅典结盟的偶然性

在第五卷中，偶然性因素在亚哥斯与雅典的结盟中也起到了重大作用。尼西阿斯和约虽然成立了，但是雅典和斯巴达双方都没有将应该交还的土地好好交还，所以双方有了猜疑。这时，斯巴达的监察官出现了变动，新的监察官中有些人实际上是反对尼西阿斯和约的。其中有两个监察官，克利奥标拉和济那尔与彼奥提亚人和科林斯人接头，劝彼奥提亚人和科林斯人实行共同政策，并建议彼奥提亚人首先与亚哥斯结盟，然后再使他们自己和亚哥斯一同跟斯巴达建立同盟。彼奥提亚人和科林斯人在从斯巴达回国的途中，遇着两个等待在路上的亚哥斯政府的代表。这两个人建议，彼奥提亚人与亚哥斯成立同盟关系。彼奥提亚的使节对亚哥斯的这个建议很喜欢，因为这个建议与斯巴达的建议正好符合。彼奥提亚的代表回国后，把在斯巴达和在路上遇见亚哥斯代表所得到的建议告诉了政府，政府也很高兴。不久，亚哥斯的代表到了，他们提出的建议与在路上对彼奥提亚的使节所建议的相同。彼奥提亚政府除了表示赞成外，还说将派遣代表前往亚哥斯，商定同盟条约。[①]

彼奥提亚的司令官们、科林斯人、麦加拉人以及色雷斯的代表们决计在他们中间首先互相宣誓，后来又建议，行动一致的彼奥提亚人和麦加拉人应该和亚哥斯结盟。事情发展到这里的时候还是顺利的，但接下去就出问题了。宣誓之前，彼奥提亚的司令官们把这些建议通告给了负最高行政责任的四个议事会。议事会成员不同意这个办法，因为他们担心和曾经叛离斯巴达同盟的科林斯成立盟约，将有不利于斯巴达的嫌疑。议事会成员之所以有这样的担心，是因为彼奥提亚的司令官们没有把在斯巴达所发生的变化告诉议事会，没有将监察官克利奥标拉和济那尔以及他们的其他朋友赞成他们先和亚哥斯及科林斯成立同盟，然后再与斯巴达联合起来的言语告诉议事会。这些司令官们认为他们虽然没有把所有的事情告诉议事会，但是议事会应该通过司令官们的决策和提议。整个计划受到了挫折。科林斯人和色雷斯派来的使节没有完成任务就回去了。彼奥提亚的司令官们原想完成第一个目标后，再和亚哥斯订立盟约。现在他们不想把与亚哥

[①] ［古希腊］修昔底德：《伯罗奔尼撒战争史》，谢德风译，商务印书馆1960年版，第426—428页。

斯订盟之事再向议事会提出了，也没有按照原先和亚哥斯代表的约定派遣代表们前往亚哥斯了。修昔底德对此评论说："老实说，整个计划因为疏忽和拖延而受到损害。"而在这个时期，斯巴达曾与彼奥提亚人商量，让彼奥提亚人将巴那克敦要塞和雅典的俘虏移交给斯巴达，以作为将来与雅典交换派娄斯的依据。而彼奥提亚人要求斯巴达与自己订立一个单独的盟约。这样做实际上就违背了斯巴达与雅典的盟约。但是，由于斯巴达国内主张推翻尼西阿斯和约的那一部分人的压力，斯巴达人最终与彼奥提亚人成立了盟约。而彼奥提亚人马上就拆毁了巴那克敦要塞。①

所有这一切运作，亚哥斯是完全不知道的。它看到，彼奥提亚人答应派遣的使节没有来，巴那克敦已经拆毁了防御工事，彼奥提亚与斯巴达已经订立了单独的盟约。亚哥斯认为，斯巴达人已经说服了彼奥提亚人加入和雅典的盟约了，要不彼奥提亚人为何拆毁巴那克敦要塞呢？这时的亚哥斯感到非常狼狈，它害怕起来，认为自己是孤立的。现在它对于与雅典订立盟约这件事也不敢奢望了。于是，他们赶快派出使节前往斯巴达，与斯巴达订立条约，以使自己安下心来。亚哥斯代表设法使斯巴达人同意了一个"愚蠢得可笑的"办法。斯巴达为了维持两国友好关系，同意了亚哥斯人的建议。但是在条约发生效力之前，请亚哥斯代表回国后，把这个办法交人民审查。如果人民通过了，代表们再到斯巴达来，订立正式的盟约。②

当亚哥斯人正在进行这些谈判的时候，斯巴达与雅典之间交恶了，因为斯巴达违反它与雅典的盟约而与彼奥提亚人订立了单独的盟约，同时斯巴达没有把完整的巴那克敦要塞交还而是拆毁了这个要塞。雅典人认为自己受了欺骗，非常愤怒。③ 在这种情况下，雅典国内赞成废除尼西阿斯和约的一派马上抬头了。亚西比得私自派出使节到亚哥斯，要亚哥斯人邀请门丁尼亚人和伊利斯人到赶快到雅典来，商议订立同盟的办法。到这个时候，亚哥斯人才知道雅典人没有参加和彼奥提亚联盟的活动，而实际上和斯巴达是很有恶感的。于是，亚哥斯人没有向以前派往斯巴达的代表们作出关于商定条约的指示，而是转向雅典一边来了。他们立即派遣代表，邀

---

① ［古希腊］修昔底德：《伯罗奔尼撒战争史》，谢德风译，商务印书馆1960年版，第428—431页。
② 同上，第430—431页。
③ 同上书，第432页。

请门丁尼亚和伊利斯的代表们前往雅典，协商同盟办法。最终，雅典、亚哥斯、伊利斯和门丁尼亚建立了四国同盟。

在上述事件中，假如彼奥提亚的司令官们把斯巴达方面的情况全盘告诉议事会，那么，彼奥提亚与科林斯、亚哥斯之间的盟约也许早就成立了这个盟约成立后，进而就是彼奥提亚、亚哥斯与斯巴达的盟约成立。这是克利奥标拉和济那尔已经与科林斯和彼奥提亚代表商定的步骤。但是，由于彼奥提亚司令官们没有将斯巴达方面的情况变化告诉彼奥提亚的议事会，这个偶然的疏忽导致了这个联盟未能出现。再后来，假如没有出现亚西比得派遣私人使节邀请亚哥斯人到雅典订盟的举动，或者亚西比得派遣私人使节的事件再晚一些，亚哥斯就已经和斯巴达订立盟约了。

亚哥斯最初要与彼奥提亚、斯巴达结盟，最后结果却是与雅典结盟，事情的发展之所以这样急剧转向，偶然性因素在其中起着关键作用。

五、其他偶然性事件

自然现象有时也会作为偶然性因素影响政治行动。尼西阿斯率领的雅典远征军在西西里第二次失去逃生机会就是自然现象作用的结果。当时，雅典的将军们已经秘密地命令每个人，只等信号一发出，马上离开军营，航海出去。当一切都准备好了，正要航行的时候，当时的满月发生了月食。大多数雅典人都很认真地对待这件事，他们劝将军们等待。尼西阿斯也相信占卜之类的巫妄之事，所以他决定按照预言家的说法，等过了三个九天之后，再考虑移动军队。①雅典人这次丧失逃生机会完全是因为月食这个偶然性的事件。

在修昔底德笔下，偶然性因素影响政治行动的事件还有很多，如斯巴达人原本不打算出兵西西里，是亚西比得的煽动才使他们尽力支援了西西里的战争；斯巴达人在爱奥尼亚战争的第一次海战中失利后，准备撤回舰船，不再去援助开俄斯，也是亚西比得的劝说使他们坚定了前往爱奥尼亚和援助开俄斯的决心；雅典人顺利攻取门德是因为门德城内发生了意外的

---

① ［古希腊］修昔底德：《伯罗奔尼撒战争史》，谢德风译，商务印书馆1960年版，第600—601页。

战斗；阿基斯从尼米亚撤退是因为临阵时受了两个亚哥斯人的影响；哈摩狄阿斯和阿里斯托斋吞在刺杀僭主希比亚的阴谋中冒失行动，是因为他们看到一个阴谋的参加者与希比亚有亲密说话的动作，因而引起他们的恐慌，他们的冒失行动最后只是刺杀了希比亚的弟弟希帕库斯，导致僭主对雅典人民更加压迫；德谟斯提尼在斯法克特利亚岛上的胜利与当时的一场意外火灾有关；等等①。

第三节 命运

《伯罗奔尼撒战争史》的命运观念是比较强的。在修昔底德笔下，人事受到命运的限制。这也是人的限度之一。修昔底德关于命运观念的用语包括"命运""不可预测的因素（成分）""幸运""世变无常""时运"等。

一、对命运的信仰

在第一卷中，雅典代表在斯巴达第一次同盟代表大会常会上发言，劝告斯巴达人不要主张战争而要赞成维持现状时说："不要因为受别人的意见和别人的诉苦的影响而把你们自己牵入困难中，同时也要想想不可预测的成分在战争中的重要性：现在在你们真正作战之前，想想这一点。战争延长得愈久，事物的变化依赖意外事故的程度愈大。这些意外事故，你们不能够看得透，我们也不能够，我们只在黑暗中等待事变的结果。"这种不可预测的成分是什么呢？在第二卷中，伯里克利的一句话对此作出了回答。他在赞扬阵亡将士时说："至于成败，他们让它留在不可预测的希望女神手中。"② 可见，这种不可预测的成分就是命运。

在第三卷中，普拉提亚灭亡之际，普拉提亚人对斯巴达人说："你们

---

① ［古希腊］修昔底德：《伯罗奔尼撒战争史》，谢德风译，商务印书馆1960年版，第321—322、393—394、447、520、546、645页。
② 同上书，第63—64、152页。

也要记着,将来是多么不能预料;要说出其次受到命运的打击的是哪一些人,不管他们是怎样地无辜,这是多么不可能的啊!"所以,他们要求斯巴达人饶恕他们的生命,不要单单想着威胁普拉提亚人的可怕命运,也要想到将要受到这种命运的人是一种什么样的人。在第五卷中,弥罗斯人曾说:"在战争中,命运有时是无偏颇的,人数众多的有时也不一定胜利。"而在第一卷中,科林斯代表在斯巴达第二次同盟代表大会常会上说:"许多计划得很坏的事业常常侥幸成功,因为敌人表现得更加愚笨;甚至更多的时候,有些似乎计划得很好的事,但是结果没有成功,反而遭到耻辱。"造成人数众多却战争失败,造成计划得很好的事失败而计划得很坏的事成功的原因找不到的时候,人们便把这归结为命运。关于这一点,伯里克利在雅典民众会议上的发言中曾说过:"事物发展的过程往往不会比人们的计划更来得有逻辑性;正因为这样,当事物的发生出乎我们意料之外的时候,我们常常归咎于我们的命运。"①

在第四卷中造成西西里内部媾和的机拉会议上,赫摩克拉底说:"如果这里有人相信他可以利用暴力或公理达到某些目的的话,请他不要因为失望而过于伤心了。他应当知道,过去有许多人想惩创侵略者,但是对于敌人没有报复,而往往自己遭到毁灭;过去也有许多人相信他们的势力能够使他们获得某些利益,但是,结果,他们并没有得到利益,反而把他们已有的一切都丧失了。如果有人作恶,惩创作恶者的企图不一定是会成功的;单单相信自己的势力,势力也不一定是靠得住的。未来不可预测的成分终于会起作用的。正因为这种不可预测的成分常常蒙蔽了我们,所以它对于我们也可能是最有用处;因为,如果我们大家都同样地怕它,我们在彼此互相攻击之前,就会慎重考虑了。"在赫摩克拉底这里,已经不单单是讲"未来不可预测的成分"了,而且还论证了这种成分的确存在,这种成分对人们还有一定的益处。他通过历史经验告诉听众,命运这种东西是存在的,因为过去有许多人想利用暴力或公理来达到目的,结果却是失败的,即使是惩创作恶者,也不一定就能成功。同时,他也告诉听众,如果人人害怕命运,那么,就能给大家带来好处。赫摩克拉底对命运已经有了一套论证了。根据这种论证,赫摩克拉底说:

---

① [古希腊]修昔底德:《伯罗奔尼撒战争史》,谢德风译,商务印书馆1960年版,第93、111、252、468页。

政治的定数

"我认为，我也不至于因为有了侵略他人的狂热，而以为我能控制命运（命运是我所不能控制的），好像我能够支配我自己的计划一样。"在第六卷中，他还在卡马林那的辩论中说过："人是不能支配命运，使之适合于自己的愿望的。"这里，赫摩克拉底进一步谈到了命运的不可控制性。正因为人们不能支配和控制命运，所以，人应当服从命运，叙拉古就打算作出一切合理的让步，他号召其余的人也彼此让步。①

二、命运的变动性

命运是不会常驻的。在第三卷中，常胜将军德谟斯提尼在挨托利亚的惨败证明了命运的这个性质。美塞尼亚人向德谟斯提尼保证，征服挨托利亚是一件很容易的事情，劝他尽快进军，沿途一个一个地攻取村落，使挨托利亚人没有时间全体联合起来反抗他。德谟斯提尼受了这个意见的影响，同时相信他自己的幸运，因为过去他是从来没有战败过的。因此，他不等本应到了的罗克里斯人就进兵了。罗克里斯的援兵可以补救他的军队的主要缺点——缺少轻装的标枪射手。结果德谟斯提尼在挨托利亚惨败，甚至一度不敢回雅典去。在第四卷中，斯巴达代表因为派娄斯事件出使雅典，劝雅典人不要和那些得到异常幸运的人一样，因为成功出乎意料，于是得陇望蜀，更想获得意外的幸运。运气可以好转，也可以恶化，好运不是会永远存在的。"假如你们以为你们有了现在的力量，有了现在的收获，幸运就会永远在你们那一边，这就是一个不合理的推论。只有很谨慎地运用现在所既得的利益才是真正聪明人的表现，因为他们知道事变是无常的。"伯里克利也曾经说过："一切东西生成就要衰坏的。"②

在第七卷中，在与叙拉古作最后的海上决战前，尼西阿斯在对雅典军队的演讲中说："你们不要忘记，战争中有不能预测的因素，希望我们也有幸运的时候。"这正如吉利普斯根据可靠情报得来的消息而总结的那样："事实上，他们（指雅典人）痛苦是这么大，所以他们因为目前处境的绝望，不得不拼命。这时候，他们相信命运而不相信良好的经营，想尽

---

① [古希腊]修昔底德：《伯罗奔尼撒战争史》，谢德风译，商务印书馆1960年版，第342—343、536页。
② 同上书，第168、280—281、311页。

力碰碰他们的运气。"他还说:"他们(指雅典人)的时运已经过去了。"待到雅典军队最后撤退时,全军都是以泪洗面,心中感觉无限悲伤。"他们担心,在不可预测的未来中,还会受到更大的痛苦。"[①] 雅典人对于自己的命运已经没有任何信心了。

第四节　神明

神明,在今天被看成迷信。在修昔底德著作中,有"神""神明""神祇"等多种说法,还有"神谶"也牵涉神明。

在修昔底德笔下,当感到人力无法达成某事,或为了决断某事时,人们常诉诸神明。这样,在人力无法达到的地方,人们除了诉诸命运外,又增加了诉诸神明一条道路。诉诸神明也表明了人本身是有限度的。我们要做的,不是去争论神明的存在与否,而是从这种诉诸神明的现象中窥见人类本身的弱小。修昔底德笔下的人们诉诸神明的行为,其意义就在于表达了人的限度。

一、修昔底德的人文主义观念

修昔底德具有较强的人文主义观念。他本人是否信仰神明,我们从其书中不得而知。相反,我们从他对两件事情的解释反而可以看到他的人文主义倾向。

在第二卷中,伯罗奔尼撒人第一次入侵亚狄迦时,按照伯里克利的策略,乡村中的雅典人都迁入雅典城中居住。他们到了雅典,少数人有自己的房屋可以住,也有少数人能够托庇在亲戚朋友的宇下,但是大多数人要在没有建筑房屋的地方,在庙宇中和古代英雄的神殿中栖止下来。但是,雅典的卫城、挨琉西斯的狄密特女神庙和其他类似的地方是严格禁止人们去住的。在卫城下面,有一大块土地,名叫"皮拉斯基人的土地",那是在神的诅咒之下,不许人们居住的。为此,修昔底德引用了彼提亚的阿波

[①] [古希腊] 修昔底德:《伯罗奔尼撒战争史》,谢德风译,商务印书馆1960年版,第610—614、622页。

罗的神谶断片所宣布的禁令："让皮拉斯基人的土地荒着，住在这里的人灾祸临头。"对于这个神谶，修昔底德有自己的解释。他说："照我看来，这个神谶的实现，和人们预料的相反。雅典遭着灾难，不是由于在此地的非法居住，而是由于战争，使人们不得不在此地居住。虽然可以预料到，如果这地方有人住，一定是雅典遇着困难的时候了，但是神谶中并没有提到战争。"① 修昔底德对于阿波罗的神谶的解释完全是人文主义的。

在第二卷中，当雅典暴发第一次瘟疫时，雅典人在这样痛苦的时候，回忆起了一个过去的神谶。神谶中有这样一句诗："和多利亚人的战争一旦发生，死亡与之俱来。"修昔底德说，关于这句古诗曾经有过争辩。有人说，诗句中所用的字眼是"饥馑"，而不是"死亡"。在雅典当时的情况下，自然主张"死亡"的占优势了。他说："这就是人们使其回忆适合于他们的痛苦遭遇的一个例子。当然，我认为如果这次战争之后，再有一次和多利亚人的战争，而那次战争的结果引起饥馑的话，那么，很可能人们会采用这句诗的另一个解释了。"② 修昔底德对这句古诗的看法也是人文主义的。

二、与神明有关的行动的三种动机

尽管修昔底德本人具有人文主义特征，但是在其著作中，仍有不少关于神明、神谶的叙述。这反映的是那个时代人们的普遍心理，我们从中也可以得到一个印象——人的力量是有限度的。

在修昔底德笔下，关于神谶、神明方面提到得最多的是特尔斐的神和神谶。当然他也多处提到笼统的神明，有时也会提到具体神明。修昔底德笔下问神、祈求神明以及其他与神明有关的活动主要有如下几种动机：

（1）有时是为了验证政治决策是否正确。在第一卷的伊庇丹努党争中，城内的民主党人被逃到城外的贵族党人联合蛮族敌人袭击，民主党人向母国科西拉求援遭拒后，就派人去特尔斐问神，是不是他们应该把城市交给科林斯人。因为这个城市是科林斯人建立的，他们可以从那里得到援助。神的回答是：他们应该把城市交给科林斯人，并接受科林斯的领导。所以，他们遵守神谶的指示，就派人往科林斯，把殖民地交给科林斯人。

---

① ［古希腊］修昔底德：《伯罗奔尼撒战争史》，谢德风译，商务印书馆1960年版，第135页。
② 同上书，第160页。

他们指出：原先建立这个城市的是科林斯人；他们说出他们从特尔斐得到的神谶，请求科林斯人援助他们，使他们不至于遭到毁灭。①

斯巴达人虽然已经议决雅典人的侵略破坏了休战和约，但是还派人到特尔斐去问神，是不是可以作战。神回答说：如果他们以全力作战的话，胜利是属于他们的。不论他们是不是向神祈祷，神自己也会保佑他们。对于这次问神事件，科林斯代表曾作为一条作战理由和能够取得胜利的理由在斯巴达第二次同盟代表大会上提出来："（我们）应当勇往直前，参加战争，因为我们知道有许多理由可以自信：我们的行动得到了神的允许，神自己也答应支持我们。"在雅典第一次发生瘟疫时，一些雅典人想到一个古老的神谶"和多利亚的战争一旦发生，死亡与之俱来"。同时也有一些知道情况的人想起了另一个给予斯巴达人的神谶，当他们去问神，他们是不是可以作战的时候，他们得到的回答是：如果他们全力作战的话，胜利是属于他们的；同时，神自己也会保佑他们。修昔底德评论说："实际上发生的事情和这个神谶上的词句很相符合。真的，这个瘟疫是在伯罗奔尼撒人侵入亚狄迦之后发生的。而且对于伯罗奔尼撒人完全没有影响，或者不严重。瘟疫流行最厉害的是在雅典。雅典之后，就在人口最密的其他城市中流行。"对于第一个神谶，修昔底德说，这是人们使其回忆这适合于他们的痛苦遭遇的一个例子。对于第二个神谶，他没有这样评论，但是我们可以根据他的倾向来评论：这是人们使其回忆适合于他们的痛苦的又一个例子。因为瘟疫是当时的人类力量所不能控制的，人们只有把这种超越人类力量的灾祸诉诸神明，才能得到解释，也才能明白自己应当怎么做。这就是伯里克利说的："驯顺地忍受神明所降的灾祸，勇敢地抵抗敌人，这是正当的。这是雅典人过去的习惯，不要让你们的行为妨碍这种习惯的流行。"② 在伯里克利心中，对于人力所无法克服的灾祸，人类只有驯顺地忍受。即使雅典人被迫而屈服的时候到了，那也是由神明决定的，非人力所能阻止。伯里克利对于人的限度的认识是相当清醒的。

在第三卷中，战争第六年，斯巴达人在特累启斯建立他们的殖民地赫拉克里亚。这本是一个政治决策。斯巴达人认为新城市的地位便于对雅典

---

① [古希腊] 修昔底德：《伯罗奔尼撒战争史》，谢德风译，商务印书馆1960年版，第23—24页。
② 同上书，第92、96、160—161、168页。

人作战,因为这个地方可以作为海军根据地,直接进攻优卑亚,这是渡海到优卑亚最短的路线。同时,这个地方在往色雷斯的道路上,对于他们也是有利的。但是,斯巴达人还是首先询问了特尔斐的神。他们得到一个有利的答复之后,才开始派遣移民。在第五卷中,战争第十三年的时候,斯巴达全军在国王阿基斯指挥之下,开往边界上的留克特拉。没有人知道这支远征军的目的,连那些派遣军队参加作战的盟邦也不知道。但是,越过国界时的祭祀表示不吉利,斯巴达人就自己回国了,并通知他们的同盟者,过了下个月再准备进兵。当亚哥斯人第二次侵入挨彼道鲁斯,掠劫那个地区时,斯巴达人把军队开到卡利伊,但是这次在边境上的祭祀又有不利于行军的征兆,他们又撤退了。第三次的时候,斯巴达人不再走陆路,而是避开雅典人的封锁线,从海道将军队运往挨彼道鲁斯去抵抗亚哥斯。在战争第十六年的冬季,斯巴达人计划侵略亚哥斯的领土,但是越界祭祀没有吉利的征兆,斯巴达人就放弃了这次远征计划。①

(2) 有时是万般无奈。在一些情况下,人们在万般无奈之时才诉诸神明。一个弱小者面对着强大的敌人,自感无力对抗,可又不甘灭亡,这时就会诉诸神明,让神明帮助自己。弥罗斯人就曾这样做过。弥罗斯人在面对着强悍的雅典军队和强大的雅典帝国时曾说:"我们相信神祇会保佑我们,也和保佑你们一样,因为我们代表公理而反对不义。"而尼西阿斯在西西里撤退时对神明的祈求则是落魄者无奈之下的行动。他说自己终身崇拜神祇,他认为自己这样是应当的。他还说:"我们的敌人所享受的幸运已经够了。如果我们出发时,有神明对我们发怒的话,现在我们已经被处罚够了。……所以现在我们希望神明对我们要仁慈些。"②

(3) 有时则是为了感谢神灵。在第四卷中,战争第八年的时候,伯拉西达攻陷勒西修斯,雅典人撤出这个地方到帕利尼去了。伯拉西达在开始进攻的时候,曾经说过:第一个爬上城墙的人,他将给予30个银米那的奖金。勒西修斯有一个雅典娜女神庙。伯拉西达认为勒西修斯之取得由于神助,而不是由于人力,因此他把30个银米那献给女神,以为修建女神庙之用,拆毁勒西修斯的要塞,清除了这个地方,把土地全部献给女

---

① [古希腊]修昔底德:《伯罗奔尼撒战争史》,谢德风译,商务印书馆1960年版,第276、443—444、473页。
② 同上书,第469、624页。

神。① 伯拉西达可谓知道人的限度了。

对于问神、祭神、神谶、神明，不管人们出于何种动机，所有的活动都表明了人的限度。

三、敬神

神明既然是人类力量不够时的诉求对象，那么，敬神则是题中应有之义了。凡是神所命的，人们都必须无条件遵从。在第一卷中的波桑尼阿斯事件中，波桑尼阿斯死在了黄铜宫女神庙外。斯巴达人最初想把他的尸体投入塞达斯山谷之中，这是他们抛弃犯人的地方；后来决定把他埋葬在城市附近。以后特尔斐的神命令斯巴达人把他的坟墓迁移到他死的地方。因为斯巴达人所做的事给他们带来了神的诅咒。神又命令他们替黄铜宫雅典娜女神雕塑两个神像，而不是一个。所以，斯巴达人塑造了两个黄铜雕像，贡献给女神。也是在第一卷中，斯巴达的伊汤姆宣布独立，进行了十年的战争后，不能再支撑下去，于是和斯巴达谈判成功，就投降了。斯巴达人从特尔斐得到了一个神谶，神谶指示他们释放在伊汤姆祈祷宙斯神的人。斯巴达人遵从这个神谶的要求，保障伊汤姆暴动者的安全，让他们离开伯罗奔尼撒，再不得回来。如果回来，任何人捉住他，就可以把他作为奴隶。此次特尔斐的神为斯巴达解决了一个棘手的问题，也为伊汤姆的暴动者寻找了一条生路。在第三卷中，战争第六年时，雅典人依照某种神谶的指示，在提洛岛全岛举行被除祭典。在第五卷中，战争第十年的时候，雅典人将提洛人驱逐出去，认为他们在过去犯有罪行，把他们贡献给神的时候，他们是污秽的，并且因为他们没有参加上次被除典礼，他们只是把死者的坟墓迁移一下，自己认为这样就算很好地奉行了被除典礼。这些被驱逐的提洛人，前往亚细亚的一个市镇。但到了第五卷，战争第十一年的时候，雅典人又将提洛人迁回提洛岛。雅典人这样做的一个重要原因是遵照特尔斐神谶的指示。②

既然必须敬神，那么不敬神即渎神的行为，就是犯罪了，同时也要被神诅咒。雅典历史上曾有一个叫库伦的人，在雅典有很大势力，想当雅典

---

① ［古希腊］修昔底德：《伯罗奔尼撒战争史》，谢德风译，商务印书馆1960年版，第381页。
② 同上书，第81—82、105、284、398、424页。

的僭主。他到特尔斐去问神，神要他在宙斯的大节日夺取雅典卫城。库伦认为所谓宙斯的大节日就是奥林匹亚节日，所以，他集合党羽在那一天夺取政权。结果失败了，雅典人从乡村中赶来，将库伦及其党羽包围在卫城中。库伦及其兄弟逃跑了，而其他党羽则坐在卫城雅典娜的神坛前面祈祷者的位置上。雅典人把他们诱骗出来后，就把他们杀死了。有些在途中逃避到恐怖女神的神坛前，也被杀死了。这些杀死他们的人及其后裔都被称为女神的罪人和被诅咒者。这些罪人被雅典人驱逐了。与雅典人的这次渎神相对应，斯巴达人有一次把一些在塔纳鲁斯地方波赛敦神坛前面祈求庇护的希洛人拖出去杀掉了，这些人被称为塔纳鲁斯的被诅咒者。雅典人认为斯巴达的大地震就是这次渎神事件所引起的结果。[①]

如果诉诸神明仍不能解决问题或安抚自己，那么，人类就再也没有什么更高的东西可以诉求了。例如，雅典发生第一次瘟疫时，医生们完全不能医治这种病症，因为他们不知道正确的医疗方法。事实上，医生们死亡最多，因为他们经常和病者接触。任何技术或科学都毫无办法。向神庙中祈祷，询问神谶等办法，都无用处。最后，人民完全为病痛所困住，所以他们也不再求神占卜了。[②] 这才导致宗教和法律规则都丧失了拘束力这样可怕的无政府状态。

第五节　本章小结

人性是理解修昔底德叙事的特殊性与普遍性关系的总枢纽。但是修昔底德对人性是悲观的。终《伯罗奔尼撒战争史》一书，修昔底德也没有提及一项令人欣慰的人性。在修昔底德笔下，人性没有光辉，而只有野蛮和退化。所以，修昔底德一定不打算从改造人性着手来过好政治生活，这与试图以哲学家为主体、以教育为手段来矫正人性以过好政治生活的柏拉图完全不同。同时，修昔底德相信人性与政治关系密切，优良的社会政治生活可以保持既有的人性，而恶劣的社会政治形势会败坏人性。依据人

---

① ［古希腊］修昔底德：《伯罗奔尼撒战争史》，谢德风译，商务印书馆1960年版，第97—99页。
② 同上书，第155—156页。

性，发生在古希腊的伯罗奔尼撒战争中的政治规律也就可以上升为人类在任何时代、任何地域中的政治规律了。亘古不变的人性可以打通特殊性与普遍性的隔阂，这是修昔底德的坚定信仰。

修昔底德相信偶然性，这由他的叙述为证。虽然修昔底德的叙事中，有不少关于命运的观点，但那些观点都不属于修昔底德本人，所以修昔底德本人是否相信命运，笔者未敢肯定，因为在修昔底德的著作中找不出明确的证据。同样，尽管修昔底德笔下有大量关于问神、祭神、神谶等的叙述，但那只是战争叙事中的事件，而不是修昔底德本人所为，所以修昔底德本人是否相信神明，在他的著作中也找不到任何证据。相反，我们却可以找到他具有人文主义思想的证据。

不管怎样，人性、偶然性、命运、神明，是修昔底德笔下的事件与人物无法突破的天网，它们共同构成了修昔底德笔下的人的限度。政治正是这些有限度的人的活动。

参考文献

[英] 弗朗西斯·麦克唐纳·康福德:《修昔底德:神话与历史之间》,孙艳萍译,上海三联书店2006年版。

[美] 福特:《统治的热望——修昔底德笔下的阿尔喀比亚德》,未已等译,华夏出版社2010年版。

[美] 格雷纳:《古希腊政治理论——修昔底德和柏拉图笔下的人的形象》,戴智恒译,华夏出版社2012年版。

[美] 施特劳斯:《柏拉图式政治哲学研究》,张缨等译,华夏出版社2012年版。

[美] 斯塔特编《修昔底德笔下的演说》,王涛等译,华夏出版社2012年版。

[古希腊] 修昔底德:《伯罗奔尼撒战争史》,谢德风译,商务印书馆1960年版。

[古希腊] 修昔底德:《伯罗奔尼撒战争史》,徐岩松、黄贤全译,广西师范大学出版社2004年版。

白春晓:《修昔底德与雅典民主》,《衡阳师范学院学报》2008年第1期。

白春晓:《苦难与伟大:修昔底德视野中的人类处境》,博士学位论文,复旦大学,2010年。

陈玉聃:《现实主义国际关系理论与〈伯罗奔尼撒战争史〉:继承还是误解?》,上海市社会科学界第四届学术年会论文,上海,2006年8月。

陈玉聃:《战争始于何处?——修昔底德的阐述与国际关系学界的解读》,《世界经济与政治》2008年第10期。

陈玉聃:《〈伯罗奔尼撒战争史〉中的国际正义观》,《国际论坛》2010年第6期。

郭海良:《关于希罗多德与修昔底德作品中对神谕的描述》,《史林》2003年第6期。

黄洋：《修昔底德的理性历史建构》，《历史教学》（高校版）2007 年第 6 期。

李会龙：《略论修昔底德的战争观》，《商丘师范学院学报》2005 年第 1 期。

李颖：《修昔底德的国际关系思想》，硕士学位论文，内蒙古大学，2007 年。

李永斌：《神话迷雾中的人本主义曙光——解读修昔底德的历史观》，《天中学刊》2009 年第 2 期。

李永明：《从〈考古学〉篇看修昔底德的历史思想》，《兰州学刊》2008 年第 3 期。

李永明：《试论修昔底德的宗教观》，《廊坊师范学院学报》（社会科学版）2010 年第 4 期。

李永明：《从〈伯罗奔尼撒战争史〉看公元前 5 世纪希腊的神祇观》，《商丘师范学院学报》2010 年第 10 期。

刘淑梅：《修昔底德与孔子：两种国际政治思想的渊源》，《国际关系学院学报》2006 年第 3 期。

刘淑梅：《战争中的权力与道义——读〈伯罗奔尼撒战争史〉与〈春秋左传〉》，《内蒙古师范大学学报》（哲学社会科学版）2010 年第 1 期。

刘小枫、陈少明编：《修昔底德的春秋笔法》，华夏出版社 2007 年版。

毛丹：《修昔底德的正义论——对〈伯罗奔尼撒战争史〉的一种政治思想史读法》，《浙江大学学报》（人文社会科学版）2003 年第 1 期。

潘戈编《古典政治理性主义的重生》，华夏出版社 2011 年版。

孙仲：《修昔底德与政治的悲剧性》，《浙江学刊》2010 年第 1 期。

魏朝勇：《自然与神圣——修昔底德的修辞政治》，华东师范大学出版社 2010 年版。

徐松岩、李电：《修昔底德斯和平思想初探》，《西南师范大学学报》（人文社会科学版）2001 年第 5 期。

徐莹、刘静：《修昔底德与现实主义国际关系理论》，《东北大学学报》（社会科学版）2004 年第 3 期。

颜贺明：《论演讲词在修昔底德史学中的地位和作用——以实用主义思想为研究视角》，硕士学位论文，陕西师范大学，2010 年。

易宁、李永明：《修昔底德的人性说及其历史观》，《北京师范大学学报》（社会科学版）2005 年第 6 期。

张广智:《试论修昔底德朴素唯物主义的历史观》,《复旦学报》(社会科学版) 1982 年第 4 期。

张浪:《〈伯罗奔尼撒战争史〉的悲剧色彩——论西西里远征对修昔底德史学的影响》,硕士学位论文,西南大学,2010 年。

张悦:《希罗多德、修昔底德与希腊古典史学的人本史观》,《考试周刊》2008 年第 2 期。

赵绪磊:《〈左传〉和〈伯罗奔尼撒战争史〉编年体异同》,《聊城大学学报》(社会科学版) 2005 年第 3 期。

朱春悦、纪振奇:《修昔底德的雅典情结探析》,《河北北方学院学报》(社会科学版) 2009 年第 5 期。

Antonios Rengakos and Antonis Tsakmakis eds., *Brill's Companion to Thucydides*, Leiden Boston: Brill, 2006.

Athanassios G. Platias & Constantinos Koliopoulos, *Thucydides on Strategy*, London: Hurst & Publishers, 2010.

Brent Malcolm Froberg, *The Dramatic Excursuses in Thucydides' History*, Ann Arbor, Mich.: UMI, 1972.

Carolyn J. Dewald, *Thucydides' War Narrative*, Berkeley, Calif.: University of California Press, 2005.

Clifford Orwin, *The Humanity of Thucydides*, Princeton, N.J.: Princeton University Press, 1994.

Daniel Patchin Tompkins, *Stylistic Characterization in Thucydides*, Ann Arbor, Mich.: UMI, 1969.

Darien Shanske, *Thucydides and the Philosophical Origin of History*, New York: Cambridge University Press, 2007.

David Boucher, *Political Theories of International Relations*, Oxford New York: Oxford University Press, 1998.

David Cartwright, *A Historical Commentary on Thucydides*, Ann Arbor: University of Michigan Press, 1997.

Donald Kagan, *Thucydides*, New York: Viking, 2009.

Edith Forster, *Thucydides, Pericles, and Periclean Imperialism*, Cambridge New York: Cambridge University Press, 2010.

Emily Greenwood, *Thucydides and the Shaping of History*, London: Duckworth,

2005.

Finley, *Thucydides*, Ann Arbor: The University of Michigan Press, 1963.

George Cawkwell, *Thucydides and the Peloponnesian War*, London New York: Routledge, 1997.

Gerald M. Mara, *The Civic Conversations of Thucydides and Plato*, Albany: Sunny Press, 2008.

Gregory Crane, *Thucydides and the Ancient Simplicity*, Berkeley: University of California Press, 1998.

H. D. Westlake, *Individuals in Thucydides*, London New York: Cambridge University Press, 2010.

Jonathan J. Price, *Thucydides and Internal War*, Cambridge, U. K. New York: Cambridge University Press, 2001.

Joseph Losco & Leonard Williams eds., *Political Theory*, Los Angeles, Calif.: Roxbury Pub. Co., 2003.

June W. Allison, *Preparation in Thucydides*, Ann Arbor, Mich.: UMI, 1975.

June W. Allison, *Word and Concept in Thucydides*, Atlanta, Ga.: Scholar Press, 1997.

Leo Strauss, *The City and Man*, Chicago and London: The University of Chicago Press, Ltd, 1964.

Lisa Kallet, *Money and the Corrosion of Power in Thucydides*, Berkeley, Calif.: University of California Press, 2001.

Lisa Kallet-Marx, *Money, Expense, and Naval Power in Thucydides' History*, Berkeley: University of California Press, 1993.

Lowell S. Gustafson ed., *Thucydides' Theory of International Relations*, Baton Rouge: Louisiana State University Press, 2000.

Luginbill, *Thucydides on War and National Character*, Boulder, CO: Westview Press, 1999.

Marie Therese Volk, *The Melian Dialogue in Thucydides*, Ann Arbor, Mich.: UMI, 1971.

Mary Frances Williams, *Ethics in Thucydides*, Lanham, Md.: University Press of America, 1998.

Mary Morse Fuqua, *A Study of Character Portrayal in the "History" of Thucydides*,

Ann Arbor, Mich. : UMI, 1965.

Marshall Sahlins, *Apologies to Thucydides*, Chicago, Ⅲ. : University of Chicago Press, 2004.

Martha C. Taylor, *Thucydides, Pericles, and the Idea of Athens in the Peloponnesian War*, Cambridge and New York: Cambridge University Press, 2010.

Peter Hunt, *Slaves, Warfare, and Ideology in the Greek Historians*, Cambridge, U. K. New York: Cambridge University Press, 1998.

Peter Richard Pouncey, *Thucydides and Pericles*, Ann Arbor, Mich. : UMI, 1970.

Raymond Henry Larson, *The Syntax of the Participle in Thucydides*, Ann Arbor, Mich. : UMI, 1975.

Richard Ned Lebow, *The Tragic Vision of Politics*, Cambridge: Cambridge University Press, 2003.

Richard Schlatter, "To the Reader," in *Hobbes' Thucydides*, New Brunswick: Rutgers University Press, 1975.

Robert Jacob Littman, *Plutarch's Use of Thucydides in the "Life of Nicias", "Life of Alcibiades" and "Life of Themistocles"*, Ann Arbor, Mich. : UMI, 1973.

Simon Hornblower, *Thucydides and Pindar*, Oxford: Oxford University Press, 2004.

Simon Hornblower, *A Commentary on Thucydides*, Oxford, New York: Clarendon Press, Oxford University Press, 2008.

Simon Hornblower, *Thucydidean Themes*, Oxford: Oxford University Press, 2011.

Stephen Brooks Heiny, *The Articular Infinitive in Thucydides*, Ann Arbor, Mich. : UMI, 1973.

Tim Rood, *Thucydides*, Oxford New York: Clarendon Press, 1998.

Thucydides, *History of Peloponnesian War*, trans. Rex Warner, London: Penguin Books Ltd, 1972.

Thucydides, *History of Peloponnesian War*, trans. Richard Crawley, New York: Barnes & Noble Classics, 2006.

W. Robert Connor, *Thucydides*, Princeton, N. J. : Princeton University Press, 1984.

索 引

一 主题词

A

埃及暴动 217
挨托利亚战争 65
安布累喜阿事件 65

B

暴君城市 160
暴政 26，178
悲剧 3，4，10，29，207，248
被操纵的人民 66
背叛 21，48，121，168，203，205
病态城邦 17，30
伯里克利的过誉 159
伯里克利的矛盾 130
《伯罗奔尼撒战争史》 1—5，7—11，14，17，19，21，23，26，28，29，31—66，68—70，72，73，75—85，87—89，91—94，97—133，136—141，143—155，157，158，160，162—204，207—214，216—220，222—225，227—233，235，237—243，245，247，252—254
波桑尼阿斯事件 139，141，143，183，198，208，214，215，244
波斯战争 2，25，36，117，126，142，143，146，158，179，184，189，199，200，207，215，225，229
波提狄亚暴动 185
不负责任的人民 68
不理智的人民 48

C

长城 73，82，90，200，201
城邦的毁灭 19，21
出卖国家 75，92，94，147，151
《春秋左传》 35
次规律 89，91

D

大胆 14，17，29，30，36，87
大国干涉 185

党争的残酷性 84，95
党争的规律性 89
党争的普遍性 72，74，95
党争的特殊规律 92
党争的一般规律 89
党争残酷的根源 87
等外政治家 125，130，132，133
德行 8，17，24，37，96，155，156
第二次媾和 165
第二等政治家 105，130
帝国主义 18
地米斯托克利事件 139，143，144
第三次媾和 166
第三等政治家 113，114，125，130，133
狄西里亚设防 118，119，214，219
地域性 96，222
第一次媾和 165
第一等政治家 96，130
"第一公民" 17，153
豆粒议事会 83，148
对民主政治的批评 28，152
对政治冷淡的人 101，140
多疑的人民 45
渎神事件 48，77，93，136，208，245
渎神行为 46，82，117

E

恩诺菲塔的战役 74

F

《法律篇》 25，36
反复无常（反复无常的人民） 45，60，64，70，71，152，202，205

反民主 70
法则 6，87，187，231
法治（法治观念） 69，133
非理性的人民 48
非演说词 12，58
被除典礼 244
被除祭典 244

G

干涉政策 185
革命 17，75，78—80，82，86—88，128，130，132，146，196，209，213，220，223，229，230，233
个人野心 87，95，132，151
公职制 59，149
寡头党 58—60，79，82—85，91，128，136，148，149，213
寡头政变 52，80
寡头政体 58，83，128，136，137，145，147，149
寡头政治（寡头政治压迫人民、寡头政治之恶） 47，48，53，54，58—60，70，79，80，83，84，123，128，129，136，137，147，148，150—153，156，213，216，223
古典史学 32，33，248
关于密提林的辩论 54，150，160，172，173，225，227
规律性 43，95
归纳法 44
贵族党 74，77，79，90—92，136，147，148，168，195，201，228，241
贵族寡头制 135—137，139，147，148
贵族政府 77，136，178

贵族政制　25
过度解释　24，37，38，40—43
国际关系理论　33，34，205，247，248
国际关系思想　33，247
国际正义观　34，247
国家间关系（国家间关系的变动性）157，162，163，167，169，176，178，179，181，182，184，185，191，194，195，197，198，200—202，205，206，232
国家兴衰　96，129，132—134
国葬典礼　8，17，45，100，139，150，157，225
国葬典礼上的演说　8，17，139，157，225
国葬演说　4，70

H

海洋利益　103，104
哈摩狄阿斯和阿里斯托斋吞的故事　48
赫尔密石像面部被毁事件　77，82
和平思想　34，248
后悔　61，63，64，101，111，157，178
混合形式　37，155，156
混合政体　153，155，156
混合政制　26，36，155，156

J

健康城邦　30
僭主政体　136，145—147
僭主政治　47，48，135—137，146，207
记错进攻日期事件　234
极端民主　25，36
"解放希腊"　163—167
解释的癫狂　41

节制　3，17，24—26，30，36，41，155
积极行动的人　101，140
均势　33
君主制　135，136，145，153，155，156
机运　24，30

K

科西拉党争　72，223
克制　8，28，31，72，94，130，138
库伦事件　145，146
扩张帝国　18，103，130，131，175，221

L

领袖与城邦关系　24
历史观　10，32，33，247，248
历史性　96，222
理性主义　2，3，5，8，9，13，17，18，25，26，30，32，35，36，38，39，155，248
利益（利益关系）9，12，22，24，33，34，45，50，54，61—63，65，66，72，75，87，88，95—98，103—105，112，114—117，119，122，125，126，128，129，131，132，137，140，141，143，144，146—148，150，157，160，164，169—178，180，182，183，185—188，190—193，195，197，205，206，211，221，228，239，240

M

麦加拉法令　60，163，201，210
美德　6，7，17，18，25，27，100，146

门丁尼亚战争　19，76，93

密卡利苏斯事件　39

密卡利苏斯屠杀　226，227

弥罗斯对话　3，7，11，190

弥罗斯辩论　177，218

弥罗斯事件　31

弥天大谎　123，125

密提林辩论　3

民主国家　137

民主政府　137，178

民主政体　28，58，76，114，133，137，144，145，178

民主政制　25

民主政治（民主政治的缺陷）17，28，46，47，52—54，58，60，64，70—73，76，77，79，82—85，92，100，123，127—129，136—139，144，146—155，178，200，212，213，223，234

民主制　17，18，25—27，29，36，37，45，135，137，139，153，155，156

民族性格　131，138，139，206，208，214—221

命运（命运观的变动性、命运观念）24，29，36，132，134，140，144，180，190，193，222，237—240，245，246

N

内奸　74，92—94，221

内乱　4，30，92，234

内争　84，206，207

内政　27，28，75，90，206，207，212，213，220，221

内政与外交　206v

内政影响外交　206，209

尼西阿斯和约　63，67，106，113，166，182，233—236

O

偶然性　222，231，234，236，237，245，246

P

品性　2，5，8，9，32，35，45，48，55，64，71，88，132，152，230

派娄斯和议　61

Q

强权　157，187，188，190—192，194，195，205

强权政治　187，188，190—192，195

权力　3—5，8，15，16，22，25，27，32—35，45，103，122，124—126，135，137，142，153，156，177，187，191，248

权术　66，114，118，123—125，130，150，200，212，213

权术政治家　113，125

群众　38，49，53，56，66，96，103，131，132，153，224，254

R

人本主义　33，247

人的限度　222，231，237，240，242，243，246

人民（人民的品性）　23，40，45，46，

48—51，53—61，64—73，75—77，
79—85，90，91，93，96，98，100—
105，107，111，117，118，130，136，
142，144，146—154，161，165，169，
173，177，178，180，185，188，193，
195，213，216，223，226，228，232，
236，237，245

人文主义　32，240，241，246

人性的不可阻止规律　227

人性的堕落　88，95

人性的下降规律　227，229

荣誉　19，20，28，32，55，112，115—
117，132，177，178，182，183，194—
198，205，230

荣誉关系　157

S

萨拉米海战　25，36

萨摩斯暴动　73，97

30年休战和约　66，73—75，79，178，200

煽动　23，56，108，115，117，118，120，
130，132，161，196，198，221，237

煽动型政治家　18

神谶　145，240—245

神秘祭祀事件　46，77

神明　222，240—243，245，246

神学　7，31

神谕　31，32，247

神祇　31，194，240，243，248

施特劳斯式的研究　38，41，42

四百人议事会　12，53，83，150

四国同盟　67，76，113，132，200，236

宿命　37

T

塔那格拉战役　74

特洛伊战争　2，38—40，72

特殊性与普遍性　35，96，223，245

统治欲　87，95，118

屠杀反对党　85

W

外交政策的转向　212

外力不可恃　167

《王制》　37

"伟大的叛徒"　21

伟大国家　205

畏惧　6，30，40，108，149，159，179—
181，192，218，227，230

畏惧关系　157

唯物主义　32，33，248

瘟疫　3—5，7，17，18，60，61，100，
104，108，130，182，217，219，225，
229—232，241，242，245

五百人议事会　53，59，83，150

恶感　19，45，60，61，98，100，102，
116，186，195，197，236

五千人会议　59，149

50年和平条约　67，76，106，107，112，
182，201，204，211

50年同盟条约　76，106，107，112，154，
166，181，200—202，204，209

X

现实主义（实主义之父）　4，33，34，
205，247，248

宪法　58，59，80，123，128，135，146，

149，155，207，213，214
宪章　25
宪政　24
写作手法　15
西方传统　7，8
希腊历史学之父　29
希腊性　3，39，96，222
《希腊志》　26
薪金制　59，149
心理状态　60，158，161，224
修昔底德本人的原则　29，41，44，252
修昔底德的本意　4，24，37
修昔底德的路标　8
休战和约　52，65，154，165，166，181，182，197，200，202，209，210，215，233，242
学术史　1，252
训诫　9

Y

雅典帝国　22，80，97，107，161，163，167，182—184，201，216，243
雅典民众会议　48，49，66，98，111，160，174，223，238
雅典城邦的倾覆　19，115
雅典人的冒险精神　217
雅典民主　24，26，28，155，247
言辞　5—9，13，28，31，54—56，107，108，118，131，165，171，175，176，205
演说词　6，11—16，42，54，56，228
100年同盟条约　68
异邦人　46，218
伊庇丹努争端　169

易变　101
臆断　14，29，37—44，252
《伊利亚特》　15，38
引进外部势力　89，90，92，221
隐微　17，43，138，188
优卑亚叛变雅典　53，84，97
友谊（友谊关系）　62，100，157—159，161—165，167，169，181，198，205，212
远见　18，103—105，132
远征弥罗斯　55，191
远征西西里　46，55，56，63，77，79，82，105—107，109，115，117，118，130，132，162，163，169，174—177，187，197，217，232
月食　111，237
运动与静止　39

Z

在卡马林那的辩论　239
在弥罗斯的辩论　168
在斯巴达的辩论　104，139，167，214
在雅典的辩论　196
葬礼演说　7，14，17，31
《战争志》　1，6，7，11，12，15，16
朝令夕改的人民
政纲　59，83，87，136，213
政客　66，68，70
政体　22，28，58，59，64，73，75，123，125，128，130，133，135—137，145—147，151—156，178，223
政体种类　135
政治才能　96，102，108
政治的必然　231

政治的定数　1，44，95，222，253，254
政治的规律　1，44，222，231，253
政治发展　11，96
政治家　15，22—24，50，55，65，70，96，103—106，108，112—114，116，121，125，129—135，140，144，150，158，163，208，210，211，221，232
政治家与城邦　24
政治精英　96
政治品德　96，118
政治人物　10，96
政治生活的规律　38，253
政治生态　221
政治史　2，3，5，7—9，13，17，18，25，26，30，35，36，38，39，155
政治史家　7，8，72，253
政治史学　9
政治体制　27，70
政治行动　6，17，231，236，237
政治行为　18，100，222，231
政治学　6，95，96，129，251，252，255
政治哲学　10，11，18，24，26，31，36，37，150，247，251—253
政治制度　25，133，138，139，176，178
正义　5—7，10，18，34，87，88，120，170，171，174，178，183，187，189—193，230，231，248
招引外部势力　89，221
哲学　5，7，8，11，26，31，33—35，155，245，248，252
中道　5，26，29，30，108，131
中庸　15，26，86，146，183
种族　176—178，204
主规律　89
追悔　61，62

主题　1—6，22，29，38，41，135
自然现象　236
自由　8，14，22，26，46，50，70，71，100，101，103，113，128，138，142，150，152，153，158—160，164，172，184，190，193，195，208，209
中间阶层　27
宗教观　32，248
祖传政制　25
最好城邦　37
最好政制　37
最后通牒　97，98，160，164，210
最佳政制　24，36
最具政治性的史家　7，8
罪魁　19，20

二　人名

A

阿德密塔斯　143，145
阿尔息达　73，89，161
挨维卡斯　99，135
阿基达马斯　11，45，49，98，99，145，160，161，164，168，170，180，186，216，219，224，229，231
阿基狄斯　136，146
阿基斯　71，78，119，121，145，150，151，208，233，237，243
阿拉皮阿斯　145，204
阿利斯提阿斯　185，186，203

阿里斯托斋吞 48，136，146
安得洛克利 83，85，148，213
安替芬 70，84，151，152
阿斯泰奥卡斯 82，91，121，128，129，147
阿塔培扎斯 141，142
阿塔薛西斯 143，145，200，217

B

柏第卡斯 93，145，159，180，181，202—205
庞西斯特拉图 48，136，146
柏拉图 8，11，14，18，25—27，30，31，35—38，137，150，155，156，245，247
伯拉西达 28，52，75，76，90，91，93，95，138，147，161，162，164，165，181，203，204，208—210，243
波利达密达 76
伯里克利 3，4，7—9，14，17，18，24—27，31，37，40，41，45，46，48—50，55，60，61，68—71，73，96—105，113，130—134，138—140，150，153—160，164，171，183，185，186，193，201，205，210，218，219，221，223—225，232，238，240，242

C

查里利阿斯 52

D

戴奥多都斯 31，46，51，68，153，160，172，173，193，227，228
戴奥密敦 79，91
大流士 120，136
得达斯 202，203
德谟斯提尼 57，61，62，64，65，78，90，92—95，109—112，145，176，187，218，226，232—234，237，239
地米斯托克利 23，24，30，104，140，143，144，180，191，199
第依特累斐 128，226

E

恩狄阿斯 78，120，121

F

斐厄克斯 92
腓力 202，203
冯雷 15
福里尼卡斯 23，70，82，84，123，125，127—130，147，148，151，152
福特 5，10，12，13，18，19，22—24，29，103，113，116，121，247

G

格雷纳 11，14，15，27，155，156，247
龚基拉斯 57，141

H

哈格农 53，219，231
哈摩狄阿斯 48，136，146，237
荷马 38—40

赫摩克拉底 16，65，88，111，163，175，177，180，197，225，238，239
华格纳 20
霍布斯 7，9，10，30，34，253

J

杰布 11
吉利普斯 57，109—112，120，187，189，216，226，240
济那尔 211，212，234—236

K

康福德 10，247
克劳莱 20
克里昂 41，51，52，54，55，62，66，67，69，133，150，153，154，159，160，165，172，173，193，198，210，225，227，233
克利奥标拉 211，234—236
肯尼迪 12，14—16
孔子 34，35，248
库伦 145，244

L

莱克西利 73
拉马卡斯 106，109，110
利奥尼达 142
利翁 79，91，141

M

麦考伊 12，58

迈隆尼德 74，201，217

N

迈隆尼德 74，201，217
尼克斯特拉图 81，106
尼姆福多拉斯 203
尼西阿斯 18，19，28，55，57，63—68，76，77，79，94，95，105—115，117，120，130—132，138，144，163，166，175，176，178，185，187，193，201，204，211，224，226，236，237，240，243

O

欧伊申 205

P

帕撒斯 50—52，89，90，207
佩西阿斯 80，81
皮山大 12，26，58，59，70，79，82—84，123，128，148，149，151，213
皮索多勒斯 65
匹苏斯尼 73，75，89，207
普雷斯他库斯 142，145
普雷斯托安那克斯 45，50，91，106，112，145，211

S

萨多卡斯 186，203
色诺芬 26，92
苏格拉底 35—37

施特劳斯 1—5, 7—10, 13, 14, 17—19, 21, 24—26, 30, 31, 35—41, 43, 55, 65, 67, 150, 155, 156, 247, 251, 253

斯塔特 3, 12, 14—16, 58, 247

斯塔尔 15

史密斯 21

索福克利 61, 65, 85, 232

T

特阿真尼 135, 145

特拉门尼 53, 54, 70, 84, 151

特利门尼 121, 127

替萨斐尼 58, 79, 83, 120—125, 127, 128, 148, 212, 213

W

威廉斯 5, 17, 18, 27, 31, 99, 132, 155, 156

韦斯特雷克 12, 16

韦斯特三世 11, 12

韦特格林 5, 6, 9, 10, 18, 19, 21, 22, 26—31, 67, 155, 156

X

希波克拉底 90, 92, 93, 135, 136, 234

希波克利 136, 146

希罗多德 15, 32, 33, 247, 248

希帕库斯 146, 237

西塔尔西斯 145, 180, 181, 186, 203

Y

雅典那哥拉斯 16, 37, 77, 136, 152

亚里斯多克拉底 84, 151

亚历西克利 54

亚西比得 17—24, 26, 28, 29, 46—48, 53, 55, 58, 59, 63, 65—68, 77—79, 82, 83, 91, 93, 94, 106, 108—110, 113—125, 127—132, 136, 138, 150—152, 200, 212—214, 216, 221, 229, 236, 237

耶格尔 14

伊梅瓦 3, 15, 16

攸利密顿 61, 64, 65, 78, 85, 110, 111, 163, 232

Z

泽尔士 126, 141, 145

三 地名

A

阿卑多斯 29

爱奥尼亚 22, 28, 51, 53, 58, 77—79, 82, 91, 120, 121, 124—127, 130, 161, 177, 200, 213, 216, 237

挨琉西斯 45, 49, 50, 241

阿吉拉斯 93, 95, 142, 143

阿卡奈　49，50，99，224
阿堪修斯　75，76，164，165
安得罗斯　75，93，149
安菲玻里　63，93，95，160，161，204，205
奥林修斯　92，202
奥林匹亚　116，145，157，158，161，171，180，199，217，244
阿斯塔卡斯　99，135
阿斯盆都　124

B

拜占庭　126，141，142
巴那克敦　67，106，182，211，212，235，236
彼得那　143，203
庇里犹斯　53，54，69，84，104，125，149，201，214，216
波斯　23，50，58，73，75，78，82，89，90，102，104，105，117，120—124，126—128，130，136，141—146，158，161，177，179，182—184，186，190，191，196—200，207，212—215，217，218，220
波提狄亚　52，64，65，76，92，106，159，163，167，170，171，185，186，200，202，203，227，231
不利星尼　91

D

底比斯　73—75，79，89，92，94，106，146，173，174，188—190，206
第力安　63，92，93，213，234

狄西里亚　71，84，119，120，150，151，208，213，226

E

厄基那　54，149，162，163，199—201，217
厄基斯泰　56，63，106—109，174，175
厄立特利亚　91，120，216，228

F

腓尼基　122，124，125，174
佛西斯　74，200

H

赫勒斯滂　28，53，125，126，141，186，216
赫迈俄　126，141

J

迦太基　19，55，115，118
机拉　56，65，109，136，163，191，238

K

卡尔息狄亚　65
开俄斯　26，69，73，78，79，91，120，121，137，147，213，216，228，229，237
开俄斯的特尔斐尼安
开利阿　73
卡利伊　243

喀罗尼亚 92，93，234

卡马林那 65，109，136，177，180，182，184，192

卡塔那 48，56，78，94，109，111，118

克雷佐门尼 120

克利法西安 61

科林斯 9，57，63，74，80，81，97，99，106，112，131，135，139，143，154，159，160，162，166，167，169—171，181，182，185—187，194—197，201—203，211，214—218，234—236，238，242

科罗封 75，90

克利塞湾 92

科西拉 17，61，74，80—82，85，86，90，132，143，147，159，162，169，170，194—196，200，230，232，241

L

拉姆普萨卡斯 136，146

雷姆诺斯岛 73

累尼亚岛 135

勒西修斯 93，243

利比亚 145，217

列普累安 176，208

列斯堡 50，79，91，137，171，172，218，225

利吉姆 90，108，136，207

林地尼 56，63，91，92，109，162，163，176，177

林卡斯 145，204

琉卡斯 57，176

罗克里 76，90，95，99，106，207，239

罗立温 100，119

M

迈昂尼苏斯 73

麦加拉 75，84，85，90，91，97，105，135，137，145，147，163，164，166，178，199，201，202，217，235

麦散那 76，90，94，95，118，136，207

麦提姆那 50，79，137，225

马其顿 93，145，180，181，185，202—204

门德 52，76，106，147，204，237

门丁尼亚 67，68，76，77，91，106，113—115，132，176，181，200—202，212，236

密卡利苏斯 40，226

米利都 58，73，78，82，120，121，127，128

弥罗斯 40，55，93，94，105，106，168，177，178，190—195，238，243

米诺亚岛 105，201

密提林 50—52，54，69，73，79，89，105，133，157—159，161，169，171—173，180，181，199，217，218，225，227，228

墨色那 106

N

诺丁姆 75，90，207

诺帕克都 65，81，176，197，199，234

P

派娄斯 41，61—63，66—68，114，115，

154，165，187，198，209—213，232—235，239

帕累西亚　91

帕利尼　52，65，147，159，202，243

普利姆密里昂　110

普拉提亚　11，36，45，74，75，89，94，126，141，146，164，165，168，169，173—175，188—191，206，207，216，238

Q

栖来那斯　56，109，174

S

萨第斯　73

塞达斯山谷　244

塞诺西马　28，29，220

塞浦路斯　126，141，217

塞翁尼　52，147，204

萨摩斯　52，53，57—59，73，79，80，82—84，89，97，121，123—125，127—129，135，136，147，148，150，151，162，178，212，213

色雷斯　40，52，63，75，76，92，93，107，126，128，141，145，159，180，181，186，202—205，208—210，219，225—227，231，235，243

色利亚平原　45，49，50

斯法克特利亚　62，112，114，165，166，187，209，210，233，237

索利安姆　99

T

泰里亚　162

塔那格拉　92，106，200，226

塔索斯　128，167，199，208，218

特尔斐　31，142，145，213，215，241—244

特罗阿德的科伦尼　126，142

特斯匹伊　92

条立爱　48，78

提奥斯　73

提基亚　76，168，176，202

提洛岛　135，244

托伦　93，94

X

西菲　92，93，234

希米拉　72，73

修尼阿姆　119，220

锡西拉　106，209

西西里　3，7，10，18，19，21—23，26，28，29，48，55—57，61，63—69，78，79，82，84，85，91，92，98，106—111，113，115，117，118，120，127，130—132，136，144，153，154，162，163，170，174，175，177，178，184，185，197，198，208，216，218—220，226，228，229，236—238，243，248

西息温　97，136，178，201

叙拉古　16，28，56，57，64，65，72，77，78，90—92，94，95，107，109—112，118，120，136，137，152，162，

163，174—178，184，185，187，197，
216，218，219，225，226，239，240

Y

亚狄迦　45，49，50，60，97—99，104，
110，119，122，144，145，160，161，
163，167，170，186，197，199，200，
208—211，216，218，219，224，225，
229，231—233，240，242

亚哥斯　19，66—68，76，77，82，93，
106，113—115，132，136，137，143，
154，162，166，168，176，178，181，
182，196—202，204，211，212，234—
237，243

亚提翁尼亚　54，84，149，151，152

亚细亚　186，244

伊安泰德　136，146

伊庇丹努　74，80，195，207，241

伊伯利亚　118

意大利　78，108，118，145，170，175

以弗所　73，143，200

伊勒苏斯　79

伊利斯　67，68，76，106，113—115，
132，166，176，200—202，208，212，
236

伊尼亚第　97

伊汤姆　167，173，196，199，208，209，
244

优卑亚　22，26，73，74，84，97，99，
119，155，177，201，208，213，216，
220，226，243

攸里配斯海峡　226

Z

缯克利　136

四　其他

A

安尼亚人　73
奥德里西人　145，180

B

庇里奥西人　167，196，208
波赛敦神坛　208，245

C

查俄尼亚人　203

D

狄密特女神庙　241
多利亚人　73，174，241

F

腓阿西亚人　195

H

黄铜宫女神庙　244

K

卡尔西斯人　75，92，93，107，167，177，180，181，186，202—204，219，231

M

美塞尼亚人　81，176，239
摩罗西亚人　143，145

P

皮拉斯基人　241

T

塔纳鲁斯地方　208，245

特内多斯人　225
提伊人　226

X

西塞尔人　145
希拉女神庙　81，85
希洛人　142，162，166，167，173，196，208，209，213，233，245

Y

伊利里亚人　204

后 记

本书是我的博士后研究工作报告。从 2010 年 10 月进入北京大学国际关系学院政治学博士后流动站，到 2012 年 9 月出站，我只做了这样一件小事。今天，在这本小书将要出版的时候，我还有一些补充的话要表达。

在北大的两年时间里，我跟随导师唐士其老师听了四门功课，即《施特劳斯的政治哲学》《〈自然权利与历史〉精读》《西方政治思想史》和《当代西方政治哲学》，对唐老师的学术思想有了深入的了解，对政治哲学也有了较多的理解。同时，我的研究也由原来的宏大转向了精细化，痛苦而顺利地实现了自己研究道路的转向。如果说在本科阶段，庞洪铸老师的引导使我走上了学术道路；在硕士研究生阶段，王沪宁老师、胡伟老师的训练使我见识了什么是学术；在博士研究生阶段，郭定平老师的指导使我习得了学术研究的技能，那么，在博士后阶段，唐老师对我潜移默化的影响则使我在学术的道路上发生了一次质的变化，从此，我的研究将向纵深处走去。两年的博士后生活对我今后的研究工作意义重大。

西方人对修昔底德及其《伯罗奔尼撒战争史》的研究，已经很多。他们的研究路线大体上是两种：一种是历史学的研究，专注于这场战争的经过，分析修昔底德的历史编纂方法，考证其中的历史事件，等等。另一种是政治哲学的研究，试图从修昔底德的文本进行引申，对修昔底德的著作作出政治和哲学的解读，等等。前人对修昔底德著作的历史学研究，政治学者笃定不必考虑。而前人对修昔底德的政治哲学研究，我们则必须面对。通过阅读西方人对修昔底德进行政治哲学研究的著述，我受到了不少启发，但同时也发现了这些著述的缺陷，那就是臆断和猜测盛行。《伯罗奔尼撒战争史》我读了七遍。当读完第二遍时，我向唐老师汇报了读书进度。唐老师告诉我，可以阅读其他材料了。那时，我就读了前人研究修昔底德的著述，发现了修昔底德研究中的臆断和猜测。之后，我继续阅读

后　记

《伯罗奔尼撒战争史》五遍，越发感到前人研究中这个问题的突出。我决心在写作的过程中，除了学术史的回顾之外，不再参阅任何人的著述，只按照自己阅读所见来写作。所以，在初稿和第二稿中，除了引用修昔底德的原著外，没有引用任何一个研究者的论述。到第三稿时，根据唐老师的要求，才在个别地方加进了一些前人的观点，而加进的观点大多是作为注释，只有极少量是在正文中。这些加进的他人的观点，也只是起到与我的观点相对照的作用，并不具有证明我的观点的功能。我认为，解决对修昔底德的研究中存在的突出问题的方法只有一个，就是回归修昔底德的原著，忠于修昔底德本人的原则，即"用最明显的证据，得到合乎情理的结论"。

在前人的两种基本研究路径之外，还有没有其他的道路？为了忠于原著，避免臆断，我需要走一条与前人不同的道路。这个道路必须以下两点为前提：

第一点，修昔底德没有一套完整的理论体系。

修昔底德首先是史家，虽然他的意图在于揭示政治现象背后的东西，但这种揭示只能是片断的揭示，而不可能通过完整地叙述一场战争来构造一套完整的理论体系。毋宁说，他的主要任务是叙述这场战争，他只能通过有选择地叙事加上他自己的评论来揭示他想揭示的东西。战争的进程不会向他呈现出一套完整的理论。

第二点，修昔底德本人确实试图揭示政治现象背后的东西。

关于这一点，我想是可以肯定的。前人的研究已经对此有了结论。从霍布斯以来，一直到施特劳斯，大思想家都把修昔底德看做政治史家。就修昔底德本人的著作看，也可以证明这一点。因为修昔底德本人说过："如果那些想要清楚地了解过去所发生的事件和将来也会发生的类似的事件（因为人性总是人性的）的人，认为我的著作还有一点益处的话，那么，我就心满意足了。"可见，修昔底德本人确实是想要揭示政治生活的规律。

对于第一点，修昔底德本人没有一套完整的理论体系，我们也就不应当去构造修昔底德的政治思想体系或政治哲学体系。所以，虽然本书并不排斥修昔底德的政治思想，但本书的主旨不是研究修昔底德的政治思想，而是研究修昔底德所展示出来的政治规律。

对于第二点，修昔底德本人确实是要揭示政治现象背后的规律，那么，我们如何从修昔底德著作中发现这些规律呢？我认为，只能通过修昔底德的展示。所谓修昔底德的展示有两种，一种是叙事，一种是评论。修昔底德的叙事和评论就是我们研究中的事实材料。我们的研究要忠于事实，忠于"修昔底德原则"，就必须立足于这些叙事和评论。

基于以上考虑，我的博士后研究报告最终定名为《政治的定数——对〈伯罗奔尼撒战争史〉一个维度的研究》。本书的书名延续了博士后研究报告的题目，一字未改。"政治的定数"就是要研究修昔底德所揭示的政治的规律。"对《伯罗奔尼撒战争史》一个维度的研究"意味着在前人的两种研究维度之外，本书是从另外的一个角度来研究修昔底德的。至于"定数"的含义，唐老师与我持见不同，他赋予"定数"以广义的含义，而我把"定数"确认为"规律"，其含义要狭窄和具体得多。

我对修昔底德及其《伯罗奔尼撒战争史》的研究，除了秉持以上两个前提之外，另有三个基本观念。这三个基本观念，来自对三个重大问题的回答。

第一个问题，修昔底德揭示的只是当年伯罗奔尼撒战争中的政治规律，这样的规律如何就成了政治的定数，成了万古不易的规律呢？要解答这个疑问仍然只能依据修昔底德。修昔底德把人性作为贯穿伯罗奔尼撒战争中的政治规律与万古以后的政治规律的桥梁。伯罗奔尼撒战争中所展现的政治规律基于人性，而人性总是人性，万古不易，所以，伯罗奔尼撒战争中的政治规律就成了人类的万古不易的政治规律。正是因为这一点，修昔底德的著作才具有了"垂诸永远"的意义。他自己也曾说："我的著作不是只想迎合群众一时的嗜好，而是想垂诸永远的。"

第二个问题，就修昔底德著作来研究政治的定数，科学吗？这个问题也可以这样问：难道修昔底德所展示的政治规律就一定是政治规律吗？我的回答是：我相信修昔底德笔下所展示的政治规律就是政治规律。如果我们不相信这一点，我们也就不必去研究修昔底德笔下的政治规律了。我们只有相信这一点，我们才愿意去研究修昔底德。况且，通过阅读修昔底德的这部著作，我们也感受到了那些规律所具有的解释力。

第三个问题，修昔底德所展示的这些政治规律需不需要旁证？我们要研究的是修昔底德笔下的政治规律，而不是某个别人笔下的政治规律，所以，这些规律不需要别人笔下的叙述来证明。即使与修昔底德同时代的人也写了一部《伯罗奔尼撒战争史》，而其所展示的政治规律与修昔底德所

后　记

展示的完全相反，也不影响这些规律是修昔底德笔下的政治规律。即使通过历史事实，证明修昔底德笔下所展示的这些政治规律全部都是错误的，也无法否认这是修昔底德笔下的政治规律。所以，旁证不是这项研究的必要条件。有无旁证，不影响这项研究。

以上是对于本书写作前提与写作观念的一些补充说明，希望对本书有兴趣的读者能够了解和理解我为什么这样来研究修昔底德及其《伯罗奔尼撒战争史》。

我一贯认为，任何个人每一步的前进，都不完全是自己努力的结果，必有师长、朋友、家人等各个方面的帮助凝聚于其中。所以，我应当对自己的师长、朋友、家人等表达深深的谢意。

我要感谢我的父母，他们生养了我，教育了我，42年来，无时不在关心我。随着年纪的增长，他们都患上了不易治愈的老年疾病。我祈愿父母平安，在对病情稳定的控制中像过去一样愉快地生活。我要感谢我的妻子赵悦玲，她对我的关爱是任何人都难以替代的。作为享誉一方的心理工作者，她在繁忙的工作中，总是尽量抽出时间来回家做饭。她对我的父母的善待和对我读书的支持长期令我感动。我要感谢我读书以来所有的老师们，是他们给了我知识。河南大学政治系、复旦大学国际关系与公共事务学院、北京大学国际关系学院，是我的学术之源，我以我出自它们为荣。我尤其要感谢河南大学的庞洪铸老师，复旦大学的王沪宁老师、胡伟老师、郭定平老师，北京大学的唐士其老师。他们在我的学术进步的过程中起着关键作用，我以自己能成为他们的弟子为荣。我要感谢北京大学国际关系学院的许振洲老师、潘维老师、印红标老师和中国政法大学的庞金友老师，他们是我的博士后报告的评审和答辩专家，他们对这份研究报告的高度评价是对我今后坚持走自己道路的巨大鼓励。我要感谢北京大学国际关系学院政治学博士后流动站秘书、院图书馆主任潘荣英老师，她的敬业态度和对博士后们的关心让人钦敬。我要感谢我所在的单位中共河南省委党校，两年前，我能顺利地脱产赴北京大学从事博士后研究工作，来自单位的同意。我要感谢我的领导与同事们，他们对我的学习从来都是支持的，我们在工作和生活中也相处融洽。我要感谢中国社会科学院和全国博士后管理委员会，它们共同设立了《中国社会科学博士后文库》来征集代表博士后人员最高学术研究水平的学术著作，并给予全额资助出版，为本书的出版提供了条件。我要感谢参与评审和遴选《中国社会科学博士后文库》的专家们,在前后三轮的评审淘汰中他们依然留下了本书,最终使得本书得以出版。我要感谢社会科学文献出版社社会政法分社的曹义恒副总编辑,他在编辑、审校和出版本书的过程中付出了很多辛劳。

卢向国

2013 年春日于郑州